MÉMOIRES

DE

DU PLESSIS-BESANÇON

IMPRIMERIE DAUPELEY-GOUVERNEUR

A NOGENT-LE-ROTROU.

MÉMOIRES

DE

DU PLESSIS-BESANÇON

PUBLIÉS

POUR LA SOCIÉTÉ DE L'HISTOIRE DE FRANCE

ET ACCOMPAGNÉS

DE CORRESPONDANCES ET DE DOCUMENTS INÉDITS

PAR

Le Comte HORRIC DE BEAUCAIRE

A PARIS
LIBRAIRIE RENOUARD

H. LAURENS, SUCCESSEUR
LIBRAIRE DE LA SOCIÉTÉ DE L'HISTOIRE DE FRANCE
RUE DE TOURNON, N° 6

—

M DCCC XCII

EXTRAIT DU RÈGLEMENT.

Art. 14. — Le Conseil désigne les ouvrages à publier, et choisit les personnes les plus capables d'en préparer et d'en suivre la publication.

Il nomme, pour chaque ouvrage à publier, un Commissaire responsable, chargé d'en surveiller l'exécution.

Le nom de l'éditeur sera placé en tête de chaque volume.

Aucun volume ne pourra paraître sous le nom de la Société sans l'autorisation du Conseil, et s'il n'est accompagné d'une déclaration du Commissaire responsable, portant que le travail lui a paru mériter d'être publié.

Le Commissaire responsable soussigné déclare que l'édition des Mémoires de Du Plessis-Besançon, *préparée par* M. le comte Horric de Beaucaire, *lui a paru digne d'être publiée par la* Société de l'Histoire de France.

Fait à Paris, le 20 mai 1892.

Signé : G. BAGUENAULT DE PUCHESSE.

Certifié :

Le Secrétaire de la Société de l'Histoire de France,

A. DE BOISLISLE.

INTRODUCTION

Les *Mémoires* et les documents qui vont suivre ont le mérite assez rare d'être complètement inédits. Pour être peu connu du grand public, le personnage dont ce volume ravive le souvenir n'en a pas moins joué en son temps un rôle fort important. Il n'est pas un chercheur ayant étudié d'un peu près les règnes de Louis XIII et de Louis XIV qui n'ait souvent rencontré le nom des deux frères Besançon. Et M. Chéruel, dans son introduction aux *Lettres de Mazarin*, n'hésite pas à placer du Plessis-Besançon sur le même rang que d'Estrades et que Fontenay-Mareuil, parmi les « hommes d'un mérite éminent » qui s'associèrent à l'œuvre diplomatique du cardinal. Les mémoires du marquis de Fontenay-Mareuil ont été édités par Michaud et Poujoulat et dans la collection Petitot. D'autre part, la correspondance du maréchal d'Estrades a fait, au siècle dernier, l'objet d'une importante publication. Nous croyons que le diplomate dont nous présentons aujourd'hui la biographie mérite le même honneur que ses deux contemporains.

Quelques-uns des écrits laissés par Bernard du Plessis-Besançon avaient déjà frappé l'attention de plusieurs érudits. Le Père Lelong, dans sa *Bibliothèque historique de la France* (t. III, n°[s] 30521 et 30901), signale trois volumes manuscrits concernant les négociations de cet agent en Italie et en Lorraine. Dans son *Expédition du duc de Guise à Naples*, éditée en collaboration avec M. Loiseleur, notre savant collègue, M. Baguenault de Puchesse, qui se trouvait ainsi tout indiqué pour les fonctions de commissaire responsable d'une publication sur du Plessis-Besançon, a mentionné à plusieurs reprises, comme fort importante pour l'histoire de cette campagne, la correspondance inédite laissée par ce personnage. Le colonel Bourelly, dans son étude sur le maréchal Fabert (t. I, p. 97), parle des « Mémoires ou relation de ses services » laissés par du Plessis-Besançon et conservés aux Archives des affaires étrangères. Enfin, M. Chéruel, dans le tome III des *Lettres de Mazarin*, p. 1082, cite ces mêmes mémoires, dans lesquels, dit-il, du Plessis-Besançon « relate les services qu'il a rendus. »

Des recherches plus approfondies nous amenèrent à découvrir dans le dépôt d'archives du quai d'Orsay, en dehors d'une correspondance officielle assez volumineuse, une importante collection de papiers intimes provenant de la succession de du Plessis-Besançon. Par quelles vicissitudes passèrent ces manuscrits depuis la mort de leur auteur, survenue en 1670, jusqu'en 1806, il serait sans doute assez difficile de le savoir. Il est probable qu'ils demeurèrent enfouis dans quelque bibliothèque ou dans un coin ignoré chez d'insouciants petits-fils du négociateur. Puis la Révolution vint jeter le trouble chez les paisibles possesseurs de ces papiers qui tombèrent entre les mains des libraires. M. Hénin, premier commis au Département des affaires étrangères, en fit alors l'acquisition et les offrit aux Archives du ministère. D'après un état indicatif en date du 6 mars 1806, ces documents formaient à cette époque un ensemble de neuf volumes in-folio. Ils ont été incorporés, le 17 juin 1806, dans les Archives des affaires étrangères. Répartis depuis lors dans différents fonds, ils correspondent aujourd'hui aux volumes suivants :

Fonds France, mémoires et documents, CCCCVI.

Espagne, supplément, IV, V.

Naples, IV, VIII.

Venise, LXXVI, LXXVII, LXXVIII, LXXIX.

A cette importante collection il convient d'ajouter deux

volumes in-folio conservés à la Bibliothèque nationale et qui répondent aux indications données par le Père Lelong. Ils portent actuellement, au catalogue du fonds français, les n⁰ˢ 16100 et 16101.

C'est principalement de ces onze volumes que nous avons extrait les matériaux dont se compose la publication qui va suivre. Ainsi qu'on pourra le constater, nous avons fait en outre de nombreux emprunts à d'autres manuscrits de la Bibliothèque nationale, des Affaires étrangères, des Archives des Condé, du Dépôt de la guerre, de la Bibliothèque de l'Institut et des Archives de Venise.

La tâche qui nous incombait, en faisant paraître ces *Mémoires*, présentait une difficulté que nous ne voudrions pas, assurément, prendre plaisir à exagérer, mais qui, au début de notre travail, nous a mis, nous devons l'avouer, plus d'une fois dans l'embarras. Ainsi que nous l'avons dit, du Plessis-Besançon avait un frère. L'un et l'autre arrivèrent au grade de lieutenant-général. Tous les deux furent journellement mêlés aux événements de leur temps. Bien que les contemporains qui ont parlé des deux frères appellent généralement *du Plessis-Besançon* ou *le Plessis-Besançon* celui dont nous nous occupons plus spécialement ici, et son frère simplement *Besançon*, la plupart des commentateurs ont sans cesse confondu ces deux personnages et paraissent même parfois convaincus que tous les deux ne furent qu'un seul et même individu. S'il nous en coûterait de nommer ici les écrivains qui sont tombés dans cette erreur, qu'il nous soit au moins permis de rendre hommage au consciencieux éditeur des *Mémoires de Bassompierre*, M. le marquis de Chantérac, qui, seul peut-être, a su, dans ses annotations, attribuer à chacun des Besançon le rôle qui lui revient. Nous croyons, dans la notice biographique qui précède notre publication, avoir résolu d'une façon satisfaisante ce petit problème historique, et ce passage de notre livre, qui fait connaître une existence étrangement aventureuse, ne sera pas, croyons-nous, la partie la moins piquante de notre travail.

L'autobiographie que nous publions aujourd'hui est composée, dans le manuscrit, de quatre mémoires ou relations, que nous n'avons eu qu'à juxtaposer pour en former un tout. Voici le titre exact de chacune de ces parties :

1. *Mémoire ou relation sommaire de mes services depuis mon arrivée en France jusques à la mort du feu roi* (1627-1643).

2. *Seconde partie ou suite de la relation de mes services depuis la mort du feu roi jusques à mon retour de Venise* (1643-1658).

3. *Relation succincte du voyage et de la négociation du sieur du Plessis-Besançon auprès de Son Altesse de Lorraine* (1644).

4. *Relation de ce qui s'est passé à Sedan entre le sieur du Plessis-Besançon et le sieur Rousselot envoyé par le duc de Lorraine* (1649).

Nous avons dû faire, nous l'avouons, quelques modifications de pure forme à ces divers manuscrits. Le style en était, en effet, parfois peu correct. Il est généralement très inférieur à celui des lettres dont quelques-unes dénotent une grande facilité de rédaction et un incontestable talent d'observation. De plus, les deux premiers de ces mémoires étaient adressés directement à Mazarin. Dans la pensée de du Plessis-Besançon, ils devaient être présentés au cardinal à titre de documents apologétiques, afin de rappeler au premier ministre tous les services rendus par leur auteur et en vue d'obtenir, s'il était possible, pour celui-ci, une gratification ou un nouvel emploi comme récompense. Il nous a semblé qu'il valait mieux ôter à l'ouvrage cette note vraiment trop personnelle qui, sans augmenter sa valeur historique, en rendait parfois la lecture fatigante. Nous nous sommes donc permis de supprimer çà et là quelque appel trop peu déguisé ou peut-être même un peu naïf à la reconnaissance ou à l'admiration de Mazarin. Nous avons, d'ailleurs, scrupuleusement respecté le cours du récit, ainsi que les indications marginales concernant les dates, que l'auteur avait lui-même placées dans son manuscrit.

On comprend qu'avec la nature des documents que nous éditons qui sont en partie des copies, et qu'en présence des légères modifications qu'il nous a paru nécessaire de leur faire subir, il était préférable d'adopter, pour l'ensemble de notre publication, une unité d'orthographe. Nous avons imité l'exemple donné par M. le marquis de Vogüé dans les *Mémoires de Villars* et, sauf pour les *oi* et pour les noms propres, nous avons pris l'orthographe actuelle.

Enfin, nous avons fait suivre les *Mémoires* d'extraits de la correspondance de du Plessis-Besançon qui, nous le craignons, paraîtront peut-être, à première vue, bien volumineux. Cette addition était, croyons-nous, nécessaire pour compléter le récit, malheureusement trop laconique et presque toujours un peu intéressé, que ce diplomate nous a laissé de sa vie et de ses négociations.

NOTICE BIOGRAPHIQUE

Bernard de Besançon, seigneur du Plessis, naquit à Paris. Il y reçut le baptême le 5 mars de l'année 1600[1]. Son père, Charles de Besançon, seigneur de Souligné et de Bouchemont, avait été nommé en 1588 gentilhomme de la chambre de madame Catherine de France, duchesse de Bar, sœur du roi Henri IV[2]. Sa mère s'appelait Madeleine Horric.

Avant la Révolution, alors que les églises de Paris étaient encore remplies de pierres tombales et de monuments funéraires, une simple visite au couvent des Cordeliers eût permis de se rendre compte en un instant de ce qu'étaient, au commencement du XVIIe siècle, les Besançon et la nombreuse phalange de parents et d'amis qui les entouraient. C'est là, en effet, que plusieurs familles importantes du parlement de Paris déposaient les dépouilles de leurs plus illustres morts, les Lamoignon, les Bullion, les Briçonnet, les Le Maître, les Longueil de Maisons, les Verthamon[3]. Les Besançon étaient de ce nombre. Là, sommeillait de son dernier sommeil, dans la chapelle même de leur famille qu'il avait fastueusement fait embellir de ses deniers, le richissime petit-fils d'une Besançon, Claude Bullion, seigneur de Bonnelles, surintendant des finances de Louis XIII[4]. Quelques pas plus

1. Cabinet des titres, volume 906.
2. Cabinet des titres.
3. *Les Curiosités de Paris et des environs,* par M. L. R. (Georges-Louis Le Rouge). Paris, 1716, page 234.
4. Piganiol de la Force, *Description historique de la ville de Paris*

loin, l'épitaphe de Charles de Lamoignon, conseiller d'État et conseiller au parlement, mort en 1573, rappelait encore dans les termes suivants le nom des Besançon :

... Hic in antiquo Besançoniæ gentis monumento,
Cum Carola de Besançon amantissima uxore,
Exspectat resurrectionem [1]...

Ajoutons encore les Potier, ducs de Gesvres et comtes de Tresmes, seigneurs de Novion et de Blancmesnil, alors si en faveur à la cour ou redoutables adversaires du pouvoir pendant les troubles de la Fronde, les Marillac, un instant si brillants, les Nesmond, les Sauvin, les Luillier, les Talon, les de Marle, les Midorge et les Spifame, qui tous ont laissé une trace plus ou moins durable dans l'histoire de cette époque. Proches alliés ou parents des Besançon, ils constituaient, avec ceux que nous avons déjà nommés, les principaux appuis acquis à cette famille par suite de relations et d'alliances datant de plusieurs générations. Enfin, mentionnons comme ami particulier Guillaume de Lamoignon, premier président au parlement, l'une des grandes figures de la magistrature française au xviie siècle, et qui, durant toute sa vie, ne cessa d'entretenir, avec son cousin Bernard de Besançon, des liens d'une constante intimité.

Quelque bien entourés qu'ils fussent, les Besançon ne semblent pas jusqu'au xviie siècle, avoir jamais joui d'une grande fortune, et les fiefs de Souligné, de Bouchemont, du Plessis, de Cloches et de Timécourt, qui furent leur patrimoine, paraissent n'avoir été que des terres sans importance. Les services de la famille pouvaient se résumer en une longue suite de conseillers au parlement, depuis Hugues de Besançon qui, le premier, en 1316, avait été investi de ces fonc-

---

et de ses environs, tome VII, pages 27 et suivantes. — Fr. Blanchard, *les Présidents et les familles du Parlement de Paris.*

1. Piganiol de la Force, *Description historique de la ville de Paris.*

tions[1]. Guillaume, conseiller sous Louis XII, joua notamment un rôle que l'histoire ne saurait oublier dans le procès criminel de lèse-majesté intenté au maréchal de Gié et dans les procédures soulevées par les réclamations d'Anne de France[2]. Tout semble indiquer que la plupart de ces magistrats, dévoués et soumis au souverain autant que pouvaient l'être les membres d'un corps en général peu docile, laissèrent les plus honorables souvenirs.

Tout autres étaient les ascendants maternels de du Plessis-Besançon. Nous aurions mauvaise grâce assurément à nous arrêter trop longuement ici sur leur nom. On nous excusera cependant de rappeler brièvement certaines particularités qui semblent de nature à jeter quelque lumière sur le milieu dans lequel naquit Bernard de Besançon. Issus d'une famille noble et ancienne de la région poitevine, les Horric avaient longtemps mené et menaient presque encore à cette époque la rude vie féodale de la province. Ce n'étaient pas, comme les Besançon, des citadins adonnés à l'étude des lettres et du droit; et, si, dans les demeures qu'ils habitèrent alors, on rencontre encore à l'heure présente quelques vestiges attestant de leur part une certaine recherche[3], nul doute que ces campagnards, épris de chasse et d'aventures guerrières, ne fissent un singulier contraste avec les doctes personnages dont nous avons précédemment cité les noms. Trois manoirs, placés dans une région couverte de forêts sur les confins de l'Angoumois et du Poitou, servaient alors de principales résidences à cette famille : la Courade, qu'un incendie a détruit en 1752, la Baronnière et la Barre, petit

---

1. Cabinet des titres. — Blanchard, *les Présidents et les familles du Parlement de Paris*. — Du Tillet, *Recueil des rangs des Grands de France*. Paris, 1587.

2. *Procédures politiques du règne de Louis XII*, par M. de Maulde.

3. Voir *la Renaissance en France*, par Palustre, tome III, page 280, et la *Statistique monumentale de la Charente*, par J.-H. Michon, page 224.

château fort du xvᵉ siècle, dont plusieurs parties, assez bien conservées, subsistent encore aujourd'hui. Bien vus à la cour des Valois, les Horric trouvèrent également des protecteurs et des amis dans les deux familles les plus influentes de leur voisinage, les La Rochefoucauld et les Chabot. Un cadet de la maison porta, tour à tour avec un des cadets de la maison de Chabot, le guidon de la compagnie de cinquante lances du seigneur de Jarnac pendant les guerres du règne de Henri II. Un autre, Jean Horric, seigneur de la Barre, épousa en 1577 la fille de Jean de Mergey, agent et confident du comte de la Rochefoucauld au moment de la Saint-Barthélemy[1]. Madeleine Horric, mère de du Plessis-Besançon, était fille de Louis Horric, seigneur de la Courade, grand prévôt de Guyenne, et de Marie Hélyes de la Rochesnard, qui appartenait elle-même à une famille considérée du Limousin et du Poitou. Du côté maternel, les deux frères Besançon tenaient ainsi à plusieurs maisons avantageusement connues à la cour, les Vivonne, les Barbezières, les Rochechouart, les Livron, les Beaupoil, les Poussard, les Bremond d'Ars et les d'Orfeuille. Malheureusement, diverses circonstances vinrent, vers la fin du xvıᵉ siècle, modifier quelque peu cette situation. De longs procès aigrirent les relations des Horric avec les Chabot et les La Rochefoucauld. Presque tous les membres de cette famille embrassèrent, en outre, la cause de la Réforme et prirent une part active aux guerres de religion en Saintonge et en Poitou. En 1573, 1574 et 1621, aux sièges de la Rochelle, de Lusignan et de Saint-Jean-d'Angély, on les vit parmi les plus ardents à combattre l'armée royale[2]. Au moment où du

---

1. Voir les *Mémoires de Mergey* dans la collection Michaud et Poujoulat, 1ʳᵉ série, tome IX, page 567, et, dans la collection Petitot, tome XXXIV, page 40.

2. Arcère, *Histoire de la Rochelle; Histoire universelle de Jacques-Auguste de Thou;* Agrippa d'Aubigné, *Histoire universelle; Chro-*

Plessis-Besançon faisait son entrée dans le monde, il est permis de se demander si des parents aussi indépendants de caractère et aussi mauvais courtisans étaient, en dépit d'une situation provinciale incontestablement assez bonne, bien propres à le servir efficacement auprès du roi.

Du mariage de Charles de Besançon avec Madeleine Horric naquirent deux fils : Charles, l'aîné, et Bernard, l'auteur des *Mémoires* que nous publions. Rien de plus dissemblable que le caractère des deux frères. Hardi jusqu'à la témérité, insoumis et emporté, Charles a toujours un ferment de révolte au fond du cœur. « Il dit franchement ses vérités à tout le « monde, » écrivait le maréchal de Schomberg, et ose braver les plus puissants ministres, tels que Richelieu et Le Tellier. D'ailleurs, actif et intelligent, il peut rendre d'excellents services à quiconque sait le gagner à sa cause. Quoique brave et passionné pour la carrière des armes à laquelle il s'adonna dès sa jeunesse, Bernard a, au contraire, la gravité méthodique, l'esprit net et précis d'un magistrat doublé d'un mathématicien, le goût pour le travail de cabinet d'une personne de la robe allié à la souplesse révérencieuse d'un homme de cour. L'anecdote suivante, attribuée par Tallemant des Réaux à Louis XIII, semblerait indiquer, en outre, que Bernard de Besançon était sujet aux distractions comme un véritable savant : un jour « Plessis-Besançon allait « rendre certains comptes au roi et, comme c'est un homme « assez appliqué à ce qu'il fait, il étale les registres sur la « table du roi après avoir mis, sans y penser, son chapeau « sur sa tête. Le roi ne lui dit rien. Quand il eut fait, il « cherche son chapeau partout; le roi lui dit : « Il y a long-« temps qu'il est sur votre tête..... »

nique de *Pierre Brisson; Journal de Généroux; Journal de Daniel Manceau;* Bujeaud, *Chronique protestante de l'Angoumois;* L.-C. Saudeau, *Saint-Jean-d'Angély, d'après les archives de l'échevinage,* etc.

Les *Mémoires* et la Correspondance de du Plessis-Besançon le feront assez connaître pour qu'il soit inutile de s'étendre longuement ici sur sa vie. Cependant son autobiographie est muette sur certains points intéressants de son existence. De plus, elle s'arrête en 1658, époque à laquelle il quitta son ambassade de Venise. Douze années s'écoulèrent encore avant sa mort, qui n'eut lieu qu'en 1670. Nous allons suppléer en quelques mots aux lacunes que nous venons de signaler.

Et d'abord, comment s'appelait la femme de du Plessis-Besançon ? Voilà un point sur lequel les *Mémoires* ne fournissent aucune indication. Entraîné, dès sa jeunesse, par une vie aventureuse au milieu des camps et dans les pays étrangers, puis emprisonné pendant quatre ans à la Bastille, Bernard ne put probablement songer que tard à se marier. Il épousa, le 25 juin 1637, au château seigneurial de Montmyan en Provence, Louise d'Amphoux, fille d'un conseiller du roi au siège de Fréjus et de Saint-Tropez[1], qui lui apporta quelque bien.

La mission de du Plessis-Besançon à Venise ne dut pas, croyons-nous, contribuer à grandir le diplomate qui l'avait remplie. Sans parler de l'intérêt limité qu'offrait, déjà à cette époque, un séjour dans cette ville par suite de l'état d'abaissement où peu à peu tombait la république, du Plessis-Besançon eut la maladresse de faire naître avec le Sénat d'irritants démêlés, en interprétant, peut-être un peu trop librement, d'anciennes coutumes et en donnant, dans son ambassade, asile à qui bon lui semblait, voire même à des bandits[2]. Mazarin ne soutint pas, en cette circonstance, les prétentions de son agent, sur lesquelles les *Mémoires* de ce

---

1. Cabinet des titres.
2. Correspondance de du Plessis-Besançon aux Archives des affaires étrangères; Archives de l'état de Venise.

dernier gardent d'ailleurs un silence prudent. Un peu mortifié, sans doute, par ce petit insuccès, effrayé par l'exemple de son prédécesseur le comte d'Argenson, qui, mal payé de ses appointements, finit par quitter l'ambassade de Venise complètement ruiné, du Plessis-Besançon demanda lui-même son rappel. Ses *Mémoires* donnent sur cette mission des détails plus que suffisants; et, bien que toute la correspondance relative à cette ambassade ait été conservée, nous avons cru inutile de lui faire l'honneur de la publicité.

Rentré en France, du Plessis-Besançon fut très dignement accueilli par Louis XIV et par ses ministres, et reprit, en 1660, le gouvernement d'Auxonne qu'il avait déjà occupé de 1644 à 1651. Cette place, qui commandait les frontières de la Franche-Comté, avait alors une réelle importance et les fonctions de gouverneur n'étaient pas seulement une honorifique sinécure. Nous ne saurions douter, cependant, qu'on ne considérât dès lors le vieux militaire, abattu par l'âge et par la goutte, comme peu propre à un service bien actif. Pourtant, cette vie tranquille et provinciale lui pesa bientôt. De 1663 à 1666, il fit faire auprès du roi plusieurs démarches pressantes en vue d'obtenir l'ambassade de Suisse. La mission qu'il sollicitait était surtout une mission de courtoisie : un officier de son rang et précédé du renom laissé par ses campagnes et par ses négociations eût suffi à la tâche. C'est ce que pensa sans doute Louis XIV, car, par une lettre en date du 28 septembre 1665[1], Lamoignon reçut de Lyonne avis de la prochaine nomination de son cousin. Puis, le roi changea de résolution. Peut-être des motifs politiques firent-ils ajourner l'envoi d'un ambassadeur dans les Cantons. Du Plessis-Besançon mourut quelques années après à Auxonne, le 6 avril 1670. C'est là

---

1. Affaires étrangères, fonds France, mémoires et documents, CCCCVI, 373.

qu'il fut enterré[1]. On y lisait encore son épitaphe en 1721[2].

Nous n'avons dit jusqu'à présent qu'un mot de Charles de Besançon. Il mérite assurément qu'on s'occupe davantage de sa personne. On nous saura gré, nous n'en pouvons douter, de donner ici, sur cet aventureux personnage, une série de documents inédits qui jetteront en même temps un jour nouveau sur plusieurs événements historiques importants. Charles de Besançon de Bazoches, baron de Besançon[3], naquit dans les dernières années du xvie siècle; on ne possède aucun détail sur sa première enfance. Tallemant des Réaux nous apprend qu'il s'attacha de bonne heure au connétable de Lesdiguières, dont il fut le secrétaire et auprès duquel il remplissait les fonctions de commissaire des guerres. Dès l'année 1625, nous le trouvons revêtu du titre de commissaire général[4]. Besançon exploita cette situation avec plus d'habileté peut-être que de délicatesse, et, tout en gardant les limites au delà desquelles il eût été poursuivi comme concussionnaire, ne se fit pas faute, si nous en croyons les *Mémoires de Bassompierre*, « d'emplir ses bouges » de l'argent destiné à l'entretien des troupes. Le connétable étant mort en 1626, Charles de Besançon devint alors un des familiers de Gaston d'Orléans, frère du roi. Le trait que voici peut donner une idée du genre de rapports qui s'établirent entre eux. Un jour, dans une débauche, rapporte Tallemant des Réaux, Besançon chanta au prince l'impromptu suivant,

---

1. L'acte de décès est ainsi conçu : « Messire Bernard du Plessis-Besançon, conseiller du Roy en tous ses conseils, lieutenant général dans ses armées, gouverneur des ville et château d'Auxonne, est décédé le sixiesme d'avril 1670, le saint jour de Pâques, après avoir fait son devoir de chrestien le jour précédent en l'église paroissiale de cette ville d'Auxonne, et a esté regretté de tous les habitants. *Signé* : H. Jannon, p. curé. » (État civil d'Auxonne.)
2. Cabinet des titres, volume 906.
3. *Chronologie militaire* de Pinard, tome IV, page 172.
4. Archives de la guerre, volume 113.

d'après une chanson qui courait à la louange du cabaret et dont la reprise était : « Mais parce qu'au tac du couteau, « on a tout ce que l'on demande » :

> Gaston, qui savez mieux que nous
> Tous les secrets de la taverne,
> De cetuy-cy, souvenez vous,
> Ou bien craignez qu'on ne vous berne.
> Ma foi ! ne faites pas le veau ;
> Frappez si fort qu'on vous entende,
> Puisqu'au seul tac tac du couteau
> On a tout ce que l'on demande.

Tout en cultivant l'amitié de Monsieur, Besançon n'eut garde d'abandonner les emplois lucratifs qu'il occupait. Au commencement de l'année 1629, nous le retrouvons dans le Comtat-Venaissin commissaire général de l'armée du duc de Guise. Ce séjour dans le Midi fut signalé par de gros incidents. Le maréchal d'Estrées, qui ramenait contre les protestants du Languedoc des troupes qu'il avait commandées en Provence, eut affaire à Besançon pour la subsistance de ses soldats. Durant le mois de février 1629, ils échangèrent ensemble, à ce sujet, une correspondance assez vive[1]. Puis, les propos s'envenimèrent et, sur la plainte du maréchal, un ordre d'arrêter Besançon fut envoyé de la cour (7 avril 1629). Cette pièce était signée de Châteauneuf et de Bullion[2]. Le 7 juillet, les maréchaux de Bassompierre et de Schomberg condamnèrent le coupable à avoir la tête tranchée[3]. Grâce aux protections dont il disposait et peut-être aussi par suite de l'heureuse intervention de son cousin Bullion, celui-là même qui avait apposé sa signature au bas de l'ordre d'arrestation, Besançon vit sa peine commuée et fut enfermé au Fort-Lévêque. Redevenu libre, après une courte captivité,

---

1. *Correspondance du maréchal d'Estrées.* Bibliothèque nationale, manuscrits, fonds français, 4067.
2. Archives de la guerre, tome XIII, 101.
3. *Mémoires de Bassompierre.*

il se jeta dans le parti des mécontents dont Monsieur était le chef. Quelqu'imprudence, sans doute, ayant attiré sur sa tête les colères de Richelieu, il fut de nouveau arrêté et reconduit dans sa prison. Mais cette fois encore, la connivence de ses parents et de ses amis lui permit de reconquérir promptement sa liberté.

Une belle occasion s'offrit bientôt à lui de venger ses anciennes injures. Le maréchal d'Estrées avait été chargé par le cardinal de veiller à la garde de la reine mère qui se trouvait alors retenue, à peu près comme une prisonnière, à Compiègne. Le récit suivant, dont l'auteur paraît avoir été bien renseigné, nous apprend comment, à l'aide de Besançon et de quelques affidés, Marie de Médicis parvint à s'enfuir et à tromper la surveillance du maréchal. Tout avait été préparé d'avance. Elle devait se jeter dans la Capelle dont la garnison était gagnée à sa cause. De là, appuyée par les armées espagnoles des Flandres, elle s'imaginait pouvoir traiter d'égale à égal avec le tout-puissant ministre de Louis XIII :

Le 14 juillet, M. le maréchal d'Estrées vint en cour, apportant nouvelles de la reine mère... Elle continuoit à tromper tout le monde, ayant dans son cœur le dessein de sortir comme l'événement le montra. Celui qui conduisoit l'affaire étoit Besançon, homme de cœur et de courage, qui s'étoit échappé de prison, où le maréchal d'Estrées l'avoit fait mettre à cause de la vieille querelle, en sorte qu'il n'osoit plus se montrer, et, étant homme agissant et ambitieux de parvenir, ne se peut tenir à rien faire, outre que c'étoit pour faire affront au maréchal d'Estrées, son ennemi, qui étoit auprès de la reine de la part du roi, que de la faire échapper. Il fit toutes les négociations, allées et venues, avec le marquis de Vardes, le jeune, qui étoit dans la Capelle avec sa femme, la comtesse de Moret, où il commandoit en l'absence de son père. L'entreprise se devoit executer le mardi 16 juillet, que la reine devoit partir... Mais, à cause de quelques gens de guerre qui étoient encore aux passages de la rivière, elle ne put faire son coup que le jeudi au soir 18. Cependant, le roi ayant eu quelque vent de ce qui se tramoit contre son service, manda au marquis de Vardes, le père, qui étoit en sa maison près Beauvais, qu'il eût à s'en aller à la Capelle à toute bride pour empêcher les intelligences que son fils avoit avec sa mère sur cette place, ce qu'il fit en telle diligence qu'il y arriva le soir du jeudi et la reine y passa le samedi au matin... Elle fut bien étonnée quand un gentilhomme, de la part du marquis de Vardes, la vint avertir que le père étoit dans la place; elle reçut cette nouvelle à Sains, petit village où elle coucha la nuit du vendredi, à quatre lieues de la Capelle... Le samedi, sur les sept heures du matin, la reine passa. Le père Vardes, l'ayant reconnue de loin à ses chevaux blancs, fit sonner le tocsin et les tambours, ce qui effraya fort la reine et la fit reculer de la Capelle d'où elle alla coucher à Avesnes... Le marquis de Vardes envoya aussitôt au roi pour l'avertir de ce qui s'étoit passé[1]. Le roi envoya M. de Nesmond[2], maître des requêtes, sur la piste qu'avoit tenue la reine pour apprendre ce qui s'étoit passé dans sa route[3].

Les documents qui vont suivre corroborent et complètent ce récit. Rapprochés, en outre, des divers événements qui marquèrent, à cette époque, l'existence de Besançon et que nous allons relater, ils réduisent à néant les soupçons de Brienne et de Gaston d'Orléans qui, dans leurs *Mémoires*, paraissent croire que Besançon joua double jeu en cette circonstance et, en entraînant la reine mère dans les Flandres, servit sciemment les intérêts du cardinal.

Le maréchal d'Estrées au cardinal de Richelieu.

Laon, le 21 juillet 1631.

Je vous mandai hier de Compiègne comme j'avois dépêché à la Capelle un gentilhomme qui étoit avec moi... Le carrosse qui

---

1. Dans la lettre qu'il adressa au roi, le 20 juillet 1631, le marquis de Vardes confirme tous ces détails. D'après lui, toutefois, la reine mère passa en vue de la Capelle à cinq heures du soir. (Affaires étrangères, fonds France, DCCC, 231.)

2. L'enquête faite par Nesmond a été imprimée dans les *Mémoires pour l'histoire du cardinal de Richelieu*, tome I, page 370. Elle mentionne à plusieurs reprises le nom de Besançon.

3. *Journal de la cour sous Louis XIII*, manuscrit de la bibliothèque de l'Institut, collection Godefroy, CCLXXXV, folio 42 et suivants.

attendoit la reine mère auprès de Rouy étoit à Besançon et sa femme étoit dès dimanche, attendant son passage, en la maison d'un de ses oncles appelé Maupas... Comme je finis cette lettre, j'en reçois une du sieur de la Bourdonnière qui est celui que je dépêchai hier de Compiègne, laquelle je vous envoie[1].

La Bourdonnière au maréchal d'Estrées.

Mons-en-?..., le 20 juillet [1631].

Je viens d'apprendre, par une personne de croyance, que la reine est à Avesnes. Elle n'a pas entré à la Capelle... C'est Besançon qui l'a enlevée. Ses filles ont couché à Rouy chez un gentilhomme qui est neveu de Besançon[2]...

Le marquis de Vardes, gouverneur de la Capelle, à La Vrillière, secrétaire des commandements du roi.

La Capelle, le 24 juillet 1631.

... La reine mère est à Avesnes, trois lieues d'ici, et n'a pas grands gens avec elle. Un de ses gouverneurs est Besançon, lequel m'a ruiné mon fils, qui s'en va désespéré... C'est ce Besançon qui me l'a perdu. La reine mère, à ce que l'on dit, voudroit qu'il lui eût coûté un million d'or et avoir été en cette place, qu'elle y étant, elle y eût pu trouver sûreté, et, le roi l'y laissant, qu'elle y eût pu traiter pour elle et pour M. son fils. Je vous écris les bruits qui courent parmi eux. Cependant, j'eus hier avis qu'elle a répandu quelque argent parmi cette garnison et cela me met en peine. Encore cette nuit passée, j'y ai donné si bon ordre que, s'ils y fussent venus, je les eusse battus sans doute. Mais je vois bien que cela ne se peut pas continuer... J'ai grand'peine d'être ainsi sans soulagement, car je suis en peine du dedans. Ce Besançon a persécuté mes soldats[3].

Réfugié en Flandre avec la reine mère, Charles de Besançon ne renonça pas à sa vie d'aventures. Son frère Bernard,

---

1. Affaires étrangères, fonds France, mémoires et documents, DCCLXLIX, 63.

2. Affaires étrangères, fonds France, mémoires et documents, DCCLXLIX, 49.

3. Affaires étrangères, fonds France, mémoires et documents, DCCC, 246.

dont on redoutait sans doute la complicité, fut arrêté inopinément et incarcéré à la Bastille. Deux billets anonymes conservés aux Archives des affaires étrangères, dans la correspondance politique de Richelieu relative à l'année 1631[1], et qui provenaient, selon toute vraisemblance, d'espions du cardinal dans les Pays-Bas, prouvent que Besançon revint secrètement à Paris, pour les affaires de la reine mère, au mois d'octobre 1631. On sait les attaques passionnées auxquelles le premier ministre de Louis XIII fut en butte pendant l'année 1632. Le duc d'Orléans, étant sorti du royaume, vint trouver la reine mère qui s'était fixée à Bruxelles. Dans le Languedoc, une révolte générale éclata sous la conduite du duc de Montmorency. Battu à Castelnaudary (1er septembre 1632), le chef des rebelles fut jeté en prison, et le parlement de Toulouse fut chargé de lui faire son procès. On crut dans l'entourage de Marie de Médicis que, par un coup d'audace, on empêcherait sa condamnation. Besançon fut chargé de mettre à exécution un projet qui, en cas de succès, eût sans doute placé le cardinal dans un cruel embarras.

Pendant que Richelieu était dans le Midi occupé à réprimer le soulèvement des provinces, sa nièce, Mme de Combalet, était demeurée tranquillement à Paris. Chacun sait l'affection qu'il avait pour celle qui devint plus tard la duchesse d'Aiguillon, affection telle que bon nombre de contemporains n'ont pas hésité à lui prêter un caractère singulièrement intime. La reine mère, conseillée par un prêtre fanatique, le père Chanteloube, son confesseur, crut qu'en enlevant subitement la nièce de Richelieu à Paris et en l'emmenant comme otage dans les Flandres, elle pourrait traiter sur des bases solides avec le cardinal et obtenir la mise en liberté de Montmorency, peut-être même d'autres conces-

---

1. Affaires étrangères, fonds France, mémoires et documents, DCCLXLIX, 219, 222.

sions encore. Tallemant des Réaux, qui parle de l'attentat dont faillit être victime Mme de Combalet, paraît assez sceptique en ce qui concerne la bonne foi avec laquelle Besançon se fit, en cette circonstance, l'instrument des vengeances de la reine mère. Il l'accuse d'avoir lui-même fait prévenir d'avance la nièce de Richelieu du danger qui la menaçait. Nous ne croyons pas, pour notre part, à cet acte de généreuse duplicité. Toujours est-il que peu s'en fallut que l'enlèvement ne réussît et que Mme de Combalet ne fût arrachée de son carrosse sur la route de Saint-Cloud où elle se rendait en compagnie de Mlle de Rambouillet[1].

Voici le récit que fit de cet incident un nommé La Rivière[2] à Testu, chevalier du guet et capitaine de la police de Paris, au mois de septembre 1633, d'après les propres confidences qu'il avait recueillies de Besançon pendant un séjour qu'ils firent ensemble à Bruxelles :

Étant aux mois de mars, avril, mai et juin derniers ou environ en la ville de Bruxelles, logé avec le sieur de Besançon, soi-disant commissaire général des armées de France, icelui Besançon, pendant ledit temps, m'auroit déclaré s'être sauvé du Fort-Lévêque par artifices fabriqués par son frère, appelé Plessis, qui est dans la Bastille, entre autres inventions celle d'une échelle qui se montoit avec chevillets et tirefonds, laquelle, à plusieurs fois, sa femme lui avoit apportée sous sa robe, comme aussi son valet dans des fagots et une servante dans des draps; que, du depuis, il auroit enlevé la reine, accompagné de la Bernardière et plusieurs autres, et conduite à Bruxelles.

Non content de ce, entrepris l'enlèvement de Mme de Combalet, à l'instante prière de la reine, Monsieur en étant aussi averti, et ce, pour sauver la vie de M. de Montmorency, la reine ayant résolu de la faire mourir de pareille mort. De laquelle

---

1. Note de Tallemant des Réaux sur la vingt-huitième lettre de Voiture.
2. Jean-Alexandre de la Rivière. Ce personnage paraît n'avoir été qu'un agent obscur du cardinal de Richelieu et ne doit pas être confondu avec Louis Barbier de la Rivière, favori de Gaston d'Orléans.

entreprise étoient les nommés la Bernardière, la Roche, Sarzac, le neveu du Père Chanteloube, le Père Champagne de l'Oratoire, la Baste, Rouvré, Saint-Amour, valet audit Besançon, René, valet audit la Bernardière, ainsi que lesdits Besançon et Bernardière m'ont dit par plusieurs fois. Et que, pour cet effet, la reine avoit baillé, entre autres sommes, douze cents pistoles, lesquelles étoient entre les mains de quelque marchand ou autre à Paris et que la Baste délivroit l'argent. Qu'ils, à savoir Besançon, la Roche, Bernardière, Champagne père, le neveu du Père Chanteloube, avoient été vendus par le nommé Rouvré et la Baste... Que, pour montrer combien cette action étoit juste, le Saint-Esprit les conduisoit, vu que, sur l'heure d'être pris, sans y penser, s'en allant souper chez la Baste, Besançon fut averti par un cordon bleu qui étoit de cette conspiration, au cas où elle n'eût réussi, de se sauver, et que leur dessein venoit d'être découvert; lequel personnage il ne m'a pas voulu nommer, bien, m'a-t-il dit, que le même l'avoit été voir dans le Fort-Lévêque en carosse. Soudain lequel avis, il acheta de la coupe-rose, se rase et frotte si très fort le visage qu'en demi-heure fut tout couvert de pustules, se sauve et passe au milieu de la compagnie ou autres cavaliers qui étoient à M. le comte de Soissons, le cherchant et poursuivant jusques à la frontière, lui y étant cinquième avec les nommés Bernardière, la Roche, Champagne, Saint-Amour et René. De retour à Gand, la reine ne leur avoit pas fait bonne réception[1]...

Voici, d'autre part, en quels termes le chevalier du guet rendit compte de l'incident au cardinal. Il est permis de supposer, d'après ces écrits, que Besançon, s'il ne prévint pas Mme de Combalet, s'efforça du moins, lorsqu'il vit son plan découvert, de détourner habilement de sa tête une partie des colères qui le menaçaient. Sa finesse donna sans doute naissance aux soupçons dont Tallemant des Réaux s'est fait l'écho :

Testu au cardinal de Richelieu.

Paris, le 25 octobre 1632.

Vous aurez, à cette heure, à ce que je crois, appris par Bon-

---

1. Affaires étrangères, fonds France, mémoires et documents, DCCCVIII, folio 7.

nefroy l'attentat qu'on a voulu commettre en la personne de Mme de Combalet, votre nièce, lequel, le bruit en ayant couru par Paris, est trouvé si étrange de tout le monde et si indigne de la personne qui l'a prémédité qu'il ne se peut davantage. Aussi, cela ne se pouvoit imaginer et Dieu n'a pas voulu qu'un tel acte se commît. La bonne dame a témoigné une grande constance et résolution et, pendant que nous conduisions l'affaire pour l'exécuter, elle n'a point voulu déloger ni s'accompagner davantage, quoique ce ne fût pas mon avis. Cela nous a, néanmoins, donné plus de facilité, et j'ai continué toujours du depuis à travailler en la suite de cette affaire pour l'éclaircir; et même j'avois encore découvert où étoit logé Tournabonne et, comme j'allois pour le prendre, ladite dame me pria de n'en rien faire, disant qu'il lui avoit fait parler, et que même il devoit parler à elle et qu'il lui promettoit de servir et de faire prendre Besançon, quoique même il fût passé en Flandres, et nous a donné mémoire de tous les chemins qu'il croyoit qu'il devoit tenir; si bien que j'y ai envoyé un de mes lieutenants pour voir s'il seroit si heureux que de le pouvoir attraper et un autre vers monseigneur le comte pour faire prendre garde sur toutes les frontières, et lui avons envoyé un mémoire des passages. Il n'est que lui second, et celui qui a fait le bien est cause qu'il n'a pas été pris, l'ayant lui-même fait évader; et Mme de Combalet l'en a même loué, vu la raison qu'il lui a dite, et, néanmoins, ledit sieur Bonnefoy vous aura pu dire l'effort que j'ai fait pour l'induire au contraire[1]...

Testu au cardinal de Richelieu.

Paris, le 11 novembre 1632.

Le sieur de Tournabonne est ici, de retour de Bruxelles, lequel a rapporté tous les discours qui s'y sont passés sur le sujet de la prise de ces gens qui ont voulu enlever madame votre nièce, et particulièrement ceux qu'a tenus le diable de Chanteloube, que je nommerai ainsi plutôt que Père, dont la prise de son neveu les touche plus que tout et particulièrement la reine, car ledit Chanteloube dit qu'il ne se soucie pas d'en faire une victime pour elle; et ont créance que c'est Besançon qui a découvert

---

1. Affaires étrangères, fonds France, mémoires et documents, DCCCIII, folio 200.

l'affaire, ce qui leur a donné sujet de renvoyer ici ledit Tournabonne[1]...

Ainsi qu'on l'a vu, Marie de Médicis accueillit assez mal ses émissaires lorsqu'ils revinrent près d'elle les mains vides. Elle ne voulut pourtant pas s'avouer vaincue. Le duc de Montmorency ayant été exécuté, la cour revint à Paris. Tous les écrits du temps et les *Mémoires de Richelieu* relatent les complots sans nombre qui furent alors dirigés contre la personne du cardinal. La dénonciation suivante, faite par La Rivière en même temps que celle que nous avons déjà rapportée, permet de se faire une idée des noirs desseins que formaient alors à Bruxelles les hommes attachés au parti de la reine mère :

Ils proposent, la mort de M. de Montmorency s'en étant ensuivie, tuer monseigneur le cardinal... Pour cet effet, la Bernardière étoit à Paris, auquel lieu il a demeuré six semaines; puis, le demi-mars et avril, de retour à Bruxelles, il m'a dit venir dudit Paris, y avoir séjourné ledit temps pour exécuter la résolution de mort à l'encontre de mondit seigneur avec les circonstances qui s'en suivent :

Qu'il étoit logé avec son frère, un temps autre, chez un nommé le petit pâtissier du faubourg Saint-Germain, le reste chez une veuve parente du Père Champagne, déguisé en gueux portant une petite fille entre ses bras et rasé, tenant un pistolet sous sa besace, ayant en cet état failli à tuer mondit seigneur, lui ayant demandé l'aumône à la portière, sans l'embarras d'autres carrosses qui l'eussent empêché de se sauver... Depuis lequel temps il l'avoit aussi failli, déguisé en cocher, proche l'hôtel de Soissons, sans qu'il se trouvât au droit d'une rue qui n'a pas de bout proche de là, qu'il l'avoit failli tuer, m'ayant dit souvent ces mots que le différé n'étoit pas perdu...

Le roi étant sorti de Paris environ la fin de mai et monseigneur suivant Sa Majesté, il en avoit donné avis à la reine, occasion que le Père Chanteloube lui avoit envoyé deux cents pistoles pour moyenner la sortie de son neveu, vu qu'on commençoit à

---

1. Affaires étrangères, fonds France, mémoires et documents, DCCCIII, folio 251.

lui faire son procès ; à ces fins, il m'a dit lui avoir fait tenir, étant lors déguisé en cocher, des tarières, vire-brequins et ciseaux pour déjoigner des grilles et rompre des pierres...; et que, n'étoient les pensions que le roi donnoit au Plessis-Besançon, il y auroit longtemps qu'il se seroit sauvé, y ayant tous les apprêts en cas qu'on vînt à lui faire son procès.

Quand j'ai quitté Besançon et la Bernardière à Bruxelles, ils étoient après à faire faire des échelles de soie pour de nouveau, à la sollicitation de Monsieur et de la reine mère, enlever Mme de Combalet...

Lorsque le prévôt de l'hôtel alla prendre Besançon prisonnier pour l'amener au Fort-Lévêque cette dernière fois, sa femme jeta dans le privé de sa chambre une cassette pleine de papiers où Sa Majesté et son Éminence verront tous les mauvais sujets du royaume, Besançon m'ayant dit avoir vu la plupart des grands du royaume, lesquels sont signés, déclarant feu M. de Montmorency chef de toute la noblesse. J'en ai aussi donné avis ; elle[1] y est encore, car plusieurs fois j'ai battu cette corde et sa femme me l'a assuré aussi bien que lui...

J'ai ci-devant donné avis à Sa Majesté et à son Éminence du dessein que Besançon a sur certaine île ; elle est fort importante. A présent, les Dunquerquois ont promis des vaisseaux. Pareillement, de la surprise du mont Saint-Michel, guère moins important... Je dénonce un frère d'icelui La Bernardière, religieux dans ledit mont Saint-Michel, qui doit empoisonner, quand son frère voudra, [les] autres pauvres religieux avec de l'opium, en festinant ensemble, dans leur vin, pain et viande, où ces malheureux ont résolu de se retirer avec des vaisseaux proches de là...

J'écrivis aussi à la fête de la Pentecôte concernant le plus subtil poison qui ait jamais été, où, si un chien marche dessus, il y reste, comme aussi que la reine et ces messieurs en cherchent le moyen de faire mourir monseigneur le cardinal, de loin, qui leur a été déclaré possible à cet effet. Il y a à Paris un médecin nommé Renetiny, qui est à Monsieur et qui souloit être au président Le Coigneux. Ils se promettent par ce moyen recouvrer du chirurgien de mondit seigneur du sang, et que, cela étant, par sympathie, le mêlant à leur maudit poison, qui est composé de menstrues d'une femme putréfiée avec un crapaud et arrière-foie avec la cervelle d'un pendu, soudain par sympathie ou len-

---

1. La cassette.

tement, après plusieurs enflures, le sang se consume peu à peu, facilement la mort s'y introduit. Ce poison vient d'un juif, enseigné à Besançon par un nommé Louvat, qui demeure à Avignon, et qui est écrit dans un livre lequel se trouvera dans la susdite caissette [1]...

Cette dénonciation, qui nous fait sourire aujourd'hui, fut alors prise très au sérieux et mit sur les dents le chevalier du guet et toute la police du royaume. Une embuscade fut tendue à Besançon, et Testu essaya de le faire venir sur la frontière à Péronne, où des archers devaient s'emparer de lui. Mais celui-ci, flairant un piège, ne s'avança que jusqu'à Cambrai et envoya à sa place un soldat qui fut arrêté [2].

Tant de dangers courus en pure perte, l'humeur difficile de la reine mère que ces insuccès aigrissaient chaque jour davantage, enfin l'incapacité comme chef de parti et l'inconstance de Gaston d'Orléans, donnèrent probablement à réfléchir à Besançon. L'autorité du roi et celle de Richelieu lui parurent trop solidement assises pour qu'il fût possible de continuer plus longtemps une lutte si inégale. A la fin de l'année 1633, il eut occasion de revoir son perfide ami La Rivière. Il se servit de son intermédiaire pour faire parvenir au roi cette requête :

Mémoire du sieur de la Rivière touchant les propositions de Besançon qui propose de quitter la reine mère pour servir le roi. 1633 [3].

Besançon supplie Sa Majesté et Monseigneur le vouloir pardonner, tant de l'enlèvement de la reine par lui fait à Compiègne, que pour avoir voulu enlever Mme de Combalet et, du depuis, avoir envoyé exprès à Paris pour enlever Sarzac, neveu du Père Chanteloube... Dit ne vouloir faire de conditions avec ses maîtres

---

1. Dénonciation faite par un nommé La Rivière, le 6 septembre 1633. Affaires étrangères, fonds France, mémoires et documents, DCCCVIII, folio 7.
2. Mémoire de la main de Testu. Affaires étrangères, fonds France, mémoires et documents, DCCCVIII, 251.
3. Ce document paraît être de la fin de l'année 1633.

et que, lorsqu'il aura rendu le service qu'il a promis, il espère sa grâce et s'y confie dès à présent, tout ainsi que s'il l'avoit, désirant absolument exécuter sa parole.... Il promet rendre l'homme[1], et ce, par le Pont-de-Loup[2], qui est à neuf lieues de Bruxelles, ou plus près, par Marimont[3] et Fontenay-Lévêque[4], qui n'est que sept lieues de Bruxelles ; et que le même chemin qu'il avoit reconnu par trois fois pour l'enlèvement de Mme de Combalet est celui dont il se veut servir et lequel est à couvert de tout...

Supplie Sa Majesté et mondit seigneur lui envoyer par moi passeport pour sa femme et enfants, qu'il désire faire partir vers le mercredi de Pâques, auparavant exécuter son dessein et ce, par otage et assurance de sa fidélité, supplie son cousin Caury l'accompagner étant sorti hors de la frontière.

Qu'il exécutera et fera main basse et hautement déclarera qu'il est celui seul auteur de son propre mouvement, sachant les pratiques que ce malheureux pratique ordinairement contre les personnes sacrées de Sa Majesté et de mondit seigneur par les nommés le Père Alpheston[5] et deux Écossois, l'un nommé Monterost.

Il demande que je lui donne une douzaine d'hommes armés de pistolets et épées qu'il logera dans Bruxelles et lesquels ne sauront rien et n'obéiront qu'à un d'entre eux pour sortir hors de la ville, lors de l'action, bien montés.

Veut que je me trouve au Pont-de-Loup ou à Mariemont, selon qu'il aura reconnu, avec qui il me plaira, n'ayant rien à craindre ; désireroit néanmoins, sous le bon plaisir du roi et de mondit seigneur, que son frère fût avec moi, se référant du tout à leur volonté, comme aussi lui étant nécessaires cinq ou six amis de par delà, supplie l'assurer d'abolition pour eux.

---

1. Il nous a été impossible de retrouver le nom de cet individu. Il s'agit probablement de quelque agent de la reine mère.
2. Pont-de-Loup, Hainaut, 10 kilomètres 5 à l'est de Charleroi.
3. Mariemont, près Morlanwelz, province de Hainaut.
4. Fontaine-Lévêque, à 10 kilomètres à l'ouest de Charleroi, province de Hainaut.
5. Alfeston était natif de Châlons et fils du lieutenant criminel de Vitry. Il finit par tomber entre les mains de la police et fut condamné par le parlement de Metz, vers la fin de l'année 1633, à être rompu vif sur la roue, pour avoir attenté à la vie du cardinal (*Mémoires de Richelieu*).

Dit de plus que, pour ce qui concerne le dernier accommodement de la reine, c'étoit une feinte avec dessein pernicieux, ce qui se peut voir de tout ce qu'elle a fait depuis... Et qu'il veut vivre et mourir fidèle serviteur de Sa Majesté et de mondit seigneur [1].

Des pourparlers s'engagèrent alors en vue d'un accommodement. Bien des voix amies se firent sans doute entendre à Paris en faveur du coupable. Vers cette même époque, le roi accorda un pardon général à tous ceux qui avaient suivi Monsieur [2]. Besançon négocia, pendant l'automne de 1634, par l'entremise de Bouthilier, secrétaire des commandements du roi, les termes de l'acte de l'abolition qui lui était nécessaire pour rentrer en France en toute sécurité [3]. Des lettres de grâce lui furent accordées le 28 février 1635 [4]. Mais on paraît avoir exigé de lui, en prenant cette mesure de clémence, comme preuve indéniable de sa sincérité, qu'il s'employât, ainsi qu'il l'avait d'ailleurs lui-même proposé, à enlever sur les frontières des Flandres l'un de ses anciens compagnons d'aventures et des partisans de la reine mère. Comment le coup fut-il exécuté? Qui en fut la victime? Nous en sommes réduits, sur ces divers points, à de simples suppositions. Toujours est-il que le billet suivant adressé par Richelieu à Bouthilier, secrétaire d'État, semble bien indiquer qu'une entreprise de ce genre fut exécutée, vers cette même époque, sous les ordres de Besançon :

Royaumont, le 18 mars 1635.

... Je vous prie de faire ressouvenir Besançon des éclaircissements qu'il promet sur le sujet de M. de Puylaurens, afin qu'il

---

1. Affaires étrangères, fonds France, mémoires et documents, DCCCVIII, folio 252.
2. Affaires étrangères, fonds France, mémoires et documents, DCCCXI, folio 59.
3. Affaires étrangères, fonds France, mémoires et documents, DCCCXI, folios 41, 42.
4. Bibliothèque nationale, Cabinet des titres, volume 906.

fasse venir de Bruxelles ceux par lesquels il en peut donner connoissance.

— Vous direz aussi, s'il vous plaît, à M. Servien qu'il donne un petit ordre pour que, de la plus proche compagnie de cavalerie de la frontière, vingt-cinq chevaux-légers fassent ce que leur dira Besançon, sans sortir du royaume si ce n'étoit d'une lieue ou deux[1]...

Ici s'arrêtent les folles équipées de Charles de Besançon. Il reprit peu après du service dans l'armée, ainsi que son frère, qui fut remis en liberté au commencement de l'année 1635. Tous les deux semblent avoir vécu dès lors dans une grande union. Nous croyons inutile de donner ici en détail les états de service des deux frères qu'on peut lire dans la *Chronologie militaire*. Nous rappellerons cependant quelques anecdotes qui les concernent tous les deux et sur lesquelles les *Mémoires* et la Correspondance de du Plessis-Besançon ne fournissent aucun renseignement.

En 1640 et 1641, Bernard séjourna longtemps en Catalogne et négocia, avec les états de la province révoltée, l'annexion de ce pays à la France. Pressés par les armées espagnoles, les Catalans demandèrent du secours à Louis XIII. L'armée navale, commandée par Henri Escoubleau de Sourdis, archevêque de Bordeaux et général des galères, ne répondit pas à cet appel aussi vite que l'eût souhaité Richelieu. Peu après, s'étant présentée sur les côtes de Catalogne, elle subit un échec irréparable devant Tarragone (août 1641). A la cour, on arrêta la résolution de destituer le prélat fanfaron et incapable qu'on considérait comme l'auteur de ce désastre. Charles de Besançon fut spécialement chargé de faire une enquête sur la conduite de l'archevêque[2]. Il se rendit à Toulon et y recueillit les dépositions de nombreux témoins. Sour-

---

1. Affaires étrangères, fonds France, mémoires et documents, DCCCXIII, 168.
2. Instructions des 10 février et 11 mai 1641. (Archives de la guerre, LXIII, folio 348, et LXIV, folio 461.)

dis lui reproche, dans sa *Correspondance*, d'avoir fait preuve d'une partialité implacable[1]. Dans tous les cas, ses conclusions furent sévères : « Connaissant la bonté extrême « de Votre Éminence, » écrivait-il le 21 novembre 1641 à Richelieu, « j'appréhende bien qu'elle ne soit touchée de « douleur en apprenant qu'une personne qu'elle a comblée « d'honneurs et de grâces se trouve chargée par les infor- « mations que je fais de plusieurs crimes, tant envers Dieu, « Sa Majesté, Votre Éminence que d'aucuns particuliers[2]. »

Tallemant des Réaux raconte que Besançon, « au retour, « en dit le diable et que l'archevêque croyoit être le seul « habile homme qu'il y eût en France. Le cardinal le relé- « gua à Carpentras et, en allant à Perpignan, il le confina « dans une bicoque de la montagne. »

Les résultats de cette mission donnèrent satisfaction à Richelieu qui récompensa l'exécuteur de ses hautes œuvres en le nommant intendant de Touraine (1642)[3]. Mais l'éclatante disgrâce qui frappa l'archevêque laissa les plus pénibles souvenirs chez tous les membres de la maison de Sourdis qui, depuis lors, gardèrent une haine profonde aux Besançon. Quelques années plus tard, un des neveux du prélat essaiera d'infliger aux deux frères un sanglant affront auquel ils surent, comme on le verra d'ailleurs, fort heureusement se dérober.

Au moment où éclatèrent les troubles de la Fronde, Charles et Bernard occupaient les fonctions de maréchal de camp. Tandis que son frère cadet était envoyé par la cour en mission en Normandie, Charles fut arrêté dans Paris par le parti du parlement et des princes. Le 11 janvier 1649, un conseil de guerre réuni à l'hôtel de ville le fit élargir sous la

---

1. *Correspondance de Henri Escoubleau de Sourdis*, tomes I et II.
2. Affaires étrangères, fonds France, mémoires et documents, MDCXXXIII, 421.
3. *Mercure de France*, octobre 1710. — Chalmel, *Histoire de Touraine*.

caution de son cousin, le président de Novion[1]. Peu après, les frondeurs lui donnèrent une commission pour commander des troupes de cavalerie. Il sut se soustraire à cet honneur, qu'il n'avait sans doute pas sollicité, et passa dans les rangs de l'armée royale. Pendant toute la durée de la Fronde, la fidélité des deux frères envers le roi et Mazarin paraît avoir été inébranlable[2]. En 1652, Charles de Besançon ne recula pas devant de grandes dépenses pour venir en aide au parti de la cour. Il leva et entretint à ses frais un régiment de cavalerie et un régiment d'infanterie qui ne furent licenciés que lorsque la paix fut rétablie dans tout le royaume[3].

Au cours des événements qui mirent alors nos institutions en péril, une grande assemblée de la noblesse se réunit chez le marquis de Monglat, puis, les appartements de celui-ci n'étant pas assez vastes, chez le marquis de Sourdis[4], dans le but de résister aux tentatives d'empiétement de quelques grands seigneurs. Les deux frères Besançon vinrent, comme la plupart de leurs amis, pour assister à une réunion qui eut lieu, le 9 octobre 1649, à l'hôtel de Sourdis. En l'absence de son père, le marquis d'Alluye faisait les honneurs de la réception. En apercevant MM. de Besançon, le souvenir de l'ancienne injure faite à son oncle lui revint à l'esprit et il émit la prétention de les chasser de sa demeure, « disant qu'ils « n'étaient pas gentilshommes. » « ... Il y eut grand bruit[5]. » Leur origine était de robe et nul doute que les Sourdis n'appartinssent à une maison plus ancienne et plus considérable que la leur. Cependant, cette haineuse agression ne pouvait les atteindre. Ils en appelèrent au règlement de l'assemblée

1. *Registres de l'hôtel de ville de Paris pendant la Fronde*, tome I, pages 120 et 155.
2. Archives de la guerre.
3. *Chronologie militaire*.
4. *Mémoires de Monglat*.
5. *Journal des guerres civiles par Dubuisson-Aubenay*, tome I, page 189.

et, en quelques heures, firent signer une protestation qui leur permit de tenir tête à l'orage. Un certain nombre de gentilshommes vérifièrent leur généalogie d'après des titres authentiques et reconnurent, non seulement que leur noblesse suffisait suivant la rigueur des ordonnances, mais qu'elle remontait bien au delà du nécessaire. Voici les noms de ceux qui se portèrent garants pour MM. de Besançon : les maréchaux de Schomberg, de l'Hospital et de Villeroy; le marquis de Montglat, grand maître de la garde-robe; Jean d'Espinchal, baron de Ternes, capitaine des galères; Charles de Cocherel de Bourdonné, maréchal de camp, gouverneur de Vic; le baron de Verpel; le marquis de Bréval; Antoine-François, comte de Bussy-Lameth, maréchal de camp, gouverneur de Mézières; François de Vaudetar, baron de Persan, maréchal de camp; Saint-Simon de Vermandois, chevalier des ordres du roi; le comte de l'Hospital; Antoine de la Motte, marquis d'Houdancourt, maréchal de camp, gouverneur de Corbie; Charles Combaud, baron d'Auteuil; le marquis de Lambert, lieutenant général des armées du roi; Anne-Alexandre de l'Hospital, comte de Sainte-Mesme, maréchal de camp, et Guy de Bar, maréchal de camp[1].

Lorsqu'en 1653 le rétablissement de l'autorité royale fut complètement assuré, les deux frères furent, en récompense de leur dévouement, nommés lieutenants généraux. Ce fut le moment le plus brillant de leur carrière. Tandis que Bernard obtenait l'ambassade de Venise, Mazarin accordait à son frère la charge de conseiller et commissaire général des guerres pour tout le royaume, charge qui lui donnait entrée au conseil des ministres. A partir de 1658, Charles de Besançon quitta le service. Il mourut le 7 juillet 1669.

Nous avons consacré plusieurs pages aux ascendants de Charles et de Bernard de Besançon. Il est juste de dire également un mot de leurs descendants.

---

1. Cabinet des titres, volume 906.

Sauf erreur possible de notre part, Charles n'eut que deux enfants, un fils également appelé Charles et une fille nommée Marie. Le fils embrassa, comme son père, la carrière des armes. Il fit les campagnes d'Italie en 1646 et 1647, fut blessé au siège de Porto-Longone[1] et s'éleva jusqu'au grade de colonel d'infanterie. Au mois d'avril 1657, il traita pour une charge de mestre de camp. Nous ignorons s'il parvint à l'obtenir. Le Père Anselme le qualifie de seigneur de Courcelles, baron de Bazoches et vicomte de Neuchâtel. Il épousa Jeanne van Betinghar et eut trois filles : Élisabeth-Jaqueline, mariée à Jean-Baptiste Piques, seigneur de Montarvaux ; Anne-Marguerite, épouse de Gabriel du Mont, baron de Blaignac, et Charlotte-Marie-Thérèse, qui épousa, en 1696, Gabriel de Montmorency-Laval, marquis de Laval[2]. Marie de Besançon devint la marquise de Vergne, par suite du mariage qu'elle contracta, en 1654, avec François d'Abzac de la Douze, marquis de Vergne[3]. C'est à elle, sans doute, que se rapporte le trait relevé par Tallemant des Réaux dans l'Historiette de Cérisante. D'après ce témoignage, Mlle de Besançon ne jouissait pas, de son temps, d'une grande réputation de beauté ; mais on ne saurait lui refuser le don de l'à-propos dans ses répliques et une certaine fierté qui rappelle le caractère indépendant de son père.

Bernard du Plessis-Besançon eut au moins les quatre enfants qui suivent : 1° Roger, *dit* le chevalier du Plessis-Besançon. En 1667, il commandait, en qualité de capitaine, une compagnie du régiment d'Harcourt[4] ; à plusieurs reprises, il remplaça temporairement son père dans le gouvernement d'Auxonne[5], mais il n'en put obtenir la survivance ; il n'a laissé, d'ailleurs, aucune trace dans l'histoire ;

1. *Gazette de France,* novembre 1646.
2. *Mercure de France,* Père Anselme.
3. D'Hozier, Courcelles.
4. Cabinet des titres, volume 319.
5. Archives de la guerre, volume 188, folio 252.

2° Louis-Auxonne, filleul du prince de Condé, le même probablement qui, d'après les *Mémoires*, était en 1655 page du cardinal Mazarin; 3° Anne[1], mariée en 1664 à Pierre Rouxel, comte de Grancey, baron de Médavy, maréchal des camps et armées du roi, fils aîné du maréchal de Grancey; 4° Hélène : cette dernière[2] épousa en premières noces Jean Le Brun, seigneur du Breuil, président au grand conseil, et, en secondes noces, le 14 juillet 1688, Louis-Charles, prince de Courtenay. Saint-Simon parle à diverses reprises de cette alliance. D'après le *Mercure* du mois d'octobre 1710, la princesse de Courtenay était alors la dernière survivante du nom de Besançon. Elle mourut elle-même le 30 novembre 1713[3], laissant une fille unique, la princesse Hélène de Courtenay, dernière héritière de cette antique et royale maison. Celle-ci avait épousé à son tour, le 5 mars 1712, Louis-Bénigne, marquis de Bauffremont, lieutenant général des armées du roi, chevalier de la Toison d'or[4], à qui elle apporta sa fortune et son nom. De ce côté, la descendance de du Plessis-Besançon s'est perpétuée nombreuse et brillante. Elle a porté ou porte encore, à l'heure actuelle, les noms de Bauffremont-Courtenay, Choiseul, Narbonne-Lara, Nettancourt, Gontaut-Biron-Saint-Blancard et Cossé-Brissac.

Avant de terminer cette notice, nous croyons utile de résumer en quelques mots l'œuvre militaire et diplomatique accomplie par le personnage qui fait l'objet de cette publication. Comme officier, du Plessis-Besançon donna des preuves d'un véritable talent. Il n'exerça qu'à deux reprises et seulement pendant peu de temps un commandement en chef : en Catalogne, pendant l'hiver de 1640 et 1641, et à Naples, en 1648, commandement partagé pendant cette dernière cam-

---

1. *Mercure de France*, Père Anselme.
2. Saint-Simon, *Mercure de France, Gazette de France*, Père Anselme.
3. *Mercure de France; Gazette de France.*
4. Courcelles, *Pairs de France.*

pagne avec le prince Thomas de Savoie et le cardinal Grimaldi. La plupart du temps, ses fonctions se bornèrent à celles de chef d'état-major d'une armée ou d'*homme du roi*, c'est-à-dire d'homme de confiance du souverain et du premier ministre auprès des généraux chargés du commandement en chef. Malgré cela, même comme militaire, son nom a percé dans l'histoire. Aux sièges de la Rochelle et de Fontarabie comme ingénieur, au secours de Casal comme chef de l'avant-garde française, aux sièges de Salces, de Rivesaltes et de Perpignan sous le prince de Condé, aux combats devant Barcelone en 1641, à la bataille de Llorens sous le comte d'Harcourt, du Plessis-Besançon a rendu des services que tous ses contemporains sont unanimes à signaler[1].

Comme diplomate, il mérite encore bien davantage d'être apprécié et connu. Son premier essai dans les négociations fut un véritable coup de maître. En 1640, au moment même où le Portugal secouait le joug de l'Espagne, les Catalans, jaloux de leurs libertés, se soulevèrent contre l'autorité du roi catholique, massacrant les officiers du prince et chassant de leur province les garnisons espagnoles. Quelle bonne fortune pour Richelieu s'il pouvait faire tourner de pareils événements à notre profit, mais aussi combien aventureuse la mission qui incombait à celui qui, seul et sans armée, allait s'avancer au nom du roi de France au milieu de la province bouleversée! Du Plessis-Besançon fit preuve, en cette circonstance, d'autant de sang-froid que de courage. Il repoussa avec des bandes de Catalans enrégimentées à la hâte et mal exercées les troupes espagnoles qui vinrent assiéger Barcelone et signa successivement avec les *Brassos*, ou états généraux de la Catalogne, deux traités qui placèrent cette province sous l'administration directe du roi de France et qui nous valurent la conquête définitive du Roussillon.

---

1. *Mémoires* de Richelieu, de Bassompierre, de Fontenay-Mareuil, de Monglat. *Gazette de France; Mercurio di Siri; Mercure de France*, etc.

Aucun coup plus décisif ne fut, pendant toute cette guerre, porté à la monarchie espagnole. Nos négociateurs au congrès de Westphalie s'en rendirent bien compte, et Servien écrivait à ce propos de Münster à du Plessis-Besançon : « Les moindres progrès que l'on fait en Catalogne sont plus « sensibles à nos ennemis et les réduiront plus tôt à la raison « que tout ce que l'on peut faire ailleurs. »

Les missions confiées à du Plessis-Besançon auprès du corps des Weymariens, en 1643, et auprès du parlement de Rouen pendant la Fronde, ne constituent, dans le cours de sa vie, que des épisodes d'importance secondaire. Que dire des négociations poursuivies par lui, en 1644 et en 1649, avec le duc Charles de Lorraine, souverain sans états, général d'une armée vagabonde, politique sans cervelle, mari bigame, errant sur nos frontières ou chevauchant au milieu de ses soldats, en compagnie d'une aventurière de marque, la princesse de Cantecroix? Elles étaient d'avance condamnées au néant. Elles eurent au moins pour résultat de détourner, pendant quelques mois, les troupes du prince lorrain des champs de bataille où, sans cela, nous les eussions probablement rencontrées. L'envoi de du Plessis-Besançon à Bruxelles, après Rocroy, pour essayer d'amener Don Francisco de Mello à trahir le roi d'Espagne et à passer dans nos rangs, est un fait inconnu de tous les historiens. Il montre la confiance sans limites qu'avait Mazarin dans le tact de cet agent. On peut recommander comme un modèle de finesse et de pénétration les instructions données par le cardinal pour cette délicate mission.

Mais tout cela n'était, en quelque sorte, que le prélude de l'œuvre diplomatique à laquelle du Plessis-Besançon mérite d'attacher pour toujours son nom, nous voulons parler de la substitution de l'influence française à l'influence espagnole dans la péninsule italique. Par suite de sa naissance et des premiers emplois qu'il avait occupés, Mazarin connaissait merveilleusement ce champ d'action. Il n'eut garde d'oublier un terrain aussi propice pour combattre la monarchie espagnole. Du Plessis-Besançon fut, avec Fontenay-Mareuil, chargé par le cardinal, pendant les années 1646, 1647 et 1648, de changer l'orientation de la politique des cours italiennes. Tandis que le marquis de Fontenay résidait à Rome, étendant de là son influence jusqu'à Naples et en Sicile, où il entretenait des éléments de révolution, pendant que d'autre part nos flottes s'emparaient des présides de Toscane et de l'île d'Elbe et que nos armées s'efforçaient de pénétrer dans l'état de Milan, du Plessis-Besançon, accrédité auprès de tous les potentats et des républiques d'Italie, parcourait le nord et le centre de la péninsule, tantôt commandant une opération de guerre, puis risquant d'être enlevé par quelque parti ennemi, ou bien encore gagnant quelque nouvel allié à la France. « Je vous envoie comme *nonce* « *volant* en Italie, » lui avait dit Mazarin avant son départ. Et de fait, il ne cesse de circuler, infatigable, toujours en éveil, toujours sur le point où sa présence paraît le plus utile. En 1647 éclata à Naples l'insurrection de Mas-Aniello. Celui qui avait si heureusement tiré parti de la révolte de Catalogne n'était-il pas tout indiqué pour porter aux Napolitains les secours de la France et pour infliger un nouvel échec, plus sensible encore, à la monarchie d'Espagne? Du Plessis-Besançon fut désigné pour diriger l'expédition projetée. Par malheur, on s'y prit trop tardivement : l'entreprise était mort-née. Les troubles de la Fronde commençaient déjà à agiter le royaume et à jeter le désarroi dans nos finances. Toute l'œuvre de Richelieu et de Mazarin allait, pendant quelques années, demeurer en suspens, là où de graves échecs ne nous firent pas perdre nos meilleures positions. En Italie, notre influence subit sur toute la ligne un mouvement de recul : nos armées avaient dû céder le Crémonais, les présides de Toscane et l'île d'Elbe. La cour de Modène nous avait abandonnés. Le duc de Mantoue, de connivence avec les Espagnols, nous avait fait perdre Casal, que, depuis vingt ans, nous occupions comme un poste avancé contre le Milanais. Il fallut regagner peu à peu le terrain perdu. Du Plessis-Besançon reprit patiemment l'œuvre qu'il avait lui-même commencée. En 1653 et 1655, nous le retrouvons parcourant l'Italie, renouant partout les fils coupés par nos malheurs. Ses efforts produisirent le meilleur effet, et, pendant qu'il allait, comme ambassadeur à Venise, occuper un poste d'où il continuait encore à observer et à diriger les princes de la péninsule, Modène et Mantoue revinrent à nous. Notre influence reprit une place prépondérante et, peu après, les Espagnols, en même temps vaincus sur d'autres champs de bataille, consentirent à signer la paix des Pyrénées.

L'œuvre de du Plessis-Besançon est, comme on le voit, loin d'être à dédaigner. Nous nous estimerons heureux si cette publication peut contribuer à sauver de l'oubli le digne collaborateur de deux des plus grands ministres qui aient jamais présidé aux destinées de notre pays.

MÉMOIRES

DE

DU PLESSIS-BESANÇON

Mémoire ou relation sommaire de mes services depuis mon arrivée en France jusques à la mort du feu roi.

..... 1627. — J'étois en Hollande, lieutenant au régiment de Candalle[1], à la veille de prendre possession de la compagnie de mon capitaine, qui avoit passé dans la cavalerie, et, comme il m'est aisé de le justifier, en assez bonne posture auprès du prince d'Orange[2] pour monter en peu de temps aux premières charges de l'infanterie, lorsque je reçus commandement exprès du roi de quitter le service des États pour venir en celui de Sa Majesté, ce que je fis incontinent après le siège de Grosle[3], et commençai de servir en France dès les premiers jours des approches de la Rochelle en l'année 1627[4].

1. Henri de Nogaret d'Épernon, duc de Candalle (1591-1639), lieutenant général des armées du roi, commandait à cette époque en Hollande un régiment d'infanterie sous les ordres du prince d'Orange.
2. Frédéric-Henri de Nassau, prince d'Orange (1584-1647), fut investi du stathoudérat des Provinces-Unies en 1625. Il était alors l'allié de la France contre les Espagnols.
3. Grol ou Groenlo, ville des Pays-Bas, province de Gueldre.
4. Du Plessis-Besançon arriva à la Rochelle le 26 novembre 1627. (*Mémoires de Bassompierre.*)

1628. — Les services que je rendis en ce fameux siège, tant par mer pour fermer le canal par le moyen des machines[1] que je fis faire de mon invention, que par terre pour former la contrevallation[2] (la principale conduite des lignes, forts et redoutes m'ayant été donnée dans les quartiers de Bassompierre[3] et de Schonberg[4]), et le fruit qu'ils ont produit pour le bon succès d'un si grand dessein sont connus de toute la cour. Ils furent si agréables au roi et à feu M. le cardinal de Richelieu que, dès l'année suivante, Sa Majesté me fit donner les provisions de conseiller de guerre et capitaine des travaux de Picardie, avec deux mille quatre cents livres d'appointements, et, peu après, m'honora d'une pension de pareille somme dont on me fit expédier des lettres patentes[5].

1629. — En l'année 1629, je fus envoyé[6] près M. le duc de Guise[7], qui m'avoit demandé au roi pour

1. Il est question, à diverses reprises, de ces engins dans les *Mémoires* de Richelieu, de Bassompierre et de Fontenay-Mareuil. Voir, dans le tome XVIII des *Archives historiques de la Saintonge et de l'Aunis* (1890), la notice que nous avons publiée au sujet de ces machines, ainsi que la correspondance que du Plessis-Besançon échangea pendant le siège de la Rochelle avec le cardinal de Richelieu.
2. Il fit élever notamment, au mois de février 1628, le fort de Sainte-Marie, au nord de la ville. (*Mémoires de Bassompierre.*)
3. François de Bassompierre, maréchal de France (1579-1646), l'auteur des *Mémoires*.
4. Henri, comte de Schomberg (1583-1632), maréchal de France.
5. Ces lettres sont datées du 10 novembre 1629. (Cabinet des titres, CCCIX, 18, 19.)
6. Le laissez-passer qui lui fut donné pour cette mission est daté du 14 janvier 1629. (Cabinet des titres, CCCIX, 15.)
7. Charles de Lorraine, duc de Guise (1571-1640), grand maître de France, gouverneur de Provence et amiral des mers du Levant.

servir d'aide de camp sous lui dans l'armée qu'il devoit commander pour le secours de Casal[1], et la faire entrer en Piémont par le col de Tende. Outre les services ordinaires de la charge que j'y faisois, j'en rendis un particulier assez considérable, car, étant allé pour reconnoître les passages de la rivière du Var, qui sépare la Provence du comté de Nice, où l'on se trouvoit fort empêché, j'observai si heureusement les difficultés qui s'y rencontroient, sous prétexte d'un voyage que je fis pour négocier quelque autre chose avec don Félix de Savoie[2], que, pour les surmonter toutes, je donnai l'expédient d'un pont de chaloupes, que je fis partir d'Antibes et entrer de nuit par l'embouchure du Var, chargées des matériaux et ouvriers nécessaires pour le construire, en sorte qu'il fut plus tôt fait et nous logés au delà que les ennemis ne s'en furent aperçus, les galères d'Espagne qui vinrent ensuite de Villefranche avec les troupes savoyardes pour s'y opposer ayant déjà trouvé la plus grande part des nôtres au delà quand elles arrivèrent.

Mais les barricades de Suse[3] ayant été forcées en

1. Capitale du Montferrat. Charles de Nevers, prince français, ayant hérité en 1628 du Montferrat, les Espagnols envahirent cette province la même année. Casal soutint alors contre eux un siège mémorable sous la direction de Jean de Réchignevoisin, seigneur de Guron. Ravitaillée une première fois, la place fut assiégée de nouveau et défendue par Toiras.

2. Don Félix de Savoie, fils naturel du duc Charles-Emmanuel et d'Argentina Prouvana. Il fut lieutenant général du comté de Nice, gouverneur de Savoie, conseiller d'État, grand-croix de l'ordre de Malte, et mourut en 1644.

3. Le duc de Savoie, Charles-Emmanuel I, alors notre ennemi, avait fait défendre le pas de Suse par trois rangées de barricades garnies de troupes. Cet obstacle fut rapidement enlevé par l'armée française.

même temps par l'armée que le roi commandoit en personne, j'y fus joindre Sa Majesté incontinent après la paix, qui m'ordonna d'aller prendre mon équipage en Provence et de me rendre au plus tôt à sa suite pour la continuation de la guerre contre les huguenots, où je servis si utilement en plusieurs sièges de considération qu'on ne me donna pas la moindre part au bon événement qu'ils eurent. Je reçus diverses blessures en cette campagne, qui finit glorieusement par la réduction de Montauban, ayant toujours eu la principale conduite des approches à l'attaque de M. le duc de Montmorency[1]; mais celle de Privas[2] fut remarquée sur toutes, parce que j'y fis voir la première batterie qu'on eût encore vue en France de six pièces de canon sur le bord du fossé, après avoir assuré de sorte la tranchée (quoiqu'il n'y eût que demi-pied de terre sur la roche vive) que MM. d'Effiat[3] et de Saint-Simon[4] allèrent sans péril à cheval jusqu'à la tête. Et, au lieu de m'en revenir à Paris avec M. le cardinal de Richelieu, celui-ci me fit partir pour aller faire

1. Henri II, duc de Montmorency, amiral et maréchal de France, gouverneur du Languedoc, condamné à mort et exécuté à Toulouse en 1632.

2. Le maréchal de Bassompierre, dans ses *Mémoires*, semble peu enthousiaste des travaux exécutés par du Plessis-Besançon devant Privas. Voici dans quels termes il en parle : « Le mardi « 22 [mai 1627], Champagne arriva..... Il y avoit un quartier qui « attaquoit une corne, où Picardie travailloit avec M. de Montmo- « rency, à qui on avoit donné Le Plessis-Besançon, dont je fus « marry. »

3. Antoine Ruzé, marquis d'Effiat (1581-1632), surintendant des finances et maréchal de France.

4. Claude de Rouvroy, marquis puis duc de Saint-Simon, premier gentilhomme de la chambre du roi, père de l'auteur des *Mémoires*.

une exacte reconnoissance de la frontière d'Espagne, depuis celle du pays de Foix jusqu'à Bayonne.

1630. — En l'année 1630, feue Son Éminence ayant désiré de m'emmener avec elle en Piémont pour le siège de Pignerol, le roi me voulut avoir auprès de lui et commença de me faire exercer les fonctions de maréchal de bataille[1], sous Sa Majesté même, dans la guerre de Savoie, ce qui dura longtemps après le retour de Son Éminence à la cour, qui étoit lors à Grenoble. Et je continuai de servir en divers emplois le reste de la campagne, tant que le maréchal de Schonberg eut ordre de passer les monts pour préparer les moyens de ce mémorable secours de Casal, où Son Éminence le cardinal Mazarin donna de si belles marques de sa conduite et de son affection singulière envers la France[2]. Je reçus alors commandement de quitter l'ouvrage de certains forts que je faisois construire en deçà du mont Cenis, et de partir avec le maréchal ou plutôt de le précéder de quelques jours, chargé du secret de l'entreprise des retranchements de Veillane[3], à l'exécution de laquelle on jugea que mes diligences et mon action avoient notablement contribué.

Peu de temps après, étant choisi par MM. les géné-

---

1. Ce grade correspondrait aujourd'hui à celui de chef d'état-major dans une armée.
2. Allusion au rôle joué en cette circonstance par Giulio Mazarini, qui était alors un simple officier au service du nonce Panzirolo et qui intervint entre les Français et les Espagnols, pour leur annoncer que la paix était faite, au moment où les deux armées étaient sur le point d'en venir aux mains.
3. Avigliana, place forte de Piémont.

raux pour aller faire la reconnoissance des chemins et des lieux, tant deçà que delà le Pô, par où l'armée du roi pourroit marcher, loger et se rendre aux environs de Casal[1], et m'aboucher avec le maréchal de Toiras[2] pour ajuster toutes choses, je m'en acquittai si heureusement qu'ayant fait ensuite tous les ordres de marche, la conduite de la tête m'en fut donnée avec un petit corps détaché de carabins et de mousquetaires[3]. Durant dix jours qu'elle dura, je marquai

1. Voir sur cette reconnaissance les *Mémoires de Richelieu* dans la collection Michaud et Poujoulat, 2e série, tome VIII, page 274, et plus loin, à l'appendice, une lettre de du Plessis-Besançon au cardinal.

2. Jean de Saint-Bonnet, comte de Toiras (1585-1636), maréchal de France. « Artificieux, ambitieux, brouillon dans la « cour..... Étant en Italie, Casal fut assiégé, où il servit bien, « mais à sa mode, se plaignant toujours, demandant plus qu'il ne « falloit et plus qu'on ne pouvoit lui donner, et représentant les « nécessités de la place plus grandes qu'elles n'étoient, ce qui « pensa la perdre, en ce qu'il assuroit de telle sorte qu'elle ne « pouvoit passer un terme dans lequel il étoit impossible de la « secourir, qu'on fut sur le point de résoudre de n'en tenter point « le secours; et cependant la place attendit ledit secours plus de « trois semaines après et pouvoit encore attendre un mois. Quand « les maréchaux de la Force et de Schonberg furent sur le point « d'aller secourir la place, le dernier envoya par deux fois audit « sieur de Toiras pour le prier de lui mander le chemin qu'ils « devoient tenir et ce en quoi il pouvoit faciliter leur dessein. « Jamais il ne voulut leur donner aucun avis, ce qui les mit en « une étrange peine..... » (*Rôle de ceux qui ont été employés au commandement des armées*. Bibliothèque nationale, manuscrits, fonds français, volume 4092, folio 5.)

3. « Quant aux sieurs du Plessis de Besançon et de Vignoles, « aussi aides-de-camp, ils furent destinés pour être ordinairement « à la tête de toute l'armée, avec les deux cents mousquetaires « qui leur étoient ordonnés. » (*Mémoires de Richelieu*, collection Michaud et Poujoulat, 2e série, tome VIII, page 277.)

la route sur trois colonnes, et nous primes tous les logements que j'avois projetés, arrivant précisément à la vue de la place au temps et aux lieux mentionnés au rapport que j'en avois fait auparavant, ce qui surprit tellement les ennemis qu'ils furent contraints de faire cette paix honteuse[1] pour eux et si extraordinaire en sa forme, par laquelle ils quittèrent la ville et le château qu'ils tenoient, et se retirèrent en même temps du siège de la citadelle, à la gloire des armes du roi, non sans y avoir reçu quelques nouvelles marques d'honneur sur ma personne. Et, comme la part que j'avois eue au secret et à l'action d'un si hardi secours m'en avoit aussi donné une parfaite connoissance, feu M. le cardinal voulut que ce fût moi qui en dressât la relation pour l'envoyer à tous nos ambassadeurs et la donner en France aux ministres étrangers, afin qu'il ne fût ignoré de personne[2].

La suite nécessaire du discours m'ayant obligé de continuer celui du secours de Casal, je reviens maintenant à d'autres services que je rendis pendant la même campagne... Le prince Thomas[3] ayant occupé

---

1. La suspension d'armes est du 26 octobre 1630.
2. Cette relation, qui fut sans doute imprimée, est probablement la même que la *Relation très particulière de ce qui s'est passé en Piémont, depuis le commencement de la trêve jusqu'après le secours et la paix de Casal*, petite brochure in-4° de 24 pages, publiée vers cette même époque, sans nom d'auteur et sans indication de lieu ni de date. Elle figure au Catalogue des imprimés de la Bibliothèque nationale sous le n° Lb^{36} 2799.
3. Le prince Thomas de Savoie était fils du duc Charles-Emmanuel I. Après avoir, pendant plusieurs années, combattu la France à la tête des troupes espagnoles, il exerça ensuite divers commandements dans l'armée française en Italie. Il était grand maître de France et mourut en 1656. Ce prince était

le poste de Conflans[1], à l'embouchure de la vallée de Tarentaise, où il s'étoit avantageusement retranché avec les troupes de Savoie pour en empêcher l'entrée à celles de Sa Majesté, plusieurs officiers, tant des gardes que des vieux corps, furent commandés diverses fois, avec des hommes détachés et des guides, pour chercher quelque chemin qui pût donner moyen de couper les ennemis pour les obliger à la retraite et ouvrir le passage à notre armée. Mais, toutes leurs tentatives ayant été sans effet, je m'offris d'y retourner avec deux cents mousquetaires seulement, et, pour en venir à bout, je m'opiniâtrai dans les neiges des plus hautes montagnes; je fus même contraint de m'y retrancher à cause du voisinage des ennemis, après avoir donné l'avis certain de l'abandonnement du col de la Lause[2], où passa notre avant-garde. Enfin, j'en trouvai un autre qui aboutissoit plus avant dans la vallée, ce qui obligea le prince Thomas de lâcher le pied plus tôt qu'il n'eût fait pour se retirer à l'autre extrémité; mais il fut suivi de si près que nous l'obligeâmes de passer en hâte le petit Saint-Bernard pour se jeter dans le val d'Aousta[3], qui fut un service considérable, parce que, hors Montmélian, nous demeurâmes les maîtres de toute la Savoie par sa retraite[4].

« homme de cœur et d'esprit, mais malheureux dans ses entre-
« prises. » (*Mémoires de Monglat*.)

1. Hameau situé au confluent de l'Isère et du Doron et à un kilomètre au sud d'Albertville (Savoie).

2. Col situé à onze kilomètres au sud-est du pic de la Lause et à un kilomètre environ de la source du torrent de Guir, affluent de la Durance.

3. Aoste.

4. Cette exploration de du Plessis-Besançon dans les cols de

Quelque temps après, étant avec M. du Hallier[1] au bout de la même vallée pour en fortifier la tête et empêcher les ennemis d'y revenir, je reçus ordre du roi de m'en aller au pays de Valais demander passage aux Valesans pour entrer dans le Milanois avec une armée de vingt mille hommes, et, à la faveur de ce voyage (qui n'étoit que le prétexte du dessein véritable), reconnoître tous les passages de Savoie qui nous pouvoient donner entrée dans le Piémont, depuis le grand Saint-Bernard jusqu'au petit, ce que je fis à pied durant sept ou huit jours, avec beaucoup de péril et de peine, dont je dressai une carte que je présentai au roi et à feu M. le cardinal à Saint-Jean-de-Maurienne[2]. Et ce service leur fut si agréable qu'étant joint aux autres de la même campagne, l'hiver ensuivant, Sa Majesté me gratifia d'une bonne partie de la récompense qu'il fallut donner pour la charge d'aide-major au régiment de ses gardes[3]. Elle voulut que j'entrasse dans ce régiment pour avoir un caractère qui me donnât autorité d'y commander l'exercice, à cause de la connoissance que j'avois de tous ceux de

---

Savoie eut lieu les 30 et 31 mai et le 1er juin 1630 (*Mémoires de Bassompierre*). Le récit du maréchal diffère de celui-ci sur plusieurs points de détail.

1. François de l'Hospital, comte de Rosnay, seigneur du Hallier, frère du maréchal de Vitry. Nommé maréchal de France en 1643, il fut connu, à partir de cette époque, sous le nom de maréchal de l'Hospital et mourut en 1660.

2. *Mémoire de tous les chemins et issues du pays de Valais, soit pour aller en Chablais et Fossigny, soit pour aller dans le val d'Oste, Milanois, Grisons, Lucerne, Berne et Fribourg*, écrit de la main de du Plessis-Besançon. (Affaires étrangères, Turin, XIV, 562.)

3. Commission du 21 janvier 1631. (Cabinet des titres, CCCIX, folio 20.)

l'infanterie et des ordres généraux de bataille, dont elle s'occupoit alors avec beaucoup d'attention, d'intelligence et de plaisir, et parce que j'avois eu l'honneur de lui en faire voir les premiers plans, selon les différentes règles et pratiques des armées d'Allemagne, de Hollande et des Pays-Bas.

1631. — En l'année 1631, après la sortie de Monsieur[1] hors du royaume par Bellegarde, feu M. le cardinal, en prévoyant les suites et qu'elles nous tireroient enfin à quelque rupture avec les Espagnols, la reine mère[2] ayant aussi passé en Flandres pour les raisons que chacun sait, on m'envoya, avec autant de confiance que d'estime, faire la visite et revue générale de toutes les villes de guerre, forteresses, magasins et troupes qui étoient depuis la frontière de Bresse jusqu'à celle de Calais. J'envoyai à la cour, de lieu en lieu, les mémoires de mes reconnoissances et mes avis particuliers sur les réparations qu'il y avoit à faire pour mettre les places en sécurité contre les surprises, à quoi M. de Noyers[3] fut employé depuis et le sieur

1. Gaston, duc d'Orléans, frère de Louis XIII. En hostilité constante avec Richelieu, il sortit du royaume le 26 mars 1631.
2. Marie de Médicis quitta la France le 19 juillet 1631 et se retira à Avesnes, dans les Pays-Bas espagnols. Voir la notice biographique ci-dessus.
3. François Sublet de Noyers (1578-1645), intendant des finances en 1626, ministre de la guerre en 1636. Du Plessis-Besançon eut beaucoup à se plaindre des procédés de de Noyers à son égard. « Toute la terre savoit que je n'en ai jamais reçu que du mal et « monseigneur le cardinal a été souvent présent lui-même aux « pièces qu'il me faisoit pour agrandir ses proches à mes dépens « et leur appliquer le fruit de mes services. » (Du Plessis-Besançon au maréchal du Plessis-Praslin. Lettre datée de Turin, 14 novembre 1646. Affaires étrangères, Naples, IV, 31.)

d'Argencourt[1] au lieu de moi pour la raison qui se verra dans l'article suivant.

Mais, peu de jours après mon retour de ce voyage, sans autre sujet que la politique délicate et sévère du temps, je fus mis en arrêt à la Bastille[2], où je demeurai trois ans et demi (c'est-à-dire le reste de 1631, tout 1632, 1633 et 1634), parce que mon frère avoit passé en Flandres avec la reine mère[3], ainsi qu'il plut au roi de s'en expliquer à M. le comte de Tresmes[4]. Pendant ces trois années, au lieu de murmurer contre ce traitement (que Sa Majesté voulut qu'on me fît le plus doux qu'il seroit possible, étant même payé de mes pensions et appointements), ou au lieu de me servir des moyens que j'avois de sortir de prison[5], je

1. Pierre Conti d'Argencourt devint, en 1637, maréchal de camp et mourut lieutenant général en 1655.
2. Du Plessis-Besançon fut amené à la Bastille le 23 juillet 1631 (*Bulletin de la Société de l'Histoire de France*, année 1852, page 332). Son arrestation est mentionnée en ces termes, dans un *Journal manuscrit du règne de Louis XIII*, conservé à la bibliothèque de l'Institut : « Le Plessis-Besançon, le frère de celui qui avoit con-
« duit l'entreprise de la Capelle, fut envoyé à la Bastille. Il étoit
« depuis peu aide-major au régiment des gardes, homme fort vail-
« lant et bien entendu au fait des fortifications, capable de servir
« dans la guerre. » (Manuscrits Godefroy, CCLXXXV, folio 46.)
3. Voir la notice biographique, pages xv et suivantes.
4. René Potier, comte de Tresmes, puis duc de Gesvres, capitaine aux gardes, lieutenant général au gouvernement de Champagne et chevalier des ordres du roi. Il était cousin issu de germain des Besançon. Il épousa Marie de Luxembourg, fille de François duc de Piney et de Diane de Lorraine, et mourut à Paris en 1670, âgé de quatre-vingt-dix ans.
5. La dénonciation de La Rivière au chevalier du guet (voir la notice biographique, page xxiij) semble indiquer que du Plessis-Besançon ne fut pas précisément aussi philosophe pendant sa captivité qu'il le prétend ici dans ses *Mémoires*.

ne pensai jamais qu'à étudier les choses de mon métier pour me rendre toujours plus capable de servir Sa Majesté.

1635. — Mais, au bout de ce terme, la justice et la bonté du roi me tirèrent enfin de cette fâcheuse condition, en janvier 1635, avec beaucoup d'honneur, par la déclaration publique que Sa Majesté fit devant moi de mon innocence et de mon extrême fidélité. On me fit partir peu de jours après pour la Provence avec la direction générale de tout ce qu'il y auroit à y faire pour la sûreté des ports et places de la côte contre les desseins des ennemis, environ trois mois avant la rupture d'entre les couronnes[1], où je servis aussi de maréchal de bataille l'été suivant, sous le maréchal de Vitry[2], gouverneur de la province.

Au mois de septembre de la même année 1635, les Espagnols ayant surpris les îles de Sainte-Marguerite et Saint-Honorat[3] avec les restes du naufrage de l'armée navale qu'ils avoient préparée à Naples pour l'entreprise de Toulon[4], ils les gardèrent jusqu'en 1637, durant

1. La déclaration de guerre entre la France et l'Espagne eut lieu le 26 mai 1635.
2. Nicolas Galluccio de l'Hospital, marquis de Vitry (1581-1645). Étant capitaine aux gardes, il assassina le maréchal d'Ancre devenu odieux à Louis XIII. Nommé peu après maréchal de France, il devint gouverneur de la Provence en 1632, et se montra dans ces fonctions incapable et violent. Tombé en disgrâce, il fut enfermé à la Bastille le 27 octobre 1637, et y demeura jusqu'à la mort du cardinal de Richelieu.
3. Le 14 septembre 1635.
4. Une flotte espagnole très puissante avait été armée à Naples pendant l'hiver de 1635. Elle se montra au printemps devant Toulon, et était sur le point d'attaquer cette place lorsqu'elle fut assaillie, le 6 juin, par une violente tempête qui la détruisit en

lequel temps je rendis plusieurs services, tant dans les charges que je faisois qu'au voyage que m'envoyèrent faire en Piémont MM. le comte d'Harcourt[1] et l'archevêque de Bordeaux[2] pour obtenir de M. le duc de Savoie les postes et commodités dont nous avions besoin pour l'attaque de Morgues[3], où j'obtins de ce prince tout ce qu'on en pouvoit raisonnablement désirer, bien qu'il en eût refusé d'autres qu'on y avoit envoyés devant moi.

Mais enfin, ce dessein n'étant plus jugé possible à cause de l'avancement de la saison, le mois de janvier ensuivant, je fus envoyé à la cour par M. le maréchal de Vitry pour y donner part de la proposition que je lui avois faite de l'attaque des îles, ayant estimé que la conjoncture y étoit entièrement favorable pour les raisons qui suivent et d'autant plus que notre armée navale étoit encore ensemble sur les côtes de Sardaigne.

1637. — Mais feu M. le cardinal, qui avoit su que je m'étois toujours montré contraire à cette entreprise, voulut que je lui fisse connoître les causes et le sujet de mon changement. Les premières furent parce que les ennemis avoient alors près de cinquante galères

---

partie. Au commencement de septembre, lorsque les avaries furent réparées, les vaisseaux espagnols revinrent sur les côtes de Provence.

1. Henri de Lorraine, comte d'Harcourt, grand écuyer de France.
2. Henri Escoubleau de Sourdis, né en 1594, archevêque de Bordeaux en 1629, chef des conseils du roi en l'armée navale de Provence. On a vu dans l'introduction le rôle joué par les Besançon dans sa disgrâce.
3. Nom francisé de Monaco.

et bon nombre de vaisseaux dans le port d'entre les deux îles, et six ou sept mille hommes à terre ou dessus pour les défendre; que nous étions de beaucoup inférieurs d'infanterie et des deux tiers plus faibles qu'eux en galères, qui étoient les deux choses dont nous avions le plus besoin dans les calmes d'une mer étroite aussi bien que pour la descente, et qu'ainsi l'état où ils s'étoient mis d'ailleurs par de grands travaux pour s'y opposer rendoit l'exécution de ce dessein non moins téméraire qu'impossible. Dans le temps que je parlois, il ne restoit plus rien de tout cela que dix-sept ou dix-huit cents hommes de garnison ordinaire, la plupart malades, morfondus et maltraités des injures de la saison, leurs magasins de vivres presque épuisés et toutes les escadres des galères et vaisseaux ennemis retirées bien loin de nous dans leurs postes d'hiver, de sorte que, n'ayant rien à craindre que l'escadre de Gênes qui n'étoit que de huit galères, avec dix des nôtres l'affaire étoit comme assurée à la faveur des assistances et du grand voisinage de la terre.

Toutes ces choses entendues de Son Éminence, elle jugea non seulement que j'avois eu raison, mais que je disois vrai, et résolut aussitôt l'attaque des îles, comme si c'eût été le maréchal de Vitry qu'on y voulût employer. Mais le démêlé que ce dernier avoit eu avec l'archevêque de Bordeaux fit juger à M. le cardinal que leur mésintelligence ruineroit l'entreprise qui dépendoit particulièrement de l'armée navale, où, d'ailleurs, on avoit embarqué la plupart de l'infanterie pour un scourebande qu'elle étoit allée faire en Sardaigne. La commission en fut envoyée au comte d'Harcourt par un pétache qu'on lui dépêcha secrètement de Marseille, tandis qu'on m'amusoit à la cour, sous prétexte de résoudre la réponse qu'on devoit me faire, si bien qu'à mon arrivée en Provence je trouvai qu'on se préparoit déjà pour l'exécution de ce que j'avois proposé, et que le maréchal de Vitry avoit reçu les ordres du roi de ne s'en point mêler, et d'y concourir seulement de tous les moyens et de toute l'autorité qu'il avoit en Provence, dont je lui portois le duplicata[1].

Je fus surpris de cette nouvelle, croyant toujours que ce devoit être lui qui agiroit, et j'aurois eu grand sujet de suivre le conseil qu'on me donnoit d'en demeurer là, ayant été joué de la sorte, si je n'avois cru qu'il seroit allé de mon honneur de souffrir qu'une entreprise dont j'étois l'auteur s'exécutât sans que je fusse de la partie, puisque je m'en rencontrois si proche. Je me rendis donc à Cannes, auprès du comte d'Harcourt qui m'y offrit telle place que je voudrois, mais je me contentai de celle de volontaire, et me trouvai des premiers à la descente où je fus dangereusement blessé, deux heures après, d'une mousquetade à travers le cou du pied, comme j'ordonnois un travail à la tête du régiment de Vaillac pour lui assurer un logement[2]; si bien que je ne pus continuer de servir et ne revins que sur la fin du siège qu'on avoit mis au fort principal, qui souffrit plus de cinquante jours de

1. Comparer les *Mémoires de Richelieu* dans la collection Michaud et Poujoulat, 2ᵉ série, IX, pages 211, 212.
2. Cette affaire eut lieu le 28 mars 1637. Voir les relations de ce combat imprimées dans la correspondance de Henri Escoubleau de Sourdis, tome I, pages 325 et 329.

tranchée ouverte. Mais, quoique je ne pusse encore me soutenir sans potence, je ne laissai pas de me trouver avec les plus avancés des enfants perdus à la seconde descente qui se fit à l'île de Saint-Honorat, qui fut si vigoureuse que, nous étant logés d'abord dans le fossé, on se rendit maître de la place le jour même... Ces deux actions furent cause que j'eus part au témoignage d'agrément que le roi envoya donner sur les lieux, par un de ses ordinaires, à tous ceux qui s'y étoient signalés. De quoi le même comte d'Harcourt remporta justement la principale gloire, comme il avoit été le premier mobile qui avoit donné mouvement à l'exécution dont le succès répondit d'ailleurs ponctuellement à mon projet et à la proposition que j'en avois faite.

Mais encore que, par l'humeur jalouse et contredisante de l'archevêque de Bordeaux en tout ce qui ne venoit pas de lui ou de ses créatures, les plattes[1] que j'avois fait faire l'été précédent n'aient pas été employées à l'usage qui leur étoit destiné, je ne dois pas laisser néanmoins d'en toucher ici quelque chose. La première difficulté de l'entreprise consistoit à la descente, parce qu'il y avoit des bas-fonds dans une grande partie du circuit de l'île Sainte-Marguerite, qui n'étoit pas d'ailleurs absolument inaccessible. Les bateaux dont on se devoit servir pour cela ne pouvant aller que séparés ni porter que sept ou huit soldats au plus, il étoit facile à la cavalerie des ennemis de défaire les assaillants ainsi dispersés par petites troupes, après avoir mis pied à terre, de sorte qu'on

---

1. Bateaux plats.

ne savoit comment y aborder; joint que le feu des parapets et batteries en forme de redoutes, qui régnoient presque partout, en rendoit l'exécution beaucoup plus périlleuse et difficile. Et c'est aussi pourquoi j'avois inventé les mêmes plattes qui flottoient à six pouces d'eau, et portoient quatre pièces de canon et une espèce de pont-levis à la proue qui servoit d'échelle et de mantelet tout ensemble. A cause de leur figure carrée par-dessous et du bois dont elles étoient faites, elles se trouvoient capables de supporter une si grande charge, qu'outre les outils et matériaux pour les logements qu'il y avoit à faire, un bataillon de quatre cents hommes ou un escadron de soixante maîtres y pouvoit demeurer en bataille et en sortir à leur aise par six ou trois de front; joint qu'elles alloient à la voile et à la rame, qu'elles étoient à preuve de mousquet de tous côtés et se gouvernoient avec deux timons au lieu d'un seul, ce qui n'avoit point encore été vu jusque-là[1].

La même année 1637, je fus rappelé auprès du roi qui m'envoya incontinent après dans l'armée de Flandre, où j'arrivai sur la fin du siège de Landrecies pour faire entendre à M. le cardinal de la Valette[2], qui la commandoit alors, que l'intention de Sa Majesté seroit qu'on entreprît celui d'Avesnes, dont la prise nous donnoit aussi la Capelle que nous avions per-

---

1. Comparer la description de ces bateaux donnée dans la *Relation véritable du manquement de l'attaque des îles de Sainte-Marguerite et de Saint-Honorat en la côte de Provence, 1636.* (*Correspondance de Henri d'Escoubleau de Sourdis*, tome I, page 220.)

2. Louis de Nogaret de la Valette, fils du duc d'Épernon, archevêque de Toulouse, cardinal. Richelieu lui confia à diverses reprises des commandements militaires.

due peu auparavant. Mais la reconnoissance en ayant été faite par M. le grand maître de la Meilleraye[1], où il désira que j'assistasse avec le sieur de Fabert[2], afin que j'en pusse rendre compte à la cour qui m'y avoit envoyé pour cela, nous y trouvâmes trop d'inconvénients à craindre et de difficultés à surmonter, tant à cause du voisinage des bois et des ennemis que du mauvais terrain des environs qui empêchoit qu'on y pût faire de circonvallation ni de tranchée qui valussent. De sorte que, sur l'ouverture que j'en fis, on se résolut d'attaquer la Capelle, où je servis assez utilement en deux ou trois rencontres, et ensuite à la jonction de l'autre partie de l'armée qu'on avoit laissée à Maubeuge. J'étois à l'avant-garde avec le comte de Guiche[3] lorsqu'il se saisit du poste de Vaux, d'où dépendoit tout le succès de cette action, parce que, si nous n'eussions prévenu les Allemands, commandés par le général Piccolomini, le corps que menoit M. de Turenne, se trouvant coupé de tous côtés, étoit apparemment perdu sans ressource.

1638. — Au mois de janvier 1638, je fus envoyé pour reconnoître une seconde fois la frontière d'Espagne, du côté de la Navarre et de Saint-Jean-de-Luz,

---

1. Charles de la Porte, duc de la Meilleraie (1602-1664), maréchal de France, grand maître de l'artillerie.
2. Fabert (Abraham), marquis de Larrey (1599-1662), maréchal de France. Il servait alors en qualité d'ingénieur dans l'état-major du cardinal de la Valette. Le colonel Bourelly, dans son livre *le Maréchal Fabert*, rend compte de cette reconnaissance faite par du Plessis-Besançon en compagnie de Fabert, tome I, page 97.
3. Antoine III de Gramont, comte de Guiche puis duc de Gramont (1604-1678), maréchal de camp en 1635, maréchal de France en 1642.

afin de voir ce qu'on y pourroit entreprendre; mais le dessein des Pampelons[1] étant jugé trop difficile pour diverses raisons[2], celui de Fontarabie fut résolu à mon retour, où je fus employé pour maréchal de bataille auprès de M. le Prince[3], avec autorité de commandement sur les mestres de camp et colonels d'infanterie et de cavalerie, tant françois qu'étrangers, par ordre particulier du roi. J'y servis en toutes les deux approches, et la place fut réduite au point d'être mise au nombre de celles qu'on a perdues plutôt que manquées, l'art ayant fait paroître tout ce qu'il pouvoit dans l'offensive autant qu'en aucun autre siège de ces derniers temps[4]..... J'ose dire que l'on auroit certainement remporté l'avantage qui étoit à désirer, si la mésintelligence des trois principaux chefs, et particulièrement la haine irréconciliable d'entre l'archevêque de Bordeaux et le duc de la Valette, n'avoient été les véritables causes du contraire, plutôt que la bonne conduite ni la valeur des ennemis. A quoi l'on peut

1. Pamplona, Pampelune.
2. Ces raisons sont développées dans un rapport de du Plessis-Besançon, intitulé : *Observations par le moyen desquelles on peut juger si l'on doit plutôt attaquer Pampelune que Fontarabie ou au contraire.* (Affaires étrangères, Espagne, XIX, 508, 509.)
3. Henri de Bourbon, prince de Condé, père du duc d'Anguien.
4. Les *Mémoires de Richelieu* donnent différents détails sur les services rendus en cette circonstance par du Plessis-Besançon. (Collection Michaud et Poujoulat, 2ᵉ série, tome IX, pages 249, 250.) Voici, d'autre part, ce que l'on trouve dans une chanson du temps relative au siège de Fontarabie :

« Du Plessis-Besançon,
« Ce grand foudre de guerre,
« Dans cette occasion
« Donna du nez à terre..... »

(*Le nouveau siècle de Louis XIV*, ou choix de chansons publiées par M. G. Brunet. Paris, 1857, page 18.)

aussi ajouter le fait d'avoir donné le moins de créance à ceux qui en savoient le plus, et d'avoir inutilement occupé, durant deux mois, à garder le port et le butin du Passage, par un intérêt particulier qui ruina le général, près de quatre mille bons hommes qui étoient tout à fait nécessaires au siège et aux travaux de la circonvallation.

1639. — En l'année 1639, le même siège de Fontarabie étant remis une autre fois sur le tapis, je fus destiné pour en avoir la principale conduite. Mais le manque de vaisseaux qui étoient lors du côté de Provence, ou désarmés dans les ports de l'Océan, obligea la cour à le changer pour les desseins du Roussillon, où je servis toute la campagne auprès de M. le Prince, dans ma charge ordinaire, avec satisfaction du roi et de M. le cardinal de Richelieu, en plusieurs occasions particulières que j'omets pour abréger[1]. Nonobstant le mauvais succès que nous eûmes au secours de Salces[2], dont nous fûmes repoussés avec perte, Sa Majesté sut assez que j'avois fait de ma part tout ce qu'on pouvoit attendre d'un homme de cœur bien intentionné, de sorte qu'étant ensuite envoyé à la cour, on m'y accorda, à titre de récompense, la moitié de ce qu'il falloit donner au sieur d'Argencourt pour la charge de maréchal de bataille en titre : ce qui n'eut pourtant aucun effet, encore que Son Éminence m'en eût fait remercier le roi, parce qu'elle m'avoit fait

1. Du Plessis-Besançon, pendant cette campagne, se rendit maitre de Rivesaltes le 11 juin et se distingua dans un combat devant Salces le 2 novembre. (*Gazette de France* des 22 juin et 28 novembre 1639.)

2. Salces se rendit aux Espagnols le 24 décembre 1639.

espérer la somme tout entière, et qu'il n'étoit pas raisonnable qu'un officier de mes services, chargé d'une grande famille, servant comme je faisois depuis si longtemps, mît au hasard une si notable partie de son bien dans une charge militaire.

1640. — En l'année 1640, les princes de Savoie se trouvant engagés avec l'Espagne, la résolution fut prise d'attaquer Nice et Villefranche qu'ils tenoient, et d'y employer l'archevêque de Bordeaux avec l'armée navale et celle de terre qui avoit hiverné en Guyenne et Languedoc. Encore qu'il eût conservé beaucoup de froideur pour moi depuis ce qui s'étoit passé en Provence entre lui et le maréchal de Vitry, ce prélat m'ayant demandé de servir avec lui dans cette campagne, à cause de la connoissance particulière qu'il savoit que j'avois de ces deux places, et feu M. le cardinal ayant désiré que je m'accommodasse à cette pensée, j'y donnai les mains pour lui obéir, joint que l'autre fit plusieurs avances de son côté pour m'y obliger. Mais les affaires d'Italie et l'engagement du siège de Turin par le comte d'Harcourt, après qu'il eut secouru Casal, ayant voulu qu'on divertît la plus grande partie des troupes qui devoient servir avec l'archevêque de Bordeaux, j'eus ordre de M. le Prince[1] d'en former un corps de cinq à six mille hommes de pied et huit cents chevaux, auxquels je fis passer le

---

[1]. Le prince de Condé reçut de la cour les ordres relatifs à ce mouvement de troupes dans les premiers jours de juin 1640. Du Plessis-Besançon mit environ un mois à faire passer en Dauphiné les troupes dont le commandement lui fut confié. Voir un *Mémoire* de du Plessis-Besançon, sur ce sujet, aux archives des Affaires étrangères, fonds France, mémoires et documents, CCCCVI, 318.

Rhône, et les conduisis bien avant en Dauphiné, où le comte de Tonnerre[1] les prit pour leur faire prendre ensuite par les étapes la route de Pignerol, afin de les remettre à M. de Turenne qui les y vint assembler et recevoir.

Cette conduite étant faite, à quoi je n'eus pas peu de peine à cause de la peste qui régnoit presque par tout le Languedoc, je me rendis à l'armée navale où mon devoir me rappeloit, après avoir ajusté les différends d'entre l'archevêque de Bordeaux et le comte d'Alais[2] qui commandoit en Provence au lieu du maréchal de Vitry, et je fis un voyage avec les galères sur les côtes d'Italie, tandis que les vaisseaux tenoient la haute mer, ce qui me donna commodité de reconnoître divers lieux et la vérité de divers desseins qu'on avoit proposés à feu M. le cardinal de Richelieu ; de quoi je formai un rapport par écrit avec les plans nécessaires, que Son Éminence reçut avec une satisfaction très particulière. Et je me rendis ensuite à la cour, voyant qu'il n'y avoit plus rien à faire pour moi en Provence ni sur l'armée navale, où le bruit du siège d'Arras s'étoit déjà répandu. Je trouvai le roi et Son Éminence à Amiens, d'où elle m'envoya aussitôt à l'armée pour observer l'état véritable de la circonvallation, et lui en venir rendre compte. Et, m'étant acquitté de cette commission à son contentement, elle

---

1. François de Clermont, comte de Tonnerre, premier baron du Dauphiné, lieutenant de chevaux-légers en 1621, maréchal de camp en 1630, chevalier des ordres du roi en 1661.

2. Louis de Valois, second fils de Charles bâtard de Valois, duc d'Angoulême, et de Charlotte de Montmorency, porta le titre de comte d'Alais après la mort de son frère en 1622, puis celui de duc d'Angoulême. Il succéda au maréchal de Vitry comme gouverneur de Provence.

m'y renvoya soudain pour y servir le reste du siège auprès des généraux, mais surtout des maréchaux de Châtillon[1] et de Chaunes[2], qui s'étoient plaints que tous les gens de service s'attachoient préférablement au maréchal de la Meilleraye[3].

A mon retour de ce voyage auprès du roi, Son Éminence ayant avis des mouvements de Catalogne et du dessein des Catalans qui demandoient qu'on envoyât vers eux une personne de créance pour voir l'état de leurs affaires et les porter en avant, je fus choisi par elle pour y aller de la part de Sa Majesté, avec une ample instruction et plein pouvoir de traiter avec eux en son nom, selon les occurrences de la conjoncture, encore que ce fût plutôt dans l'opinion de profiter des reconnoissances que je pouvois faire pour la continuation de la guerre, qu'on auroit été bien aise de porter aussi de ce côté-là, qu'avec espérance d'y voir réussir le moindre des avantages qu'on en a tirés. Sur quoi, je me permets de faire remarquer ici une chose assez extraordinaire qui fut, qu'en moins de deux mois, je me vis sur l'autre extrémité des côtes d'Italie avec l'armée navale, au siège d'Arras et dans

---

1. Gaspard de Coligny, duc de Châtillon-sur-Loing (1584-1646), maréchal de France.
2. Honoré d'Albert, sieur de Cadenet, frère puîné du connétable de Luynes, maréchal de France en 1619 et duc de Chaulnes en 1621.
3. Les trois maréchaux ne cessèrent pas de se contrecarrer. Le désaccord qui régnait entre eux et qui avait ruiné leur autorité sur les maréchaux de camp resta proverbial. « Le vent d'Arras « souffle ici, » disait Richelieu deux ans plus tard, en se désolant devant Perpignan d'une mésintelligence analogue. (Voir l'*Histoire des princes de Condé*, par M. le duc d'Aumale, t. III, page 437.)

Barcelone, qui sont des lieux éloignés de plus de trois cents lieues l'un de l'autre.

En cet endroit, je ne grossirai pas ce mémoire, ni de mes diligences, ni du menu des moyens dont je me servis pour faire succéder heureusement une si grande affaire..... Je ne m'étendrai pas non plus sur les services particuliers que j'y ai rendus et sur les notables avantages que la France en a reçus, à la perte et confusion des Espagnols dans tous les autres États, tant pour la réputation de nos armes que pour étendre les limites du royaume si avant dans l'Espagne, mais surtout en Piémont, pour le rétablissement de Madame Royale[1] et de son prince légitime, qui n'y tenoient presque plus rien que le cœur d'une partie de leurs sujets. Cela demanderoit une trop longue relation..... Les Mercures et les Gazettes du temps[2] en ont assez parlé et ce sont des choses connues de tous les ministres intelligents dans la connoissance des affaires publiques..... Je me contenterai de rappeler brièvement les faits. Je commençai d'abord par conclure un premier traité très avantageux[3] avec les Catalans, et par

1. Marie-Christine de France, fille de Henri IV, veuve depuis l'année 1637 de Victor-Amédée I, duc de Savoie, était alors régente du duché de Savoie pendant la minorité de son fils Charles-Emmanuel III.

2. Voir la *Gazette de France* du 15 février et du 12 septembre 1641 ; les *Memorie recondite di Vittorio Siri*, tome VIII, pages 815 et suivantes ; le *Mercure françois*, année 1640, pages 640, 647, 648, 649, 651, et, année 1641, page 167.

3. Ce premier traité est du 16 décembre 1640. Il a été publié dans le *Recueil de Dumont*, VI, I, page 196. L'original sur parchemin, écrit de la main de du Plessis-Besançon et signé du chanoine Paul Claris, l'un des principaux chefs de la révolution catalane, se trouve aux archives du ministère des Affaires étrangères, Espagne, XX, 105.

faire remettre ensuite des otages de tous les ordres entre les mains du roi, des ports et des places de sûreté que nous tenons encore et qui nous ont rendus maîtres de toutes celles du Roussillon, afin de ne pas entrer en Catalogne avec le secours que nous y menâmes peu après, le sieur d'Espenan[1] et moi, sans avoir pris toutes les précautions nécessaires. Alors je me jetai seul[2] dans Barcelone, lorsque le nom français y étoit en abomination, par la retraite du même Espenan et des troupes, suivant la capitulation qu'il avoit faite à Tarragone[3], laissant cette importante ville et tout le reste du pays généralement abandonnés à la fureur des ennemis. Je garantis l'un et l'autre par ma conduite et par ma fermeté, qui me fit prendre le parti de périr avec les Catalans plutôt que de renoncer aux espérances que j'avois conçues d'une occasion de si haute conséquence pour les intérêts de cette couronne. Puis, j'obligeai les ennemis de s'éloigner bien loin de Barcelone, en deux sorties que je fis à trois heures l'une de l'autre, la première à la tête de deux cent cinquante chevaux des nouvelles troupes du pays, avec lesquels je les poussai jusque dans leur camp, faisant

---

1. Roger de Bussolts, comte d'Espenan, enseigne aux gardes en 1620, sergent de bataille en 1633, maréchal de camp en 1637, mort gouverneur de Philipsbourg en 1646. Voir sur ce personnage peu estimable l'*Histoire des princes de Condé*, par M. le duc d'Aumale, tome III, page 392.

2. Du Plessis-Besançon omet de parler d'un vaillant officier français, Guillaume de Sérignan, qui partagea avec lui le périlleux honneur de défendre Barcelone. Mestre de camp d'un régiment d'infanterie de son nom en 1635, maréchal de camp en 1640, Guillaume Delort de Sérignan mourut en 1642.

3. La capitulation de d'Espenan à Tarragone eut lieu le 28 décembre 1640.

ensuite ma retraite à la vue de toutes leurs forces; et la seconde, avec une tourbe confuse d'habitants, que j'avois en quelque sorte disciplinés en moins de vingt jours : tout cela, contre une armée royale et victorieuse qui étoit à leurs portes, tandis que la moitié de la ville étoit non seulement suspecte, mais comme contraire à l'autre, hors la confiance que je m'étois acquise auprès de tous par mes actions et par la force du raisonnement qui leur faisoit toucher au doigt, qu'il n'y avoit que l'union et le courage qui les pussent sauver du péril où ils étoient si visiblement exposés et donner moyen à la France de les secourir puissamment par terre et par mer. Par mon adresse et par les tempéraments que je pris pour les conduire où je voulois, sans engager le roi, de parole ni autrement, pas même à l'accepter, j'ai porté cette grande province à se donner à lui[1] en un temps où tout étoit perdu sans cet expédient, qui montroit tacitement aux Catalans que ç'avoit été le meilleur qu'ils pussent prendre pour intéresser Sa Majesté dans leur protection et se donner une sûreté morale de l'obtenir, vu la dépense qu'elle auroit à faire pour cela, si ce n'étoit pour s'en conserver l'acquisition et la propriété..... Au milieu de tout cela, j'étois journellement mis à l'épreuve de toutes les tentations et des menaces que les ennemis me faisoient faire par diverses voies pour m'intimider ou

---

1. Par un second accord en date du 23 janvier 1641, les États de Catalogne abandonnèrent au roi de France la souveraineté de la province tout entière, ainsi que celle du Roussillon et de la Cerdagne. Cet acte de cession fut ratifié par Louis XIII à Péronne le 19 septembre 1641. Il a été publié dans le *Recueil de Dumont*, VI, I, page 197.

pour me gagner, et je n'étois pas seulement assisté ni soutenu d'une seule lettre du côté de la cour, depuis la retraite des François hors de la Catalogne, qui avoit fait juger aux Puissances que cette affaire étoit entièrement ruinée ; mais au contraire, je me voyois indignement traité sans sujet, au milieu de mes services, contre ce qui m'avoit été promis, par l'intérêt et les artifices de mes envieux qui vouloient faire leur fortune aux dépens de la mienne.

1641. — Je contribuai à la honteuse retraite de l'armée d'Espagne jusques à Tarragone, avec perte de quantité de drapeaux, de grand nombre d'hommes et de plusieurs de ses principaux chefs, entre lesquels on comptoit le duc de Saint-Georges[1], général de la cavalerie, dans une conjoncture du plus étrange abandonnement qui se puisse imaginer. Je me voyois réduit à de telles extrémités, que le manquement de tous les moyens nécessaires n'étoit pas la pire, puisque la plupart de ceux au courage desquels je me devois le plus confier, n'avoient que d'indignes pensées et que je me voyois en état de ne pouvoir plus rien espérer que du mien et de la générosité des ennemis. Je donnai part à la cour de tout ce qui s'étoit passé par un gentilhomme[2] que j'y dépêchai, duquel je fus mal servi. Après tout ce que j'avois fait, je demanderai seulement s'il étoit juste qu'on me destinât soudain un successeur pour le commandement des armées et un autre pour

---

1. Il était de la maison napolitaine des Caraccioli. Il fut tué devant Barcelone le 26 janvier 1641.
2. Le sieur du Verger.

le surplus de la négociation, qui furent MM. de la Motte-Houdancourt[1] et d'Argenson[2], sans aucune satisfaction pour moi.

Je ne demeurai pas longtemps sans en avoir l'avis, et un autre moins attaché que je ne suis à son devoir, par un dépit aussi prompt que juste, auroit tout quitté pour y satisfaire. Mais, ayant pris un parti plus conforme à mon honneur, j'attendis le premier et lui remis toute l'autorité que j'avois entre les mains, pouvant dire sans vanité qu'il en eut besoin pour être mieux reconnu, tant je m'étois acquis de crédit parmi les Catalans. Ensuite de quoi, prenant le chemin de la cour, je laissai la province aussi libre, paisible et peut-être plus assurée pour le roi qu'elle n'est aujourd'hui[3]. Et si, avec si peu de gens et tant d'abandonnement, j'ai eu la fortune de la tirer du mauvais état que je viens de représenter, je laisse juger aux personnes désintéressées de ce que j'aurois pu faire si on m'eût confié les forces qu'on y a depuis employées, je ne dirai pas seulement sans fruit, mais si malheureusement.

1. Philippe de la Motte-Houdancourt (1605-1657) entra au service en 1622 et devint maréchal de camp en 1637. Il fut nommé commandant en chef de l'expédition de Catalogne en 1641, grâce à l'appui de son cousin Sublet de Noyers, qui avait alors la confiance de Richelieu. D'abord heureux dans ses entreprises, il devint maréchal de France, duc de Cardone et vice-roi de Catalogne; puis, battu devant Lérida, il fut disgracié en 1644 et enfermé à Pierre-Encise. Il en sortit en 1648 et devint une seconde fois vice-roi de Catalogne en 1651.
2. René de Voyer, seigneur d'Argenson (1596-1651), conseiller d'État. Son fils, également nommé René, fut ambassadeur à Venise de 1651 à 1655. Du Plessis-Besançon succéda à ce dernier dans l'ambassade de Venise.
3. Cette première partie des *Mémoires* fut écrite en 1643.

A mon arrivée, je fus autant bien reçu de Sa Majesté que je le pouvois désirer, et, pour ce qui est de M. le cardinal de Richelieu, j'appris de M. l'évêque de Rennes[1] que son intention fut d'abord de me renvoyer content en Catalogne, et de me faire donner une gratification capable de m'y soutenir dans une plus haute charge. Mais ceux-là mêmes[2] qui avoient fait nommer son frère, et par les mêmes raisons, en empêchèrent l'effet, jugeant que, pour lui faire acquérir la réputation et la fortune qu'ils désiroient, il ne falloit pas laisser en Catalogne un homme si accrédité que j'étois, et qui eût acquis tant d'estime que j'en avois auprès des Catalans. Ce qui justifie bien évidemment que le bonheur même est quelquefois préjudiciable aux malheureux quand ils en ont au-delà de ce qu'on désire, et que, par un certain effort de vertu, s'élevant au-dessus de leur sphère, ils font plus qu'on devoit attendre d'eux.

Enfin, pour terminer ce petit abrégé de mon histoire de Catalogne, je demande s'il fut juste qu'après avoir tant de fois exposé ma vie à toutes sortes de périls, et donné si souvent la gêne à mon esprit pour en tirer des raisons et des moyens capables de produire des effets si considérables, contre le sens et l'opinion de ceux qui étoient obligés de les désirer, avec une fermeté qui a si peu d'exemples, et par des actions et des services qui n'ont jamais été laissés si injustement qu'à mon égard sans récompense d'honneur et de fortune, je demande, dis-je, s'il est juste

---

1. Henri de la Motte-Houdancourt, nommé évêque de Rennes en août 1640.
2. Ce passage vise évidemment Sublet de Noyers.

que je n'en aie tiré que des témoignages de la plus dure méconnoissance qui se puisse imaginer, tandis que mes propres émulateurs jugeoient tout le contraire et que mes amis et mes proches me regardoient comme un sujet qui avoit droit de prétendre à des grâces proportionnées au mérite et à l'utilité d'un si grand service.

Cependant, les Catalans, pour honorer ce qu'ils m'avoient vu faire, par une délibération publique des États-Généraux de tous les ordres de la province, ajoutée à l'acte de leur donation à la France, dans une assemblée où ils me firent appeler pour en entendre la lecture, se dépouillèrent, s'il faut ainsi dire, d'une bonne partie de leur autorité pour m'en revêtir conjointement avec le conseiller en cap de la ville de Barcelone et le député militaire, ce qui n'étoit que pour la forme à l'égard de ceux-ci, parce qu'ils étoient tous deux sans aucune expérience des choses de la guerre, jusques à nous donner puissance de vie et de mort, *jure belli* et d'ordonner des finances du pays sans limitation pour toutes les choses que nous jugerions nécessaires pour sa défense ; dont ils me firent expédier un duplicata semblable à l'original, scellé du grand sceau de Catalogne que j'ai encore entre mes mains, comme une espèce de titre authentique de l'estime et de la confiance qu'ils avoient eues pour ma personne dans une conjoncture si importante, outre la patente que j'avois déjà pour commander les troupes catalanes.

En la même année 1641, M. le Prince ayant eu ordre de renouveler la guerre en Roussillon, j'eus aussi commandement d'y aller servir de maréchal de bataille, ce que je fis durant le siège d'Elne, tout le reste de la campagne et jusque bien avant dans l'hiver, auprès du maréchal de Brézé[1], au retour d'un voyage que je venois de faire vers feue Son Éminence qui étoit lors à Chaunes, et où je lui proposai les moyens assurés de réduire Perpignan et toutes les autres places du pays en conséquence, dont le dessein fut heureusement exécuté l'été suivant, excepté que l'on commença par Collioure[2] au lieu de Roses[3]. De quoi, l'on eut plus d'une fois occasion de se repentir, les ennemis ayant destiné celle-ci pour place d'assemblée, où ils devoient se rendre par terre avec trois mille chevaux, et faire venir par mer un grand corps d'infanterie; étant certain d'ailleurs que ce dessein leur eût réussi facilement par la foiblesse où nous étions en Catalogne, si notre bonne fortune et le malheur qu'ils eurent de tous côtés ne l'eussent empêché. Mais toujours, c'étoit avoir beaucoup hasardé que de ne m'avoir pas cru en une chose où c'étoit jouer à jeu sûr que de me croire.

1642. — En l'année 1642, devant que la cour partît pour cette expédition, feu M. le cardinal m'ayant dit lui-même que je fisse revenir mon équipage de Languedoc, parce que le roi vouloit dorénavant que je servisse proche de lui en autre qualité que par le passé, l'envie et l'artifice de mes ennemis furent si puissants, au contraire, que, non seulement je ne fus point du

---

1. Urbain de Maillé, marquis de Brézé, né en 1597, maréchal de France en 1632; il était beau-frère du cardinal de Richelieu. En 1641, il exerça le commandement en chef en Roussillon, puis devint vice-roi de Catalogne.
2. Collioure, petite ville située près de Port-Vendres, dans le département des Pyrénées-Orientales.
3. Rosas, en Catalogne.

voyage de Roussillon, suivant l'intention de Sa Majesté qui me désiroit auprès d'elle, mais que, sous prétexte de me faire jeter dans la première place attaquée pour la défendre et me tirer en effet de l'action et du service des armées, on lui fit trouver bon de me laisser en Champagne, comme par intérim, pour ordonner des fonds et les réparations de Sainte-Menehould, Vitry-le-François et Saint-Dizier[1], sans autre nécessité que de m'éloigner des occasions qui me pouvoient donner de l'honneur et de la fortune...... J'ai dissimulé ces traitements par discrétion et par attachement à mon devoir, non par ignorance ni par foiblesse. Il n'est pas besoin que je m'en explique davantage; Son Éminence le cardinal Mazarin en a d'ailleurs été très bien informée; elle y a souvent compati elle-même avec moi......

1643. — Au commencement de l'année 1643, à l'instance du comte de Gramont[2], je fus envoyé à Bayonne, sur l'avis qu'il avoit eu d'une entreprise que les ennemis y avoient faite, pour en reconnoître les défauts, et mettre cette place en sûreté par la restauration des lieux que je trouverois exposés à quelque

---

1. « Commission au sieur du Plessis-Besançon, sergent de « bataille, de la direction des fortifications de Vitry, Saint-Dizier « et Sainte-Menehould, » datée du camp devant Perpignan, le 6 juin 1642. (Archives du ministère de la guerre, volume 69, fol. 393.) Les instructions concernant cette même mission sont du 22 août 1642. (Ibidem, volume 70, fol. 139.)

2. Antoine II, comte de Gramont, gouverneur et maire héréditaire de Bayonne, lieutenant général en 1636, commandant de l'armée de Guyenne en 1639, duc et pair par brevet du 31 décembre 1643.

surprise, à cause de son grand voisinage de l'Espagne par terre et par mer. Et, m'étant acquitté de ce voyage, à peine fus-je de retour, qu'on m'y renvoya[1] pour l'exécution du traité de l'échange général des prisonniers de guerre d'entre les couronnes, le plus universel qui se fût encore fait, puisqu'il comprenoit ceux des Pays-Bas, de Catalogne et d'Italie; et, comme ils étoient dispersés en diverses provinces du royaume et qu'il s'en trouvoit plusieurs de haute condition parmi eux, avec lesquels il y avoit quelque chose de plus à faire, je fus obligé d'y passer en personne avant que de me rendre à Saint-Jean-de-Luz, où les commissaires espagnols se devoient trouver pour les recevoir.

Cela fait, je me rendis à la cour en diligence, et, peu de temps après, à Douai pour en ajuster les comptes; j'y fis bon ménage pour le roi, et j'en rapportai un si grand avantage que Son Éminence en demeura plus que satisfaite. Cependant, la face du ministère ayant changé par la mort de Sa Majesté, la reine me donna le gouvernement de Salces à l'instance de M. le Prince, et l'ordre fut donné à M. de la Vrillière[2] de m'en expédier les provisions en mon absence. Mais je m'aperçus bientôt qu'il est quelquefois aussi préjudiciable d'avoir des parrains de trop bonne maison que de n'en avoir point du tout; encore que Son Altesse eût fait la demande pour moi de son propre mouvement et que la facilité qui se rencontre d'ordinaire au commencement des minorités me dût être

---

1. Les instructions données à du Plessis-Besançon pour cette mission sont du 20 avril 1643. (Bibl. nat., manuscrits, fonds français 4169, fol. 5.)

2. Louis Phélippeaux, seigneur de la Vrillière, secrétaire d'État.

favorable, ainsi qu'elle fut à beaucoup d'autres qui n'avoient pas tant servi..... Pour dernier article de ce mémoire, je pourrois encore ajouter aux services déjà mentionnés plusieurs voyages de confiance, non moins périlleux qu'importants, que j'ai faits, selon les occurrences, par ordre du roi et de feu le cardinal de Richelieu, pour vérifier la possibilité ou reconnoître la tromperie de plusieurs propositions qui leur ont été faites en vue d'entreprises sur les ennemis ou sur leurs places..... Mais, pour diverses considérations, et pour ne pas mêler à ce mémoire des personnes vivantes, qui pensèrent donner dans le panneau par trop de crédulité, ou parce qu'il y en a dont le dessein dure encore, je ne juge pas qu'il soit à propos de m'en expliquer davantage[1].

Seconde partie ou suite de la relation de mes services, depuis la mort du feu roi jusques à mon retour de Venise.

1643. — Cette seconde partie du mémoire ou relation de mes services étant principalement faite pour être vue de Son Éminence, aussi bien que la première, je ne lui saurois donner une plus forte preuve qu'elle même de tout ce qui est dedans, puisque c'est elle qui m'en a baillé les ordres et qu'elle a su ponctuellement ce qui en est ensuivi. Je n'ai qu'à le commencer par où finit mon précédent récit..... J'entrerai donc

[1]. En marge du manuscrit figure cette mention, écrite de la main de du Plessis-Besançon : « Cette première partie de la relation de mes services fut présentée à Son Éminence dès l'année « 1643. »

d'abord en matière et dirai que, sur la fin de l'année 1643, à mon retour de la frontière d'Espagne, je fis un voyage à Douai, pour ajuster le compte de la dépense et des rançons des prisonniers de guerre d'entre les couronnes. Il nous en revint un grand avantage et les Espagnols en demeurèrent en reste d'une très notable somme envers nous par mes soins, ensuite d'un autre voyage à Gand, vers don Francisco de Mello, pour surmonter les difficultés que les commissaires espagnols y faisoient. En reconnoissance de quoi, Son Éminence me promit dès lors une partie de la somme ainsi gagnée, mais cette bonne volonté n'a jamais passé jusqu'à l'effet[1].

La mort du maréchal de Guébriant[2] étant arrivée quelque temps après[3] de la blessure qu'il reçut au siège de Rottweil, le corps françois qu'on avoit joint à l'armée weymarienne[4], sous la charge du lieutenant général Rantzau[5], qui étoit demeuré pour commander à tout après le départ de M. le Prince, ayant été surpris et presque tout dissipé à Tüttlingen, celui des Allemands, qui s'en étoient sauvés pour la plupart, se

---

1. Il convient de rappeler encore certains services que du Plessis-Besançon rendit vers cette même époque au cardinal Mazarin, en lui révélant les complots dirigés contre sa personne par la cabale des Importants, et en particulier par les Vendôme. Ces services ne sont pas mentionnés ici; mais on en trouve la trace dans les carnets de Mazarin (3e carnet, août 1643, p. 84).

2. Jean-Baptiste Budes, comte de Guébriant, né en 1602, maréchal de France.

3. 24 novembre 1643.

4. Corps allemand à la solde de la France, et formé par le duc Bernard de Saxe-Weymar, qui était mort en 1639.

5. Josias, comte de Rantzau (1609-1650), devint maréchal de France en 1645.

retira dans la Haute-Alsace, où, la crainte qu'ils avoient qu'on attribuât ce mauvais succès à leurs principaux chefs, à cause de l'aversion qu'ils avoient pour M. de Rantzau, les ayant fait tous assembler à Bâle, ils mirent en délibération de chercher leur sûreté dans un autre service que celui de France, et, pour le faire sous quelque honnête prétexte, d'envoyer auparavant une députation à la cour pour demander le paiement de leurs arrérages ou s'en congédier, tandis qu'ils en envoyeroient une autre en Allemagne pour des fins différentes.

Pendant que les choses se passoient de la sorte, sur l'avis certain que l'on reçut de la mort du maréchal de Guébriant et du désordre de Tüttlingen[1], M. de Turenne fut destiné pour lui succéder et, pour cet effet, on le fit maréchal de France. Mais, comme on doutoit de la volonté des weymariens, qui faisoient quasi tout le reste de l'armée par suite de la prison et dissipation des François, on m'envoya en toute diligence à Brisac[2], avec des lettres du roi et de la main de la reine pour les hauts officiers Hem[3], Tubatel[4] et Rose[5],

1. La nouvelle du désastre de Tüttlingen parvint à la cour le 3 décembre 1643.
2. Brisach, en Alsace.
3. Jean-Bernard Œhme, l'un des principaux chefs du corps weymarien, général-major de l'armée d'Allemagne en 1641, prit part aux combats de Rottweil et de Tüttlingen, lieutenant général et général de la cavalerie de l'armée d'Allemagne en 1649.
4. Georges-Christophe de Taupadel, l'un des plus anciens colonels du duc Bernard de Saxe-Weymar, lieutenant général de cavalerie en 1640, mort en 1647.
5. Reinhold von Rosen s'engagea au service de la France en 1639, lieutenant général en 1648, gouverneur de haute et basse Alsace en 1652, mourut en 1667.

afin de les disposer et préparer les voies à M. de Turenne. Cependant, il se mit en état de partir et de se rendre à Colmar pour les prendre, comme on dit, au pied levé, dans une conjoncture où il falloit profiter de leur étonnement et de leur irrésolution.

Arrivant à Brisach sur la fin de décembre, on m'y confirma la chose dont il est parlé ci-dessus à leur égard et que la crainte d'être chargés du malheur de Tüttlingen les emportoit plutôt que le dessein formé de quitter le service de cette couronne. Sur quoi je me résolus, de concert avec MM. d'Erlach[1] et de Tracy[2], de les envoyer promptement avertir de mon arrivée, les invitant en même temps à se trouver tous à Ancisen[3], où j'avois à leur parler de la part du roi. Mais, parce que l'humeur des Allemands est de se tenir fiers quand on les prie et qu'on témoigne de les appréhender ou d'en avoir besoin, les dépêches que j'avois à leur rendre étant conçues en des termes qui pouvoient aussitôt nuire qu'aider, il fut jugé plus à propos de les supprimer et que je leur parlerois avec autorité, mais de telle sorte néanmoins qu'ils eussent occasion de bien espérer et non pas de craindre.

1644. — L'événement répondit à ce projet. Ils se

1. Jean-Louis, comte d'Erlach, l'un des principaux chefs du corps weymarien, lieutenant général en 1639, gouverneur de Brisach, commandant en chef de l'armée d'Allemagne en 1649. Il mourut en 1650. Des *Mémoires historiques concernant M. d'Erlach* ont été publiés à Yverdon en 1784. Il est question de cette mission de du Plessis-Besançon dans le t. III, p. 71 et suiv.
2. Alexandre de Prouville, marquis de Tracy, commissaire général de l'armée d'Allemagne (1641), colonel de cavalerie (1642), conseiller d'État (1643), lieutenant général (1665); il mourut en 1668.
3. Ensisheim, petite ville d'Alsace.

soumirent aux volontés du roi et résolurent sur le champ de recevoir pour leur général le maréchal de Turenne; et, s'étant ensuite tous rendus à Colmar auprès de lui, où il s'étoit avancé sur l'avis que je lui en avois donné, les santés qui se burent de part et d'autre à dîner furent les ratifications de ce qu'on avoit résolu auparavant. Si bien qu'après qu'il eut été dressé un état des dépenses qu'il falloit faire pour le rétablissement de la satisfaction de l'armée, je revins trouver Son Éminence à Paris, n'ayant demeuré que trois semaines à mon voyage : service qui fut estimé de si grande conséquence, vu la conjoncture, que j'en reçus les derniers agréments de la cour et du cardinal Mazarin, parce que c'étoit, non seulement nous être conservé, mais acquis ce corps-là qui a si utilement servi depuis pour relever les affaires et la réputation des François, qui étoient perdues en Allemagne, et qui nous faisoient perdre en même temps l'amitié des Suédois, s'il n'y eût été pourvu promptement[1].

Incontinent après que je fus de retour, Son Éminence ayant appris ce qui se passoit en Espagne sur le sujet de don Francisco de Mello, j'eus ordre d'obtenir un passeport de lui pour aller à Bruxelles, sous prétexte d'un nouveau traité pour l'échange des prisonniers de la bataille de Rocroy qu'il désiroit fort, mais, en effet, pour voir s'il y auroit lieu de tirer quelque avantage au profit du roi des résolutions nouvellement prises en Espagne contre don Francisco de

---

1. Quelques mois après cette mission, on paraît avoir pensé à la cour à nommer du Plessis-Besançon lieutenant du roi à Brisach. Voir les *Mémoires de Turenne*, dans la collection Michaud et Poujoulat, 3ᵉ série, t. III, p. 371.

Mello[1]. Outre que j'en rapportai, par même moyen, quantité de pierreries de grand prix, que la feue reine mère avoit engagées en divers lieux du Pays-Bas, le projet d'un quartier général pour l'avenir fut en quelque sorte ajusté pour sauver les apparences de mon voyage..... Son Éminence connut bien de la réponse que je lui en rapportai qu'il étoit difficile de s'en démêler mieux que je fis, et, par d'autres avis qu'elle voulut bien me participer, je sus bien que la commission qu'elle m'avoit donnée ne pouvoit être plus délicate..... Elle me traitoit alors comme une personne à qui elle donnoit beaucoup de part en sa confiance et à ses bonnes grâces.

N'étant qu'à peine retourné de ce voyage, sur les ouvertures qui avoient été réciproquement faites et reçues, durant la prison de M. de Maugiron[2], pour un accommodement avec M. le duc Charles de Lorraine, Son Éminence résolut de m'envoyer vers ce prince à Worms.

Étant arrivé à Thionville le 10 mai, après y avoir séjourné sept ou huit jours pour attendre les nouvelles de M. le duc Charles, j'en reçus enfin la réponse et le passeport que j'en pouvois espérer pour me rendre vers lui à Worms, où je m'acheminai, dès le jour même,

---

1. Cette mission est longuement racontée dans les documents imprimés à l'appendice.
2. Claude, comte de Maugiron, mestre de camp en 1633, maréchal de camp en 1643, lieutenant général des armées du roi en 1651. Le duc Charles de Lorraine, l'ayant fait prisonnier à la bataille de Tüttlingen, le renvoya à Paris en le priant de s'employer à préparer un rapprochement entre la Lorraine et la France. Voir à ce sujet l'*Histoire de la réunion de la Lorraine à la France*, par le comte d'Haussonville, t. II, p. 209 et suiv.

avec les escortes nécessaires qu'on m'avoit fait préparer.

Arrivant à Hombourg, où étoit Mme de Cantecroix[1], je crus qu'il étoit à propos de la voir, ce que je fis; et, comme je savois que c'est une personne en qui Son Altesse avoit beaucoup de confiance, je m'ouvris à elle de quelques points de mon instruction sur le sujet des avantages dont on se relâchoit en faveur de sadite Altesse, à cause de la proposition qu'il avoit faite à M. de Maugiron de la remise de la Mothe[2] entre les mains du roi.

Dès le soir même, ladite dame ayant envoyé vers moi, sous prétexte de me parler de mon escorte du lendemain, celui qui m'entretint de sa part me fit connoître qu'elle avoit cru que je devois m'ouvrir à elle davantage que je ne l'avois fait; puisqu'il ne s'agissoit que de ne faire plus mention du traité de Paris, sans en changer la substance quant aux choses qui pouvoient choquer Son Altesse, mon voyage auprès d'elle se trouvoit inutile, et, ne pouvant produire autre chose que beaucoup de jalousie à l'empereur et au roi catholique, au grand désavantage de Son Altesse et de ses troupes, il seroit plus à propos d'en demeurer là que de passer plus avant.

1. Béatrix de Cusance, née le 27 décembre 1614, veuve de Léopold d'Oiselet, prince de Cantecroix, épousa clandestinement, le 2 avril 1637, le duc Charles de Lorraine, bien qu'il fût déjà marié avec la princesse Nicole de Lorraine, sa cousine. Voir une curieuse étude de M. L. Pingaud, *Béatrix de Cusance, princesse de Cantecroix*, publiée dans les *Mémoires de la Société d'émulation du Doubs* (1876), et l'*Histoire de la réunion de la Lorraine à la France*, par le comte d'Haussonville, chap. xvii.

2. Petite place de Lorraine, dont Mazarin réclamait la remise aux troupes françaises.

A cela, je témoignai que j'étois bien surpris, vu que la lettre de Son Altesse et le passeport qu'elle m'avoit envoyé se trouvoient sans aucune condition et que, comme mon voyage regardoit beaucoup plus les intérêts de sadite Altesse que les nôtres, je n'aurois pas grande peine à me résoudre de retourner d'où je venois pour peu de répugnance qu'on témoignât pour mon voyage, ce que je dis avec beaucoup d'indifférence et de fermeté. La personne qui m'avoit parlé en demeura tout interdite et ne sut que me répliquer, sinon que Mme de Cantecroix seroit bien aise de me recevoir encore le lendemain, si matin que je voudrois, en attendant que mon escorte fût prête, ce que je fis.

A cette seconde entrevue, ladite dame, au lieu de me témoigner qu'elle désirât d'en savoir plus que je ne lui en avois dit, me fit de grandes excuses de sa curiosité, me priant d'excuser cela d'une femme qui avoit tant d'intérêt en cette affaire, et que ce qui l'avoit portée à ce qu'on m'avoit dit de sa part venoit de ce qu'elle avoit cru que je lui ferois voir mon instruction, ainsi que ceux qui étoient venus devant moi avoient fait. A quoi je répondis que je lui en avois dit la substance, et que, le reste consistant seulement en certaines circonstances qui pourroient lui être ennuyeuses, je n'avois pas jugé nécessaire de lui en dire davantage, me contentant de lui faire connoître que Son Altesse auroit tout lieu d'être contente du sujet de mon voyage. Et, prenant congé là-dessus de ladite dame, elle m'en témoigna beaucoup de satisfaction et me fit connoître que, comme elle ne désiroit rien si passionnément que le raccommodement de Son Altesse avec la France, aussi n'y avoit-il personne qui voulût plus qu'elle contribuer tout ce qui en pouvoit dépendre pour en venir à bout.

Je crus, en cette rencontre, qu'il n'étoit pas à propos que je m'expliquasse à Mme de Cantecroix de tout le particulier des choses que j'avois à dire à Son Altesse, craignant qu'après avoir tout su on ne m'en fît demeurer là, et que, cependant, mon voyage ne servît qu'à donner lieu au duc Charles de s'en servir auprès de l'empereur et du roi catholique, en leur faisant voir les recherches réitérées qu'on lui faisoit faire inutilement de la part de la France, pour en tirer un meilleur parti.

Deux jours après, qui fut le dimanche matin 22 mai, étant arrivé à Worms, où étoit Son Altesse, j'y fus logé, reçu et visité de sa part avec beaucoup de civilités et fus ensuite introduit auprès d'elle, où, après les premiers compliments de part et d'autre, je l'entretins amplement de toutes les choses dont j'avois charge de lui parler, tâchant de n'oublier rien de toutes les raisons contenues en mes instructions pour lui persuader qu'il n'y avoit que la seule bonté de la reine et l'estime qu'elle avoit toujours faite de sa personne et de ses mérites qui l'obligeassent de faire les avances qu'elle faisoit maintenant. Son Altesse reçut le tout avec de grands témoignages de reconnoissance et d'obligation, mais toujours en termes généraux, ainsi qu'il avoit fait aux sieurs de Maugiron et du Maurier, protestant qu'il n'y avoit rien au monde qu'il ne voulût faire pour le service de Sa Majesté, au moindre de ses commandements exprès, sans excepter ni places, ni troupes, démolition de fortifications, ni rien de ce qui étoit de sa puissance : à quoi je répartis que tant de bons sentiments ne pouvoient être que très agréables à Sa Majesté, mais qu'en matière de traités, il falloit pour conclure descendre des choses générales aux particulières. Sur quoi, cette première conférence ayant fini, je connus bien aux discours et à la façon de s'expliquer du prince que ce qu'il avoit dit à M. de Maugiron sur le sujet de la remise de la Mothe avoit plutôt été par forme qu'à bon escient.

Le soir même, je vis encore Son Altesse, et, depuis, tous les jours deux fois jusques au mercredi au soir que j'en partis pour mon retour, la moindre de nos conférences ayant toujours duré plus de deux heures, sans que je pusse connoître à quoi Son Altesse vouloit se déterminer pour la réponse et la conclusion que j'en devois remporter, à cause des diverses propositions qu'elle me faisoit de fois à autre, selon la naturelle disposition de son esprit qui est assez vacillant et irrésolu. Je n'oubliai rien de ce que j'estimois pouvoir servir à le presser de conclure et sortir des termes généraux. Comme je lui témoignai de croire qu'il attendoit peut-être des nouvelles des agents qu'il avoit à Vienne et à Bruxelles avant que d'en venir là, il me répartit d'un ton qui faisoit connoître que ce discours le pressoit bien fort, qu'il me feroit voir le contraire, et que, le soir même, qui étoit le mardi, il me donneroit sa résolution par écrit, ainsi qu'il fit.

Sur quoi je lui fis remarquer le peu de proportion qu'il y avoit entre ses propositions et combien on seroit surpris à la cour de voir que Son Altesse voulût faire acheter à la France, par la perte de la propriété des places de Clermont, Stenay et Jamets, le dépôt de la Mothe, qui n'étoit qu'un expédient à la reine pour lui donner lieu de le pouvoir obliger en des choses effectives en se relâchant de plusieurs avantages que le feu roi s'étoit acquis par les armes et par des traités faits avec elle de gré à gré. Son Altesse me répondit qu'il n'y avoit rien en cela dont Sa Majesté ne dût demeurer satisfaite, puisque c'étoit lui qui s'y confioit le premier de tout ce qui lui restoit, exposant de plus sa personne et ses troupes pour son service et celui de la France, sur la simple foi d'un traité dont l'effet étoit si éloigné ; que les services qu'il rendroit étoient présents et réels ; que tout le bien qu'on lui faisoit n'étoit qu'en espérance, et que, néanmoins, il se soumettoit à tout ce qu'un homme d'honneur pouvoit faire pour en mériter l'exécution[1].....

Je portai l'affaire si avant qu'étant retourné une seconde fois près du duc Charles à Guémine[2], près Coblence, tous les articles publics et secrets du traité que je conclus avec lui furent paraphés de la main de Son Altesse[3], jusques au préambule qu'elle voulut que je dressasse en sa présence et par lequel elle devoit commander une armée considérable en Allemagne pour le rétablissement des princes dépossédés, où elle me témoigna désirer que j'eusse un des premiers emplois, outre la créance de la cour. Ensuite de quoi, me trouvant obligé de revenir à la cour, j'y fus accompagné

---

1. Il existe ici une lacune dans le manuscrit.

2. Gemingen ou Gemünden, petite localité située à 53 kilomètres au sud de Coblence.

3. Ce traité fut paraphé le 24 juin 1644. Voir le texte à l'appendice. Le comte d'Haussonville, dans son *Histoire de la réunion de la Lorraine à la France*, mentionne, évidemment par erreur, ce projet de traité comme ayant été arrêté à Germiny, en Lorraine.

de son chancelier et d'un de ses principaux secrétaires[1], avec une créance entière de ce prince auprès de Leurs Majestés.

Mais, soit que mon retour tardât trop, ou qu'il eût été gagné cependant par don Francisco de Mello, qui lui faisoit espérer la succession de son emploi des Pays-Bas, je ne le trouvai plus où je l'avois laissé en le quittant.

Étant arrivé à Metz, avec le sieur Thomas, le dimanche 17 juillet au matin, je n'y trouvai nulle nouvelle de Son Altesse et n'en reçus point jusques au mercredi au soir 20, mais seulement quelques lettres du sieur Fournier, puis du sieur Ditaut, gouverneur de Boulay, par où on me convioit de ne m'ennuyer point et de ne me pas dégoûter par tout ce que j'entendrois dire de Son Altesse.

Ledit jour vingtième, le sieur Thomas reçut une lettre de la main de Mme de Cantecroix par où elle lui ordonnoit de se rendre, le lendemain 21, à Boulay et de me prier, de sa part, de m'y trouver aussi pour y entendre le sieur de Viler, sur la créance qu'elle lui donnoit pour nous dire les intentions de Son Altesse.

Nous ne manquâmes pas, le sieur Thomas et moi, d'arriver à Boulay à l'heure et jour nommés, où ledit sieur de Viler, envoyé de Mme de Cantecroix, nous exposa sa créance, qui fut :

1° Que Son Altesse avoit grand sujet de se plaindre de ce qu'un peu après le départ du sieur du Plessis d'auprès d'elle les garnisons françoises de cette frontière avoient couru sur ses troupes jusque dans leurs

---

1. Les sieurs Fournier et Thomas.

quartiers et fait quelques prisonniers, au préjudice de ce qui avoit été convenu. A quoi il fut répondu que, si cela étoit, ç'avoit été avant qu'on eût pu donner avis aux gouverneurs des places de ce qui s'étoit passé, de façon qu'il n'y avoit pas lieu d'en former un mécontentement, vu que la garnison de la Mothe avoit bien fait pis, ayant brûlé deux villages en Champagne sous prétexte qu'ils ne payoient pas assez tôt leurs contributions;

2° Qu'il avoit charge de me dire que Son Altesse avoit toutes les envies du monde de me voir, mais que le grand bruit qu'on avoit fait à Paris et ailleurs de son accommodement, contre le secret qui s'y devoit garder, ayant donné lieu aux Espagnols de lui en faire de grands reproches, elle avoit été contrainte de faire quelques marches dans le Luxembourg avec ses troupes pour justifier le contraire, et qu'ainsi les difficultés qu'il y auroit pour moi d'aller où elle étoit, tant à cause du péril à l'égard des ennemis que pour son grand éloignement, faisoient qu'il n'osoit me convier de faire ce voyage;

3° Et, en dernier lieu, que Son Altesse étoit toujours libre de faire ce qu'elle voudroit et le seroit jusques à la fin d'août pour obéir à tout ce que la reine lui voudroit commander; que, pour cet effet, sadite Altesse n'avoit point voulu prendre d'argent et n'en prendroit point des ennemis, qu'elle s'en alloit en attendant vers le pays de Liège pour se faire payer des contributions qui lui étoient dues de resté de son quartier d'hiver et qu'elle n'avoit point encore vu le sieur Fournier.

Voyant que le sieur de Viler n'avoit pas autre chose à me dire et qu'il ne savoit rien du fond des affaires, je me contentai de lui témoigner en général le sujet que j'avois d'être surpris du procédé de Son Altesse et d'écrire à Mme de Cantecroix aux termes que j'estimai convenables pour ne rien gâter. En suite de quoi, le sieur Thomas ayant témoigné d'être encore plus étonné que moi, dès le même jour nous nous en revînmes à Metz, le dernier en résolution d'aller joindre Son Altesse par le chemin de Longwy, comme le plus court et le plus sûr, pour l'informer du bon état auquel étoient les affaires, ne doutant point que sadite Altesse ne fût toujours en même résolution de s'accommoder et qu'elle ne se portât facilement à tout ce qui avoit été convenu. Sur quoi, je jugeai qu'il étoit expédient de ne retarder point mon voyage, et, trouvant à propos de passer à l'armée de M. le duc d'Anguien pour l'informer de l'état de cette affaire et, de là, dépêcher à la cour, j'accompagnai ledit sieur Thomas jusques à deux lieues de Longwy, où une escorte dudit Longwy le vint recevoir, lui donnant de plus un tambour de Metz pour me rapporter les avis de ce qu'il apprendroit de Son Altesse.

J'écrivis au duc Charles par ledit sieur Thomas lequel se chargea de me donner des nouvelles décisives dans le dernier de juillet, qui étoit le terme prescrit pour cet effet par ma lettre à Son Altesse; et, le tambour de Metz ne revenant pas, j'en renvoyai un autre à Longwy, craignant que le premier n'eût été pris ou tué des ennemis en revenant, et peut-être le sieur Thomas même, parce qu'un autre tambour dudit Longwy, venant ramener quelques prisonniers à M. le duc d'Anguien, lui dit qu'il avoit rencontré un escadron des ennemis, lequel, ayant trouvé l'escorte dudit sieur Thomas, peu s'en étoit fallu qu'ils ne l'eussent chargée. Le même tambour ajouta que Son Altesse marchoit sur Longwy et que ses troupes s'accommodoient de tout ce qu'elles pouvoient attraper en Luxembourg; qu'il étoit vrai qu'elles avoient fait montre de six à sept mille hommes devant les commissaires espagnols, mais que Son Altesse n'avoit point voulu prendre d'argent.

Le 23 juillet, ayant appris qu'un parti de Montmédy avoit assassiné le tambour de Metz qui avoit conduit le sieur Thomas, en revenant rejoindre l'armée avec un billet dudit sieur Thomas pour moi, le sieur Thouvenin, gouverneur de Longwy, dépêcha un autre tambour à M. le duc d'Anguien avec une lettre portant que le sens dudit billet étoit que Son Altesse étoit aux environs de Marche-en-Famine[1], attendant des nouvelles et qu'il croyoit que tout iroit bien. Selon la lettre dudit sieur Thouvenin à mondit sieur le duc, le sieur Thomas devoit joindre Son Altesse dès le vingt-cinquième de bonne heure, de sorte que, dans le trentième au plus tard, je pourrois avoir réponse dudit sieur Thomas.

Tous les avis qu'on avoit alors du Luxembourg portoient que le duc Charles avoit certainement reçu de l'argent des Espagnols et qu'il étoit engagé dans leur service en qualité de généralissime; mais tous ses gens et ceux qui disoient savoir beaucoup de ses affaires assuroient que tout ce qu'il avoit fait depuis quinze jours n'étoit que pour tirer tout l'argent qu'il pourroit des ennemis, faire son parti meilleur avec la

---

1. Marche-en-Famène, petite ville du Luxembourg belge.

France, et obtenir certaines choses dont il vouloit être assuré par son accommodement.

En réalité, il avoit repassé la Meuse avec toutes ses troupes qui composoient un corps de quatre à cinq mille bons hommes effectifs. De sorte que le plein pouvoir et les autres pièces qui m'avoient été confiées pour venir de la dernière conclusion à l'exécution du traité se trouvèrent sans effet par son éloignement. Néanmoins, nous en tirâmes cet avantage que, l'ayant tenu la plupart de la campagne inutile, il ne se rejoignit à l'armée de Flandre qu'après la prise de Gravelines, au lieu que l'événement du siège eût été douteux s'il y fût arrivé un mois plus tôt. En quoi je n'avois pas mal contribué au dessein de M. le cardinal Mazarin, qui s'étoit proposé cette alternative de ma négociation, si je ne pouvois venir à bout du reste par l'instabilité d'un esprit qui a si peu de fixe, et auquel je prédis dès lors, de la part de Son Éminence, le malheur où il se trouve maintenant[1].

A la fin de l'été de la même année, sur le parti qu'on offroit à M. de Mello de retourner en Espagne ou de demeurer dans le commandement où il étoit, ayant pris celui de se retirer et devant traverser la France avec passeport, comme c'étoit un personnage de haute condition, tant par sa naissance que par ses grands emplois, et qu'on vouloit le faire accompagner et lui

---

1. Charles de Lorraine, arrêté à Bruxelles, le 26 février 1654, par ordre du roi d'Espagne, se trouvait en prison à Tolède au moment où du Plessis-Besançon écrivait ces lignes. Sa captivité dura jusqu'en 1659. On trouve, dans le *Mercurio di Vittorio Siri* (t. IV, 1655), un récit en italien des négociations de du Plessis-Besançon avec le duc de Lorraine pendant l'année 1644.

rendre beaucoup d'honneurs, Son Éminence me choisit pour cela[1], avec d'autant plus de raison qu'ayant traité déjà deux fois avec lui en Flandre je pourrois servir plus utilement en cette occurrence et lui être plus agréable qu'un autre. Je le reçus donc à Péronne et ne m'en séparai qu'auprès de Bordeaux, où M. de Tessein me vint relever; outre le compte que je rendis en gros à Son Éminence d'une conversation sérieuse de près d'un mois que j'avois eue seul à seul avec ce ministre dans son carrosse, je lui remis à mon retour une relation substantielle des choses les plus importantes qu'il m'avoit confiées[2]. M. le cardinal me témoigna d'en faire cas, étant vrai d'ailleurs que les matières qu'elle contenoit étoient de telle conséquence et déduites de telle sorte qu'elle pouvoit bien m'attirer son approbation.

Durant ce voyage, les députés ambassadeurs de Catalogne vinrent à Fontainebleau demander un autre vice-roi que le maréchal de la Mothe à cause de la déroute et perte de Lérida et de la levée des sièges de Tarragone et d'Agramont[3], qui laissoient la province en péril. Les Catalans, fort mal satisfaits s'il n'y étoit promptement remédié, ajoutèrent à leur demande celle de m'y renvoyer[4] au plus tôt pour contenir toutes

1. La commission donnée à ce sujet à du Plessis-Besançon est datée de Fontainebleau, le 6 octobre 1644. (Affaires étrangères, Espagne, supplément, IV.)
2. Voir cette relation ci-après, à l'appendice.
3. Agramunt, petite ville située en Catalogne, dans la plaine d'Urgel.
4. Par des lettres en date des 28 octobre, 12 novembre et 21 décembre 1644, le docteur Joseph Montaner, conseiller en cap de la ville de Barcelone, et don Joseph de Margarit, l'un des princi-

choses en état, en attendant l'arrivée de M. le comte d'Harcourt, que Son Éminence avoit fait nommer pour vice-roi et capitaine général à la place de l'autre, se ressouvenant des premiers services qu'ils m'y avoient vu rendre si heureusement durant les années 1640 et 1641, lorsque tous les François s'en retiroient avec autant de honte pour notre nation que de bonne fortune et d'honneur pour moi.

Pour cet effet, on me fit partir dès la fin de décembre de la même année 1644, et, pour m'y faire aller avec plus de satisfaction, Son Éminence me fit auparavant donner par la reine, à titre de récompense, une gratification de huit mille écus pour aider à l'achat du gouvernement d'Auxonne, qui m'en coûta près de vingt-cinq d'une façon ou d'autre. De sorte qu'en ayant reçu les provisions et prêté le serment j'en allai prendre possession, chemin faisant, outre l'assurance qu'on me feroit servir de maréchal de camp la campagne ensuivante, ainsi qu'il arriva. En quoi j'aurois eu sujet de contentement si l'on ne m'en eût point fait passer en même temps deux autres devant, que je devois précéder par toutes sortes de considérations et de justice.

1645. — Enfin M. le comte d'Harcourt arriva en Catalogne vers le commencement de mars 1645, où il trouva toutes choses dans l'assiette qui étoit à désirer par les soins que je pris et la confiance que ces peuples avoient en ma personne et à la manière dont

paux chefs de l'insurrection catalane, firent appel aux services de du Plessis-Besançon. (Affaires étrangères, Espagne, supplément, IV.)

je leur avois parlé souvent dans les assemblées de la députation et du conseil de cent[1] ; ce qui avoit assez paru à la réception que j'en reçus partout à mon passage, notamment à Barcelone, où presque tout ce qu'il y avoit d'honnêtes gens sortit pour venir à ma rencontre. J'envoyai ensuite à Son Éminence un plan général de la disposition des esprits dans tous les ordres et un projet de ce qu'il y avoit à faire pour la guerre tant offensive que défensive.

Je ne dirai point ici les services particuliers que je rendis pendant cette mémorable campagne, une des plus glorieuses pour la France et des plus funestes à l'Espagne, qu'on ait vues de toute cette guerre, parce que l'histoire du temps en est pleine et qu'il est difficile aux gens du grand monde d'ignorer ce qui s'y fit : un passage de rivière[2], surpris d'une manière extraordinaire sur un pont de cordes (après avoir été manqué par tous mes camarades[3]) et soutenu durant huit jours avec une poignée de gens contre une armée entière qui n'en étoit qu'à un jet de pierres, où j'avois l'honneur du principal commandement, quoique, pensant faire plaisir à M. le cardinal, on y ait voulu donner plus de part à d'autres qu'à moi qui en fus l'exécuteur, après en avoir proposé l'invention et l'entreprise[4] ; une bataille gagnée ensuite où je ne fus pas

---

1. Ce conseil était en quelque sorte le conseil municipal de Barcelone. Il était composé de cent membres, pris pour la plupart dans le tiers état de la ville.

2. La Sègre.

3. D'après un autre récit donné plus loin à l'appendice, l'idée de ce pont suspendu aurait été suggérée par deux prêtres catalans.

4. Les *Mémoires de Montglat* racontent de la façon suivante ce passage de la Sègre : « Le comte d'Harcourt envoya Saint-Aunais

moins utile, commandant le corps de réserve ; dix mille hommes assiégés dans Balaguer, où ils périrent presque tous ; Flix, place importante sur l'Èbre, reprise de vigueur et tous ceux qui la venoient de prendre chassés par la même ouverture qu'ils y étoient entrés ; la réduction de la première de ces places aux conditions qu'il plut au vainqueur et tous les convois qu'on y vouloit jeter pris ou défaits ; grand nombre de combats considérables et d'attaques repoussées ; six à sept mille prisonniers, entre lesquels il se trouva bien mille officiers et quasi tous les généraux à la réserve de don André Cantelme[1] : telles furent les actions des particuliers, les victoires de l'armée du roi et les trophées qui précédèrent le retour du comte d'Harcourt à Barcelone. Ce qui fit dire deux ans après à un des plus fameux capitaines[2] du siècle, ayant appris et vérifié

« et le Plessis-Besançon pour tenter un passage : ce qu'ils firent
« avec un pont de cordes sur lequel ils firent passer l'infanterie et
« la cavalerie à la nage, puis ils prirent par derrière ceux qui
« défendaient la rivière, laquelle ils forcèrent d'abandonner, et, y
« ayant fait faire un pont de bateaux, toute l'armée passa dessus
« et monta sur la montagne, qui est de l'autre côté de la rivière. »
Dans une lettre du 14 août 1645, le comte d'Harcourt écrivit à Mazarin : « Je ne puis éviter de témoigner à Votre Éminence le
« ressentiment que j'ai des mauvais offices que l'on m'a dit avoir
« été rendus à M. du Plessis, touchant notre passage de la Sègre.
« Je dois rendre ce témoignage à Votre Éminence qu'en la réso-
« lution et l'exécution il s'y porta aussi bien que qui'que ce soit. »
(Affaires étrangères, Espagne, XXVI, 177.)

1. Andrea Cantelmi, Napolitain, fils du duc de Popoli. Après avoir été mestre de camp général en Flandre, il commanda en Catalogne et fut défait par le comte d'Harcourt.

2. Du Plessis-Besançon fait sans doute ici allusion à quelque propos du grand Condé, qui vint effectivement commander en chef en 1647 l'armée de Catalogne, et dont la campagne fut loin d'être aussi heureuse que celle de 1645.

toutes choses sur les lieux, qu'il auroit volontiers changé la gloire de plusieurs de ses campagnes pour celle-là toute seule, tant il la trouva belle. Et elle fut extraordinaire en effet, non moins par le nombre que par la qualité des choses qui s'y firent, où j'eus le bonheur d'avoir autant de part que nul autre[1].

1646. — Au commencement de l'année 1646, Son Éminence, au lieu de me renvoyer servir en Catalogne, jugea plus à propos de me faire passer en Piémont vers Leurs Altesses Royales de Savoie..... J'accomplis cette mission utilement et selon le goût de M. le cardinal. Le succès de mon emploi ne fut pas moins à la satisfaction de Son Éminence que de ceux à qui j'étois envoyé, jusqu'au point que Madame Royale et M. le prince Thomas me firent, s'il faut ainsi dire, l'arbitre des intérêts qu'ils avoient à démêler ensemble. Ensuite de quoi je servis de maréchal de camp avec le défunt marquis Ville[2], et continuai sous le maréchal du Plessis-Praslin[3], au retour de son voyage d'Orbitello, pour

1. La Barde, dans son ouvrage *De rebus gallicis* (p. 134-144), donne des détails assez complets sur ces événements et fait jouer un rôle important à du Plessis-Besançon.
2. Guido, marquis Ville, colonel général de la cavalerie du duc de Savoie. Ce prince étant devenu l'allié de la France, ses troupes opérèrent en Italie conjointement avec les nôtres. Le marquis Ville fut nommé maréchal de camp en 1636, lieutenant général des armées du roi en 1643, et commandant en chef de l'armée de Piémont en 1646; il mourut en 1648.
3. César de Choiseul, comte du Plessis-Praslin, maréchal de camp en 1635, lieutenant général en 1642, maréchal de France le 20 juin 1645, commandant en chef l'armée d'Italie sous le prince Thomas de Savoie (1645-1646), ministre d'État en 1652, duc du Plessis-Praslin en 1665.

faire passer un corps de six mille hommes de pied du côté d'Oneille[1], où ils furent embarqués sur l'armée navale que le maréchal de la Meilleraye y avoit amenée de Provence pour le siège de Porto-Longone, auquel ils furent tous deux. Cependant, au lieu d'être de la partie, j'eus ordre du roi d'aller vers le duc de Parme Odoardo[2], pour lui demander un passage de deux mille chevaux sur ses États ; mais j'appris à Gênes qu'il étoit mort peu de jours auparavant. Néanmoins, ma dépêche étant pour le duc de Parme, qui vivoit en la personne de son fils[3], non pour Odoardo seulement, je poursuivis mon voyage et obtins de Son Altesse tout ce que j'avois à lui demander, ce que je fis d'une manière si accorte que, sans abuser de la confiance ni m'expliquer autrement, je donnai lieu de juger que le dessein de notre armée pouvoit être de retourner à Orbitello, ce qui engagea les ennemis d'y jeter le renfort qu'ils avoient destiné pour Porto-Longone, d'où l'on a cru même qu'ils tirèrent des hommes pour les faire passer à la première.

L'opinion qu'ils en eurent étoit assez vraisemblable, puisqu'il y avoit un corps de cavalerie en Piémont, tout prêt à marcher, qui ne pouvoit apparemment servir à autre chose, et que le défaut de ce genre de milice avoit beaucoup contribué à la levée du siège de la place qu'on venoit de manquer[4], comme il arrive

1. Oneglia.
2. Odoard Farnèse, mort en 1646.
3. Ranuce II Farnèse succéda à son père Odoard en 1646 et mourut en 1698.
4. Les troupes françaises, sous les ordres du prince Thomas de Savoie, furent contraintes de lever le siège d'Orbitello au mois de juillet 1646.

ordinairement aux armées de mer qui en attaquent en terre ferme, parce qu'elles ne sauroient porter avec elles suffisamment de cavalerie : c'est pourquoi nos généraux firent-ils prudemment de s'attacher à Porto-Longone qui étoit dans une île. Mais, avec tout cela, il est constant que le service que je rendis à Parme ne fut pas de petite considération pour le succès de cette entreprise[1].

Le voyage de Piémont, dont je viens de faire mention, m'ayant été proposé par M. le cardinal Mazarin en présence de M. Le Tellier[2], au lieu de me renvoyer servir en Catalogne, où ma personne pouvoit n'être pas moins utile que la campagne précédente, je pris la liberté de représenter à Son Éminence que c'étoit me tirer hors de mon centre et du véritable chemin de m'avancer que de m'ôter de l'emploi des armées, où j'avois presque passé toute ma vie et donné ma principale application, parce que, les services que l'on y rend étant plus glorieux et plus en vue que ceux d'un négociateur (qui ne vont guère aux yeux du monde et demeurent obscurs, à cause du secret qui s'y doit garder), il en faut aussi beaucoup moins des autres pour élever ceux qui les rendent aux premières charges et pour faire leur fortune. Sur quoi Son Éminence me répondit que la route qu'elle me faisoit prendre étoit, au contraire, la plus courte et la plus assurée que je pusse tenir pour arriver à mon but, et se donna pour exemple du progrès qu'on y pouvoit faire, ajoutant qu'il y avoit peu de sujets capables d'y réussir, et qu'on

---

1. Le *Mercurio di Vittorio Siri* (t. VIII, 1667) mentionne cette mission de du Plessis-Besançon à la cour de Parme.
2. Michel Le Tellier, ministre et secrétaire d'État.

n'en manquoit pas pour la guerre, où d'ailleurs elle perdoit journellement les meilleurs et les plus chers de ses amis, ainsi qu'elle m'en nomma plusieurs.

Je ne répliquai point et me rendis, comme j'ai toujours fait, aux volontés de Son Éminence, quoique l'argument qu'elle soutenoit m'en donnât assez de matière, puisque la plupart des commandants qui font la guerre s'en acquittent si médiocrement, faute de génie convenable, qu'à peine en remarquons-nous trois ou quatre de notre nation, en tout un siècle, qui méritent l'honneur du premier commandement, dont nous n'avons que trop d'expérience. Car, bien que le grand cœur soit une partie absolument nécessaire en un général, ce n'est pas pourtant la principale, puisque nous voyons plus souvent faire des fautes irréparables par emportement à ceux qui s'y laissent aller qu'aux généraux qui ont le talent du choix des occasions et qui le savent modérer par leur prudence. Mais, pour revenir à ce qui me regarde, je n'ai que trop éprouvé depuis douze ans à mon dommage la vérité du jugement que j'en fis dès lors, ayant vu passer devant moi quantité de gens qui étoient à mes côtés et bien loin derrière, sans que j'aie pu rehausser ma condition qu'en apparence, bien qu'on n'y voie autre différence à mon désavantage que celle de la bonne fortune.

1647. — Au commencement de l'année 1647, le dessein d'agir en Italie se réchauffant de plus en plus par la conquête de Porto-Longone, et Son Éminence jugeant que, pour y bien réussir, Sa Majesté devoit s'acquérir le plus grand nombre d'adhérents qui se pourroit parmi les princes de Lombardie, la cause apparente de m'y renvoyer fut la condoléance de la mort du duc de Parme Odoardo[1], qui me donnoit occasion d'aller aussi voir ceux de Modène[2] et de Mantoue[3], et celui-ci particulièrement pour ajuster certains différends qu'il avoit avec Parme sur le sujet de leurs confins souvent accrus et retranchés par les croissances du Pô, outre la fin générale de mon voyage qui les regardoit tous trois. Néanmoins, l'aversion qui étoit lors entre ces deux-là et l'artifice des Espagnols, qui, pour des fins contraires aux nôtres, travaillèrent à les tenir divisés, m'empêchèrent de réussir en ce dessein, qui n'étoit qu'une affaire de bienséance. Je contribuai, au contraire, à attirer le duc de Modène dans nos intérêts, ce prince ayant bien jugé d'ailleurs du besoin qu'il auroit de la protection de France pour se défendre des résolutions violentes qu'ils avoient prises de l'opprimer et de le prévenir; ce que son grand cœur et sa générosité ne pouvoient dissimuler davantage, non plus que son ressentiment pour les mauvais traitements qu'il en avoit déjà reçus en plusieurs occasions.

Je le vis pour la première fois à Modène, où les choses ne furent qu'ébauchées en termes généraux;

1. Les instructions données pour cette mission à du Plessis-Besançon sont du 20 mars 1647.
2. François Ier d'Este, duc de Modène (1629-1658). Son fils Alphonse IV fut généralissime des armées françaises, et épousa, en 1655, Laura Martinozzi, nièce du cardinal Mazarin et sœur de la princesse de Conti.
3. Charles III de Gonzague, duc de Mantoue et de Montferrat, né en 1629. Sa mère, Marie de Gonzague, exerçait alors en réalité le pouvoir en son nom. Par suite de relations de famille, l'influence autrichienne était très puissante à la cour de Mantoue.

la seconde et la troisième à Guattieri[1] et à Sassuolo[2], où l'on passa plus avant dans les conditions, et plus encore à Bologne[3], où j'avois pris ma résidence et où la négociation se continua par des envois réciproques et par lettres durant plus d'un mois : en sorte que le marquis Calcagnini[4], son principal ministre, de sa part, et moi, au nom du roi, nous étant trouvés de concert à Gênes, toutes choses furent conclues et arrêtées[5] avec M. le cardinal Grimaldi[6], qui avoit la plénipotence de Sa Majesté pour cet effet[7]. Ensuite de quoi, M. d'Estrades[8],

1. Petite localité du duché de Modène, non loin de Guastalla.
2. Petite ville du duché de Modène, où le duc avait une habitation de plaisance.
3. Bologne appartenait alors au saint-siège.
4. Mario, marquis Calcagnini, grand maître de la cour du duc de Modène.
5. Ce traité en deux parties fut signé le 1er et le 2 septembre 1647 et fut ratifié le 14 du même mois par le duc de Modène. Voici la substance des principales clauses de cet arrangement, dont le texte a été publié dans le *Recueil de Dumont*, VI, 1re partie, 397. Le roi et le duc s'engageaient à se défendre réciproquement. Le roi donnait au duc une pension annuelle de cent mille livres et le nommait commandant en chef d'une armée en Italie. Il s'engageait à avoir en Italie une armée d'au moins quatre mille hommes de pied et quinze cents chevaux. Le duc de Modène devait, de son côté, fournir quatre mille hommes de pied et cinq cents chevaux ainsi que l'artillerie et les accessoires nécessaires. Le roi renonçait d'avance à tout ce qui serait conquis par son armée en Lombardie et faisait par anticipation l'abandon du Crémonais au duc de Modène. Il s'engageait à ne pas faire de paix séparée avec l'Espagne.
6. Girolamo Grimaldi, d'une famille génoise, avait été nonce à Paris. Nommé cardinal en 1643, à la recommandation du roi de France, il était alors très dévoué à la cause française.
7. Le plein pouvoir donné par Louis XIV au cardinal Grimaldi était daté d'Amiens, 31 mai 1647. (Affaires étrangères, Naples, IV, 171.)
8. Godefroy, comte d'Estrades, nommé maréchal de camp le

étant parti de Piombino avec les troupes de Toscane, se rendit près de Reggio, où il joignit celles de Modène et la personne de ce prince, qui passèrent aussitôt le Pô nonobstant l'opposition des ennemis, et les poussèrent jusques aux portes de Crémone, à dessein d'attaquer cette place, quand M. de Navailles[1] les auroit joints avec un corps assez considérable qu'il amenoit de Piémont à travers du Milanois, et par les États du duc de Parme, de qui j'en avois obtenu la permission. J'eus aussi de Mme la duchesse de Mantoue les assistances nécessaires et le passage par ceux du duc son fils, ayant fait plusieurs voyages pour cela vers l'un et l'autre, à cause des jalousies que Parme craignoit de donner aux Espagnols et de l'aversion que cette princesse[2] avoit pour Modène, que je ne surmontai pas sans y rencontrer de grandes difficultés.

Mais les pluies continuelles ayant inondé toute la campagne et fait déborder le Pô, l'armée françoise fut obligée de se retirer sur les confins du Mantouan, d'où elle tira parti de ses commodités l'hiver ensuivant qu'elle passa tout entier dans les États de Bozzolo et de Castiglione. Et l'on peut dire avec vérité que, sans l'accident des eaux et le peu d'intelligence de nos chefs, ils eussent pris dès ce temps-là Crémone et Sabbionette : d'où il se voit avec combien d'utilité j'avois servi auprès de tous ces princes avant et pen-

---

4 janvier 1647, commandait alors à Porto-Longone et à Piombino. Il devint lieutenant général en 1650, et maréchal de France en 1675.

1. Philippe de Montaut, marquis, puis duc de Navailles, maréchal de camp en 1647, lieutenant général en 1650, maréchal de France en 1675.

2. La duchesse de Mantoue.

dant la campagne[1], à la fin de laquelle M. le duc de Modène désira que je vinsse rendre compte de tout au cardinal Mazarin, pour digérer les desseins et préparer les moyens de réussir la prochaine. Son Éminence me fit une très bonne réception et me donna alors d'obligeantes paroles pour mon avancement.....

Mais les révolutions de la ville de Naples s'étant communiquées à tout le royaume jusques au point d'y appeler les François, M. de Guise, qui étoit lors à Rome, s'y jeta par le moyen de plusieurs felouques napolitaines qui le vinrent prendre jusque dans le Tibre, et passa en dépit des galères d'Espagne, qui ne le purent empêcher[2]. Cependant, il étoit arrivé à Paris diverses personnes de la part des soulevés pour engager la France à leur protection, et l'on y avoit envoyé déjà le duc de Richelieu[3], avec vingt-quatre vaisseaux bien équipés, qui partirent de Toulon au commencement de novembre de la même année 1647, sous la direction du bailly de Valençay[4], dont l'on attendoit des nouvelles à la cour avant que de se résoudre entièrement de ce qu'il y avoit à faire, les choses ayant toujours été obscures jusque-là. Sur quoi, Son Éminence fit donner les ordres et les fonds nécessaires pour l'armement de douze autres navires qu'on devoit charger d'infanterie, de vivres et de munitions de guerre, de

---

1. On trouve un récit de ces négociations dans le *Mercurio di Vittorio Siri*, t. IX, 1667.

2. Le duc de Guise arriva à Naples le 15 novembre 1647.

3. Armand-Jean de Vignerot du Plessis, duc de Richelieu, petit-neveu du cardinal, général des galères. Il n'avait que dix-neuf ans lorsqu'il fut mis à la tête de l'expédition de Naples.

4. Henri d'Estampes-Valençay, chevalier et bailli de l'ordre de Malte. Il mourut en 1678.

pièces et d'officiers d'artillerie pour les y envoyer avec moi. Et, comme elle jugeoit cette affaire plus importante que celles de Lombardie, elle me fit l'honneur de m'y destiner avec deux pleins pouvoirs et une ample instruction de la conduite qu'il y falloit tenir, et me dit, en prenant congé d'elle, ces obligeantes paroles sur le sujet du voyage que j'y allois faire : « Je vous y envoie parce que je n'y puis aller. »

1648. — Je fis diligence et me rendis à Toulon, au commencement de février 1648. Mais, au lieu d'y trouver la première escadre prête, il n'y avoit pas seulement un vaisseau en état de me porter à Piombino, par le désordre qui arriva au trésorier de la marine pour lors en exercice, lequel, ayant voulu se rembourser de ses avances, n'avoit baillé que des assignations reculées pour ce premier armement, si bien que, sans le chevalier Paul[1], qui arma promptement le sien, je n'aurois pu partir de longtemps encore ; mais n'ayant été prêt qu'à la fin de mars, M. de Guise fut arrêté proche de Naples durant une si longue attente, et, par sa prison, les Espagnols y reprirent le dessus. Cette nouvelle m'étant venue, j'écrivis au cardinal Mazarin qu'il n'y avoit plus rien à faire de ce côté-là si l'on n'y destinoit de grandes forces de terre et de mer, lui faisant connoître en même temps que je ne me sentois pas assez fort pour soutenir seul un fardeau si pesant, et que j'estimois autant à propos que nécessaire de l'appuyer sur l'expérience de M. le cardinal Grimaldi.

---

1. Le chevalier Paul (1597-1667), chef d'escadre et lieutenant général des armées navales. Il était fils d'une lavandière et sut par son mérite s'élever aux plus hauts emplois.

Son Éminence approuva ma pensée, loua ma modération et m'ordonna de lui dépêcher un exprès à Rome en toute diligence, afin qu'il se rendît à Piombino pour agir de concert avec lui et nous prévaloir des occasions, selon les occurrences et l'état de nos forces et des ennemis.

Cependant, on équipa le reste de l'armée navale, on fit descendre quantité de troupes en Provence, M. le prince Thomas fut nommé pour commander à tout, et je me rendis à Piombino vers la fin d'avril, où M. le cardinal Grimaldi arriva presque aussitôt que moi, et, peu après, le duc de Richelieu, conduisant vingt-deux galères et quatre ou cinq bons vaisseaux, commandés par le chevalier Garnier[1]. Avec cela, nous allâmes nous montrer dans le golfe de Naples, où nous demeurâmes quelques jours pour donner chaleur aux malcontents et réveiller l'endormissement des premières factions. Mais rien ne parut de ce qu'on nous avoit fait espérer, ce qui me confirma dans l'opinion que les Espagnols s'étoient rendus les maîtres, et nous fit prendre résolution de venir attendre le prince Thomas et le reste de l'armée à Porto-Longone, sans rien tenter au voisinage de Naples, où l'on faisoit fort bonne garde, mais particulièrement aux îles, qui étoit la seule chose que nous eussions pu faire de solide, si elle eût été faisable et que ce n'eût pas été donner l'alarme et découvrir inutilement notre dessein, au lieu que, par cette conduite, à laquelle je demeurai ferme, nous surprîmes au

---

1. Le chevalier Garnier, capitaine de vaisseau en 1626, se distingua devant Tarragone le 30 juillet 1641 et au combat du 14 juin 1646 sur les côtes de Toscane. Il devint chef d'escadre en 1648 et mourut en 1649. (Archives de la marine. *Gazette de France*.)

dépourvu celle de Procida[1] quand nous revînmes avec toutes les forces, parce que les Espagnols en avoient retiré les troupes qu'ils y tenoient auparavant.

Cette petite conquête ne laissoit pas d'être de grande considération à cause des ports qu'elle nous donnoit à dix milles de Naples, et que le bourg qui est contigu au château se pouvoit garder aisément pour peu qu'on y travaillât, étant fort de situation et déjà passablement fortifié, sans être dominé d'aucun lieu. De là, nous passâmes au golfe de Salerne, où, la descente s'étant faite assez légèrement et les ennemis ayant secouru la ville du côté de la montagne, M. le prince Thomas ordonna le rembarquement sur les avis qu'il eut que le reste des ennemis venoit à nous : ce qui fut exécuté dès le soir, à la réserve des endormis et des libertins qui demeurèrent en petit nombre. Et, comme toutes choses commençoient à manquer sur l'armée navale et que la saison s'avançoit, il fut résolu de retourner à Porto-Longone au-devant des ordres et des victuailles qu'on attendoit de Provence. Mais, auparavant, il fut mis en délibération si l'on devoit abandonner ou garder Procida.

L'opinion de ne s'engager pas à conserver cette île passa comme la meilleure à cause du grand éloignement et des premiers troubles de Paris, outre qu'il eût fallu pour cela un corps d'infanterie de quinze cents hommes pour le moins, et pour cinq ou six mois de vivres, ce que l'on ne pouvoit faire sans dégarnir les vaisseaux et les exposer à plusieurs inconvénients, avec tout ce qui étoit dessus. De sorte que nous quit-

---

1. Procida, entre le cap Misène et l'île d'Ischia.

tâmes ce poste sans y faire aucun dommage pour maintenir les habitants, dont nous avions été si bien reçus, dans l'inclination favorable qu'ils avoient fait paroître. Et Son Éminence, étant depuis informée de ce qui s'étoit passé sur ce sujet, loua la résolution et la manière dont elle s'étoit exécutée : où je puis dire, sans vanité, que j'avois eu bonne part, ayant d'ailleurs toujours bien prévu qu'à moins d'une armée de terre et quelques ports pour soutenir et recevoir celle de mer c'étoit une entreprise qui ne pouvoit réussir, hors un soulèvement général, comme il s'est vérifié depuis par d'autres expériences.

Étant revenus aux îles d'Hyères, nous y trouvâmes les ordres de mener toute l'infanterie au maréchal de Schonberg en Catalogne, et, en mon particulier, celui d'y aller servir de maréchal de camp. Mais la même nécessité qui nous avoit fait quitter les côtes de Naples nous retint en celles de Provence. Sur quoi, le bailli de Valençay, le sieur d'Infreville[1] et moi, nous étant portés à Toulon pour y trouver un crédit de vingt mille livres chacun, afin de pouvoir ravitailler de nouveau les vaisseaux, j'offris de fournir ma part comptant de l'argent que j'avois encore du mien, ce que les autres ne purent faire : si bien qu'il fallut désarmer nécessairement après avoir achevé de consommer nos vivres. Ensuite de quoi chacun se retira selon ses ordres et la bienséance de ses affaires.

En même temps, M. le prince gagna la bataille de Lens en Flandre, et, par une fortune contraire, on leva le siège de Crémone, en Italie, faute d'un peu

---

1. Louis le Roux, sieur d'Infreville, commissaire général de la marine.

d'argent et d'infanterie, celle qu'on y voulut envoyer (où je m'offris aussi d'aller et de fournir une somme assez considérable) refusant de le faire par le manquement d'ordres supérieurs et de subsistance pour les troupes et pour les galères qui les devoient porter. Après cela, je ne dois pas oublier, pour finir cet article et faire voir le poste où j'étois dans l'armée, que j'avois l'honneur d'y être en tiers avec le cardinal Grimaldi et le prince Thomas, que j'y tenois la plume pour les dépêches de la cour, que je les signois avec eux et les rédigeois par écrit, quand nous les avions concertées, la direction principale des affaires demeurant dans le secret entre nous trois seulement.

1649. — Peu de temps après mon retour à Paris, d'où la cour partit le jour des Rois, j'en partis aussi avec elle et reçus ordre d'aller prendre les troupes du Limousin, la Marche et Périgord, pour venir joindre M. le comte d'Harcourt au Bourg-la-Reine, où l'on avoit destiné son quartier pour le blocus qu'on vouloit faire. Mais Son Éminence, ayant changé de pensée, jugea qu'un autre y seroit aussi propre et que je pourrois servir plus utilement auprès de Leurs Majestés selon les occurrences. Et, de fait, sur l'avis qu'on eut des mauvaises dispositions de la ville de Rouen, et que le duc de Longueville étoit en dessein de s'y rendre pour les fomenter, je fus envoyé au parlement et au corps de ville pour aviser avec eux des moyens de servir le roi, leur dire ses intentions et tenir le reste de la province en paix et dans l'obéissance[1].

1. Les *Mémoires de Goulas* font mention de cette mission, t. III, page 19.

Mais, après avoir fait savoir ces intentions au premier président[1] en plein parlement[2] et à l'autre dans la maison de ville[3], je ne fus pas longtemps à connoître que celui-là ne marchoit pas bien droit, et que, si les bons bourgeois n'étoient pas en volonté d'imiter les séditieux, ils n'avoient ni la force ni le courage de leur résister, et qu'enfin, si la cour ne prévenoit le dessein de M. de Longueville par sa venue, Rouen ne tarderoit pas à suivre l'exemple de Paris, ainsi qu'il arriva peu après. Il fut ensuite proposé au premier président que, pour se rendre maître du vieux palais, il ne falloit qu'arrêter deux personnes qui étoient pour lors en sa maison. Mais il s'en excusa sur les formalités de justice, bien que je me fusse offert de me charger de tout au nom du roi et que le procureur général Courtin et le sieur de Varangeville[4], qui étoient présents et parfaitement bien intentionnés, fussent aussi de même avis.

1. Jean-Louis Faucon du Ris, maître des requêtes en 1636, premier président au parlement de Rouen, mort en 1663.
2. « Son allocution au parlement fut pleine de convenance et « d'adresse. Il rappela les acclamations qui, en 1647, avaient « accueilli Louis XIV visitant pour la première fois la province, « et, remontant jusqu'en 1620, il loua la fidélité, le zèle avec les- « quels le parlement avait défendu alors l'autorité royale et décon- « certé les projets des factieux, donnant ainsi pour exemple au « parlement de Normandie le parlement lui-même. » (Floquet, *Histoire du parlement de Normandie*, t. V, p. 180, 181.)
3. A l'hôtel de ville, où du Plessis-Besançon se rendit en sortant du palais, les échevins « protestèrent par acclamation, et d'un commun vœu, de demeurer dans le service, la fidélité et l'obéissance dus au roi. » (*Histoire du parlement de Normandie*, t. V, p. 188.)
4. Roque de Varangeville, lieutenant général au présidial. « Il était petit-fils d'un vinaigrier de la rue Potard, à Rouen. » (Floquet, *Histoire du parlement de Normandie*.)

Enfin, la cour n'ayant pas jugé devoir partir de Saint-Germain, on envoya le comte d'Harcourt pour se jeter dans Rouen, lequel s'étant arrêté le soir aux Chartreux pour prendre langue au lieu d'y entrer brusquement, les factieux, sur l'avis qu'ils eurent que M. de Longueville étoit en chemin, prirent le dessus et les armes, de sorte qu'il[1] entra le lendemain par le vieux palais dans la ville : ce qui obligea le comte d'Harcourt de se retirer au Pont-de-l'Arche, où je le suivis, et, peu d'heures après, le premier président, qui auroit mieux fait de demeurer à sa charge, où sa présence auroit, sinon empêché totalement le mal, du moins retenu plusieurs délibérations qui le causèrent[2].

Cependant, un corps de cavalerie assez considérable s'étant joint au comte d'Harcourt, les affaires de Normandie changèrent bientôt de face, et, d'ambiguës qu'elles étoient, se tournèrent en guerre ouverte. J'y servis de maréchal de camp auprès de lui jusques à la fin de mars de la même année 1649, époque à laquelle Son Éminence me rappela auprès d'elle pour l'emploi qui suit.

Le duc Charles de Lorraine ayant fait savoir qu'il étoit en volonté de se raccommoder effectivement avec nous, et qu'il envoyoit à Sedan un de ses secrétaires

---

1. Le duc de Longueville.
2. Saint-Évremond, dans la *Retraite de M. de Longueville en son gouvernement de Normandie,* fait une allusion, où semble percer une certaine nuance d'ironie, aux services rendus pendant cette campagne par du Plessis-Besançon. « On choisit, » dit-il, « Haus- « sonville pour gouverneur de Rouen, comme un homme enten- « dant civilement bien la guerre et aussi propre à haranguer « militairement les peuples que le Plessis-Besançon. » (*OEuvres de Saint-Évremond,* publiées par Ch. Giraud. Paris, 1865, t. II, p. 13.)

d'État pour traiter, la considération de Son Altesse Royale[1], qui est toujours grande, mais qui s'étoit notablement accrue par la conjoncture, obligea le cardinal Mazarin de me destiner pour cette négociation, quoique Son Éminence jugeât bien que le succès n'en seroit pas autre que des précédentes, comme l'événement le justifia. Je partis donc de Saint-Germain, et me rendis promptement au lieu déterminé avec un plein pouvoir du roi en bonne forme et toutes les instructions nécessaires. Mais mon voyage ne fut pas plus heureux que les autres par les mêmes causes, qui en avoient toujours empêché l'effet.

J'arrivai à Sedan le 28 avril, et j'y trouvai le sieur Rousselot de Hédival, conseiller et secrétaire d'État de M. le duc Charles de Lorraine, qui m'y attendoit de sa part dès le 20, avec un pouvoir de traiter, dont je vis l'original et lui ai montré le mien ensuite.

Après cette première formalité, ledit sieur de Hédival se déclara verbalement sur les instructions de son maître, dont la teneur a été rédigée par écrit[2], s'en

---

1. Gaston d'Orléans. Il était beau-frère du duc Charles de Lorraine par suite du mariage qu'il avait contracté en 1632 avec Marguerite de Lorraine.

2. Le duc de Lorraine demandait : la restitution tout entière de ses États, pays et duchés de Lorraine et de Bar, villes, châteaux, forteresses, etc....., sans en rien démolir, et de tous ses biens et droits quelconques, situés, tant en Lorraine et en Barrois, qu'en évêchés de Toul, Metz et Verdun, diocèses de Trèves et de Strasbourg et partout ailleurs, comme Son Altesse les tenait l'an 1630 ; cassation des arrêts rendus contre sa personne et les siens, et que les minutes en fussent biffées des registres de toutes les cours ; que, dans le traité, il fût spécifié que la Lorraine demeurerait en neutralité. (Affaires étrangères, fonds France, mémoires et documents, CCCCVI, 203.)

étant expliqué à deux reprises. Mais tout ce qu'il proposa fut tellement éloigné des choses déjà proposées dans les dernières négociations de M. de Brancas[1] et des conditions demandées par Son Altesse pour son accommodement avec la France que je crus n'y devoir répondre que par les témoignages de la surprise dans laquelle je me trouvois en une semblable rencontre.

Et, comme enfin ledit sieur de Hédival me pressa de parler plus clairement, je fus obligé de le faire aux termes ci-dessous mentionnés, dont je n'ai pourtant rien donné par écrit, après lui avoir dit et représenté tout ce qui le pouvoit engager à me faire des propositions assez raisonnables pour en venir à une bonne et prompte conclusion, afin de mériter plus efficacement par ce moyen les grâces de Leurs Majestés et de s'appliquer utilement l'entremise de Son Altesse Royale.

Points desquels on ne pouvoit se relâcher dans l'accommodement de Son Altesse de Lorraine avec la France.

1° Du droit acquis à Sa Majesté par la paix d'Allemagne sur les dépendances des trois évêchés de Metz, Toul et Verdun, ainsi que l'avoient l'empereur et les états de l'empire, sur lequel droit néanmoins il se pourroit trouver des accommodements particuliers

---

1. Charles de Brancas, marquis de Maubec, fut envoyé, aux mois de février et de mars 1649, pour traiter avec le duc de Lorraine. Ses négociations demeurèrent sans résultat.

avec Son Altesse, soit par échange avec autre chose ou autrement, à la satisfaction du roi ;

2° De ne restituer les places fortes de Lorraine que les fortifications démolies, et deux ans après l'exécution de la paix entre les couronnes de France et d'Espagne ;

3° Que le roi ne se réserve la propriété d'un passage libre dans les États dudit sieur duc, à la bienséance de Sa Majesté, pour la communication de France en Alsace, sauf à dédommager Son Altesse en autre chose de même valeur et qualité ;

4° Du service actuel de sa personne et de ses troupes, jusques au nombre de six mille hommes de cheval et de pied pour le moins, envers tous et contre tous, payées comme celles du roi, pendant le temps de la campagne, sans aucune obligation de la part de Sa Majesté pour les quartiers d'hiver ;

5° De la rétention pour toujours des places, dépendances et domaines de Clermont, Stenay et Jametz, à savoir pour ce qui est des ville et citadelle de Stenay sans récompense, et, pour les deux autres, comme il a été ou sera convenu.

La plus grande partie des points susdits étoit conforme aux dernières conditions proposées par Son Altesse même, et, quant au surplus du traité, lorsque M. Rousselot de Hédival auroit eu un pouvoir pour traiter, conclure et signer en bonne forme, il n'eût été pas mal aisé d'en convenir, soit en se conformant pour le détail aux choses déjà concertées aux occasions précédentes ou à d'autres moyens aussi raisonnables pour la satisfaction réciproque de Leurs Majestés et de Son Altesse.

Ensuite, de plusieurs autres entretiens que nous eûmes ensemble, le sieur Rousselot et moi, il fut reconnu, sur quelque avance faite en termes généraux du tempérament qui se pourroit trouver à l'avantage commun du roi et de Son Altesse, touchant le droit acquis à Sa Majesté par la paix d'Allemagne sur les dépendances des trois évêchés, que ce point pouvoit chatouiller de telle sorte sadite Altesse qu'il seroit autant que toute autre chose capable de la porter à une résolution effective et recevable pour son accommodement, et surtout s'il plaisoit au roi de lui laisser quelques-unes des places fortes de Lorraine, outre son rétablissement dans la jouissance et possession du reste de ses États.

Ledit sieur Rousselot me témoigna aussi que, sur les avis que son maître avoit reçus de la cour, il croyoit n'avoir autre chose à démêler avec moi que le choix d'accepter la restitution des villes de Nancy ou des places de Stenay, Jametz, Clermont et Marsal en l'état qu'elles étoient ; à quoi je ne répondis que par les raisons qui pouvoient lui faire connoître combien de semblables demandes étoient ridicules en toutes façons, tant par la différente disposition des affaires présentes à ce qu'elles étoient l'hiver d'avant que par toutes les négociations précédentes.

Maintenant, pour ce qui étoit du nouveau traité fait par Son Altesse avec les ennemis et de la jonction de ses troupes avec les leurs, ledit sieur Rousselot assura, quant au premier point, que son maître leur avoit déclaré nettement et fait déclarer par sa bouche à M. l'archiduc qu'il s'en tenoit entièrement quitte et le devoit tenir pour nul, puisqu'ils avoient déjà manqué de satisfaire aux conditions sur lesquelles il avoit traité avec eux, l'argent qu'il en avoit touché ne lui ayant été donné qu'en déduction du pain de munition qui étoit dû à ses troupes, lesquelles, à l'égard du second point, bien loin de se trouver engagées dans la circonvallation d'Ypres, étoient présentement postées le long de la rivière du Lis[1] en telle manière que Son Altesse en étoit le maître.

A quoi le sieur Rousselot ajouta qu'outre les troupes qui montoient bien à six mille hommes, Son Altesse en avoit encore quatre mille, dont elle n'étoit pas moins maîtresse, qui étoient en Luxembourg, Limbourg et pays de Namur, et me pria d'en donner part à la cour, afin d'obtenir quelque réponse et résolution là-dessus par le retour de mon courrier.

Et, comme ledit sieur Rousselot (qui paroissoit d'ailleurs bien intentionné pour la conclusion du traité de son maître) ne se trouvoit ni assez amplement instruit ni suffisamment pourvu de pouvoir pour conclure et signer, il me demanda jusques au 7 mai pour se rendre auprès de Son Altesse et en revenir dans ce terme avec tout ce qui étoit nécessaire pour la conclusion dudit traité. Ce que n'ayant pu lui refuser sans rompre le fil de cette négociation et d'autant moins que le service du roi sembloit y recevoir plutôt avantage que préjudice, je lui promis de me tenir cependant assez proche de Sedan pour m'y rendre au premier avis que je recevrois de son retour par M. de Fabert, sinon et, ledit temps passé, de me retirer tout à fait..... Le sieur Rousselot étant arrivé à Sedan de

1. La Lys.

la manière qu'il y étoit venu et chargé de propositions si peu recevables, je pouvois bien prendre de là un juste sujet de m'en retourner à la cour sans autre chose ; mais, supposé tout ce qui s'étoit dit et passé entre nous, je ne le pouvois faire sans témoigner trop de froideur pour une affaire de cette conséquence en faveur de laquelle il falloit au moins sauver toutes les apparences raisonnables.

Depuis toutes les propositions ci-dessus, ledit sieur Rousselot s'en étant retourné à Bruxelles pour y prendre un nouveau pouvoir de son maître en bonne forme, avec les dernières intentions de Son Altesse pour conclure et signer à son retour à Sedan, au lieu d'y revenir, Sadite Altesse y renvoya en sa place un nommé La Fontaine avec une lettre d'elle en créance sur lui[1], portant en substance qu'elle ne pouvoit s'accommoder que moyennant deux points que le porteur me diroit et qui étoient : ou que Sa Majesté lui rendroit généralement tous ses États en l'état qu'ils étoient pour en jouir et les tenir, gardant seulement les ville et citadelle de Nancy, ou lui remettroit aussi Nancy, gardant, au lieu d'icelle, Stenay, Jametz, Clermont et Marsal pour les lui rendre sans aucune démolition à la paix générale d'entre les couronnes. Sur quoi, ayant réparti audit La Fontaine qu'il ne me rapportoit rien de nouveau et plusieurs raisons servant à me persuader que son maître ne vouloit ou ne pouvoit traiter, celui-ci ajouta enfin que Son Altesse laisseroit aussi les ville et citadelle de Stenay à Sa Majesté pour toujours,

---

1. La lettre de Rousselot de Hédival, annonçant à du Plessis-Besançon que le duc Charles lui envoyait le sieur de la Fontaine, est datée de Bruxelles, le 5 mai 1649. (Affaires étrangères.)

moyennant la récompense valable, à la bienséance dudit sieur duc, et qu'à moins que cela ne pouvant s'accommoder avec honneur, aussi ne le feroit-il jamais, quand bien la reine lui voudroit bailler un million d'or de plus tous les ans, faisant valoir les services qu'il pouvoit rendre de sa personne et de ses troupes en cette conjoncture, et voulant que l'on sût qu'il lui en avoit rendu de grands en ces dernières occasions des mouvements de Paris, ce qui étoit aussi porté par la lettre qui m'étoit adressée. Ne voyant pas la satisfaction de Leurs Majestés là-dedans, je pris aussitôt résolution de m'en revenir à la cour, après avoir écrit à Sadite Altesse et au sieur Rousselot en termes par où il paroissoit clairement qu'il n'avoit tenu qu'à Sadite Altesse de Lorraine que cette affaire n'ait eu le succès qui étoit à désirer.

Ayant trouvé la cour à Compiègne à mon retour, je rapportai des preuves si essentielles des intentions équivoques de ce prince que M. le duc d'Orléans et Madame furent pleinement persuadés qu'il n'avoit aucun dessein de traiter tout de bon, ce qu'il en faisoit de temps en temps n'étant que pour donner jalousie aux Espagnols et faire sa condition meilleure avec eux par ce moyen.

Son Éminence estima la conduite que j'avois tenue et me témoigna de m'en savoir beaucoup de gré, m'assurant qu'elle pensoit à moi pour quelque chose de considérable ; je ne m'en expliquerai pas toutefois, parce que la chose demeura dans le secret entre la reine, M. le duc d'Orléans, M. le Prince et Son Éminence..... Je ne dois pas oublier en cet endroit qu'à peine fus-je parti pour Sedan il se présenta occasion de faire un voyage à Bruxelles, qui me l'auroit aussi donnée de voir le duc Charles en même temps; mais M. de Vautorte[1] y fut employé, parce que j'étois déjà loin et qu'on ne savoit pas la route que j'avois prise pour envoyer après moi : ce qui fait assez voir que Son Éminence m'a toujours plus regardé que beaucoup d'autres, et que, si j'eusse pu me partager, j'aurois eu plus d'un emploi tout à la fois, tant ma façon d'agir convenoit avec cette haute direction dont elle conduisoit les grandes affaires.

Les troubles du royaume et les séditions de Paris, qui avoient obligé le roi d'en sortir pour les réprimer, rendirent la cour si nécessiteuse d'argent que le peu qu'elle en avoit suffisoit à peine pour la maison de Leurs Majestés. De sorte qu'outre le service de la personne il falloit que ceux qui étoient employés fissent les avances du leur, et moi comme les autres, qui fus obligé de fouiller dans la bourse de mes amis pour y fournir. Mais l'accommodement de Rueil[2] ayant un peu changé la face des affaires, celles des finances

---

1. Il est question de cette mission de Vautorte à Bruxelles dans les *Mémoires de Goulas*, t. III, p. 30. François Cazet, seigneur de Vautorte, était fils de Louis, président aux enquêtes du parlement de Bretagne, et de Renée Fréard. Il fut successivement avocat général au grand conseil, intendant de Provence en 1642, maître des requêtes en mission en Saintonge en 1643, intendant de justice à l'armée d'Allemagne en 1647, envoyé à Bruxelles auprès du comte de Pignaranda et du duc de Lorraine en 1649, envoyé près du duc de Bavière en août 1649, conseiller d'État, ambassadeur extraordinaire auprès de l'empereur d'Allemagne et des princes électeurs à la diète de Ratisbonne en 1653. Il mourut dans cette ville en 1654. Son frère cadet, Louis Cazet de Vautorte, fut successivement évêque de Lectoure et de Vannes.

2. 11 mars 1649.

reprirent aussi quelque forme. Néanmoins, ne pouvant tirer que des assignations éloignées de ce qui m'étoit dû, et sachant que M. le Prince devoit aller en Bourgogne, je me rendis à mon gouvernement afin de me prévaloir de sa présence pour être payé des avances que j'avois faites à ma garnison et avoir l'œil à la sûreté de ma place, n'ignorant pas les dispositions où il étoit déjà de remuer avant qu'il fût peu. Il ne l'avoit jamais vue ; c'est pourquoi il eut la curiosité d'y aller avec sept ou huit personnes seulement, ce qui me donna lieu de lui rendre tous les honneurs qui lui étoient dus avec beaucoup de confiance et de sûreté.

Je me servis aussi de la même occasion pour faire baptiser le plus petit de mes enfants, qu'il nomma Louis-Auxonne de son nom, et de celui de la ville, dont les magistrats servirent de marraine avec Son Altesse. Elle ne fut pas sans me témoigner s'étonner que je ne lui demandois rien d'extraordinaire ; à quoi je lui répondis qu'il me suffisoit qu'elle me traitât comme les autres, et m'honorât toujours de sa bienveillance. Mais la tentative ne passa pas plus avant de sa part. Je revins ensuite à Paris quelque temps après lui, où, sa conduite étant devenue suspecte, la résolution fut prise de l'arrêter avec M. le prince de Conti et le duc de Longueville. En cette conjoncture, j'eus ordre de m'en retourner à mon gouvernement, parce que la plus grande partie de leurs créatures se retirèrent dans les provinces de leurs adhérents, laissant un notable sujet de croire que les suites en seroient fâcheuses.

Cependant, je reçus bientôt commandement de licencier et mettre hors de ma place les quatre compagnies du régiment de Condé que M. le Prince y avoit mises quelque temps auparavant, jugeant bien que j'étois un homme trop attaché à mon devoir pour en rien espérer de contraire, ce qui m'avoit obligé de tenir les miennes fortes et de les payer ponctuellement, afin que leur foiblesse ne m'exposât pas au traitement que j'avois ordre de leur faire, les habitants, quoique fidèles, n'étant capables d'y concourir que passivement. Peu après, le comte de Tavannes[1] et quantité d'autres officiers se jetèrent dans Bellegarde[2] avec cinq cents chevaux des meilleures troupes de Son Altesse, qui mirent toute la province en sujétion, se rendant maîtres en effet, et par adhérence, de toutes les places-frontière hors de la mienne et, par connivence, des autres villes, à cause du grand nombre de créatures et de partisans que le père y avoit fait, et du crédit qu'il s'étoit acquis dans le parlement de Dijon, où le premier président[3] (qui étoit une des principales) en avoit aussi beaucoup.

Et comme, durant le voyage que la cour fit en Normandie, j'avois ponctuellement averti Son Éminence de ce qui se passoit en Bourgogne, pour en être encore

---

1. Jacques de Saulx, comte de Tavannes et de Beaumont (1620-1683), bailli de Dijon en 1638, capitaine-lieutenant des gendarmes du prince de Condé et premier gentilhomme de sa maison, maréchal de camp en 1648, lieutenant général des armées du roi en 1651. Il quitta le service en 1652.

2. Bellegarde ou Seurre, petite ville sur la Saône.

3. Jean Bouchu, seigneur de Lessar, conseiller du roi en ses conseils d'État et privé, premier président du parlement de Bourgogne par lettres du 19 août 1644. Après sa mort, Louis Lainé, seigneur de la Marguerie, lui succéda dans cette charge, le 7 janvier 1654.

mieux informée, elle m'y dépêcha le sieur de la Prugne avec créance, duquel j'appris qu'on avoit résolu d'y envoyer le maréchal de Villeroy pour y commander par provision. Sur quoi je pris la liberté d'écrire à M. le cardinal que le moyen étoit foible pour la contenir; qu'il falloit que la cour vînt elle-même et bientôt, sinon, que la province couroit fortune de se perdre, si on laissoit accroître le mal et prendre vigueur et crédit aux factieux; mais que, si Leurs Majestés venoient avec des forces un peu considérables, on se rendroit maître de tout en peu de temps par l'étourdissement et la confusion où la prison des princes avoit mis toutes choses, ce parti naissant n'ayant point de chef, pour en avoir trop, qui ne pouvoient convenir d'un seul commandement.

Enfin, la destination du maréchal de Villeroy ayant changé, M. de Vendôme y fut envoyé à sa place, et Son Éminence lui fit l'honneur de lui dire en partant que j'étois quasi l'unique dont il pût faire capital dans la province pour les avis et la fidélité. Aussi, en usat-il fort confidemment avec moi, qui me rendis à Dijon dès que je sus son arrivée. Ensuite de quoi, celui qui commandoit au château le remit entre ses mains, sans aucune résistance, étant dépourvu de soldats et de choses nécessaires à sa défense, aussi bien que les autres places. En cette occasion, l'avocat général du parlement, appelé Millotet[1], qui se trouva maire de la ville, et de faction contraire au premier président, servit fort dignement le roi, et je ne me trou-

1. Marc-Antoine Millotet, conseiller du roi et avocat général au parlement, pourvu de cette charge sur la résignation de son père le 14 mars 1633, et reçu le 16 janvier 1635.

vai pas inutile pour obliger ceux qui commandoient à Saint-Jean-de-Losne de suivre le bon exemple d'Auxonne, ce qui fut un service de quelque considération pour faciliter le succès de ce qu'on vouloit entreprendre.

La cour étant arrivée à Dijon, où j'avois eu ordre de me trouver, on y résolut aussitôt le siège de Bellegarde, auquel on jugea que je serois d'autant plus utile qu'un de mes lieutenants à Auxonne, assez passablement entendu aux fortifications, y avoit fait travailler sur mes dessins. Ayant l'avantage d'être le plus ancien, j'eus l'honneur d'y servir de premier maréchal de camp, et même d'avoir un quartier séparé de l'autre côté de la rivière[1], d'où je partis pour aller ouvrir la tranchée avec les gardes, à l'attaque de M. de Vendôme. Et, comme je connoissois bien le plus foible de la place, je la disposai d'un côté qui aida notablement à presser ceux qui la devoient défendre de capituler dès le soir même, sans en attendre la suite; l'intelligence que Son Éminence avoit dedans, ainsi qu'elle m'avoit fait l'honneur de m'en dire quelque chose quatre heures auparavant, y contribua beaucoup plus encore. Étant vrai de dire d'ailleurs que les principaux chefs firent valoir auprès de M. le Prince, entre les causes de cette reddition, que c'étoit moi qui conduisoit l'attaque, dont il m'a su tout le mauvais gré qui se peut imaginer, et d'avoir été cause que la cour fût venue en Bourgogne. Mais tout cela m'étoit glorieux, aussi bien que les persécutions que j'en reçus depuis, ne pouvant douter que Son Altesse ne m'en

---

1. La Saône.

estimât davantage, puisque je n'avois jamais eu d'attachement à sa maison, ni par bienfaits ni autrement, au préjudice de mon devoir que j'ai toujours plus considéré que tout le reste.

Vers la fin de la même année 50, au retour de Leurs Majestés du voyage de Bordeaux, je repris le chemin de la cour. Mais, avant que d'y arriver, j'appris la liberté des princes, et que M. le cardinal Mazarin l'avoit quittée pour passer en Allemagne; sur quoi, faisant aussitôt le jugement de ce qui arriveroit, je crus ne pouvoir être mieux en aucun lieu pour le service du roi, ni pour mes intérêts, que dans ma place. De sorte que je m'y en retournai soudain après avoir rendu mes respects à qui je les devois, puisque je n'avois pas eu la fortune d'arriver assez à temps pour recevoir les commandements de Son Éminence et lui offrir de nouveau mes services en une conjoncture où je les lui aurois rendus avec joie. Je ne doutois point que, le service public lui étant en plus forte considération que le sien, elle ne m'eût ordonné ce que je faisois plutôt que de la suivre, la plupart de ceux qui l'accompagnèrent pouvant lui être plus à charge que d'utilité, hors les domestiques nécessaires ou les autres qu'elle appeloit à sa suite.

Durant que les choses passoient ainsi, les factieux et les cabales continuoient à s'unir et s'échauffer de plus en plus, et la méfiance à s'accroître du côté de la cour. M. le Prince n'étant pas satisfait des Bourguignons, et sachant, par l'expérience qu'il avoit d'ailleurs, le peu de sûreté que les grands qui veulent brouiller peuvent prendre des provinces voisines de Paris, à cause de la facilité qu'il y a de les suivre et qu'on ne leur donne pas le temps de s'y établir, désira de s'en éloigner, laissant entendre par ses émissaires qu'il changeroit volontiers son gouvernement avec celui de Guyenne, où il avoit toujours entretenu de grandes intelligences et porté sous-main le parti des séditieux. D'autre côté, le duc d'Épernon[1], qui s'y voyoit dans l'aversion de tous les ordres, donnoit de même encore plus volontiers son consentement à cet échange. Mais toutes les places étant retournées à M. le Prince avec sa liberté, à la réserve de la mienne et de Chalon-sur-Saône, dont le marquis d'Uxelles[2] ne vouloit point se défaire, il n'y avoit que celle d'Auxonne qu'on lui pût apparemment donner; et la reine, étant non moins assurée de mon obéissance que de ma fidélité, me fit écrire par M. de la Vrillière de me rendre au plus tôt à la cour pour cet effet.

J'étois lors dans le commencement d'une maladie qui m'a duré près de deux ans, le lieutenant de roi absent et celui du château en une mésintelligence avec moi qui ne me permettoit pas de lui confier entièrement la place, ma femme étant d'ailleurs à peine convalescente de son côté. Néanmoins, elle se résolut d'entreprendre le voyage que je ne pouvois faire avec une ample procuration que je lui donnai pour obéir

---

1. Bernard de Nogaret, duc d'Épernon (1592-1661). Il fut nommé gouverneur de Guyenne en 1643, commandant en chef de l'armée de Guyenne en 1649, et gouverneur de Bourgogne par échange avec le prince de Condé le 16 mai 1651. En 1660, il abandonna le gouvernement de Bourgogne et reprit celui de Guyenne.

2. Louis-Châlon du Blé, marquis d'Uxelles (1619-1658), lieutenant général au gouvernement de Bourgogne, gouverneur des ville et château de Châlons en 1629, maréchal de camp en 1643, lieutenant général des armées du roi en 1650.

sans condition à tout ce que la reine ordonneroit sur le sujet de mon gouvernement. Elle fut reçue de Sa Majesté dans tous les termes de confiance et d'estime que je pouvois désirer de sa bienveillance, et fut invitée par elle à voir M. le comte de Brienne[1], qu'elle savoit être de mes amis, pour traiter avec lui de ma récompense, ajoutant qu'elle ne vouloit point que je sortisse de la place que je ne fusse content. L'affaire dura près de trois mois à cause des nouveautés qui arrivoient de jour à autre; mais, enfin, elle fut conclue à trente-six mille écus, avec promesse d'une enseigne aux gardes pour l'aîné de mes enfants et d'un bénéfice pour quelqu'un des autres, M. de Lamoignon[2], aujourd'hui premier président, ayant bien voulu demeurer le dépositaire de sûretés réciproques de l'exécution, et le tout s'étant accompli de bonne foi de part et d'autre. Je me rendis à la cour en même temps que M. le Prince en partoit pour le Berry, où elle suivit de près son départ et sa marche.

Ici, je pourrai prier de faire un peu de réflexion sur le zèle et la fermeté de ma conduite et de ma fidélité durant tous ces événements, l'utilité de mes services et des avis que je participai de temps en temps à Son Éminence, qui donnèrent le branle au mouvement de la cour pour le voyage de Bourgogne et au bon succès qu'il eut. Ne puis-je pas me faire un mérite aussi de

---

1. Henri-Auguste de Loménie, comte de Brienne, seigneur de la Ville-aux-Clercs, secrétaire d'État des affaires étrangères.

2. Guillaume de Lamoignon, marquis de Basville, né en 1617, conseiller au parlement le 14 décembre 1635, premier président le 4 octobre 1658. Il était cousin de du Plessis-Besançon, dont sa femme, Madeleine Potier, était également parente.

la prompte obéissance avec laquelle je me rendis au commandement de me dépouiller d'un gouvernement qui me tenoit lieu de récompense, et qui donnoit quelque espèce d'établissement à ma fortune et à ma famille, Son Éminence m'ayant assuré peu auparavant, par une lettre qu'elle m'écrivoit au nom de la reine, qu'on le feroit passer à mon fils aîné, ou qu'il seroit récompensé d'une somme plus considérable que celle que j'en ai reçue? Je laisse à chacun d'en faire le jugement, ne doutant point qu'il ne soit d'autant plus avantageux pour moi qu'il se trouvoit peu de gens alors qui fussent à l'épreuve de la corruption du temps. Tout cela néanmoins ne me fit point fléchir[1]; et, sans engager la cour à me soutenir, qui n'étoit pas en état de me donner la moindre assistance, ni la commettre à quoi que ce fût, je me défendis de tout par mes respects, sans m'exposer ni donner occasion de condamner ma conduite, mettant toujours le droit et le service du roi de mon côté pour me servir de défense.

Pendant le reste de l'année 51, je fus attaqué d'une cruelle fièvre quarte que le chagrin des affaires publiques m'avoit causée, dont les accidents me portèrent deux ou trois fois à l'extrémité jusqu'au mois d'août

---

1. Le texte primitif, légèrement modifié et raturé par l'auteur, était celui-ci : « ..... de la corruption du temps *ou des menaces et de l'autorité de M. le Prince*. Tout cela néanmoins ne me fit pas fléchir, et sans engager la cour à me soutenir (qui n'étoit pas en état de me donner la moindre assistance) ni la commettre à quoi que ce fût; je me défendis *de ses persécutions et de sa colère* par mes respects, sans m'exposer ni lui *bailler* occasion de condamner ma conduite, mettant toujours le droit et les *intérêts* du roi de mon côté pour me servir de défense. »

de 1652, durant laquelle je demeurai toujours à Paris, n'ayant pu aller en Guyenne avec le comte d'Harcourt qui avoit témoigné me désirer lieutenant général auprès de lui. Mais, tout malade que j'étois, je ne fus pas entièrement inutile, contribuant au service du roi de l'exemple et de la voix, puisque le mauvais état de ma santé ne me permettoit pas de faire autre chose; à quoi je me portois avec tant de chaleur et d'application que je tombai en diverses rechutes, outre les menaces qu'on me faisoit souvent de me venir brûler dans mon logis. Et, néanmoins, lorsque les médecins m'eurent ordonné, comme l'unique remède qui me restoit, d'aller aux eaux de Bourbon, M. le duc d'Orléans me refusa longtemps un passeport, ayant cru que j'avois fait le malade pour être l'espion de la cour dans Paris, et qu'alors j'en voulois sortir pour lui en aller rendre compte. Mais, enfin, je l'obtins à l'instance et par l'entremise du maréchal d'Estampes[1], qui l'assura du contraire, et que j'étois fort mal effectivement.

1653. — Je revins des eaux de Bourbon sur la fin de la même année 52, et, la cour étant rentrée la maîtresse dans Paris presque en même temps, environ le commencement de mars 53, Son Éminence me destina pour aller vers les princes et potentats d'Italie sur la perte de Casal, qui étoit sorti de nos mains par l'intelligence du duc de Mantoue avec les Espagnols contre nous, étant aussi nommé lieutenant général pour servir sous le prince Thomas en Piémont, si j'avois occa-

1. Jacques d'Estampes, marquis de la Ferté-Imbault, maréchal de France.

sion de le faire après cela. Il seroit superflu d'écrire ici par le menu le succès de mon voyage, qui dura près de huit mois[1].

Je me contenterai de dire que M. le cardinal approuva la conduite que j'avois tenue. La satisfaction qu'en témoigna Son Éminence passa jusqu'à me donner des louanges extraordinaires par la dernière de ses lettres[2], et, à mon retour auprès d'elle, des éloges en présence de tout le monde, ne faisant pas moins de cas de la ponctualité que j'avois gardée dans l'observation de mes ordres, qu'elle témoigna d'en faire de la manière dont j'avois agi.....

1654. — Au commencement de l'année 54, la proposition du siège de Fontarabie étant faite à Son Éminence, elle disposa les fonds, les forces et les autres moyens nécessaires de terre et de mer pour en venir à l'effet; et, jugeant que je pouvois utilement servir dans l'exécution de cette entreprise par la connoissance particulière que j'avois de la place et de ce qui l'avoit fait manquer la première fois, elle me fit l'honneur de m'y destiner aussi, et m'en promit en termes exprès le gouvernement par avance. Mais les empêchements que je lui avois prédits qui s'y rencontreroient et d'autres considérations pressantes s'y opposèrent, de sorte que ce dessein ne fut qu'en projet seulement et ne passa pas plus avant, les troupes

---

1. Un récit de ces négociations a été imprimé en italien dans le *Mercurio di Vittorio Siri*, t. XV. Florence, 1682, p. 738 et suiv. L'auteur paraît avoir eu sous les yeux la correspondance de du Plessis-Besançon.

2. Voir cette lettre ci-dessous, à l'appendice.

qu'on y avoit destinées demeurant cependant en Guyenne, sous la charge des commandants particuliers qui les faisoient vivre à discrétion, c'est-à-dire en grand désordre, par une suite inévitable des guerres civiles où elles avoient servi sous le comte d'Harcourt.

Peu de temps après, les ennemis ayant pris résolution d'attaquer Arras pour profiter de l'occupation de la plupart des forces du roi qui étoient attachées au siège de Stenay, croyant le faire lever par ce moyen ou se récompenser de la perte de l'une par la reprise de l'autre, se mécomptèrent en leurs mesures à l'égard de toutes les deux. Néanmoins, M. le cardinal, voulant préparer à la première un secours proportionné à la réputation des armes françoises et d'une si importante place, m'envoya les ordres nécessaires pour aller prendre en Guyenne les troupes dont il est fait mention ci-dessus, qui composoient un corps de cavalerie et d'infanterie de trois à quatre mille hommes effectifs, et me recommanda, sur toute chose, de les faire vivre dans une telle discipline qu'elles ne sortissent point des étapes qui leur seroient fournies sur la route durant une marche de plus de cinquante jours, commençant des extrémités de la Gascogne jusqu'à la frontière de Flandre[1], Son Éminence me faisant connoître de plus qu'elle m'avoit fait l'honneur de me choisir pour cet emploi entre tous ceux de ma volée comme un officier ennemi du désordre et au-dessus de l'intérêt.

Je tâchai de répondre au choix de Son Éminence,

---

1. Les instructions adressées à du Plessis-Besançon pour cette mission sont datées de Sedan, le 30 juillet 1654. (Affaires étrangères, fonds France, mémoires et documents, CCCCVI, 327.)

et je traversai tant de provinces que j'avois à passer avec des troupes accoutumées au dernier libertinage, sans en recevoir que très peu de plaintes; en sorte que les grands chemins par où je pris ma route étoient aussi libres et assurés que si c'eût été la marche des gardes du roi en pleine paix, bien que les étapes m'eussent manqué dans une généralité tout entière, et, qu'étant tombé malade au rendez-vous général quelques jours avant mon départ, j'eusse pu m'en remettre sur un autre. Mais je ne laissai pas de me faire porter en brancard et d'agir plutôt que de m'en confier à quelqu'un qui ne s'en fût peut-être pas acquitté comme moi. Les gouverneurs et les intendants des pays où je passai eurent occasion d'en rendre bon témoignage à Son Éminence, et l'ordre que je tins éclata d'autant plus à mon avantage que ceux qui avoient eu de semblables emplois l'année précédente en avoient usé bien diversement et s'étoient accommodés de sommes notables, au lieu que ma famille et mes gardes y vécurent longtemps à mes dépens et, le plus souvent, à l'hôtellerie, ce qui n'empêcha pas toutefois que je ne rendisse les mêmes troupes à M. de Turenne, après avoir été vues du roi et de Son Éminence auprès de Saint-Quentin[1], en aussi bon état et plus fortes que quand je les pris en Guyenne.

1655. — Cependant, la pensée que Son Éminence avoit eue en 1648 de m'envoyer ambassadeur à Venise étant revenue dans son esprit, elle donna ordre à mon

---

1. Cette revue des troupes amenées de Guyenne par du Plessis-Besançon eut lieu le 13 octobre 1654. (Affaires étrangères, fonds France, mémoires et documents, CCCCVI, 352.)

fils, qui lui servoit de page, de me dire que je visse M. Ondedei¹, et qu'il avoit à me parler de sa part. Pour cet effet, on m'envoya quérir à Basville, où j'étois chez M. de Lamoignon, et la proposition m'en fut faite avec toutes les conditions favorables qui me pouvoient défendre de m'en excuser; à quoi je ne répondis autre chose, sinon que, pour quelque emploi que ce fût, dont on me jugeât capable, je ne mettrois aucun obstacle entre le commandement et l'obéissance, pourvu qu'il plût à Son Éminence de m'en donner le moyen.

Je ne sais pas quelle réponse on lui fit, mais, étant peu après tombé malade d'une fièvre double-tierce, durant laquelle il s'écoula quelques jours, M. Le Tellier eut aussi ordre de m'en parler²; et, sachant que j'étois au lit, il s'en ouvrit à mon frère que je priai de lui faire la même réponse que j'avois faite à M. Ondedei. Ensuite de quoi, la cour étant partie, j'eus un billet de me rendre à Chantilly; mais, l'ayant reçu trop tard, je ne la pus joindre qu'à Compiègne, où

---

1. Zongo Ondedei, l'un des protégés italiens de Mazarin. Il fut nommé évêque de Fréjus en 1654 et mourut en 1674.
2. Voici dans quels termes l'ambassadeur vénitien à Paris rendit compte de ces pourparlers à son gouvernement : « Argenson fa « istanza di rivenirsene a questa corte, e Plessis-Bisanzon suben- « trerebbe volentieri a cotesto impiego, conferito essendosi alla « corte per ricercarlo e ottenerlo. Egli è quello che in qualità di « gentil' huomo inviato si condusse a' Prencipi d' Italia due anni « sonó e passò più d' un officio con Vestra Serenità in nome del « Re. E huomo maturo, non violente, versato negli affari, e che « intende più che mediocremente gl' interessi e i genii dei Pren- « cipi d' Italia; creatura del Cardinale e uno de' più habili e de' « più capaci huomini che tenghi la Francia per simile funtione... » (Rapport de Sagredo au Sénat, en date du 15 juin 1655. Archives de Venise, dépêches des ambassadeurs en France, volume 118.)

M. le cardinal ajusta les conditions sous lesquelles j'acceptai l'emploi qui m'étoit proposé et dont je ne me défendois que sur mon impuissance, n'ignorant pas la dépense qu'il y avoit à faire pour s'en acquitter avec honneur..... Étant expédié de Messieurs des finances[1], je partis et me rendis à Gênes sur les fins, ou, pour mieux dire, au temps de la levée du siège de Pavie[2]; et, m'étant assez heureusement acquitté de ce qui m'étoit ordonné vers cette république, je fis là même chose à Plaisance auprès du duc de Parme avec plus de succès, d'où, passant ensuite à Reggio et Modène, j'en usai selon mes ordres envers le prince-cardinal et la princesse, nièce de Son Éminence, tout le reste de cette cour étant absent. De là, j'arrivai peu de jours après à Venise[3], où je demeurai plus d'un mois

1. Des avantages particuliers furent accordés à du Plessis-Besançon pour cette ambassade, si nous en croyons le passage suivant, extrait d'un rapport de Giovanni Sagredo, ambassadeur de Venise à Paris, en date du 29 juin 1655 : « Se gli è non solo prontamente
« contato il denaro dei suoi appuntamenti, ma accordatigli dona-
« tivi abbondanti e proventi nuovi e non più conseguiti da' suoi
« precessori, acciò habbia modo con l'animo soddisfatto di non
« pensar che al servitio. » (Archives de Venise, dépêches de l'ambassadeur vénitien en France, volume 118.) D'autre part, une lettre de Mazarin aux surintendants, conservée à la Bibliothèque nationale et datée du 10 juillet 1655, enjoint de payer à du Plessis-Besançon une somme de trente-cinq mille deux cents livres.

2. Le marquis de Caracene, gouverneur espagnol du Milanais, avait, quelques jours auparavant, le 14 septembre, forcé les troupes françaises à lever le siège de Pavie. Cet événement rendit courage aux nombreux partisans de l'Espagne que comptait la ville de Gênes.

3. Le récit détaillé de ce voyage se trouve consigné dans un rapport conservé aux Affaires étrangères (Venise, LXXIX) et ayant pour titre : *Sommaire de tout ce qui s'est passé sur le sujet de la réception de M. du Plessis-Besançon, ambassadeur de Sa Majesté vers*

incognito, suivant la coutume, en attendant que toutes choses fussent prêtes pour mon entrée[1], qui ne fut pas ordinaire, parce que j'étois fort accompagné, en sorte que ma première audience eut beaucoup d'applaudissements, mais non pas plus que la dernière.

J'y ai fait une résidence de près de trois ans et les quatre mois de l'aller et du retour, sans avoir jamais décliné du train ni des autres circonstances qui devoient accompagner la dignité de mon caractère et du maître que j'avois l'honneur de représenter, si bien que la dépense de cet emploi ne m'a pas moins coûté de cinquante mille écus, compris la charge de mon fils ; sur quoi, lorsque je serai payé de tout ce que le roi donne d'ordinaire, et des voyages extraordinaires de Mantoue et de Parme, je n'en aurai touché que vingt-cinq mille de l'argent de Sa Majesté, encore en faudroit-il déduire la remise de vingt mille livres que je ne reçus qu'à Venise par lettre de change, d'où l'on peut facilement juger ce qui tombe sur mon compte en pure perte.

Si l'on me demande quels services j'ai rendus pendant mon ambassade, je répondrai en peu de mots qu'ils ont été de beaucoup au-dessous de la passion que j'avois d'en rendre, et peut-être de ce que j'aurois pu faire si l'emploi n'avoit pas été si stérile de lui-même ou qu'on m'eût donné plus de besogne. Tels qu'ils sont néanmoins, et sans les amplifier, mes dépêches[2] font foi de tous ceux que la discrétion d'un

la sérénissime république de Venise, à son passage à Gênes, Parme, Plaisance, Reggio et Modène.

1. L'entrée officielle eut lieu le 9 décembre 1655.
2. Ces dépêches se trouvent conservées aux Affaires étrangères,

ministre inférieur, qui ne se fait point de fête et qui n'est pas amateur de l'ostentation, pouvoit insérer dans ses lettres..... J'en rappellerai plusieurs qui ont quelque droit d'occuper un peu de place. En tout temps, j'apportai une application continuelle à observer tout ce qui se passoit, non seulement dans la conduite de la république où nous pouvions prendre part, mais chez les autres princes d'Italie[1], à la cour de l'empereur et en Levant. J'informois de temps en temps M. le cardinal en lui envoyant aussi les réflexions que j'estimois convenables pour en profiter..... Son Éminence n'a guère passé de semaine sans avoir occasion de se contenter de mes avis ou directement, ou par M. de Brienne..... On peut aussi ajouter à ces services la bonne intelligence que j'ai entretenue par mes offices et par mes correspondances, tant ailleurs qu'entre la république et nous, pendant les conjonctures les plus délicates et dans les divers événements de la guerre. Mon intervention a contribué de la sorte

dans la correspondance des ambassadeurs de France à Venise.

1. Du Plessis-Besançon, tout en étant accrédité à Venise, où il résidait, devait en outre entretenir des relations constantes avec les divers princes de l'Italie. L'ambassadeur vénitien à Paris fit connaître en ces termes à la république le caractère de la mission confiée à du Plessis-Besançon : « Per ciò che riguarda a Bisançon
« egli ha conseguita cotesta ambasciata, non in riguardo solamente
« dell' istanze d' Argenson, ma perchè essendo partecipe dei fini
« della Francia e possedendo il segreto del cardinale confidatogli
« fin quando passò a tutti i Prencipi di cotesta provincia per scan-
« dagliare le loro intentioni e per penetrare al fondo de' loro pen-
« sieri, habbia modo d' agire e d' operare in conformità dei disegni.
« E sebbene la sua residenza sarà presso Vostra Serenità,
« havrà ad ogni modo ordine e libertà di trattar con altri principi
« d' Italia e havrà la partecipatione e la sovraintendenza degli
« affari e degli interessi di cotesta provincia. » (Archives de Venise.)

à confirmer la réputation de nos armes chez les étrangers et l'amitié de nos alliés, ou à lever les jalousies qu'ils en pouvoient prendre, et elle a servi à détourner les occasions qui engendrent la méfiance et les froideurs, d'où dérivent enfin des engagements qui nous jettent à contretemps en de nouvelles ruptures et quelquefois avec honte et dommage.

1656. — La négociation secrète que j'eus, comme par rencontre, en 56, avec M. le duc de Mantoue, à Saints-Jean-et-Paul de Venise, est encore de cette nature; où, dans une seule conférence[1], j'aidai si favorablement à changer les mauvaises dispositions qu'il avoit pour nous, que, hors de se déclarer ouvertement, il ne pouvoit faire plus qu'il ne fit en notre faveur durant le siège de Valence[2]..... De là, je passerai à d'autres services plus évidents et non moins considérables dans la réputation et dans l'effet ; le nombre en est petit, à la vérité, mais ils sont tels, toutefois, que la qualité peut suppléer au nombre. Le premier fut le grand office que je passai en collège[3] avant

---

1. Cette entrevue eut lieu dans les premiers jours du mois de juin 1656. Le duc de Mantoue partit de Venise le 12 juin.
2. Valenza, petite ville située sur le Pô, à quelques kilomètres au nord d'Alexandrie. Cette place fut prise par l'armée française en septembre 1656.
3. Le collège, *collegio*, était, en quelque sorte, le cabinet des ministres à Venise. En lui résidait toute la majesté du Prince. Les ambassadeurs y allaient à l'audience. On y lisait les lettres des affaires étrangères. C'est lui qui préparait les affaires qui devaient être agitées dans le Sénat. Il était composé de vingt-six membres, savoir : 1° le doge ; 2° les six conseillers du doge ; 3° les trois chefs de la quarantie criminelle ; 4° les six sages-grands, auxquels incombait la direction des affaires les plus importantes ;

l'ouverture de la campagne où, sans commettre ni engager la dignité du roi, ni faire aucune instance positive à la république, j'établis la confiance entre elle et Sa Majesté par la communication de ce que nous ne pouvions plus lui céler, et dont le manque de participation la pouvoit offenser, si j'eusse différé davantage[1]; à quoi je n'oubliai pas d'ajouter les preuves de la propension sincère que nous avons à la paix et de l'aversion des Espagnols à la vouloir effectivement, pour justifier, à notre égard, les motifs et la nécessité de continuer la guerre, parce que c'est un chapitre sur lequel nos ennemis ont formé des arguments contre nous dont les conséquences ont fait grande impression dans l'universel à notre désavantage.

Mais, comme les tentatives discrètes et confidentes ne laissent pas de marquer, outre l'estime, les choses qu'on désire, celles que je fis à la république de Venise lui témoignèrent le cas que la France faisoit d'elle, sans la presser de prendre aucun parti, d'autant qu'il étoit également dangereux de l'inviter à ce qu'elle ne pouvoit faire et de ne lui rien proposer du tout. Le premier l'obligeoit à montrer sa faiblesse ou sa mauvaise intention, ou à prendre d'autres résolutions pour les couvrir, et le second en auroit été pris pour une marque de méfiance et de mépris de ses forces ; au lieu que le tempérament et les termes dont

---

5° les cinq sages de terre ferme, spécialement chargés de ce qui concernait la guerre ; 6° les cinq sages aux ordres, ou petits sages, personnages pris parmi les jeunes nobles et ayant seulement voix consultative.

1. Du Plessis-Besançon fit la communication à laquelle il est fait ici allusion le 26 juin 1656. (Affaires étrangères, Venise, LXXIX.)

je me servis évitèrent tous ces écueils et lui montroient seulement ce qu'elle devoit faire, en lui faisant connoître que son accommodement avec le Turc dépendoit uniquement de celui d'entre les couronnes, qui paroissoit impossible, à moins d'employer solidement les moyens d'une puissante et vigoureuse guerre pour y forcer les Espagnols, puisque les autres moyens y étoient inutiles, et qu'ainsi l'on ne pouvoit leur susciter trop d'ennemis pour arriver à une si bonne fin.

Et, suivant plutôt l'ordre des temps que l'importance et la dignité des matières, j'ajouterai que Son Éminence fut avertie, dans ce temps-là, de l'abus qui se commettoit par ceux qui se mêlent de faire des levées pour le Sénat, et apprit qu'ils achetoient aux ennemis comme des esclaves nos déserteurs et les prisonniers françois, outre les autres qu'ils débauchoient à prix d'argent, pour les envoyer par force en Candie, avec une perte irréparable pour la nation et un déchet notable des troupes du roi. Son Éminence, dis-je, m'écrivit en termes exprès de m'en expliquer fortement au prince[1], jusques à me laisser entendre que Sa Majesté s'en ressentiroit s'il n'y étoit efficacement remédié. Sur quoi, je parlai de sorte en collège[2], que depuis il n'est arrivé rien de semblable, pas même durant le quartier d'hiver, que notre armée a passé dans le Mantouan, bien qu'il soit presque tout embrassé des États de la république : de façon qu'il s'est vérifié

1. Le doge de Venise était, à cette époque, Carlo Contarini. Il fut remplacé au mois de mai 1656 par François Cornaro, qui mourut quelques jours après son entrée en fonctions, et qui eut pour successeur Bertuce Valiero.
2. Du Plessis-Besançon présenta ces observations au collège le 17 mars 1656.

qu'elle ne s'est pas affoiblie de vingt soldats pendant un si long temps, ni auparavant, à l'égard de ceux qui avoient à demeurer dans le Modénois. Et c'est une chose si extraordinaire, dans le besoin que la république a d'hommes et la difficulté d'en trouver, que le bon succès de mes offices ne doit pas être d'une considération commune sur une matière si délicate.

Peu de temps après, sachant que le duc de la Mirandole[1] étoit venu à Venise pour y demander assistance et conseil sur le passage des Allemands en Lombardie, qui menaçoient de quartiers et de contributions tous les fiefs et feudataires de l'empire, et apprenant d'ailleurs qu'il étoit chancelant sur le parti qu'il devoit prendre, quoique beau-frère du duc de Modène, je fus aussitôt le trouver et j'eus la fortune de lui parler de sorte qu'il s'en retourna dans une assiette d'esprit telle qu'il étoit à désirer. Sur quoi, Son Éminence lui ayant fait toucher, peu après, une année de la pension que je lui avois fait espérer pour munir et réparer sa place, il a demeuré toujours depuis aussi ferme qu'on le pouvoit souhaiter dans les intérêts de cette couronne. Et la situation de son État est si bien posée pour couvrir ceux de Modène et servir à de plus grands desseins que, dès l'année 1647, M. le cardinal Grimaldi et moi avions reçu l'ordre de n'oublier aucune diligence convenable pour réduire ce prince à notre dévotion.

1. Alexandre Pic, duc de la Mirandole, né le 30 mars 1631. Il épousa, le 29 avril 1656, Anne-Béatrix d'Este, fille d'Alphonse III, duc de Modène, et mourut le 3 février 1691. Ce séjour du duc de la Mirandole à Venise eut lieu dans les premiers jours du mois de septembre 1656.

Un autre service fut (et celui-ci est d'une plus haute classe que les autres) qu'ayant appris de bonne part que la république, avoit accordé passage par ses États à six ou sept mille hommes de pied et trois mille chevaux des vieilles troupes de l'empereur, qui avoient hiverné dans les pays héréditaires et devoient entrer, à la file, de la Carniole dans le Frioul pour le secours de Valence et du Milanois, outre le corps qui passoit par la Valteline, sans attendre qu'il m'en vînt aucun ordre (ayant appris en bonne école qu'il n'en faut point pour faire son devoir), et jugeant des fâcheuses conséquences qui s'en ensuivroient tant pour nous que pour nos alliés, je fus aussitôt en collège, où je fis voir au Sénat[1] que ce passage n'en auroit pas de moins dangereuses pour lui. Je parlai si efficacement qu'outre la réponse du prince, qui fut satisfaisante, le Sénat envoya appeler le ministre impérial dès que je fus sorti, auquel il déclara, qu'en aucune façon du monde, il ne pouvoit consentir à ce passage, et qu'il ne vouloit point rompre avec la France; si bien que, par les ordres qui furent envoyés tant à M. Nani[2] qu'ailleurs où il étoit besoin et les avis qu'en donna l'autre aux principaux commandants des troupes impériales, leur

---

1. Du Plessis-Besançon fit cette démarche le 5 août 1656. Le Sénat de Venise était l'assemblée où se prenaient les décisions politiques. Après avoir compté dans le début quarante membres seulement, il en eut plus tard jusqu'à deux cent trente. Les sénateurs n'étaient élus que pour un an; ils étaient rééligibles.

2. Giovanni Battista Nani, surintendant de la chancellerie secrète, ambassadeur de Venise à la cour de Louis XIV, de 1644 à 1648, et en 1659-1660. Il a écrit une *Histoire de la république de Venise*, et était alors ambassadeur de la république à la cour de Vienne.

marche fut soudainement arrêtée, à la réserve de celles qui avoient déjà commencé d'entrer, qui la continuèrent, au nombre de trois ou quatre cents.

Et, comme par la réponse de la république à mon office elle n'avoua pas d'avoir accordé ce passage aux troupes impériales, et m'assura seulement qu'il n'en passeroit point, apprenant de nouveau le contraire, je retournai derechef en collège, et je me plaignis de ce que ses ordres n'étoient pas exécutés ponctuellement. Sur quoi, il fut écrit à M. l'ambassadeur Giustiniani[1] de faire quelque espèce de plainte du peu de créance que j'avois pris à ce que le Sénat m'avoit répondu ; mais je n'avois pu faire moins que d'y retourner une seconde fois, puisque les seconds avis que j'avois reçus étoient aussi véritables que les premiers.

Cependant, la suspension de cette marche produisit deux effets de conséquence : tout ce grand corps de troupes, non seulement ne passa point et se mutina dans ses quartiers par la crainte d'avoir à traverser plus de trente journées de montagnes pour regagner le Tyrol et la Valteline, avec la ruine de ses équipages, mais se dissipa quasi tout ou se cantonna en divers lieux, à la foule du pays, au mépris de l'autorité impériale ; ce qui nous donna moyen de continuer le siège de Valence et de prendre la place, d'où il eût fallu se retirer autrement pour garantir les États de M. le duc de Modène et de nos autres alliés d'un si dangereux orage, s'il fût entré en Italie. Et ce service, joint à

---

1. Francesco Giustiniani, ambassadeur de Venise à la cour de Louis XIV, du 7 juillet 1655 au 28 décembre 1659.

beaucoup d'autres qu'il m'avoit vu rendre, sont les causes de l'estime et de l'amitié que ce prince avoit pour ma personne.

Son Éminence avoit su devant moi la destination de tant de troupes qui devoient passer d'Allemagne, et elle jugeoit beaucoup mieux le mal qui en pouvoit arriver. Elle envoya de la cour un ordre pressant à M. le surintendant Servien[1] de me dépêcher en toute diligence un exprès à Venise, avec un extrait des articles nécessaires du traité de Münster et un mémoire des raisons qui pouvoient me servir à persuader la république de n'accorder point ce passage. Mais la route que prit le courrier l'ayant empêché de le faire, il y avoit près d'un mois que j'avois exécuté ce qui m'étoit ordonné quand il arriva ; de sorte qu'après s'être reposé quelques jours à mon logis, et que j'eusse satisfait à ce que son voyage désiroit que je fisse savoir en collège (où j'en allai donner part), je le renvoyai avec le témoignage et l'effet tout ensemble du sujet qui l'avoit amené.....

1657. — Au mois de février de l'année suivante, sur l'avis que j'avois donné à la cour de la poursuite que faisoit M. le nonce Carafe[2], par ordre du pape[3], en faveur du rétablissement des Pères Jésuites[4] dans

---

1. Abel Servien, marquis de Sablé, secrétaire d'État en 1630, surintendant des finances en 1653.

2. Carlo Caraffa, fils de Jérôme, prince de la Roccella. Il fut successivement évêque d'Aversa, nonce apostolique en Suisse, à Venise et à Vienne, et fut créé cardinal en 1664. Il mourut en 1680.

3. Alexandre VII.

4. De graves difficultés s'étant élevées entre la république de Venise et le pape Paul V en 1605, celui-ci rappela le nonce qu'il

l'État de la république, et combien il importoit à la réputation du roi qu'il y eût part, après tant d'instances de mes prédécesseurs, j'eus ordre d'y intervenir, mais de façon, toutefois, que Sa Majesté n'en eût point un refus. Ce commandement étoit délicat, et de très difficile exécution, à cause du secret[1] qu'observe le Sénat aux affaires de conséquence et de la nécessité qu'il y avoit d'être bien averti. Néanmoins, je le fus si ponctuellement de tout ce qui s'avançoit en celle-là que j'appris à sept heures du soir qu'elle devoit se terminer le lendemain en *pregadi*[2], et que la faction contraire prenoit comme un expédient infaillible de l'em-

entretenait à Venise et excommunia la république (1606). Les Jésuites quittèrent alors le territoire de Venise et le Sénat les déclara bannis à perpétuité. Le cardinal de Joyeuse intervint sans succès en leur faveur, en 1607, auprès de la seigneurie de Venise.

1. « Toute sorte de correspondance avec les ambassadeurs et les « autres ministres étrangers est défendue aux nobles, sous peine « de la vie... Si un noble se rencontroit quelque part avec un gen- « tilhomme ou quelque autre personne de la maison d'un ambas- « sadeur, et que cela vint à la connaissance des inquisiteurs d'État « avant sa déposition, il ne seroit pas en vie deux heures après... « Un jour, un sénateur de la maison Tron (Trono), m'ayant trouvé « chez le curé de *Sancta Maria Mater Domini*, s'enfuit comme si « la contagion eût été dans le logis... Cette défense, que l'on com- « mençoit à négliger, fut renouvelée en l'année 1618, après la « découverte de la conjuration du triumvirat espagnol contre la « république, qui, depuis ce temps-là, en a usé avec tous les « ambassadeurs des princes comme avec des ennemis couverts et « des espions honorables. » (*Histoire du gouvernement de Venise*, par Amelot de la Houssaie, 1695, t. I, p. 28-30.)

2. En séance du Sénat. On avait donné ce nom de *Pregadi* (les Priés) au Sénat, parce que, dans les premiers temps de la république, ceux qui composaient cette assemblée étaient *priés* dans leurs maisons, lorsqu'il y avait besoin qu'ils se réunissent pour tenir conseil.

pêcher, en y adhérant, de dire qu'on ne pouvoit, à la vérité, refuser cette grâce aux instances d'un si grand pape, surtout en une conjoncture où la république avoit tant de besoin des siennes ; mais qu'il falloit prendre garde, en même temps, à ne pas offenser la France, qui avoit fait faire tant de démarches inutilement à ce sujet par ses ambassadeurs, entre lesquels il y en avoit eu trois extraordinaires ; qu'il en falloit écrire à M. Giustiniani et attendre son avis et sa réponse là-dessus avant que passer outre, ce qui eût apparemment été suivi.

Étant informé de tout cela, je vis bien que la balle me venoit et que je pouvois jouer à jeu sûr, de sorte qu'ayant aussitôt dressé mon office je me résolus d'aller le matin ensuivant en collège, où je levai toutes les difficultés. Je fis tomber les armes des mains à ceux qui prétendoient de s'en servir pour accrocher l'affaire, ce qui vouloit dire la ruiner entièrement. En effet, toute la quarantie criminelle[1] qui étoit favorable, et la moitié du collège qui l'étoit aussi, ayant à changer deux jours après, et ceux qui entroient en leurs places, au nombre de cinquante-trois voix, devant être tous contraires, il est évident que la proposition ou, pour le dire en propres termes, la *parte*[2]

---

1. La quarantie (*quarantia*) criminelle était un conseil composé de quarante magistrats, juges suprêmes des affaires criminelles, sauf les cas qui étaient du ressort de la justice des Dix. Les membres de la quarantie criminelle prenaient part aux délibérations du Sénat.

2. On appelait *parte* un arrêt du Sénat, du grand conseil ou du conseil des Dix. C'est ainsi que, pour indiquer qu'une résolution avait été prise par l'une de ces assemblées, on disait : *Fu presa la parte*.

du retour de ces bons Pères fût assurément tombée, puisqu'elle ne passa qu'avec trente-cinq voix de plus qu'il ne falloit ; d'où l'on peut inférer de combien il sert, en pareilles occasions, d'être bien averti, surtout dans une affaire épineuse et contestée avec non moins d'art que de puissance. Ainsi, selon l'intention du maître, mes soins et mon office furent les principales causes du retour des Jésuites à Venise, sans courir fortune d'avoir à essuyer un refus [1].

Environ le commencement de carême de la même année 57, comme j'étois sur le point de fermer ma dépêche à la cour, j'en reçus deux de M. le duc de Modène, presqu'en même instant, par voies extraordinaires, par où Son Altesse me faisoit connoître qu'il étoit de la dernière conséquence que, sans perdre un seul moment de temps, je me rendisse incessamment à Mantoue, parce que ce prince avoit, s'il faut ainsi dire, la plume à la main pour signer un traité tout à fait désavantageux à la France avec les ministres de l'empereur et du roi d'Espagne ; à quoi Madame sa mère et les siens, qui avoient été gagnés de la crainte ou de l'intérêt, se portoient de toute leur puissance, à moins que j'arrêtasse le coup. Si je pouvois obtenir de lui

---

1. Amelot de la Houssaie, dans son *Histoire du gouvernement de Venise*, attribue cette décision, prise par le Sénat en faveur des Jésuites, à l'intervention énergique et pressante de Jean Pesaro, qui était alors doge. Ce personnage était le plus habile homme de tout le Sénat et jouissait d'un crédit considérable. Il avait été ambassadeur en Savoie en 1620, en France en 1622, à Rome en 1641, à la diète de Cologne en 1636, une seconde fois à Rome en 1655. Élu vingt-quatre fois sage-grand, il fut nommé, en 1643, général en terre ferme. Il appartenait à une famille illustre et puissante de Venise, et fut élu doge en 1657.

que, dans certain temps court et précis, il se rendît à Casal, libre de tout engagement positif qui nous fût contraire, ce seroit rendre à Sa Majesté un service qui ne seroit pas de petite importance, d'autant que toutes les choses s'accommoderoient moyennant cela, et qu'autrement la plupart de nos mesures étoient rompues.

L'affaire paroissoit difficile, quasi jusques à l'impossibilité, allant faire ce voyage les mains vides, et d'autant plus que ceux qui agissoient auprès du duc de Mantoue de la part des ennemis étoient puissants et lui offroient des conditions présentes et favorables ; outre que l'émulation qu'il avoit toujours eue pour Modène ayant dégénéré en quelque espèce d'aversion approchant de la haine, le succès de ce que l'on désiroit de mon entremise en devenoit incomparablement plus délicat à négocier. Néanmoins, sans délibérer davantage là-dessus, voyant que la chose pressoit, je me résolus de partir dès le matin ensuivant. Et, ne pouvant prendre congé du Sénat, à cause que c'étoit un dimanche, je donnai ordre au secrétaire italien de l'ambassade qu'il y suppléât en mon nom dans la forme convenable, et fît part à Sa Sérénité de l'avis que je venois de recevoir de la restitution de la citadelle de Turin à Mme Royale, sans aucune réserve et de la pure générosité du roi, pour montrer à tout le monde, par une action si désintéressée, que Sa Majesté ne prétendoit en Italie que la gloire d'y avoir abaissé la trop grande puissance des Espagnols et assuré la liberté de ses princes.

Je fus donc à Mantoue en deux jours et demi, fort bien accompagné, m'étant fait précéder d'un courrier extraordinaire pour ne laisser point d'excuse à la manière de ma réception et faire la chose avec dignité. Tout s'y passa dans les formes et honneurs accoutumés, ayant eu le même appartement de la reine de Suède; et, le duc m'ayant accompagné dans ma chambre, dès le soir même j'entrai en matière avec lui, qui se trouva dure à digérer à son égard et très difficile à surmonter au mien. Mais, finalement, après quantité d'audiences publiques et secrètes, où je lui dis fortement tout ce qui pouvoit servir non moins à le détourner du mal que nous craignions qu'à parvenir à mes fins, et qu'il m'eût festiné publiquement à la ducale, j'estimai nécessaire d'en faire un écrit à part, que je lui donnai pour faire plus d'impression sur son esprit par une lecture familière et réitérée.

Je ne fus point trompé dans le jugement que j'en fis, car la veille de mon départ je conclus avec Son Altesse un petit traité contenant en substance l'engagement solennel, sous foi et parole de prince, de tout ce qu'on avoit désiré que j'obtinsse de lui; duquel il fut fait deux originaux semblables dont il garda l'un et moi l'autre. Il dépêcha ensuite un courrier exprès à la cour, par lequel il confirmoit au roi et à M. le cardinal tout ce que nous avions fait ensemble, et qui fut aussi chargé de mes dépêches pour Son Éminence et pour M. le duc de Modène, où je m'en expliquai amplement.

J'aurois sans doute pu faire davantage, si j'eusse eu les mains libres; mais j'aimai mieux m'en tenir ponctuellement à mes ordres, qui étoient fort précis, que de m'avancer au delà de ce qu'ils contenoient. Ainsi, n'ayant plus rien à négocier à Mantoue, j'en partis pour Venise, et feignis, de concert, que c'étoit avec peu de contentement, pour lever aux Espagnols la jalousie que mon voyage leur avoit donnée, et que Son Altesse trouvât plus de sûreté à son passage par le Milanois, n'ayant pu gagner qu'elle prît une autre route. Mais, à peine étois-je de retour et son courrier à Lyon qu'elle changea du blanc au noir à Milan, où elle s'étoit fait devancer par le secrétaire Carachie, duquel j'avois toujours eu mauvaise opinion.

Quelqu'un a voulu dire que tout étoit arrêté avec les ennemis avant mon départ, et que ce n'avoit été que pour ne me laisser point aller tout à fait malcontent, et payer d'une apparence la peine que j'avois prise, ou faire son parti meilleur avec eux, que ce prince en étoit venu jusque-là. Mais pourquoi se vouloir rendre coupable d'un manquement de parole envers le roi et s'attirer tant de reproches et de malheurs, puisque, pour se défaire de moi, il n'avoit qu'à me demander où étoit ma créance et, faute d'en avoir, me renvoyer comme j'étois venu?

Mais, quoi qui ait réussi de cette affaire par la légèreté de ce prince, il est certain, néanmoins, qu'aucune autre ne m'avoit jamais donné tant de satisfaction, parce qu'il étoit assez extraordinaire que, l'ayant trouvé dans un si grand penchant et faisant ce voyage sur la seule confiance de ma personne et de mon caractère (qui n'étoit valable qu'à Venise), je n'aie pas laissé d'y faire tout ce qu'on avoit désiré de moi, dont je remportai le témoignage signé de la main de Son Altesse, sans m'être relâché de la moindre chose. Mais qui se peut assurer de la mauvaise foi de qui est en pouvoir et en volonté d'y manquer, quand il en veut ignorer ou mépriser les suites, qui lui sont depuis arrivées en tout et partout telles que je les lui avois prédites, comme si l'avenir eût été aussi clair dans mon esprit que le passé, et jugeant bien dès lors que le roi, qui le pourroit, ne manqueroit pas d'en avoir le ressentiment convenable[1]?.....

1658. — Le dernier service que j'ai rendu à Venise contient deux chefs : le premier, d'avoir si puissamment justifié les motifs des armes du roi sur la marche que prirent ses troupes et les quartiers qu'elles vinrent occuper dans le Mantouan, que la république n'en prit aucun ombrage, quoi que les Espagnols pussent faire pour lui en donner, et qu'il n'y ait point de gens au monde si capables d'en prendre et si jaloux de leurs frontières que les Vénitiens, surtout en un temps où leur foiblesse les rend beaucoup plus délicats qu'en un autre. Cependant, il eût été fort difficile de se maintenir si près d'eux sans établir solidement avec eux une parfaite confiance, tant par le besoin que nous avions de tirer plusieurs assistances de leur État (le chemin étant impraticable en hiver et manquant d'abondance et d'étendue pour y fournir) que pour diverses autres considérations.

Le second chef du même service consiste d'avoir obtenu de la république, avec notre argent, toutes les choses que je lui ai demandées pour les troupes de

---

1. L'année suivante, les armées coalisées de France, de Savoie et de Modène remportèrent divers succès en Italie, et s'emparèrent de Trino et de Mortara. Le duc de Mantoue se vit contraint d'abandonner le parti des Espagnols et de signer avec la France un traité de neutralité, le 9 juillet 1658. Cet acte a été publié dans le *Recueil de Dumont*, V.I, deuxième partie, 225.

Sa Majesté comme vivres, achat de chevaux pour remonter la cavalerie, et généralement toutes sortes d'armes et de munitions de guerre, non par tolérance et à la sourdine seulement, mais par une *parte* du Sénat, sous prétexte de commerce de marchand à marchand, qui me fut donnée en forme de réponse; et, de plus, j'obtins la permission du passage de certaines recrues de Suisses et d'Allemands à travers du Bergamasque et du Bressan. A quoi les Vénitiens ajoutèrent l'ouverture qu'ils me firent en collège du traité qui s'est conclu depuis avec le duc de Mantoue[1], d'où il est aisé de voir en quelle créance j'étois auprès de la république. Elle exécuta tout ce qu'elle m'avoit promis durant mon séjour, et, après mon départ, les autres instances qui lui ont été adressées depuis, bien que de beaucoup moindre considération, n'ont pas eu la bonne fortune des miennes.

Enfin, ayant fait connoître à M. le cardinal que je serois bien aise de ne remplir pas cette ambassade plus longtemps que le terme ordinaire, si Son Éminence n'en ordonnoit autrement, pour les raisons que je pris la liberté de lui écrire, je reçus par deux lettres du roi, l'une à la république et l'autre à moi, le congé de m'en retirer, toutes deux si obligeantes qu'elles montroient assez l'estime dont Sa Majesté me faisoit la grâce de m'honorer, et la satisfaction qui lui restoit de ma conduite et de mes services, traitement qui

---

1. Le duc de Mantoue eut recours aux bons offices de la république de Venise pour se réconcilier avec la France. Les premières ouvertures faites à du Plessis-Besançon à ce sujet, par le Sénat de Venise, eurent lieu au mois de février 1658. (Affaires étrangères, Venise, LXXIX.)

m'étoit d'autant plus agréable que j'avois lieu de croire, qu'outre l'inclination de M. de Brienne à m'obliger, Son Éminence avoit bien voulu lui témoigner quelque chose de son intention là-dessus pour me donner par avance, en attendant mieux, ces premières marques de l'approbation qu'elle y donnoit et de l'honneur de sa bienveillance..... De la part de la république on me fit, quand je pris congé, plus d'une tentative pour des grâces extraordinaires..... J'eus besoin de toute ma modération pour m'en défendre[1].

J'aurois ensuite pris le chemin de mon retour par Trente et par la Suisse, comme le plus court, pour éviter l'embarras de diverses cours et de l'État de Milan. Mais je fus obligé de le prendre par ceux des ducs de Modène et de Parme, le premier de ces princes l'ayant ainsi désiré pour me donner des marques non communes de l'approbation dont il vouloit favoriser la conduite que j'avois tenue à son égard durant mon ambassade, me participer ses sentiments, avoir les miens sur les desseins de la future campagne, et se servir de mon ministère pour conclure avec plus d'avantages et moins de bruit, dans l'occasion de mon passage[2], le traité qui n'étoit encore qu'en projet avec

---

1. La *Gazette de France*, dans une correspondance datée de Venise, mentionne en ces termes le départ de du Plessis-Besançon : « 27 avril 1658. Le sieur du Plessis-Besançon, ayant achevé « le temps de son ambassade et pris congé du Sénat, qui lui a fait « présent d'une chaîne d'or de mille écus, partit, le 23 de ce mois, « pour s'en retourner en France. »

2. Le passage de du Plessis-Besançon à Modène est signalé de la façon suivante dans la *Gazette de France* du 18 mai 1658 : « De « Modène, le 29 avril 1658. Le 26 de ce mois, le sieur du Plessis-« Besançon, ambassadeur de France à Venise, accompagné du

le duc de Parme, puisque les principaux points ne furent accordés qu'à mes instances[1].

M. le duc de Modène en fit tant de cas et m'en sut tant de gré, vu la nature des choses que j'avois obtenues et l'importance de la conjoncture, que je ne saurois lire sans confusion les lettres que Son Altesse me fit l'honneur de m'écrire sur ce sujet, bien que, par des considérations pressantes, j'aie été contraint d'accompagner de leurs copies un des originaux du même traité que j'ai consigné entre les mains de Bernoin[2] pour le remettre en celles de Son Éminence, et c'est par ce dernier service que j'ai terminé mon emploi; encore que je pusse bien compter pour quelque chose les observations que je fis, à mon passage par le Milanois, dont je donnai part à Turin, à qui je le devois faire[3].

« prince Alméric, fils du duc de Modène qui était allé bien loin « au-devant de lui avec bon nombre d'officiers, arriva en cette « ville et y fut très bien reçu par Son Altesse, qui le logea dans « un des appartements de son château, où il est régalé fort splen-« didement, et cette cour lui fait prendre tous les divertissements « possibles. »

1. Ce traité accordait à la France le droit d'établir des entrepôts de munition dans la ville de Plaisance et diverses facilités pour les passages des troupes, les vivres et les transports. Il a été imprimé dans le *Recueil de Dumont*, VI, II, 217, et porte pour titre : « Articles accordés entre M. le duc de Parme et M. du Plessis-« Besançon, ambassadeur du roi, substitué de M. le duc de Modène ; « signés à Parme le 4 mai 1658. »

2. Bernoin, valet de chambre de confiance du cardinal Mazarin. Il assista le cardinal à son lit de mort. (*Mémoires de M*^{me} *de Motteville*, collection Michaud et Poujoulat, 2e série, t. X, p. 505.)

3. La *Gazette de France* du 1er juin 1658 donne les détails suivants sur le passage de du Plessis-Besançon à Turin : « Turin, le « 18 mai 1658. Le 16, le sieur du Plessis-Besançon, ci-devant

Que, si, par mon peu de suffisance ou par le défaut de pouvoir et de matière, je n'ai pas rendu de services plus considérables, je suis assuré du moins qu'on ne me sauroit accuser d'avoir manqué d'application ni de zèle, puisque, n'ayant pour objet principal que mon devoir, ni aucun autre plaisir si essentiel que d'y bien satisfaire, je n'avois point aussi d'occupation plus divertissante que celle de mon cabinet et des affaires publiques.

Mais, comme les plus grands et les heureux généraux d'armée ne rencontrent que rarement les occasions de gagner des batailles ou d'exécuter des entreprises signalées, de même les plus habiles ambassadeurs n'ont pas souvent des traités à faire ni des choses importantes à négocier ; et, quand il s'en rencontre deux ou trois durant une longue ambassade, elle est signalée entre plusieurs, et tire ceux qui en ont heureusement profité de la commune catégorie de leurs confrères.

Du reste, les ambassadeurs sont des surveillants par office, pour ne pas dire d'honnêtes espions de ce qui se passe là où ils peuvent étendre leur observation, et des ministres de dehors pour entretenir et lier de plus en plus la bonne correspondance avec les alliés de leurs maîtres, qui satisfont assez à ce qu'ils doivent lorsqu'ils en soutiennent dignement la réputation, qu'ils donnent des avis sincères et véritables, qu'ils suivent ponctuellement leurs instructions (encore qu'ils eussent

« ambassadeur de France près la république de Venise, arriva ici
« de Parme, accompagné du marquis Ville, qui était allé au-devant
« de lui avec les gardes de Leurs Altesses Royales qui lui font
« rendre tous les honneurs possibles. »

occasion d'en user autrement, parce qu'ils n'ont pas assez de connoissance du plan général des affaires), qu'ils savent se prévaloir avec jugement des occasions qui se présentent, et détourner prudemment l'effet et les mauvaises conséquences des autres.

Voilà quelles ont été mes fins et ce que j'ai continuellement essayé de faire dans ce dernier emploi, aussi bien que dans tous les autres, avec une fidélité constante et désintéressée, pouvant dire, sans m'éloigner de la vérité, qu'à la guerre l'événement des entreprises et des sièges où je me suis trouvé n'a jamais été si prospère que quand on m'y a donné la créance qui m'étoit nécessaire, et, qu'à l'égard des négociations qui m'ont été commises, elles ont presque toujours d'autant mieux réussi que je me suis trouvé plus instruit de la cour, et qu'on a laissé le champ plus libre à ma conduite pour l'exécution particulière des ordres que je recevois.....

APPENDICE I.

Secours de Casal (1630).

1. *Du Plessis-Besançon à Richelieu.*

La Mante, le 5 octobre 1630[1].

Sur la résolution que M. le maréchal de Schonberg a prise de faire partir l'armée à la fin de la trêve pour le secours de Casal, il a jugé qu'il étoit nécessaire d'être bien particulièrement informé, non seulement des chemins, mais encore de la nature du pays par où elle auroit à passer, afin de prendre mieux ses mesures et se préparer aux ordres qu'il auroit à lui faire tenir dans un voyage de telle importance; et m'ayant fait l'honneur de jeter les yeux sur moi pour lui rapporter ce que j'en aurois vu, j'ai pensé que vous ne trouveriez point mauvais que je vous rendisse compte par celle-ci des choses que j'ai remarquées en ce voyage.

Encore que le chemin que nous avons pris en allant ne soit pas celui que nous aurons nécessairement à tenir, si est-ce que ce n'a pas été sans utilité que nous l'avons suivi, d'autant que j'ai reconnu, en passant, Chivas, Cressentin et Trin pour être d'aussi mauvaises places quant à la fortification que leur situation est excellente pour les rendre bonnes. Le chemin de ce côté-là est facile à l'occasion des plaines, mais incommode à cause de quelques marécages et de trois rivières qu'il faut passer, dont les deux premières, quoique guéables, ne laisseroient de donner beaucoup de peine à une armée; et la troisième, qui est la Doire-Baltea, étant assez grosse et rapide, ne laisse aucun moyen de la passer sans un pont ou des ports. Aussi a-t-on jugé qu'il falloit prendre le côté de deçà le Pô, et d'autant plus nécessairement que, les ennemis tenant la ville et le château de Casal et s'étant

---

[1]. Cette lettre a été reproduite presque textuellement dans le passage des *Mémoires de Richelieu* relatif au secours de Casal. Voir la collection Michaud et Poujoulat, 2ᵉ série, tome VIII, page 274.

retranchés, comme j'ai vu, de ce côté-là, il étoit très difficile de passer le Pô et conséquemment comme impossible de secourir Casal si l'on prenoit cette route.

Pour ce qui est du côté deça, que nous avons vu en retournant, j'ose vous assurer que, si nous avons beau temps, le chemin ni le pays ne peuvent être ni plus aisés, ni plus avantageux pour l'exécution de notre voyage, n'ayant à passer qu'une seule colline fort petite et fort insensible depuis le lieu d'où nous partirons jusques à Casal, et ne rencontrant rivière ni marais en chemin qui puisse obliger les soldats à se mouiller plus haut que la cheville du pied. Bref, le pays est tellement favorable que, les dix premiers milles de notre route passés, nous pouvons marcher en bataille jusques à cinq ou six lieues de Casal, et le reste du chemin, qui sont les collines du Montferrat, est si commode qu'il semble être fait pour favoriser notre passage. Il faut voir maintenant le revers de la médaille, et que je vous dise non seulement les inconvénients qui nous sont contraires, mais encore ce que je pense que les ennemis peuvent faire pour nous incommoder.

Quant aux accidents, il y en a de deux façons, les uns sont incertains et peuvent n'arriver pas, comme la pluie; les autres sont difficiles à éviter, comme la nécessité des vivres et du grand nombre de voitures qu'il faut pour les mener, non seulement pour notre armée, mais pour en laisser à Casal, ce qui doit être, comme il semble, le but final et le fruit de notre voyage pour plusieurs raisons que je dirai ci-après. Pour ce qui est de la pluie, il est constant que, si elle nous attrape en allant et qu'elle dure seulement deux fois vingt-quatre heures, nous ne soyons absolument dans la nécessité de retourner et dans l'impossibilité de passer plus avant. Pour les vivres et pour les voitures, je n'ai rien à dire sinon que vous savez mieux que personne ce qu'il faut de l'un et de l'autre pour une si grande armée dans une traverse de cinquante milles de pays ennemi et, sans comparaison, plus ruiné que celui où a passé et séjourné l'armée du roi depuis qu'elle est en Piémont. A cela néanmoins, les soins et la prévoyance de M. le maréchal de Schonberg ont été si utiles qu'il a fait des choses au delà de l'imagination vu les incommodités où nous sommes à cause de la contagion. Il faut passer maintenant à ce que peuvent faire les ennemis quand nous aurions toutes choses favorables, premièrement si M. de Savoie est contre nous; en second lieu, s'il est neutre, et qu'il abandonne son pays au plus fort pour être comme le théâtre de la guerre; et, tiercement, s'il est de notre côté.

S'il est contre nous et qu'il joigne sa cavalerie à celle des impérialistes et des espagnols à la faveur de Villeneuve d'Ast et d'Ast, auprès desquels il faut nécessairement passer, ils peuvent nous harceler de telle sorte que, sans courre beaucoup de péril ni s'engager à cause des grandes plaines, notre arrière-garde peut être souvent alarmée, et, par ce moyen, le reste de l'armée obligé de faire tant de haltes qu'au lieu de huit ou neuf journées d'armée qu'il faudroit pour aller à Casal, possible serions-nous obligés de doubler ce temps; et ainsi nous consommerions nos vivres et ne pourrions arriver à Casal dans le temps dont l'on est convenu par la trêve pour le secours de la citadelle.

Mais quand nous aurions surmonté toutes ces difficultés, et que, selon nos souhaits, nous serions arrivés à la vue de la citadelle avant la Toussaint, si les ennemis, sous quelque prétexte, refusent de nous rendre la ville et le château de Casal suivant les conditions de la trêve, de la sorte que la ville est disposée du côté de la citadelle, je ne vois pas que, sans un siège, il fût possible de la prendre sur eux; et, n'ayant ni les vivres nécessaires, ni la saison favorable pour cela, un si pénible voyage pourroit demeurer sans autre fruit que la satisfaction de l'avoir fait et d'avoir rasé les travaux et les attaques qui ont été faites contre la citadelle, dont encore retireroit-on peu d'utilité, d'autant qu'à la faveur de la ville les ennemis peuvent l'attaquer aussi commodément en hiver qu'en été, du côté même de la ville; et c'est la raison qui oblige d'y jeter des vivres et des hommes pour assurer sa conservation. Il faut encore ajouter à cela que, dans le temps qu'il nous faut pour ce voyage, les ennemis ayant assemblé toute leur infanterie, peuvent se retrancher à l'entour de la citadelle, hors la portée du canon, loger le leur pour la sûreté de leurs retranchements, et, avec huit ou dix mille hommes de pied et peu de cavalerie, les défendre contre nous, tandis qu'à la faveur de Valence et d'Alexandrie, et de la ville de Casal même, le reste de leur cavalerie battroit la campagne pour nous empêcher les vivres et ôter à notre armée le moyen de s'élargir. Que si M. de Savoie se met dans la neutralité, les choses nous sont beaucoup plus faciles pour aller, mais les ennemis peuvent toujours nous incommoder à la descente des collines du Montferrat dans la plaine de Casal et se retrancher, comme j'ai dit, aux environs de la citadelle. Mais si, au contraire de tout cela, M. de Savoie se rendoit favorable aux armées du roi, non seulement nous pourrions aller facilement à Casal, mais encore les chasser de la ville et du château, et peut-être leur faire payer les intérêts de notre voyage par la perte de Valence ou d'Alexandrie. Mais, suivant cette supposition, ils sont trop avisés pour nous attendre ou pour ne faire pas la paix à notre mode, c'est-à-dire selon la raison.

Voilà les particularités dont j'ai cru être obligé de vous informer pour satisfaire à mon devoir, vous suppliant très humblement de croire que ce sont des pensées qui n'ont des paroles que pour vous ou pour ceux qui ont ici les intérêts et les affaires du roi entre leurs mains, ayant au reste une passion si entière d'avoir quelque part à un voyage si glorieux pour la France, à quoi je vois M. le maréchal de Schonberg absolument résolu, qu'il n'y a rien qui ne me semble facile dans la volonté que j'ai d'y contribuer mes petits services.

Pour ce qui est de Casal, selon les vivres qu'il y avoit dedans, selon la défense que pouvoient rendre les assiégés, et selon la façon d'attaquer des ennemis, il pourroit durer encore deux mois, et beaucoup plus, s'il y avoit eu seulement mille ou douze cents françois sains dans la place.

(Original. Affaires étrangères, Turin, XIV, 33.)

APPENDICE II.

Négociations en Catalogne (1640-1641).

2. Première instruction pour aller en Catalogne.

Amiens, le 29 août 1640.

Le roi ayant eu avis que les états et peuples de la Catalogne ayant pris les armes pour se mettre en liberté et s'affranchir de la domination d'Espagne, et que, comme ils savent que la France assiste toujours puissamment ses voisins et ceux qui ont recours à elle, ils ont député un gentilhomme d'entre eux[1] vers le sieur d'Espenan, maréchal des camps et armées de Sa Majesté et gouverneur de Leucate, pour lui faire entendre de leur part que, s'il plaisoit à Sa Majesté leur accorder sa protection et les assister d'armes et de munitions de guerre, en payant, et des autres choses

---

1. Les premiers députés envoyés à d'Espenan furent don Aleis de Vileplana et don Ramon de Guimera. Leur pouvoir était daté du 31 mai 1640. (Bibliothèque nationale, manuscrits, fonds français, 3737.)

dont ils peuvent avoir besoin pour leur défense, ils formeront une république de laquelle Barcelone sera le chef, sous la protection de Sa Majesté, s'obligeront de s'opposer au roi d'Espagne toutes les fois qu'il voudroit attaquer la France par le moyen des forces de leur pays, ou en y prenant passage; ils ouvriront quatre de leurs ports aux armées navales de Sa Majesté où elles seront dans une sûreté entière et que, s'il lui plaît d'envoyer une personne de sa part pour traiter avec eux, ils lui donneront moyen d'aller et d'être sûrement dans Barcelone, et lui feront voir le bon état où ils sont de faire et de soutenir ce qu'ils proposent : Sa Majesté ayant eu leurs offres bien agréables pour l'avantage qui en peut réussir au public, elle a estimé à propos d'envoyer une personne sur les lieux, capable d'entendre leurs propositions, de traiter avec eux sur icelles et de leur donner de bons avis pour l'exécution de leur dessein; et, ayant choisi le sieur du Plessis-Besançon, sergent de bataille en ses armées de Guyenne et Languedoc, pour cet effet, elle a voulu l'informer de ses intentions par le présent mémoire, qui lui servira d'instruction.

Ledit sieur du Plessis saura que lesdits états et peuple demandent pour faciliter l'exécution de ce que dessus deux cents milliers de poudre, du plomb et de la mèche à proportion, des mousquets et canons et de la cavalerie, le tout à leurs dépens.

Pour toutes choses, ledit sieur du Plessis-Besançon leur fera d'abord concevoir que Sa Majesté est très disposée et résolue d'embrasser leur défense, et faire par sa protection qu'ils puissent solidement établir leur liberté, sans vouloir s'emparer ni se rendre maître de leur pays, ni prendre autre intérêt en cette entreprise que celui de les assister puissamment comme gens qu'elle estime pleins de générosité, bien intentionnés pour le public et affectionnés au salut de leur patrie, et qui n'auront formé un dessein de cette importance qu'avec une ferme résolution de le poursuivre jusques au bout, sans jamais s'en départir, quelques difficultés qu'ils y puissent rencontrer. Il leur dira ensuite que Sa Majesté leur accorde volontiers les deux cents milliers de poudre, qu'elle leur en fera fournir cinquante milliers incontinent après que le traité aura été passé, cinquante milliers deux mois après, et les cent milliers restant à mesure qu'ils en pourront avoir besoin, ayant consommé les premiers, comme aussi du plomb et de la mèche à proportion de ladite quantité de poudre, selon la demande qu'ils en ont faite.

Ledit sieur de Besançon saura que, bien que la proposition qui a été faite par le député de Barcelone porte qu'ils ne demandent rien qu'en payant, néanmoins, si l'on voit qu'il y ait sûreté à traiter avec eux et qu'ils fassent des conditions raisonnablement avantageuses au roi, Sa Majesté ne feroit point difficulté de leur entretenir mille chevaux à ses dépens, en leur donnant quatre monstres en argent et eux suppléant en fourrages à ce qui manqueroit.

Qu'elle leur fera fournir quatre mille mousquets, six pièces de canon et des boulets, le tout après que ceux qui auront pouvoir de leur part auront passé avec ledit sieur du Plessis-Besançon le traité nécessaire, lequel Sa Majesté désire être fait aux conditions suivantes ou approchantes, pour ne pas exposer ses armes aux périls qui suivent les changements qui arrivent souvent en de pareils projets.

Ledit sieur de Besançon leur fera donc connoître comme il est nécessaire qu'ils ouvrent au roi les moyens de les secourir, qu'ils donnent sûreté à ses armes et les assurances convenables de ne pas tourner les leurs contre la France, comme il pourroit arriver par un accomodement avec le roi d'Espagne, après que Sa Majesté leur aura aidé à dresser des armées.

Ledit sieur de Besançon, avant que de s'ouvrir d'aucune des sûretés que Sa Majesté désire d'eux, entendra ce qu'ils voudront répondre sur ce que dessus et quelles assurances ils voudront donner à Sa Majesté de ce qu'ils promettent, quels sont les quatre ports qu'ils offrent, et comme ils prétendent que les armes de Sa Majesté y seront en sûreté; et, en cas que leurs offres soient plus grandes et plus certaines que ce qu'il est chargé de leur demander, il s'y arrêtera et y ajoutera ce qu'il verra être à propos pour plus grande sûreté; et, s'ils ne viennent d'eux-mêmes à proposer ce qui se doit pour parvenir aux fins que Sa Majesté a pour leur propre bien, il sera besoin de leur faire entendre qu'ils ne peuvent donner sûreté à Sa Majesté que par deux voies, la première, qu'entre l'un des ports qu'ils offrent de livrer, il y en ait un capable de recevoir l'armée de Sa Majesté et où elle se puisse maintenir sans craindre les injures de la mer ni les efforts des ennemis, soit par mer, soit par terre; la seconde en donnant des otages. Quant aux ports, comme l'on n'en a pas une connoissance bien parfaite, l'on estime qu'au moins ils doivent donner celui de Roses, comme le plus voisin de la France, et, qu'à cet effet, ils doivent au plus tôt se rendre maîtres du fort de terre qui commande ledit port, pour le mettre ensuite en mains de Sa Majesté, avec la tour qui est en leur pouvoir. Que s'ils ne s'estiment pas capables seuls de faire cet effet, Sa Majesté ne fera pas de difficulté, après la conclusion du traité qu'ils proposent et qu'ils auront donné pour otages quelques-uns des principaux d'entre eux, d'y envoyer une armée navale en une saison où elle y puisse demeurer, pour les assister et contribuer à leur dessein.

Que, pour leur témoigner la sincérité des intentions de Sa Majesté, elle trouve bon qu'il soit mis un article exprès dans le traité portant que les états et peuples de la Catalogne demeureront quittes et déchargés des obligations dudit traité, au cas que Sa Majesté vint à prétendre autre chose que ledit port de Roses et ce dont il aura été convenu avec eux par ledit traité, lequel Sa Majesté promet ratifier et observer en foi et parole de roi. Et, afin que, de leur côté, ils soient obligés à l'exécution de ce qu'ils promettent, ainsi qu'il est juste et raisonnable en une chose de cette conséquence, il sera mis un article dans ledit traité par lequel ils s'obligeront, en termes exprès, à former un corps de république dont Barcelone sera le chef sous la protection du roi et de cette couronne, sans qu'ils s'en puissent jamais départir ni s'accommoder avec le roi d'Espagne et employer leurs armées contre la France, ni donner passage et assistance au roi d'Espagne ni à qui que ce puisse être pour y entreprendre, ains seront tenus de s'opposer à quiconque le voudroit faire, ainsi que leur député l'a proposé, se soumettant à être tenus infâmes et convaincus de perfidie, s'ils contreviennent jamais à ce qu'ils promettront à Sa Majesté par ledit traité.

Il sera de la prudence dudit sieur de Besançon de ne traiter qu'avec des personnes suffisamment autorisées et après avoir vu un pouvoir suffisant pour cet effet, lequel on estime devoir être signé des chefs de cette entreprise et scellé du cachet de leurs armes.

Ledit sieur du Plessis-Besançon leur donnera ses bons avis pour l'établissement solide de leur liberté, pour fortifier leurs places, dresser leurs armées et pour toutes les choses qui regardent leur défense et conservation; reconnaîtra bien particulièrement l'état et la disposition en laquelle ils seront, et donnera des nouvelles de tout à Sa Majesté, concertant avec ledit sieur d'Espenan de toutes choses autant qu'il lui sera possible; et, selon ce qu'il avancera audit traité, Sa Majesté fera ponctuellement pourvoir à toutes les choses qu'il promettra de sa part, l'assurant que les services qu'il lui rendra, en une occasion si importante, lui seront en particulière considération.

(Original. Affaires étrangères, Espagne, supplément, IV.)

3. *Du Plessis-Besançon au prince de Condé.*

La Tour, le 18 septembre 1640.

On est bien en peine de mon arrivée en cette province, où j'ai trouvé l'alarme si grande qu'à peine pouvois-je penser que je pusse entrer dans Narbonne pour les nouvelles qu'on en avoit envoyées vers Toulouse, quoique la foiblesse des ennemis ne dût pas faire appréhender cela et que les affaires qui m'ont fait venir ici soient en tel état qu'il ne s'y peut rien désirer que la continuation, qui en est inévitable, les Catalans ayant tout à fait levé le masque en l'assemblée générale qu'ils ont tenue à Barcelone, où ils ont résolu non seulement de chasser les espagnols hors de leur pays, mais de porter la guerre dans le reste de l'Espagne avec l'assistance et protection de France. C'est à quoi Votre Altesse juge bien que je les dois toujours porter davantage, et c'est aussi ce que je ferai aussitôt que j'aurai reçu d'eux les choses nécessaires pour entrer dans leur pays avec la bienséance et sûreté que mon envoi requiert et que j'attends dans dimanche 23e.

Les castillans ne tiennent plus en Roussillon que Perpignan, Salses et Collioure, les catalans les ayant chassés de tout le reste et fait défense à peine de la vie de leur rien porter; on en fait de même à cette frontière, si ce n'est à l'égard d'Opouls. Ainsi n'ayant plus que Collioure pour toute porte, si on leur ferme, ce sont des gens perdus, et, comme pour cela il n'y a point de temps à perdre pour les assister puissamment, nous estimions qu'il faut faire approcher toutes les troupes qui sont inutiles en Guyenne et Languedoc pour s'en servir selon l'occurrence et même que Votre Altesse s'y rende au plus tôt, afin que la présence et autorité de sa personne, jointe à la bonne conduite de son jugement, puissent porter cette affaire où il est à désirer. J'écris à peu près dans ces termes à M. de Noyers, estimant que Votre Altesse l'aura pour agréable et que ce voyage est utile à diverses choses qui la peuvent regarder.....

(Original. Archives des Condé, série M, XX, 376.)

4. *D'Espenan et du Plessis-Besançon au prince de Condé.*

La Tour, le 22 septembre 1640, au soir.

Comme nous venions ici, M. d'Espenan et moi, pour avoir réponse sur notre négociation avec le sieur de Vileplana, dont nous avons fait part à Votre Altesse par le sieur de Vivans, mondit sieur d'Espenan a reçu en chemin diverses lettres, tant dudit sieur de Vileplana que des sieurs don Francisco de Tamarit, député militaire des catalans, et don Raimond de Guimera, député de la part du consistoire (qui est leur conseil), pour venir traiter avec nous à Céret (qui est une ville du Roussillon proche du Perthus) de toutes les choses qui conviennent à la négociation dont nous sommes chargés, avec sûreté par écrit pour faire ce voyage, et nous devons nous y rendre demain à dix heures du matin précisément. Par là, Votre Altesse voit que la chose va de longue et que ceux qui en ont pensé autrement se pourroient tromper. Nous n'apprenons pas, néanmoins, que ceci soit encore un effet de la dépêche qui doit être allée jusques à Barcelone dont nous espérons quelque chose de plus, mais d'une simple lettre par M. d'Espenan audit sieur député militaire et des relations que peut avoir faites au consistoire le sieur de Vileplana de ce qui s'est passé sur ce sujet. Quoi qu'il en soit, cette affaire est si grande qu'on ne la peut bien concevoir sans étonnement et sans en attendre en même temps de très grandes choses. Nous pressons toujours l'arrivée de Votre Altesse en cette province et parce que sa présence y est du tout nécessaire pour la suite de tout ceci et parce que nous estimons que ce voyage peut extrêmement servir à tous ses intérêts, et, cependant, nous éloignons autant qu'il se peut de toute connoissance et de tout emploi ceux que l'un ou l'autre y pourroit établir. Les catalans font toujours merveilles, et don Jehan de Garay qui commande les armes en Roussillon est malade à l'extrémité.

(Original. Archives des Condé, série M, XX, 393.)

5. *Mémoire du sieur du Plessis-Besançon sur les affaires de Catalogne.*

Septembre 1640.

Jusques à l'entrevue qui a été faite à Céret des sieurs d'Espenan et du Plessis-Besançon et de don Raimond de Guimera, envoyé du principat de Catalogne, il avoit été avancé beaucoup de choses par don Aléis de Semenat et don Francisco de Vileplana dont ils n'avoient eu aucune charge, ayant plutôt parlé selon la connoissance qu'ils pouvoient avoir des mouvements de cette province que par aucun ordre, le consistoire de Catalogne ne s'étant assemblé à Barcelone que le 10 septembre. Mais, comme ceux qui gouvernent les affaires du pays ont prévu que la suite des choses les obligeroit à se maintenir par les armes, ils chargèrent lesdits sieurs de Semenat et Vileplana de savoir de M. d'Espenan si, dans la nécessité qu'ils en pouvoient avoir, le roi n'auroit pas agréable de les assister, en payant, de certain nombre de munitions de guerre et d'armes, et de quelques principaux officiers pour servir et commander dans l'armée qu'ils prétendoient de mettre sur pied, outre les forces qu'ils ont destinées défendre aux castillans l'entrée de la Catalogne, tant par mer que par terre.

Depuis l'assemblée générale de leurs états où ils résolurent de prendre les armes pour le maintien de leurs privilèges et d'avoir recours à la France pour cet effet, ledit sieur don Raimond de Guimera s'en étant expliqué de bouche et par écrit auxdits sieurs d'Espenan et du Plessis, le secours qu'ils demandent s'est déterminé à six mille hommes de pied, deux mille chevaux, un mestre de camp général, un lieutenant général de la cavalerie, un autre pour l'artillerie et des ingénieurs qu'ils offrent d'entretenir à leurs dépens et de les payer selon la solde et usage d'Espagne, qui revient à cinq écus par soldat à pied et quinze écus par cavalier, par mois, et les officiers à proportion.

Moyennant cette assistance, ils promettent au roi, par un traité d'alliance qu'ils veulent faire avec Sa Majesté, d'empêcher qu'aucune nation entreprenne quoi que ce soit sur ses sujets par le moyen de ses forces ou frontières, et d'entretenir à perpétuité une correspondance fraternelle avec les françois; tout ceci a été donné par écrit signé de don Raimond.

Le roi d'Espagne n'étant pas maintenant en état de pouvoir presser les catalans, ils ne demandent présentement que les officiers d'armée et la moitié des troupes, tant de cheval que de pied, réservant le reste pour le mois de mars, et les forces de mer dont Sa Majesté les peut assister pour le temps qu'ils en auront besoin.

Pour sûreté de tout ce que dessus, ils prétendent ne donner au roi que la foi publique d'un traité fait en bonne forme et ratifié des ministres et agents du principat, et croient s'exposer davantage en recevant dans leur pays les troupes de Sa Majesté et des officiers françois pour commander leur armée qu'elle ne fait ses troupes en les assistant de ce qu'ils demandent.

Que, quand bien cela leur donneroit moyen de s'accommoder avec le roi d'Espagne, ce sera toujours une grande gloire au roi de leur avoir procuré ce bien et d'avoir obligé ledit roi d'Espagne de faire avec eux une paix qui ne peut être que honteuse pour lui, étant résolus de mourir tous et de mettre jusques à la dernière *reale* que de se relâcher de trois choses : la première, que toutes les places fortes de la frontière de leur pays leur seront remises pour les garder en son nom ; la seconde, que tous leurs privilèges seront pleinement rétablis comme ils étoient du temps de leur institution ; et la troisième, qu'il leur seroit permis de former un parlement à Barcelone dont la juridiction seroit, non seulement souveraine et sans ressort à Madrid, mais qui auroit aussi faculté de juger des différends qui pourroient intervenir entre le roi d'Espagne et eux sur l'infraction ou observation de leurs privilèges : conditions si dures, si honteuses que Sa Majesté catholique n'y sauroit jamais consentir sans la ruine totale de son autorité dans les autres états.

Que les crimes et délits commis par les catalans contre l'autorité royale sont de telle nature qu'ils ne sauroient jamais trouver aucune sûreté pour eux que dans les conditions précédentes, et en travaillant par toutes voies à demeurer maîtres absolus de leur pays, ce qu'ils ne peuvent faire sans une puissante armée pour la campagne outre quatre autres plus médiocres qu'ils établissent, savoir à Barcelone, Girone, Tarragone et frontière d'Aragon, comme places d'armes, d'où ils prétendent tirer les forces nécessaires pour la garde des passages et défendre l'entrée de leur pays.

Qu'outre les choses qui se sont passées en la mort du marquis de Sainte-Colombe, leur vice-roi, en celle d'un conseil d'état de Sa Majesté catholique, en l'extinction de possession de tous les officiers royaux de Catalogne, en la convocation de leurs états, prise des armes, galères et munitions de l'arsenal royal de Barcelone, aux placards et manifestes publiquement imprimés, ils ne pouvoient faire rien de plus criminel et de plus irrémissible pour eux que d'introduire dans le pays et d'appeler à leur secours les forces du plus grand ennemi de la maison d'Autriche.

Que, s'ils n'avoient d'autre dessein que de se défendre seulement, ils pourroient se passer de tout secours étranger par la propre force et situation de leur pays, mais qu'ayant résolu d'obliger ceux d'Aragon et de Valence à se joindre à eux, ou à leur faire la guerre, s'ils ne s'opposent au passage des castillans qui la leur voudroient faire, ils veulent, à cette fin, mettre en campagne une armée de trente mille hommes de pied et six mille chevaux; et qu'ils ont déjà fait fonds d'une très grande somme de deniers pour les entretenir.

Que cela n'empêchera pas qu'ils nomment encore au roi des passages pour faire la guerre aux castillans, soit du côté d'Aragon ou de Valence, ou que Sa Majesté l'entreprenne sur le Roussillon pendant qu'ils en seront maîtres, et que leurs ports seront ouverts aux armées navales du roi pour cet effet.

Qu'après le premier traité avec le roi, ils lui envoieroient des ambassadeurs pour lui rendre grâces de son assistance, et, selon l'occurrence des affaires, en faire de plus importants avec Sa Majesté.

Que, bien que la pente des occasions présentes les porte et nécessite à s'établir une liberté solide et se tirer de la domination des castillans, néanmoins ils ne vouloient pas s'exposer au scandale public d'une rébellion manifeste, ayant des peuples à manier et qu'il falloit engager pied à pied pour en venir à bout, mais y arriver doucement sous le spécieux prétexte d'une défensive naturelle et conservation de leurs privilèges. Tout ceci sont les discours particuliers des conférences familières que le sieur don Raimond a eues à Céret avec les sieurs du Plessis et d'Espenan; que l'on peut croire être aussitôt des inductions provenant de l'habileté dudit don Raimond pour les persuader à porter le roi au secours des catalans et faire leur accommodement par ce moyen, qu'un résultat véritable de leurs résolutions secrètes.

Et, comme il fut répondu audit sieur don Raimond qu'en tout ce qu'il offroit au roi de la part du principat de Catalogne il n'y avoit rien de solide pour la sûreté de ses officiers, ni des troupes qu'ils demandoient, et, qu'ainsi il étoit de la grandeur de Sa Majesté d'assister les oppressés, il étoit aussi de sa prudence et de celle de ses ministres de ne rien faire en cela qui lui pût être préjudiciable, ce qui pouvoit arriver dans un accommodement, sesdites troupes demeurant exposées en pays ennemi, s'ils ne donnoient quelques places ou des otages suffisants pour la sûreté de leur retour en France; à quoi le sieur don Raimond répliqua qu'il n'y avoit point d'exemple que ces choses eussent jamais été faites autrement que sous la foi publique des traités, que les catalans avoient été de tout temps soigneux d'observer religieusement tous ceux qu'ils avoient faits, et que le roi ni ses prédécesseurs n'en avoient point usé de la sorte avec les hollandais ni vénitiens en pareilles occasions; joint que, faisant commander leur armée par des officiers françois avec un corps considérable de la même nation, il sembloit bien plutôt qu'ils missent leur pays en péril que le roi ses troupes...

Et, sur ce qu'il fut représenté audit sieur don Raimond que, l'occasion s'offrant qu'ils eussent besoin d'une armée navale, il étoit vraisemblablement nécessaire qu'ils donnassent un port au roi, dans lequel elle pût, non seulement être en sûreté des injures des saisons et de la mer, mais encore de la terre et des ennemis, en cas qu'étant arrivé quelque mauvais succès ils eussent lieu d'entrer dans le pays, où elle pouvoit être retenue par des vents contraires, il répondit qu'il étoit raisonnable, mais que ce n'étoit pas une affaire à traiter pour lors, n'ayant rien à craindre par la mer de longtemps, et par conséquent n'ayant pas sitôt besoin d'armée navale. Il ajouta ensuite qu'il ne doutoit point que M. le cardinal ne fût d'avis de les assister; et qu'il étoit trop grand homme d'état pour perdre une si belle et si importante occasion de faire beaucoup de mal au plus grand ennemi de son maître. Qu'il savoit très bien que cette négociation touchoit plus vivement le comte-duc que ne feroit la perte des Pays-Bas et du royaume de Naples, et que l'Espagne abandonneroit toutes ses autres affaires pour celle-là, qui donneroit lieu à la France de s'avantager partout ailleurs, où elle voudroit porter la guerre.

Le sieur de Vileplana dit en particulier à M. d'Espenan qu'il ne falloit point s'étonner de la résistance et des discours de don Raimond, qui étoit un homme très habile et très affectionné à son parti, mais que certainement la nécessité de leurs affaires et le point auquel ils en étoient venus vouloient qu'ils payassent le besoin qu'ils avoient de la France de toutes les choses qu'elle pouvoit honnêtement désirer d'eux.

Voilà les lumières que le sieur du Plessis peut donner de son voyage; sur quoi il sera pris les résolutions convenables, et, pour l'exécution d'icelles, dressé un pouvoir et instruction qui ait quelque limite ou terme, au-dessous des conditions duquel on ne puisse traiter. Et, afin qu'il ne soit rien fait mal à propos, on demande aussi un style qui serve de modèle pour les intitulations ou forme du traité; item, un état abrégé de la solde des officiers et soldats d'un régiment, tant de cheval que de pied, afin de faire les capitulations avec les catalans pour le paiement des troupes sur iceux; un éclaircissement de la forme et nature du serment qu'elles auront à faire pour le service des catalans avec les exceptions requises. M. d'Espenan demande des commissions pour faire un régiment de cavalerie prêt à marcher, et parfaire avec d'autres le nombre des deux mille chevaux demandés, sans oublier les fonds nécessaires pour la levée. On estime qu'il seroit bien à propos qu'il y eût un intendant ou commissaire général pour la police et justice des troupes françoises, afin de les faire vivre avec l'ordre requis dans la Catalogne. On demande qu'il soit envoyé quelque commis avec un fonds pour satisfaire aux dépenses pressantes qu'il conviendra faire en diverses rencontres dans le commencement et progrès de cette affaire; qu'il plaise à M. le cardinal de déterminer le secours qu'il lui plaira de faire donner aux officiers d'armée qu'il destinera pour commander lesdites troupes, d'en faire dresser un état, et de leur destiner un fonds certain, afin de leur donner moyen de soutenir les frais qu'ils auront à faire dans une guerre de cette importance et de cet état. Il est nécessaire que le sieur du Plessis sache par quel ordre on fera la fourniture des quatre mille mousquets; item, qui l'on prendra pour ingénieurs, en cas de besoin.

(Minute de la main de du Plessis-Besançon. Affaires étrangères, Espagne, supplément, IV.)

6. *Sublet de Noyers à du Plessis-Besançon.*

Chaulnes, le 26 septembre 1640.

Si l'on peut présager un beau jour d'une belle aurore, il y a certainement lieu de beaucoup espérer de l'affaire de Catalogne, dont les commencements sont à ravir. Tous les biens que Dieu nous a faits cette année me font croire encore plus de celle-ci que les apparences humaines, quoique avantageuses, n'en promettent, parce que, s'il veut donner le repos à son peuple, il sait que nous sommes instruments fidèles de ses volontés, et il connoît aussi la dureté de nos Pharaons, aussi insolents après tant de coups que s'ils n'avoient encore senti les effets de la main vengeresse de Dieu. Or, c'est assez philosopher; il faut continuer à mettre en œuvre les causes secondes et agir soigneusement et diligemment à l'ordinaire. L'on a dépêché à monseigneur de Bordeaux, suivant vos avis; l'on a fait de même à M. le bailli de Forbin pour les galères. Ils seront en bref aux îles de Marseille, où tout attendra des nouvelles de M. d'Espenan ou de vous de ce qu'ils auront à faire pour prendre la possession du port de Roses, dont vous nous faites croire les catalans maîtres en bref. Monseigneur le Prince s'en va en Languedoc pour y assembler les troupes et pourvoir à tout ce que vous nous mandez être nécessaire par delà, son autorité, son crédit, son activité, sa prévoyance n'ayant point de second dans les expéditions de cette nature. Monseigneur le maréchal de Schonberg[1] ne laissera pas d'y contribuer de tout son possible, en vertu des ordres du roi qu'il lui envoie.

L'on donne les ordres à M. d'Espenan pour commander les troupes sous le général catalan, s'ils en ont un, et à M. de Boissac pour commander la cavalerie sous l'un et sous l'autre. Le roi envoie M. de la Roullerie pour commander et exploiter l'artillerie.

---

1. Charles de Schonberg, duc d'Halluin (1600-1658), maréchal de France. Il était alors lieutenant général pour le roi en Languedoc.

Son Éminence croit que vous devrez être l'âme motrice de tout, en qualité de maréchal de bataille. L'on n'épargnera rien par deçà pour assister ces peuples qui témoignent tant de bonne volonté pour la France, vous les en pouvez assurer. Je sais la disposition que j'y vois et la prévoyance de Son Éminence afin que rien ne manque à un tel dessein. En mon particulier, assurez-vous que vous serez servi aussi ponctuellement que l'ont été ceux d'Arras, et que, de moment en moment, vous recevrez les ordres que vous désirerez. Mais il faut venir à nouer et tenir un bon traité, parce que, autrement, il ne seroit pas de la dignité du maître de s'avancer davantage sur des propositions qui sont vagues jusqu'ici et sans aucun solide fondement. Nous attendons donc les effets de votre négociation.

(Original. Affaires étrangères, Espagne, supplément, IV.)

7. Du Plessis-Besançon au prince de Condé.

Montalba, le 17 octobre 1640.

Arrivant en cette frontière, j'ai trouvé les affaires de Catalogne tellement disposées que je passe présentement à Barcelone avec le sieur de Vileplana qui m'y accompagne. Je ne manquerai pas de donner avis de tout à Votre Altesse; mais il est bien important à mon opinion qu'elle s'avance le plus qu'il se pourra et qu'elle envoie promptement des ordres aux régiments et cavalerie qui doit venir de Guyenne de s'avancer le plus tôt et au meilleur ordre qu'il se pourra. Il semble qu'on doive pour le moins autant espérer de mon voyage que ce qui est porté par ma dernière instruction.

(Original. Archives des Condé, série M, XXI, 71.)

8. Le maréchal de Schonberg à Sublet de Noyers.

Montpellier, le 23 octobre 1640.

Extrait. — MM. d'Espenan et du Plessis m'ont tant pressé par deux lettres consécutives que je suis obligé de faire marcher la cavalerie de Boissac et Mérinville vers la frontière, quoique j'eusse ordre du roi de ne les point approcher de Narbonne que ledit sieur d'Espenan ne fût entré avec les régiments d'Anguien, Tonneins, Sérignan et Espenan dans la Catalogne. Je n'ai reçu que le 18 de ce mois le paquet du roi, qui me marque que je puis envoyer quérir les troupes de Guyenne, sur cette fausse nouvelle, qui vint de Narbonne, de l'accommodement des castillans. La lettre est néanmoins datée de Chantilly, le 27 septembre, et j'ai cru qu'en vertu de la même lettre, quoique ce fût pour causes différentes, je pouvois bien les mander et leur envoyer des routes dans mon gouvernement, pour les faire passer avec M. d'Espenan en Catalogne. Enfin, je fais tout ce que ledit sieur d'Espenan désire de moi, quoique cela choque quelquefois les ordres que j'ai par les lettres de Sa Majesté, qui ne peut pas prévoir de si loin les choses qui arrivent de deçà.....

(Original. Affaires étrangères, fonds France, mémoires et documents, MDCXXXI, 414.)

9. *Du Plessis-Besançon à d'Espenan.*

Barcelone, le 21 octobre 1640.

Je suis arrivé en cette ville dès hier en parfaite santé. On m'y a bien reçu tout ce qui se peut, et vous n'avez jamais vu tant d'acclamations publiques. Tous les ordres de la ville, le corps de la maison de ville et MM. les députés m'ont envoyé visiter en mon logis et me sont venus recevoir à une lieue de la ville. Ce matin, je suis allé au consistoire, où j'ai dit ce que j'avois à dire et que je mets par écrit pour le donner aujourd'hui, sur quoi ils prendront leurs résolutions. Enfin, j'estime qu'ils auront trouvé si raisonnable ce que je leur ai dit que la chose en passera par là. Ils doivent nommer des commissaires pour traiter avec moi en particulier de toutes choses, ensuite de quoi, peut-être que j'irai jusques à la frontière du côté de Lérida. Ils ne font pas grand cas que les castillans aient pris Tortose; le député, qui étoit venu ici de la part des aragonois pour essayer de faire quelque tentative et les porter de faire parler au roi d'Espagne et se soumettre un peu, s'en retourne assez mal satisfait pour ce regard. Ils continuent toujours leurs levées jusques à trente six régiments et se préparent tout de bon à la guerre. C'est tout ce que je vous puis mander; aussitôt que les choses seront résolues, le général de Vileplana s'en retournera; cependant, avancez, s'il vous plaît, toutes choses et faites que M. de la Roullerie s'avance en Languedoc avec des officiers d'artillerie de toutes sortes, pour un équipage de douze canons et toute la cavalerie de la frontière..... Vous ne sauriez croire l'estime en laquelle vous êtes de deçà et combien ils espèrent des services que nous leur pouvons rendre. Je n'ai jamais rien vu de plus uni et de plus général que la haine qu'ils ont contre les castillans, ni plus de résolution à se bien défendre et même à passer plus avant pour s'assurer toujours davantage. Le signor chanoine Paul Claris[1] est un excellent homme.

(Copie. Archives des Condé, série M, XXI, 92.)

10. *Résolution du roi sur la manière de coucher certains articles du traité qui se doit faire avec les catalans touchant les places de Roussillon.*

Saint-Germain-en-Laye, 16 novembre 1640.

« Pour M. Duplessis-Besançon. »

Les catalans offrent de passer le traité de la Hermandad, et, par icelui, s'obliger à ne prendre jamais les armes contre la France, moyennant qu'il plaise à Sa Majesté leur promettre de ne prendre aussi jamais les armes contre la Catalogne, comtés de Roussillon et Cerdagne, qui leur appartiennent, et que Sa Majesté, faisant sa paix avec l'Espagne, se réserve le pouvoir de les assister en quelque occasion que ce soit.

Et, d'autant que cette condition de n'attaquer le Roussillon a été trouvée déraisonnable par ceux à qui elle a été faite, particulièrement en ce qui concerne les places de Perpignan, Salses et Collioure, que le roi d'Espagne occupe aujourd'hui, il a été proposé au sieur de Vileplana par les sieurs d'Espenan et Plessis-Besançon, de l'avis de M. le Prince, que l'on pourroit coucher cet article en l'une de ces trois sortes :

1. Que le principat de Catalogne s'oblige de n'entreprendre jamais rien contre la France, de ne donner aussi jamais aucun secours ni assistance à qui que ce soit pour y entreprendre et de ne se départir jamais d'aucune des conditions du présent traité, quelque accommodement qu'ils puissent faire d'ailleurs avec leurs ennemis, mais, au contraire, promettront de les garder toutes inviolablement.

Le roi se doit aussi obliger réciproquement (s'il lui plaît) à ne prendre jamais le premier les armes contre les catalans et de se réserver la faculté de les assister en toute autre occasion, lorsqu'il fera la paix avec le roi d'Espagne, ainsi qu'il est dit ci-dessus.

Et, pour ce qui regarde les places que le roi d'Espagne tient encore en Roussillon, que ledit principat s'obligera à les prendre et s'en rendre maître dans un an, et d'empêcher cependant que les ennemis entreprennent rien contre la France par la frontière dudit Roussillon, lequel temps d'un an passé, il sera licite audit

---

1. Voir ci-dessus, page 24, note 3.

roi d'attaquer lesdites places pour les remettre entre les mains desdits catalans, après les avoir prises, en remboursant Sa Majesté des frais qu'elle aura faits pour les prendre, ou, sinon, raser lesdites places.

2. Que le principat de Catalogne s'oblige, etc., comme ci-dessus, et dire, pour le regard desdites places, que les catalans attaqueront au plus tôt Perpignan et Collioure et que le roi attaquera Salses en même temps, pour le raser après l'avoir pris, et, s'ils désirent des forces de mer et encore des troupes françoises pour cet effet, Sa Majesté leur en donnera et ils les paieront.

3. Que le principat de Catalogne, etc., et dire simplement, pour lesdites places, que Sa Majesté agréera de promettre de ne rien entreprendre sur icelles que de concert avec les catalans, suivant les conditions dont il sera convenu entre le roi et eux par les ministres et ambassadeurs qui auront charge d'en traiter au plus tôt.

Résolution du roi.

On peut coucher ledit article ainsi qu'il suit :

Que le principat de Catalogne s'oblige de n'entreprendre jamais rien contre la France, de ne donner jamais aussi aucun secours ni assistance à qui que ce soit pour y entreprendre, et de ne se départir jamais des conditions du présent traité, quelque accommodement qu'ils puissent faire d'ailleurs avec le roi d'Espagne, mais, au contraire, promettront de les garder tous inviolablement.

Et le roi s'oblige aussi à protéger les catalans et à les assister de ses armes toutes fois et quantes que le roi d'Espagne voudra les opprimer et les priver des droits et franchises qui leur appartiennent, comme aussi de traiter leur accommodement avec ledit roi dans le traité de la paix générale, et, au cas qu'il ne se peut ajuster, de se réserver dans ledit traité la liberté d'assister lesdits catalans ainsi que dessus.

Et, pour ce qui regarde les places que le roi d'Espagne tient encore dans le Roussillon, Sa Majesté déclare que, pour être plus en état d'assister les catalans, elle n'emploiera point, toute la campagne prochaine, ses armes à s'en rendre maître, et qu'étant, en la bonne intelligence et en la liaison en laquelle elle est et veut être avec lesdits catalans, elle n'y entreprendra rien que par concert fait entre eux et les ministres de Sa Majesté, qui auront charge d'assister à ce qui sera plus expédient de faire en ce sujet.

Ce que dessus est l'intention du roi.

(Copie certifiée par le prince de Condé. Affaires étrangères, Espagne, XXI, 18, 19.)

11. *Du Plessis-Besançon au prince de Condé.*

Paris, le 18 novembre 1640.

..... J'envoie à Votre Altesse la résolution du roi, en original, sur l'affaire de Catalogne, par où elle verra qu'elle est composée des trois alternatives que le sieur de Vileplane a emportées à Barcelone, de l'avis de Votre Altesse. M. le cardinal juge à présent que ladite affaire de la Catalogne est maintenant irréconciliable et qu'il n'y a rien à craindre qu'un effort du roi d'Espagne avant que les troupes françoises arrivent à la frontière d'Aragon. Ainsi, l'intention de deçà est que, si les choses se peuvent ajuster selon les résolutions que je vous envoie, M. d'Espenan peut entrer aussitôt avec les troupes; c'est dont Votre Altesse lui donnera, s'il lui plaît, avis en diligence, afin qu'il ne se perde point de temps..... On veut prendre cette affaire comme il faut et l'on m'a fort bien reçu à Paris, à Rueil et à Saint-Germain, où Son Éminence m'a fait l'honneur de me présenter au roi..... Je partirai d'ici le 21 au plus tard, pour me rendre à Pézenas le 28, Dieu aidant. S'il y a quelque chose que je doive savoir plus tôt, Votre Altesse me fera, s'il lui plaît, cette grâce de m'honorer de ses nouvelles à Baignols[1].

(Original. Archives des Condé, série M, XXI, 222.)

12. *Sublet de Noyers à du Plessis-Besançon.*

Rueil, le 3 décembre 1640.

Je ne vous expliquerai point ici la satisfaction que Son Éminence a reçue du succès de votre négociation : vous le concevrez facilement, vu les grands avantages qui en peuvent revenir à l'état et au bien général de la chrétienté. Il faut conduire le reste avec prudence et se prévaloir des bonnes dispositions dans lesquelles vous apprenez que sont les catalans. Aussitôt que j'ai eu reçu votre dépêche, l'on a envoyé en toute diligence à M. de Bordeaux les ordres du roi, pour satisfaire à ce que désirent les catalans, en sorte qu'il ne leur manque rien des assistances qu'ils ont demandées, tant par mer que par terre; ces ordres sont pour vaisseaux et pour galères. Il importe grandement, comme vous le marquez très bien, qu'ils rendent le roi maître du fort qui commande à

---

1. Banyuls, Pyrénées-Orientales.

Salao[1] à tout événement, et certes ce sera un nouvel effet de votre adresse si vous obtenez cela d'eux.

Il faudra porter leurs esprits à renforcer la solde des officiers de notre cavalerie en leur faisant voir qu'ils ne pourront subsister et demeurer en discipline avec la paie qu'ils offrent. Il y va de leur intérêt de l'augmenter et leur faire un traitement si raisonnable qu'ils aient sujet de demeurer dans l'ordre. Si monseigneur le Prince n'obtient des états un fonds raisonnable pour vous donner à tous le moyen de vous mettre en équipage, il faut que le roi y supplée, mais, en vérité, la peine qu'il y a à tirer du fonds de M. de Bullion me fait souhaiter que vous en sortiez par autre voie.

Je fais les diligences requises pour fournir aux catalans le reste de la cavalerie qu'ils nous demandent.....

(Original. Affaires étrangères, Espagne, supplément, IV.)

13. *Sublet de Noyers à du Plessis-Besançon.*

Rueil, le 13 décembre 1640.

Aujourd'hui, treizième décembre, je reçois la vôtre du premier, qui nous confirme toujours dans les grandes espérances du succès des affaires de Catalogne, lesquelles, étant bien conduites et soutenues avec vigueur, sont sans doute capables de donner à la chrétienté la paix que tant d'années de guerre n'ont pu produire. Nous tâcherons à bien recevoir les trois députés qui viennent vers Sa Majesté, et ne les quitterons pas qu'ils ne soient bien informés et bien imprimés de ce que la France peut faire pour leur avantage.

Si vous pouvez porter ceux du principat à donner un port et une forteresse pour la sûreté des vaisseaux de Sa Majesté, ce sera le commencement d'un établissement solide. Il est donc très important que vous travailliez ayant ce dessein devant les yeux. Maintenant qu'il y a comme union entre nous et quelque espèce de confusion de droits, j'estime que vous ne sauriez mieux faire que d'assister ces peuples de vos bons conseils et de leur aider à fortifier leurs places du côté qui regarde la Castille..... Le roi ayant estimé que vos troupes ne pourroient pas s'entretenir en discipline s'il n'y avoit un maréchal de camp pour les commander sous M. d'Espenan, Sa Majesté en a donné la charge à M. de Sérignan, avec lequel je vous prie de bien vivre comme une personne qui est entièrement à Son Éminence.

(Original. Affaires étrangères, Espagne, supplément, IV.)

1. Salou, près Tarragone.

14. *D'Espenan et du Plessis-Besançon à Richelieu.*

Barcelone, le 16 décembre 1640.

..... Nous n'avons perdu aucun temps ni omis aucune chose dont nous puissions être capables pour porter l'affaire où nous sommes employés aux points qui nous ont été prescrits par les instructions du roi et par vos commandements. Le traité de la Hermandad entre France et Catalogne a été signé seulement aujourd'hui, selon les derniers sentiments de Votre Éminence. Nous l'envoyons à M. de Noyers avec cette dépêche, par le sieur du Verger, vous assurant qu'encore que ce qui est contenu dedans soit assez important, ce n'est pourtant rien au prix de la suite qu'aura cette affaire. Je connois déjà à peu près ce que peut cette province, mais, avec tout cela, sans la prompte assistance du roi, il seroit à craindre qu'elle ne fût accablée de ses ennemis avant que les bons desseins qu'elle a pussent réussir..... Cependant, nous sommes obligés de dire à Votre Éminence qu'il est important qu'elle envoie ici quelqu'un de sa part pour échauffer et animer le monde, et nous estimons que le sieur d'Houdinière[1] seroit bien propre à cela, si l'assiduité du service qu'il doit auprès de la personne de Votre Éminence et sa santé propre le pouvoient permettre. Il s'en retourneroit bien informé de plusieurs choses qui ne se peuvent commettre qu'à la confiance d'un homme de sa fidélité.....

(Original. Affaires étrangères, fonds France, mémoires et documents, MDCXXXIII, 17.)

15. *Mémoire du sieur du Plessis-Besançon sur l'état des affaires de Catalogne.*

Décembre 1640.

Le roi d'Espagne tient présentement en Roussillon le port de Collioure et le château de Saint-Elme qui le domine, la ville d'Elne, Perpignan, Salses et Millas; mais il n'y a que le château Saint-Elme, Collioure, Perpignan et Salses qui se puissent garder. Les catalans tiennent tout le reste. Les castillans ont entièrement désolé tous les lieux où ils ont pu mettre le pied, et n'ont pour toutes forces audit Roussillon que les deux régiments du comte-duc, celui des irlandois, ceux de Léonard de Mole et de Toutavilla,

---

1. Claude de Goyon du Plessis-Renard, seigneur de la Houdinière, capitaine des gardes du cardinal de Richelieu, maréchal des camps et armées du roi en 1652, mort en 1663.

napolitains, celui des Wallons et un autre régiment espagnol, qui, tous ensemble, peuvent monter à cinq mille hommes de pied; outre cela, ils ont environ quatre à cinq cents chevaux : tout cela d'assez bonnes troupes, réparties en divers lieux.

Pour ce qui est de la Catalogne, le roi d'Espagne y tient le port de Roses et le château de la Trinité, qui le domine, avec le bourg de Roses fortifié de cinq bastions; plus le port des Alfaques de Tortose à l'embouchure de l'Ebro, dominé par une tour; ledit poste est assez grand, mais il est peu sûr en hiver, et notamment pour des galères. Plus la ville de Tortose, qui a un pont sur l'Ebro. Les catalans tiennent absolument tout le reste de la Catalogne, qui est presque toute environnée de la France, de la mer et des monts Pyrénées, de l'Ebro et de la Segre. Lesdits catalans ne craignent rien du côté dudit Tortose, parce que cet endroit est séparé de leur pays par une lisière de montagnes très hautes, stériles et difficiles à passer durant huit ou dix lieues de traverse. Ils ne craignent aussi rien présentement du côté de Roses, à cause de la saison, et qu'ils ont une ville nommée Castellon, à une lieue de là, qui couvre leur pays en cet endroit; néanmoins, s'ils ne se rendent maîtres dudit Roses pendant cet hiver, je tiens que c'est le lieu d'où ils peuvent recevoir autant de mal à cause du voisinage du Roussillon, et qu'il est tout à fait dans la plaine de Catalogne. Les catalans tiennent tous les passages des montagnes qui séparent le Roussillon de la Catalogne, et, apparemment, ils n'y peuvent être forcés. Il semble que l'endroit d'où ils ont le plus à craindre est du côté de la ville de Lleyde[1], parce que c'est pays de plaine, sans forteresses, et l'avenue d'Aragon et Castille; néanmoins, cette avenue est couverte de la rivière de Segre, qui ne se guée point, et, pour empêcher le passage durant sept ou huit lieues, ils établissent deux places d'armes de douze à quinze mille hommes chacune, l'une à Bellpuig, au deçà de la Segre, et l'autre à Balaguer, au delà de ladite rivière, de façon que, s'ils ont temps de retrancher un camp à la tête de Lérida, qui est une bonne ville, les ennemis auront beaucoup à hasarder pour entrer dans leur pays.

Le roi d'Espagne avoit à Fraga (qui n'est qu'à quatre lieues dudit Lérida) environ trois ou quatre mille hommes de pied et quatre cents chevaux, quand je suis parti de Barcelone, et l'on tenoit pour assuré qu'il venoit encore jusques à dix mille hommes de pied et douze cents chevaux du côté de Saragosse, mais presque

---

1. Lleida, Lérida, place forte sur la Segre.

tous besoigneux ou milices. On tenoit aussi que l'artillerie étoit déjà partie dudit Saragosse, que le roi d'Espagne y venoit en personne, et même que ses chevaux y étoient déjà. La place d'armes de l'armée espagnole doit être audit Fraga, petite ville d'Aragon sur la rivière de Cinca, où l'on croit que les ennemis feront passer de leurs bonnes troupes de Roussillon, par le moyen de leurs galères et des ports de Collioure et des Alfaques de Tortose.

On estime que, si les troupes françoises peuvent arriver assez à temps à Lérida, il sera très difficile aux castillans de passer la Segre, et que, si on les peut acculer seulement un mois audit Fraga, ils ne sauroient vivre avec une armée de ce côte-là, parce que tout le pays qu'ils auront derrière eux est extrêmement stérile et que la mer en est éloignée de vingt-cinq ou trente lieues d'Espagne. Au premier mauvais temps, il faut que les galères ennemies quittent tous les ports de Roussillon et Catalogne et s'en aillent prendre leur retraite d'hiver en Carthagène, qui est soixante-dix ou quatre-vingt lieues plus bas que l'embouchure de l'Ebro.

Les catalans établissent une place d'armes à Figuères pour soutenir et garder les passages de Roussillon et l'avenue de Castellon et de Roses. Ils en établissent encore une autre à Granollers, petite ville à six lieues de Barcelone, pour avoir l'œil le long de la côte et aux nécessités de ladite ville de Barcelone, en chacune desquelles ils veulent tenir jusques à dix mille hommes. Jusques ici, toutes leurs troupes sont commandées par leurs députés militaires; ils réduisent leurs forces en régiments, et les font commander par des mestres de camp, qui ont servi au siège de Salses et en d'autres occasions pour le roi d'Espagne, la plupart cavaliers de bonne condition. Ils peuvent mettre sur pied plus de deux mille chevaux et en ont déjà huit cents ou mille d'assez bonne cavalerie. Quant à l'infanterie, si elle étoit bonne comme ils disent, ils seroient puissants, car il est certain qu'ils en ont beaucoup et bien armée à leur mode; mais, avec cela, s'ils ne sont assistés promptement des troupes du roi, je tiens leurs affaires en assez mauvais état, si on les presse vivement de plusieurs côtés, ainsi qu'ils en sont menacés.

En la situation que se trouvent la Catalogne, Roussillon et Cerdagne, s'ils se peuvent défendre des premiers efforts du roi d'Espagne, tous ces pays-là seront faciles à garder après.

(Original. Affaires étrangères, Espagne, supplément, IV.)

16. *Ordre du jour du comte d'Espenan avant la capitulation de Tarragone.*

Tarragone, le 21 décembre 1640.

Le sieur d'Espenan, maréchal des camps et armées du roi et mestre de camp général de l'armée de Catalogne,

Nous avons ordonné au sieur du Plessis-Besançon, maréchal de bataille, de s'en aller présentement à Barcelone pour assembler toutes les troupes françoises qui sont en Catalogne pour le service du pays, et joindre avec elles tout ce qu'il pourra des forces de Catalogne pour venir secourir cette place, ordonnant à tous les chefs et officiers des troupes françoises de lui obéir, et faire tout ce qui leur sera par lui ordonné; ledit sieur du Plessis-Besançon fera, au surplus, tout ce qu'il verra être plus à propos pour le service du roi et avantage de cette province, dont il consultera avec messieurs de la députation et conseillers de la ville de Barcelone.

(Affaires étrangères, Espagne, supplément, IV.)

17. *Du Plessis-Besançon au prince de Condé.*

Barcelone, le 4 janvier 1641.

..... La plupart de la cavalerie qui étoit dans Tarragone et les régiments d'Anguien et d'Espenan étant obligés par la capitulation de retourner en France avec le sieur d'Espenan avant que pouvoir servir davantage en ce pays, le scrupule les intimide et retient de telle sorte (étant réduits à combattre contre la parole donnée, vu que les catalans ne veulent point souffrir ladite retraite) que, non sans sujet, ils craignent de tomber après cela entre les mains des ennemis. M. d'Espenan lui-même y est bien empêché, quoiqu'il soit résolu de demeurer avec eux et d'en passer par là, de façon que si, du côté de la cour, il ne se trouve expédient d'y remédier en envoyant de deçà quelque personne d'éminente qualité et autorité, avec des forces dignes de la protection du roi, je ne sais ce qui arrivera de tout ceci. Maintenant, toutes les forces s'assemblent à Martorell, à cinq lieues de cette ville, du côté de Monserrat; c'est un passage qui se pourra garder, Dieu aidant, si les ennemis donnent encore quatre ou cinq jours de temps pour s'y fortifier, comme on fait; par ce moyen, arrêtant le progrès des ennemis de ce côté, les affaires pourront se rétablir et les armes se dissiper, de sorte que Sa Majesté aura temps d'assister cette province, en l'établissement de laquelle les royaumes de Valence et d'Aragon prendront un exemple qui suivra le même train, avec des conditions entièrement avantageuses et au choix de Sa Majesté. Si nous eussions pu arriver six jours plus tôt, nous aurions maintenant coudées franches et quatre cents hommes auroient empêché toute l'Espagne et forcé le passage par où les ennemis sont entrés; et plût à Dieu qu'on m'eût aussi voulu mieux écouter et croire sur le sujet de l'armée navale! Nous l'attendons d'heure à autre, et, quoiqu'elle arrive tard, ce qu'elle pourra encore faire produira un merveilleux effet; j'en ai déjà trois fois écrit à M. de Bordeaux..... Il y a plus d'espérance que jamais que cette affaire de Catalogne est sans accommodement. La duchesse de Cardone et ses enfants sont comme arrêtés en cette ville, qui, étant maintenant jointe avec la députation, dans quatre ou cinq jours, l'assemblée générale du pays résoudra de se mettre entièrement sous la protection du roi à des conditions dont Sa Majesté sera le maître; et déjà l'ambassadeur qui doit aller à Paris est nommé, lequel, de là, doit passer à Rome. Je ne puis pas voir le fond de tout ceci, mais les apparences en sont quasi toutes claires et que jamais le roi d'Espagne ne règnera en ce pays qu'il ne l'ait conquis auparavant.

(Original. Archives des Condé, série M, XXII, 18.)

18. *D'Espenan à MM. les députés de Catalogne.*

9 janvier 1641.

L'obligation de ma parole envers les ennemis m'a forcé de prendre le chemin de France pour l'accomplir, voyant que vous étiez résolus de ne vous contenter pas que je défendisse avec vous le poste de Martorell ou la ville de Barcelone même et que vous vouliez que j'allasse affronter l'ennemi avec si peu de forces qu'il m'a semblé que c'étoit chose impossible, dangereuse pour vos affaires et honteuse à ma nation, en telle façon que le roi auroit eu juste sujet de me châtier, encore que j'eusse gagné une bataille. Je suis plus désireux de vous servir que jamais, et, si vous le trouvez bon, aussitôt que j'aurai mis le pied en France et, sur votre parole, je me rendrai à Barcelone avec trois mille hommes de pied et quatre cents chevaux pour la défendre en personne; cependant, l'armée navale de Sa Majesté viendra vous servir et l'armée de terre qui se fait en Languedoc aura loisir d'entrer en Catalogne. C'est le meilleur parti que vous puissiez prendre et, en attendant, de défendre le plus que vous pourrez le poste de Martorell. Je ferai, pour cet effet, demeurer en Ampourdan le régiment de Sérignan, le mien et la cavalerie dont vous avez besoin et entrer le régiment de Tonneins, faisant prendre sa place à d'autres troupes. En cas que l'ennemi fût trop près de Barcelone, je pourrois embarquer mon infanterie à Cap-de-Quiers ou Palamos sur nos galères ou sur des barques que vous pourriez fournir de la côte, mais il faudroit, pour cela, que vous rendissiez Sa Majesté maître du port et fort de Cap-de-Quiers, à condition de vous le rendre quand vous n'auriez plus besoin des armes du roi, ou que vous auriez fait votre accommodement avec Sa Majesté catholique. C'est de quoi j'ai voulu vous donner avis et vous assurer que je ne désire rien tant au monde que de vous servir, mon honneur sauf, aux dépens de ma propre vie. Tous les officiers d'artillerie retourneront aussi vous trouver et M. du Plessis s'emploiera de tout son pouvoir à vous procurer tout ce que vous sauriez désirer du roi et à vous aller servir de sa personne. Faites-moi, s'il vous plaît, savoir votre intention à Figuères.

(Copie. Affaires étrangères, fonds France, mémoires et documents, MDCXXXIII, 52.)

19. *Du Plessis-Besançon à MM. de la députation de Catalogne.*

9 janvier 1641.

..... Par tout plein de marques de mon affection à l'avancement de votre affaire, vous devez avoir conçu de moi l'opinion du déplaisir que j'ai de ce qui se passe, et que, si j'eusse pensé que les émotions que le départ des troupes françoises pouvoit causer à Barcelone m'eussent laissé sûreté d'y aller, rien ne m'eût empêché que je ne me fusse allé rendre auprès de vous pour m'employer à toutes les choses qui regardent votre dessein et le bien de vos affaires, ainsi que j'y suis obligé par toutes sortes de raisons. Maintenant, vous voyez par la lettre que M. d'Espenan vous écrit les sentiments qu'il a pour votre service et, autant qu'il est besoin, j'approuve tout ce qu'il vous offre, tant au regard des troupes qu'à mon sujet, et vous réitère encore que je suis prêt de faire et d'entreprendre tout ce qui dépendra de moi au premier avis que j'en recevrai de votre part. Nous allons, demain 10, coucher à deux lieues de Figuères, et, après-demain samedi, peu de chemin au delà. Faites donc, s'il vous plaît, que nous ayons de vos nouvelles et réponse audit Figuères dans dimanche de bon matin pour le plus tard.

(Minute. Affaires étrangères, Espagne, supplément, IV.)

20. *Le maréchal de Schonberg à du Plessis-Besançon.*

Ille, le 11 janvier 1641.

J'ai reçu un courrier de la députation et, outre cela, une lettre de don Francisco Tamarit qui me témoignent être en grande inquiétude de ce qu'un de leurs députés, ayant eu rendez-vous de M. d'Espenan pour se trouver à Martorell, il apprit, lorsqu'il fut sur le lieu, que ledit sieur d'Espenan, avec sa cavalerie et infanterie françoise, prenoit un chemin tout contraire et sembloit s'en vouloir revenir en France. L'effroi qui paroit dans leurs lettres de voir ce changement si prompt et l'entier délaissement à quoi l'on les abandonne me fait vous écrire ce mot pour vous supplier de vouloir considérer et faire considérer à M. d'Espenan que, puisqu'il a envoyé pour recevoir les ordres du roi sur le sujet de son traité, il semble que vous pouviez être demeurés jusques au retour de Sainte-Colombe et, cependant, prendre quelque poste vers Martorell ou ailleurs, d'où vous puissiez au moins tenir l'armée ennemie en quelque jalousie et aider pour le moins en cette sorte aux catalans, ne les pouvant servir de l'autre. J'ai cru vous devoir mander ceci, et pour le service du roi, et encore pour faire cesser les discours extravagants que les catalans prennent publiquement de cette retraite.

(Original. Affaires étrangères, Espagne, supplément, IV.)

21. *Sublet de Noyers à du Plessis-Besançon.*

Paris, le 12 janvier 1641.

Il ne faut pas s'étonner s'il se rencontre des difficultés dans l'exécution des grandes affaires....., et je dois vous ôter hors de l'esprit que nous ayons été fort surpris par la nouvelle du mauvais succès de Tarragone..... Tant s'en faut que ce petit échec ait en rien diminué l'ardeur et le grand zèle que nous avons pour assister ce principat, qui a témoigné tant d'inclination vers la France; au contraire, le roi a pris résolution de vous envoyer des armées au lieu de ces petits corps, auxquels s'aboutissoient jusqu'ici toutes vos prétentions, ayant déjà envoyé de toutes parts les ordres nécessaires pour faire acheminer les troupes vers Narbonne, et fait distribuer à tous les régiments, tant d'infanterie que de cavalerie, l'argent nécessaire pour faire leurs recrues, avec des commissaires à chaque corps pour presser les mestres de camp de se mettre en état.

Vous verrez, par le rôle ci-après, le nom des régiments, tant d'infanterie que de cavalerie, qui doivent servir en cette occasion, et vous assurerez ces messieurs du principat de la résolution que Sa Majesté a prise, par les prudents conseils de Son Éminence, de ne rien épargner pour soutenir leurs intérêts et leur faire connoître combien la pensée qu'ils ont eue de se jeter en la protection de Sa Majesté leur sera avantageuse. Je m'assure qu'ils auront grande satisfaction du bon accueil qu'ont reçu par deçà leurs députés, Sa Majesté ayant voulu les traiter d'ambassadeurs et les faire couvrir comme souverains, ce qui a interrompu la négociation que je devois avoir avec eux, et chargé M. de Chavigny de toutes leurs affaires. Mais cela ne m'ôtera pas les occasions de les servir, puisque, la plupart de ce qu'ils auront à proposer et conclure regardant la guerre, cela retourne entre mes mains.

M. de Mazerolles vous porte la ratification du traité et donnera en passant à M. de Machault les ordres nécessaires pour le supplément de la solde de vos gendarmes et chevaux-légers, à raison de mille réaux par jour. Je tâcherai aussi de lui donner les ordres nécessaires pour vous faire toucher quelque rafraîchissement aussi bien qu'à M. d'Espenan. Donnez-nous seulement le loisir de joindre à vos forces celles que nous vous préparons, et je vous assure que toute la Catalogne sera contente de nous et que nous ne démentirons point les espérances que vous leur avez données des effets de la générosité de notre maître.

(Original. Affaires étrangères, Espagne, supplément, IV.)

22. *État des troupes que le roi fait passer en Catalogne.*

Paris, le 12 janvier 1641.

INFANTERIE.

Régiment de Lyonnois.
Régiment de Lesdiguières.
Régiment d'Halincourt.
Régiment de Ladouze.
Régiment de Rebe.
Régiment de Polignac.
Régiment de Languedoc.
Régiment de Provence.
Régiment des Galères.
Régiment de Grignols.
Régiment de Montpeyroux.

Régiment de Montagnac.
Régiment de Roquelaure.

CAVALERIE.

Régiment de la Chapelle-Ballou.
Régiment de Bussy de Vair.
Régiment d'Aubais.
Régiment de Linars.
Trois compagnies de Saint-Simon.

GENDARMES.

Gendarmes de Schonberg.
Gendarmes du comte d'Alais.
Gendarmes d'Arpajon.
Gendarmes d'Ambres.
Gendarmes de Carces.
Gendarmes de Saint-Géran.

(Affaires étrangères, Espagne, supplément, IV.)

23. *Du Plessis-Besançon à Sublet des Noyers.*

Barcelone, le 16 janvier 1641.

Cette lettre sera bien différente de celle que vous doit avoir rendue le sieur de Gachedat, envoyé vers vous par M. d'Espenan : le style de l'autre faisoit connoître le mauvais état des affaires de ce pays, et le contenu de celle-ci vous apprendra que le voyage que j'ai fait ici en poste et le peu de créance que je m'y suis acquis ont tellement rétabli toutes choses que, non seulement le nom françois, odieux auparavant par beaucoup de raisons, y reprend son premier crédit, mais encore que toute la province a résolu, par les juntes particulières, de s'établir en république, sous la protection de France, et, dans demain, la chose passera par *los brassos*, qui est l'assemblée générale de tous les ordres du principat.

J'ai aussi été assez heureux pour porter ces Messieurs à rendre le roi maître du port, bourg et fort de Cap-de-Quiers pour autant de temps que dureront les troubles de ce pays, et qu'il soit établi et reconnu des étrangers pour république; M. de Bordeaux en prendra possession en y arrivant et y pourra mettre garnison telle qu'il voudra. Je lui envoie les ordres et la dépêche nécessaire de MM. du consistoire pour cet effet ; je viens présentement de voir des mariniers de Marseille, qui me confirment que c'est le meilleur port d'Espagne après Carthagène, situé entre Roses et Collioure, seulement à deux lieues du premier, à dix de France, et très bon pour armées de vaisseaux et galères ; à ce que je puis concevoir, le bourg, qui est cent vingt maisons, ni le fort ne sont pas inexpugnables par art, mais la nature les a rendus tels à peu près par l'âpreté des lieux où ils sont : je le verrai devant qu'il soit peu, ensemble Roses et Collioure, et vous en rendrai bon compte bientôt après, si ces Messieurs continuent à désirer que j'aille à la cour pour conclure les conditions et obligations de la protection de France, tant de la part de Sa Majesté que de la leur, ensemble pour ajuster les desseins de cette campagne prochaine du côté d'Espagne. Cependant, ils estiment qu'avec le régiment de Sérignan, que M. d'Espenan doit avoir mis à douze cents hommes, et quatre cents chevaux françois qu'il leur a laissés, ils sont assez forts pour arrêter les progrès de l'ennemi et donner temps à Sa Majesté d'agir puissamment en leur faveur ; c'est de quoi j'ai donné avis à M. le maréchal de Schonberg, afin qu'il ne ruine pas inutilement la frontière, et dépêché à même temps à M. de Bordeaux pour le presser de venir, ou à tout le moins, en attendant les galères, d'envoyer sept ou huit bons vaisseaux en ces côtes et prendre à l'avance possession de Cap-de-Quiers.

(Minute. Affaires étrangères, Espagne, supplément, IV.)

24. *Mémoire que le sieur du Plessis-Besançon a présenté à Messieurs des deux consistoires.*

Barcelone, le 18 janvier 1641.

Sur la résolution que le principat de Catalogne veut prendre de s'ériger en république, formée sous la protection des rois et de la couronne de France, pour se délivrer des oppressions et de la violente domination des ministres d'Espagne et jouir des anciens privilèges par lesquels cette domination est élective de la part des catalans et non successive à ceux de Castille ; en suite des premières propositions qui avoient été faites au roi pour cet effet et sur lesquelles il avoit envoyé le sieur du Plessis-Besançon à Barcelone, pour traiter des conditions qui conviennent à un dessein de cette importance ; quoique les choses ne soient pas à présent en l'état qu'elles étoient pour lors en regard des communs ennemis, et que, depuis, il se soit fait un traité de hermandad entre la France et le principat de Catalogne, si est-ce que le sieur du Plessis ne doute point que Sa Majesté ne soit toujours en volonté de le recevoir en sa protection et de l'assister de ses armes, tant par mer que par terre, pour faire heureusement réussir une pareille entreprise : si bien qu'en vertu du pouvoir qu'il en a d'elle, il ne fera point de difficulté de les assurer de sa protection. Et, bien qu'il semble que les affaires aient changé de face par l'entrée des castillans et leurs progrès dans le pays, le sieur du Plessis estime pourtant que les intentions du roi pourront incliner à ce qui suit, sans toutefois en donner une assurance positive, qu'il n'ait reçu les derniers ordres qu'il attend de la cour pour cet effet.

Premièrement, à cause des changements qui arrivent souvent en de pareils projets, Sa Majesté désire que le principat s'oblige formellement, et en termes exprès envers elle, de s'établir en république, sous la protection des rois et de la couronne de France, et à persister jusques au bout dans l'exécution de ce dessein, quelques peines et difficultés qui s'y rencontrent, sans qu'il se puisse jamais faire aucun accommodement de la part des catalans avec le roi d'Espagne qui les en empêche, se soumettant à être tenus pour ingrats et parjures s'ils contreviennent à aucune des conditions sous lesquelles Sa Majesté trouvera bon de les prendre en sa protection.

Qu'ils donneront libre entrée et passage dans tous les ports et terres aux vaisseaux, galères et troupes de Sa Majesté, lorsque, pour le bien de ses affaires ou des leurs, elle voudra entreprendre quelque chose contre le roi d'Espagne sur les lieux qui ne seront point du principat de Catalogne ou de la protection de France, leur fournissant à cet effet, en payant, les vivres et autres choses nécessaires, selon l'abondance et commodité du pays, au prix courant ; mais, au contraire, que les catalans s'obligeront de ne donner jamais aucun passage aux armes du roi d'Espagne par les terres du principat pour entreprendre sur la France, mais seront tenus de s'y opposer à main armée et de toutes leurs forces.

Que, si Sa Majesté vouloit faire une levée de deux ou trois mille hommes de pied catalans, pour s'en servir dans ses armées, elle pourra le faire toutes fois et quantes que la bienséance ou nécessité de ses affaires le voudra de la sorte, en les payant comme les autres troupes étrangères qui sont à son service, ou de la façon qu'il en sera convenu ci-après.

Que, pour sûreté de ce que dessus et des armes de Sa Majesté, ils remettront entre ses mains la forteresse de Roses et le château de la Trinité après que le roi les aura aidés de ses forces à les prendre, et, cependant, le rendront maitre des ports et tours de Cap-de-Quiers et Salou, pour la retraite assurée de son armée navale : moyennant quoi, Sa Majesté leur promettra, par un article particulier, qu'elle consent que ledit principat demeure quitte et déchargé envers elle de toutes les obligations du traité de sa protection, en cas qu'elle vînt à prétendre autre chose et encore pour le temps seulement et ainsi qu'il sera convenu.

Le sieur du Plessis estime aussi que, moyennant les choses ci-devant mentionnées, le roi leur entretiendra volontiers cinq cents chevaux françois à ses dépens, leur donnant huit mois de solde en argent, les Catalans fournissant le surplus en vivres et fourrages, sans compter la dépense de la diversion qu'elle veut faire en Roussillon et celle de l'armée navale, qui devra demeurer dans les côtes de Catalogne pour le bénéfice et sûreté du principat.

Que, pour ce qui est des vaisseaux et galères que Sa Majesté voudra faire construire dans les ports et côtes de Catalogne, il lui sera aussi permis de se servir des bois qui sont dans le pays, en les payant aux propriétaires à prix raisonnable et de gré à gré.

Il sera donc de la prudence de MM. les ministres du principat de répondre présentement au sieur du Plessis sur le contenu de ce mémoire, afin que Sa Majesté, bien informée de leurs intentions, puisse promptement faire valoir celles qu'elle a pour la liberté des Catalans, avantage de leurs affaires, convenances du bien public et repos général de la chrétienté.

(Minute. Affaires étrangères, Espagne, supplément, IV.)

25. *Sublet de Noyers à du Plessis-Besançon.*

Rueil, le 19 janvier 1641.

Vous pouvez assurer ces messieurs de la députation que, pourvu qu'ils se soutiennent encore quelque temps et nous donnent loisir d'assembler les troupes que l'on a destinées pour leur secours, non seulement nous les mettrons hors de peine, mais nous en donnerons bien à leurs persécuteurs; et, d'autant que je remarque par vos dernières quelque altération, non seulement dans l'esprit de nos troupes, mais aussi dans ceux qui les commandent, le roi a estimé très important à son service de remédier à cette fâcheuse impression du scrupule d'une capitulation faite pour des troupes qui n'étoient au pouvoir de celui qui capituloit et qui, par conséquent, ne pouvoit pas obliger des gens qu'il ne commandoit pas pour lors, si ce n'est que l'on veuille qu'un homme qui sera dans Barcelone puisse obliger, par une capitulation faite de son caprice, des troupes qui seront à Narbonne, à l'imitation du diable, qui, pour inviter le fils de Dieu à l'adorer, lui offroit des pays entiers, des villes et des trésors sur lesquels il n'avoit aucun pouvoir : aussi fut-il traité de Satan, qui est dire tout ce qui se peut de mal à une créature. Il offrit tout ce qui n'étoit point à lui, et

M. d'Espenan capitule et veut engager aux conditions de son traité des troupes qui n'étoient pour lors en façon du monde en son pouvoir. Il faut donc que M. d'Espenan et M. de Boissac, et quelques chefs de la cavalerie, qui étoient avec lui dans Tarragone, repassent en France, puisqu'ils s'y croient obligés, afin de lever tout scrupule, et que M. de la Motte et ceux qu'il mènera avec lui prennent leur place si les choses sont encore en leur entier; moyennant quoi, j'espère que messieurs de Catalogne verront jouer beau jeu et auront satisfaction des promesses que vous leur avez faites de la part de Sa Majesté. Mais, au nom de Dieu, soyons François et ajoutons la constance et fermeté à notre générosité.

Je vous confirme ce que je vous ai déjà mandé par M. de Mazerolles et vous assure qu'il n'y a point de province qui ne travaille à former des troupes pour composer le corps que l'on vous destine.

La promotion de M. de Sérignan ne sera pas trouvée si inutile que l'on pouvoit avoir jugé avant ce mauvais petit rencontre. Assurez-vous qu'elle ne diminue en rien la bonne opinion et l'estime que chacun a de vous.

(Original. Affaires étrangères, Espagne, supplément, IV.)

26. *Propositions faites aux États de Catalogne assemblés à Barcelone.*

Le 23 janvier 1641.

(*Traduit du catalan.*)

Très illustres seigneurs,

En l'assemblée des États tenus le 16 du courant, Vos Seigneuries résolurent qu'on acceptât la protection que le sieur du Plessis-Besançon nous offrit au nom de son roi et qu'on réduisît le gouvernement en forme de république, sous les conditions et pactes qui seroient concertés entre Sa Majesté très chrétienne et les principat de la Catalogne et comtés de Roussillon et Cerdagne, à quoi le sage conseil de Cent consentit.

Et, le 17 du même mois, ayant conféré avec certaines personnes de confiance et de toute satisfaction sur la manière de la protection et la forme de la république, on y a considéré de très grands inconvénients, non seulement à l'égard des dépenses nécessaires pour la défense et conservation d'icelle, mais encore pour la disposition du gouvernement; et, aujourd'hui, cette province et cité sont tellement épuisées qu'il est impossible de pouvoir soutenir longtemps les dépenses de la guerre que nous avons déjà aux portes de cette ville, qui est dans un notable péril de se perdre, et toute la province aussi, sans un grand et prompt secours de cavalerie et d'infanterie payées, que nous ne pouvons espérer que de Sa Majesté très chrétienne; laquelle, selon les avis que nous avons, ne s'exposera pas à de si grands frais avec la promptitude et ferveur que la nécessité demande, si ce n'est que la province se mette sous son obéissance, comme le firent autrefois nos prédécesseurs du temps de Charlemagne; à condition qu'elle jure et nous promette d'observer nos usages, constitutions, chapitres et actes de cour, privilèges, style, coutumes, libertés, honneurs, prééminences et prérogatives, tant de cette ville que des autres cités, villages, lieux et personnes particulières de la province, et, en particulier, de l'exemption des quints et couvertures ; que les archevêchés, évêchés, abbayes, dignités et tous les autres bénéfices, tant séculiers que réguliers, soient conférés aux naturels du pays, et que les inquisiteurs et officiers du saint office soient Catalans, ce saint tribunal demeurant directement sujet à la congrégation du saint office, que Sa Sainteté tient en sa cour; et les chapitres et actes de cour en général et maison de la députation, avec toute juridiction civile et criminelle et une constitution d'observance telle qu'il apparoîtra audit principat pour plus grande sûreté du contrat : afin que lesdites constitutions et privilèges s'observent infailliblement pour éviter tout genre de débats et contraventions, pour avoir été les causes qui nous tiennent aujourd'huy dans les malheurs et afflictions où nous sommes, et qu'on observe le sacré concile de Trente; comme aussi que tous les offices, le commandement des châteaux et les régimes des magistrats séculiers soient conférés aux Catalans, et les autres choses dont il sera capitulé par traité pour le bon gouvernement de la province. Il a semblé à la trente-sizaine, après en avoir conféré avec les seigneurs conseillers et vingt-quatraine de guerre, que nous devions le représenter à Vos Seigneuries afin qu'elles le considèrent et nous fassent la grâce de nous conseiller ce que nous devons faire; ne doutant point qu'avec le bon avis de Vos Seigneuries nous ne prenions certainement le meilleur chemin qui est à suivre pour la conservation de la province et la délivrer des malheurs où elle se trouve.

Résolution prise dans les États.

Que la chose se fasse comme elle a été proposée avec les précautions qui se sont prises ou qui se pourront prendre, dont il sera présentement donné connoissance au sage conseil de Cent et de tout ce que résoudront les présents États, qui demeureront sans se séparer jusques à ce qu'on ait su ce qu'aura résolu le dit conseil de Cent.

Et, au bout d'un peu de temps, le sieur conseiller en cap étant de retour aux présents États, il reféra que le sage conseil de Cent avoit fait les délibérations qui suivent :

Le 23 janvier 1641, à Barcelone, le conseil de Cent ayant été convoqué et assemblé, ledit conseil a fait la délibération suivante :

Qu'il sera nommé des personnes confidentes en matière de guerre, dont le sieur conseiller en cap, le sieur député militaire et M. du Plessis feront le choix, comme aussi le surplus des autres nominations qui seront à faire en matière de vivres, préventions, préparatifs, munitions, attirail et toutes autres provisions qui, en matière de guerre, leur sembleront convenables, avec plein pouvoir d'exécuter lesdites choses qui regarderont la guerre, sans aucune dépendance, comme il est mentionné en la proposition, laquelle soit admise, comme le présent conseil approuve et admet.

Que, pour les motifs contenus en la délibération faite par le sage conseil de Cent, le 17 du courant, et pour les avis continuels qu'on reçoit que, dans ce même temps qu'on délibère sur le fait proposé, l'armée contraire brûle et saccage les églises, maisons et campagnes, massacrant les habitants d'icelles dans les lieux circonvoisins de cette ville, sans aucune observation de pactes; avec rétention, néanmoins, des lois gothiques, lesquelles ladite ville se réserve, et aux conditions et pactes contenus en la proposition faite par les sieurs députés aux États généraux et autres qui seront jugés convenables, en la disposition desquels interviendra le sieur conseiller en cap et autres personnes de la part de cette cité qu'il conviendra, auxquels elle adhère, comme le présent conseil adhère à la résolution prise par lesdits États, auxquels il sera donné connoissance de la présente délibération par un citoyen et un militaire nommés par Sa Sérénité : les États ont résolu, en conformité de la ville, que le conseiller en cap, le sieur député militaire et le sieur du Plessis-Besançon constituent et forment un conseil de guerre de tel nombre et qualité de personnes qu'ils trouveront à propos, auxquels ils donnent plein pouvoir et faculté d'ordonner, résoudre, disposer et exécuter tout ce qui conviendra en matière de guerre, circonstances et dépendances d'icelle, avec plein pouvoir, libre et générale administration d'user des finances du public sans limitation; qu'ils puissent faire bans et défenses, sous les peines qu'ils ordonneront, jusques à la mort naturelle inclusivement, et les fassent exécuter *jure belli* ou autrement, de la manière qu'ils jugeront plus expédient, lesdits États se conformant en tout et par tout à ce que la ville a délibéré sur cette matière.

(Traduction du temps. Affaires étrangères, Espagne, supplément, IV.)

27. *Le maréchal de Schonberg à du Plessis-Besançon.*

Montpellier, le 27 janvier 1641.

Ce courrier, que je renvoie en la même diligence qu'il est venu, m'a rendu, ce matin 27 janvier, à cinq heures, votre lettre par où j'apprends comme les ennemis ont forcé Martorell; cette nouvelle ne m'a pas beaucoup surpris, vu que, ce passage se pouvant attaquer par divers endroits et n'étant fortifié qu'à la tête qui regarde Villefranche, il ne se pouvoit pas défendre davantage que vous avez fait. Je trouve que vous et M. de Sérignan n'avez pas rendu un médiocre service d'avoir retiré les troupes catalanes trois lieues durant en toute sûreté dans Barcelone à la faveur de votre cavalerie. J'en écris à MM. de la députation une lettre que j'estime qu'ils vous feront voir, et, comme ils ont vingt mille hommes portant les armes dans Barcelone, quantité d'artillerie et une porte de derrière pour pouvoir être secourus de toutes choses par l'armée navale, il y a grande apparence qu'ils nous donneront le temps d'assembler l'armée que Sa Majesté a destinée pour la Catalogne, à quoi je travaille avec tout le soin et la diligence imaginables. Cependant, comme vous témoignez avoir besoin de farines, d'armes, de poudre, et que les dix compagnies nouvelles de Sérignan seroient bien nécessaires par delà avec quatre ou cinq cents hommes, j'y joins le régiment de Grignols, où il y a les meilleurs officiers et les meilleurs soldats de France. J'ai déjà envoyé arrêter toutes les barques et tartanes d'Agde, Narbonne, la Nouvelle et autres lieux, avec tous les pierriers pour leur armement, en sorte que je fais état que cette petite flotte partira dans cinq ou six jours au plus tard, et dès demain je me rendrai à Narbonne pour y donner ordre moi-même.

(Original. Affaires étrangères, Espagne, supplément, IV.)

28. *Du Plessis-Besançon au prince de Condé.*

Barcelone, le 27 janvier 1641.

Je m'assure que la différence des nouvelles que, de temps en temps, j'ai envoyées à la cour y aura aussi causé des mouvements et des pensées bien différentes; mais, après la dernière de la déclaration que le principat a faite de Sa Majesté pour son roi et celle-ci des combats que nous avons soutenus avec grande perte de leur part, quinze drapeaux pris sur eux et quasi point de perte de notre côté, j'estime que le présent que les Catalans ont fait au roi sera bien reçu et que ma petite négociation et la fermeté dont nous avons soutenu les choses, sans aucun avis ni secours de France par mer ni par terre, ne passera pas pour un service indifférent, surtout étant appuyé de Votre Altesse. J'estime qu'il faudra dans peu que je fasse un voyage à la cour, mais ce ne sera point sans avoir vu toutes choses bien assurées auparavant...... Je vous confirme avec certitude la nouvelle du Portugal, dont il y aura un ambassadeur à Marseille dans trois jours. Il part d'ici présentement; je l'ai vu, lui ai parlé longtemps, ai su les motifs de son maître et vu la créance pour ce principat, près duquel il n'a qualité que de commissaire : jugez en quel état sont les affaires du roi d'Espagne. Nous venons d'avoir nouvelle assurée que le duc de Saint-Georges est mort de ses blessures et de grandes apparences que les ennemis se veulent retirer s'ils peuvent.

(Original. Archives des Condé, série M, XXII, 56.)

29. *Sublet de Noyers à du Plessis-Besançon.*

Rueil, le 17 février 1641.

Il faut avouer que votre conduite dans la Catalogne a été excellente, et que, si cette belle conquête reste à la France, l'on vous en aura une bonne partie de l'obligation et ces peuples celle de les avoir tirés de l'oppression des espagnols. Mais il faut travailler à établir avec solidité les lumières nécessaires de cette belle aurore, et je m'assure que vous serez bien d'accord que l'on ne pouvoit choisir pour la guerre un personnage qui eût plus les qualités requises pour cet emploi que M. de la Motte, ni celles de la robe que M. d'Argenson, que l'on envoie par delà, suivant vos bons avis souvent réitérés, pour y régler toutes choses, et, par l'établissement d'un bon ordre, faire goûter aux catalans les fruits et les douceurs de cette nouvelle domination. Vous serez la pierre angulaire qui lierez toutes choses entre le roi et ces peuples, donnant, par la parfaite connoissance que vous avez de leurs humeurs et de ce pays, les instructions nécessaires et à M. de la Motte et à M. d'Argenson pour réussir dans leurs emplois et à l'honneur du roi et au contentement de ces peuples, de sorte qu'il faut bien vous garder de venir par deçà jusques à ce que vous y voyiez les choses mieux établies et l'ennemi plus éloigné.

Si les vaisseaux du roi et les galères n'étoient trop amarrées ès côtes de Provence, j'estime que les voix et les plaintes et les désirs leur auroient déjà fait faire voile. Mais quoi ! nous crions jusques ici inutilement, et il a fallu que Son Éminence, ne sachant plus à qui attribuer la faute de ces longueurs, y ait envoyé M. votre frère pour les reconnoître et, avec l'autorité du roi, les faire cesser, de sorte que je veux croire qu'il arrachera cette maudite remore, et que bientôt vous verrez le pavillon de France dans vos ports et dans vos mers. Ils ont ordre de mettre avec eux les régiments de Provence et des Galères pour les débarquer aussitôt qu'ils auront pris terre, et, afin que le bruit de toutes ces troupes ne vous fasse peine, vous saurez que, suivant vos avis, le roi pourvoit à la subsistance des gens de guerre et aux munitions que vous avez demandées.

(Original. Affaires étrangères, Espagne, supplément, IV.)

30. *Mémoire du sieur du Plessis-Besançon sur la situation de la Catalogne.*

Février 1641.

Après ce qui a succédé devant Barcelone et la retraite de l'armée ennemie, vu la disposition, tant du pays que des peuples de Catalogne, et l'état présent des affaires et des ennemis, il semble qu'à moins d'un effort bien extraordinaire et bien prompt de la part du roi d'Espagne cette province court fortune de se perdre entièrement pour lui. Pour faire cet effort, la chose se pourroit entreprendre de cette façon : en premier lieu, jetant un grand secours d'hommes et de vivres dans le Roussillon, afin de s'en assurer entièrement, et, par le moyen du voisinage de Roses, qui donne entrée dans la plaine d'Ampourdan, faire la guerre de ce côté-là, se saisir des passages et désoler tout jusques aux portes de Girone; en second lieu, jetant une partie des forces du camp de Tarragone dans le pays d'Urgel, à même temps que les troupes d'Aragon feroient effort d'y entrer par le côté de Lérida, ville importante située sur la rivière de Sègre, qui se trouveroit coupée par ce moyen et dans peu de jours au pouvoir des ennemis. Pour ce qui est du premier dessein, quoiqu'il soit possible, il est néanmoins très difficile en cette saison, tant parce que la mer est fâcheuse et les trajets longs et dangereux qu'à cause que le roi se peut rendre le plus fort plutôt que les ennemis en Roussillon, et qu'ayant une armée navale à Cap-de-Quiers, ce port est si favorablement situé qu'il tient en échec Roses et Collioure. Ce qu'il y a donc à considérer présentement avec plus d'attention, ce sont les moyens de conserver ledit pays d'Urgel (qui est l'objet de l'autre dessein des ennemis), parce qu'il est abondant en vivres et en fourrages, qu'il couvre Barcelone, qu'il donne entrée dans la plaine d'Aragon, qu'il empêcheroit les Aragonois de se pouvoir joindre de forces comme d'intérêts avec les Catalans, et que, sans les commodités qu'on en peut tirer, les François ni les Castillans ne sauroient faire utilement la guerre en Catalogne, les premiers pour s'y maintenir et faire progrès au delà de Barcelone, les autres pour s'approcher sûrement de cette place et partager la province avec Sa Majesté. Et, comme les environs de Tarragone sont maintenant en tel état qu'il est impossible aux ennemis d'y pouvoir subsister sans l'assistance de la mer, cette assistance étant incertaine comme elle est, soit par la nature de la chose, soit par les empêchements qu'y peuvent apporter les vaisseaux et galères du roi, il faut nécessairement que leur armée repasse le col de Balaguer ou se jette pour vivre dans ledit pays d'Urgel, joint qu'ils ne sauroient agir solidement tant qu'il y pourra demeurer un corps françois, ce qui ne semble pas difficile, ayant l'affection des peuples et l'assiette du pays favorable comme elle est.

Or, comme il est apparemment certain que le plus solide avantage que le roi puisse tirer des soulèvements de Catalogne soit la conquête du Roussillon, aussi est-ce à quoi il faut tourner une bonne partie des visées de cette affaire; mais, comme il est encore très certain que, sans la conservation de Barcelone et du pays qui est au delà, l'événement en seroit fort douteux pour diverses raisons qui se diront ci-après, il semble que les premiers soins, les premières forces qu'on doit employer doivent être pour empêcher les ennemis de faire progrès au deçà du camp de Tarragone, établir les troupes du roi dans une forte défensive, s'assurer du pays d'Urgel, en fortifier les avenues et, selon les occasions, prendre celles qui s'offriront de chasser ou d'obliger les ennemis de repasser au delà du col de Balaguer.

Il y a deux puissantes raisons, politiques et militaires tout ensemble, qui engagent les choses à cette conduite : la première, parce qu'on ne peut agir sûrement en Roussillon si cette tête n'est bien soutenue, vu les divers mouvements qui pourroient arriver à Barcelone, et conséquemment dans tout le reste de la province, outre qu'avant la fin d'avril ou le commencement de mai l'on ne sauroit rien entreprendre audit Roussillon, à faute d'avoir de quoi faire subsister la cavalerie; la seconde, que, si les Catalans s'imaginent qu'on veuille profiter de la confusion des affaires avant qu'il ait passé des troupes pour assurer l'autre frontière de leur pays, il est à craindre qu'on ne voie quelque changement notable en leur affection. Voici donc comme on estime qu'il faudroit procéder en cette rencontre : l'armée navale ayant mis garnison dans Cap-de-

Quiers et, autant qu'il se pourra, bloqué par mer Roses et Collioure, il est à propos qu'elle se montre à toute la côte (après avoir tenté de prendre ou brûler les vivres et munitions que les ennemis assemblent au port des Alfaques et à la plage de Vinaroz) pour donner cœur et chaleur aux amis, abattement et terreur à leurs contraires, et qu'en interrompant le commerce des commodités que ceux du camp de Tarragone reçoivent de la mer et reprenant, comme il sera très faisable avec l'aide de l'armée de terre, le fort de Salou, on les oblige à repasser à Tortose, abandonnant tout à fait Tarragone ou le laissant à la discrétion d'un siège de médiocre durée. Pour cet effet, il est du tout nécessaire de faire couler, vers Montblanch et Cervera, jusques à six ou sept mille hommes de pied et douze ou quinze cents chevaux effectifs des premières troupes qui seront prêtes pour, avec celles du pays, former un corps capable d'une défensive assurée, et même de quelque offensive, selon que les occasions s'en pourroient offrir, soit à l'égard de Tarragone et Salou, ainsi qu'il est dit ci-devant, soit à l'égard de l'Aragon, si les affaires de Portugal divertissoient une partie des forces de ce côté-là, comme il est à croire.

Il y a deux fortes considérations qui font qu'on n'estime pas qu'il soit à propos ni nécessaire pour le présent de se rendre si fort au delà de Barcelone; premièrement, parce que, les troupes ayant à y vivre avec beaucoup de discipline, si elles étoient en plus grand nombre, il seroit à craindre que, l'argent de France ne venant pas à point nommé, la nécessité ne les portât à faire des désordres dont les suites seroient dangereuses, comme il paroit par l'exemple qui dure encore; et, en second lieu, qu'il semble qu'un des meilleurs expédients dont on se puisse servir pour contenir les peuples de Catalogne étant le voisinage ou la présence de leurs ennemis, il n'est pas même de la prudence commune de les en délivrer entièrement qu'on ne se soit rendu maitre des lieux par le moyen desquels le Roussillon peut recevoir des secours capables d'en poser les affaires, joint que, leurs privilèges ne permettant pas que la possession du pays se prenne à main armée, pour le faire sans effaroucher les Catalans, il n'est que bon d'y laisser un levain de Castillans qui serve de prétexte à la sûreté d'un établissement convenable.

Après avoir établi les affaires de la sorte et cependant commencé de travailler aux fortifications qui seront jugées les plus nécessaires, aussitôt que le reste des forces qu'on destine pour la guerre de Catalogne sera prêt, il faudra qu'elles entrent en Roussillon et qu'à même temps l'armée navale ou partie d'icelle revienne à

Cap-de-Quiers, où l'on aura cependant assemblé en magasin les gros canons, munitions de guerre, boulets, affûts et vivres nécessaires pour le siège de Collioure, qui est la seule porte qui reste aux ennemis pour le secours dudit Roussillon. Selon les avis qu'on a dudit Collioure, c'est une place de médiocre considération quant à la force, située sur le bord de la mer, commandant un port de ce nom et tout joignant un petit bourg que les ennemis démolissent; mais, comme ces avis viennent pour la plupart de personnes ignorantes ou intéressées, il ne s'y faut fier que de bonne sorte. Au midi dudit Collioure, il y a un autre port appelé Vendres, et, entre deux, sur une montagne fort élevée, un petit fortin de maçonnerie en forme d'étoile, nommé Saint-Elme, qui ne peut, à ce qu'on assure, ôter l'usage de l'un ni de l'autre des deux ports. Et, bien que de soi lesdites places ne soient pas considérables pour la fortification, néanmoins, étant fort avancées dans le pays et ne se pouvant attaquer sans laisser Salses et Perpignan derrière, cela fait qu'il faut être assez fort en cavalerie pour la sûreté des convois et procéder au reste comme s'ensuit.

Étant entré dans le pays avec sept à huit mille hommes de pied et douze ou quinze cents chevaux par les endroits qui seront jugés les plus convenables, il faudra se rendre maître de Millas, Canet, Elna et la Roque-d'Albère, qu'on assure être des lieux que ceux qui les gardent ont ordre de quitter aussitôt et qui rendront le chemin libre de Leucate au camp, passant par le Grau, mais le plus sûr sera toujours celui de Millas et Thuir, aboutissant au Boulou.

Pour ce qui est des pièces de batterie, boulets et affûts et du reste des munitions de guerre, on en peut faire amas à Cap-de-Quiers ou à Narbonne et les faire venir par mer à la plage d'Argelès après avoir investi la place de Collioure du côté de la terre, et ainsi des autres choses nécessaires, et, cependant, mener avec l'armée quelques pièces de dix-huit et vingt-quatre pour s'en servir, en cas de besoin, à prendre les lieux de Canet, Elna et la Roque-d'Albère.

Maintenant, après avoir pris Collioure, il ne reste qu'à demeurer maîtres de la campagne contre Perpignan et Salses et empêcher les assistances qu'elles pourroient avoir à force d'argent de la frontière de Languedoc pour venir à bout de ces deux places dans la fin de l'année sans qu'il soit besoin d'y asseoir aucun siège formé, tant parce qu'ils pourroient être de longue durée, étant bonnes comme elles sont, que pour se conserver en liberté de pouvoir agir plus fortement du côté de la frontière d'Aragon ou d'assiéger Roses, pour fermer entièrement aux ennemis toutes les entrées par le moyen desquelles ils pourroient porter la guerre en Catalogne et pousser ensuite avec toutes les forces françoises les desseins qu'on pourroit avoir plus avant dans l'Espagne.

(Minute. Affaires étrangères, Espagne, supplément, IV.)

APPENDICE III.

MISSION AUPRÈS DU CORPS DES WEYMARIENS (1644-1645).

31. *Instruction à M. du Plessis-Besançon s'en allant à Brisach.*

Paris, le 3 décembre 1643.

Le roi et la reine régente sa mère ont appris avec un extrême déplaisir le décès du sieur comte de Guébriant, maréchal de France, lieutenant général pour Sa Majesté en son armée d'Allemagne, par la blessure qu'il a reçue en faisant le siège de Rottweil, qu'il avoit heureusement réduit en l'obéissance de Sa Majesté après une forte résistance. Et Leurs Majestés ont aussi été beaucoup touchées de l'accident qui est arrivé au même temps au quartier général commandé par le sieur comte de Rantzau à Tüttlingen; mais, comme dans la guerre peuvent souvent arriver de part ou d'autre de pareils événements, et qu'il faut toujours y être préparé, les suites n'en étant à craindre que lorsque l'on néglige d'y pourvoir, Leurs Majestés ont résolu d'employer la puissance et les moyens que Dieu a mis en leurs mains pour réparer promptement ces pertes. Et, afin de commencer par rassurer les esprits de ceux qui, étant sans chef, peuvent être étonnés par ce coup, et mettre ordre à toutes les choses qui se pourront faire sur les lieux en cette occurrence, Leurs Majestés ont estimé nécessaire d'y envoyer de leur part une personne dont la capacité et fidélité leur soient particulièrement connues; et, ayant choisi pour cet effet le sieur du Plessis-Besançon, sergent de bataille ès armées de Sa Majesté, elles lui ont fait donner le présent mémoire pour l'informer de leurs intentions.

Leurs Majestés désirent que ledit sieur du Plessis se rende en la plus grande diligence qu'il lui sera possible à Brisach, et, pour cette fin, font mettre en ses mains des ordres très exprès pour lui faire fournir tout ce qui lui pourra être nécessaire pour sûreté, commodité et avancement de son voyage.

Étant à Brisach, où apparemment il trouvera la plupart des chefs de l'armée, il rendra les lettres qui lui sont données pour le sieur d'Erlach, général-major de ladite armée et gouverneur de Brisach et des places du Brisgau, pour le sieur Taupadel, lieutenant général pour Sa Majesté, commandant la cavalerie de ladite armée, pour le sieur Rose, général-major de ladite cavalerie, et le sieur de Schimbeck, général-major de l'infanterie. Mais, comme le sieur de Tracy, commissaire général de ladite armée, et le sieur baron d'Oysonville, lieutenant au gouvernement de Brisach et commissaire général en Brisgau et Alsace, ont une particulière connoissance de l'état de toutes les affaires de ces quartiers-là et de tout ce qui y sera arrivé, Leurs Majestés veulent que ledit sieur du Plessis confère avant toutes choses avec eux, qu'il en prenne le temps, en sorte que ce soit sans donner jalousie à aucun, et qu'il concerte avec eux ce qu'il devra ajouter de la part de Leurs Majestés aux lettres de créance qui sont mises en ses mains pour les principaux chefs de l'armée, et encore pour le sieur duc de Wirtemberg, qui a été établi dans Rottweil pour y commander. Et, afin de faire voir auxdits sieurs d'Oysonville et de Tracy combien Leurs Majestés se confient en eux et veulent que le secret de leurs conférences soit gardé, elles désirent que la présente instruction leur soit commune avec ledit sieur du Plessis.

La première chose qu'il aura à faire de la part de Leurs Majestés est de témoigner bien expressément, en conformité desdites lettres, le sensible regret qu'elles ont de la perte qu'elles ont faite dudit feu sieur maréchal de Guébriant, de qui la conservation leur étoit considérable, non seulement pour sa propre valeur et pour les rares qualités de sa personne et les services qu'il avoit rendus à l'État, mais aussi pour le grand poids que sa réputation et les belles actions qu'il avoit faites donnoient aux affaires de Sa Majesté en Allemagne, et, conséquemment, aux avantages de cette couronne et de la cause commune. Il fera aussi connoître comme Leurs Majestés ont eu beaucoup de déplaisir de ce qui est arrivé au sieur comte de Rantzau et à ceux qui étoient avec lui à Tüttlingen, qu'elles ont résolu, pour y remédier, de faire au plus tôt retirer tous ceux qui se trouveront prisonniers des ennemis, et, pour cet effet, de faire payer leurs rançons suivant le quartier général qui a toujours été observé en Allemagne. A quoi, si les ennemis venoient à manquer en cette occasion, bien que l'on ne le croie pas, vu que l'on n'y a jamais fait de difficulté de la part de Sa Majesté, elles sont résolues d'employer les prisonniers qui sont en leur pouvoir pour faire rendre par échange tous les officiers et soldats de ladite armée d'Allemagne ; mais ils ne s'ouvriront pas de cette voie à personne, s'ils ne voient que l'on ne les puisse retirer par leur rançon.

Que, par ce moyen et par tous les autres qui sont au pouvoir de Leurs Majestés, elles ont résolu de ne rien omettre pour rétablir ladite armée et la rendre plus forte et considérable qu'elle n'a jamais été. De quoi ledit sieur du Plessis donnera les plus expresses assurances qu'il sera possible à tous les chefs et officiers de ladite armée, et y ajoutera ce qui sera estimé à propos de concert avec lesdits sieurs de Tracy et d'Oysonville. Qu'en attendant que Leurs Majestés aient une connoissance entière de ce qu'il faudra faire de leur côté pour le rétablissement de ladite armée, elles désirent que ledit sieur du Plessis, avec lesdits sieurs d'Oysonville et de Tracy, s'y emploie incessamment sur les lieux par leurs soins et crédit. Qu'outre les choses dont ils auront soin, ils se souviendront de faire promptement amas de vivres pour la subsistance de ladite armée en faisant faire des magasins tant à Brisach qu'autres lieux où ils verront être nécessaires. Qu'ils se servent des soixante mille livres que Leurs Majestés avoient ordonnées pour remonter les régiments qui se sont trouvés aux rencontres que le sieur général Rose a eues ces jours passés contre les ennemis, et qu'au surplus ils emploient leur crédit, tant pour le paiement des rançons que pour remettre les troupes, faire les provisions de vivres et subvenir aux nécessités et dépenses les plus urgentes, avec assurance que Leurs Majestés feront incontinant envoyer les fonds nécessaires pour le remboursement des sommes qu'ils auront tirées à cet effet.

Et, quant à l'artillerie et aux munitions de guerre de l'armée, il y sera pourvu sur les avis qu'ils donneront de ce qu'il y faudra faire. Qu'ils dépêchent incontinant vers ledit sieur duc de Wirtemberg pour l'exhorter à la garde de Rottweil, et qu'ils lui envoient la somme qu'ils jugeront nécessaire pour fortifier la place, la pourvoir de munitions et de vivres, s'il n'y en a suffisamment, et pour faire subsister la garnison.

Qu'ils assurent les officiers, tant françois qu'allemands, qui ont perdu leurs bagages, que Leurs Majestés leur donneront au plus tôt de quoi réparer leurs pertes, et, en un mot, qu'ils n'omettent rien de ce qu'ils verront ensemble être à faire pour bien raffermir tous ceux de ladite armée dans le service du roi, et mettre toutes choses en état d'empêcher les mauvaises suites que la perte du chef et le malheur qui l'a accompagnée pourroient causer.

Qu'ayant bien reconnu toutes les nécessités de l'armée et de chacun corps en particulier, ils aient à en dresser des mémoires bien exacts et à les envoyer à Sa Majesté pour y être pourvu à ce qu'ils ne pourront faire de leur chef et sur leur crédit.

Que, pour faire connoître à tout le monde combien Leurs Majestés ont à cœur les affaires d'Allemagne et les préfèrent à toutes autres, lesdits sieurs d'Oysonville et de Tracy aient à écrire aux ministres de Sa Majesté en Allemagne, même au général Tortenson, et au sieur ambassadeur Salvius et à tous leurs correspondants, comme elles ont résolu d'employer toute leur puissance pour le rétablissement de ladite armée, et pour porter les intérêts de cette couronne et de ses alliés en Allemagne autant ou plus puissamment qu'il a été fait du règne du feu roi et depuis que la reine a l'administration de cet État, sachant très bien qu'il n'y a rien qui puisse contribuer davantage au rétablissement d'un solide repos dans la chrétienté, ni qui soit plus glorieux et avantageux à cette couronne.....

(Original. Affaires étrangères, Espagne, supplément, IV.)

APPENDICE IV.

Mission secrète a Bruxelles près de don François de Mello (1644).

32. *Substance d'une instruction pour le sieur du Plessis-Besançon, s'en allant à Bruxelles vers M. de Mello, en apparence pour traiter de l'échange des prisonniers, mais en effet pour voir s'il y auroit lieu de tirer quelque avantage au profit du roi des résolutions nouvellement prises en Espagne contre ledit sieur de Mello*[1].

1. Après que le sieur du Plessis-Besançon aura fait la déduction du sujet apparent de son voyage et disposé la conférence

---

1. Ces instructions ont été écrites de la main de du Plessis-Besançon et probablement sous la dictée du cardinal Mazarin. Les divers articles de cette instruction ne sont pas numérotés sur l'original. On y a suppléé ici, dans la mesure du possible, afin de faciliter le rapprochement avec la pièce suivante.

pour entrer en matière sur le sujet principal, il s'étendra sur toutes les choses qui peuvent émouvoir le ressentiment et la vanité d'une personne de grand mérite en lui renouvelant la mémoire de ses services passés et l'animant en général sur l'ingratitude dont ils sont payés par le mauvais traitement dont on use en son endroit; les plus considérables sont :

2. Ses deux voyages de Sicile, par le moyen desquels il tira de grandes sommes qui servirent si utilement au rétablissement des affaires du roi d'Espagne en Italie et ailleurs, outre que sa bonne conduite raccommoda de tous points la mauvaise disposition où se trouvoient pour lors les affaires de cette île.

3. Sa négociation avec les princes de Savoie, telle que, leur faisant oublier les propres intérêts de leur maison, il les fit entrer dans le parti d'Espagne et prendre aux Espagnols, par leur moyen, en quatre mois, tant de places en Piémont que, pour en reprendre une partie, il a fallu consommer cinq ans de temps et les moyens qui auroient pu suffire à la conquête de la plus grande part du Milanois, qui s'est sauvé par cette voie.

4. L'adresse de sa conduite en Allemagne, lors de la révolte de Portugal, faisant arrêter don Douardo [1], son cousin germain, frère du roi d'aujourd'hui, personnage de grande considération et capable de commander dignement les armées de son frère; son zèle et sa fidélité en une rencontre si importante, les autres marques qu'il donna de l'un et de l'autre, envoyant à Naples sa femme et ses enfants comme pour en être les garants.

5. Ses progrès en Flandres par la reprise d'Aire et de la Bassée et le combat d'Honnecourt, sans recevoir presque aucune assistance d'Espagne, mais au contraire y envoyant des hommes, des armes et des munitions en un temps où les Pays-Bas sembloient à la veille de se perdre, tant par l'effet des armées de France et de Hollande que par le mécontentement que les grandes foules commençoient à faire naître dans l'esprit des peuples, au lieu que, lorsque lesdits Pays-Bas n'avoient à faire qu'aux seuls Hollandois, il venoit du côté d'Espagne jusques à cinq cent mille livres par mois, outre les hommes : tous lesquels avantages sont seulement dûs à sa résolution, à sa bonne conduite et à son habileté surtout après la perte du combat de Rocroy, où il y avoit lieu de croire que tout fût perdu sans ressource, chose dont on ne pouvoit assez s'étonner en France, les Hollandois ayant mis pied

---

1. Don Édouard de Bragance, frère du roi de Portugal, arrêté par ordre de l'empereur Ferdinand et livré ensuite au roi d'Espagne.

à terre en Flandres presqu'à même temps qu'on attaquoit Thionville à l'autre extrémité du pays.

6. Après avoir ainsi disposé l'esprit dudit sieur de Mello par des louanges adroites et bien fondées, sans y oublier les sujets et matières d'irritation convenables, il faudra lui faire connoître que l'estime et la connoissance qu'en a de longtemps M. le cardinal, jointes à leurs anciennes habitudes, sont cause qu'il a été ravi d'avoir en main une occasion importante dans laquelle, même en servant la France, il pourroit employer sa générosité à lui donner des avis très importants à sa fortune et à sa sûreté. Ensuite, selon les avances de sa curiosité, il faudra parler généralement des nouvelles résolutions prises en Espagne sur le sujet des Pays-Bas, comme l'envoi de don Juan d'Austria, de Piccolomini et de don Antonio de Sarmiente, la disgrâce entière du comte-duc et de tous ses amis et adhérents, ce qui étant public dans les gazettes et devant présupposer que le sieur de Mello en est informé d'ailleurs, on y ajoute seulement qu'il le doit croire comme chose certaine, les avis en étant venus de si bonne part qu'il n'y a pas lieu d'en pouvoir douter.

7. Que, s'il paroît que ces premiers avis aient produit un bon effet et que l'émotion des yeux, montrant celle du cœur, oblige la langue à s'informer du détail, avec apparence de colère ou de ressentiment, qui fasse juger qu'en lui en donnant une connoissance plus particulière il puisse s'ouvrir de lui-même à quelque chose de plus, alors, il faudra lui dire comme

8. Piccolomini, étant à Sarragosse et sortant de parler au roi d'Espagne, en présence du confesseur du comte de Monterey et des principaux du parti contraire à celui du comte-duc, où probablement on devoit avoir vu les dépêches de Flandres, puisque le courrier en étoit arrivé de Madrid, il dit : « Don Francisco de « Mello songe à se bien établir au Pays-Bas en tâchant de ruiner « ceux qu'il ne croit pas de ses amis, comme don André Cantelme, « contre lequel il a enragément écrit; mais il ne sait pas où il en « est, puisque j'aimerois beaucoup mieux la fortune de Cantelme « que la sienne. » — On lui peut dire que ceci est su très infailliblement par diverses voies, sans venir pour encore aux auteurs particuliers, mais continuer ce qui suit, à savoir qu'il peut juger de la vérité de l'avis par la connoissance qu'il a d'avoir écrit ou non contre ledit Cantelme, et, selon l'impression qu'on auroit faite, ajouter :

9. Que l'on sait assurément que ledit Cantelme, Guasco, Beck, le président Rose et autres adhérents ont puissamment écrit en

Espagne contre lui, le chargeant cruellement, tant sur le sujet du gouvernement politique des Pays-Bas que sur la perte de la bataille de Rocroy et de Thionville, et qu'il est certain que les discours qu'ont tenus depuis les principaux de la cour d'Espagne et le roi même montrent assez que telles charges ont été bien reçues et qu'elles ont fait très grande impression à son préjudice.

10 et 11. Qu'il soit vrai que les susnommés aient écrit ainsi que dit est, M. de Mello en peut juger et le savoir mieux que personne, lui qui sait la profession publique qu'ils font d'être ses ennemis et le mépris avec lequel ils parlent de lui; ce que dessus étant d'ailleurs assez probable par l'envoi qu'ils ont fait en Espagne d'un député pour cet effet, lequel est parti de Luxembourg et a passé par la France sous les passeports du roi, desquelles choses ayant su l'effet depuis, on le peut aussi justifier, quand il sera besoin, par des circonstances très notables.

12. Que don Antonio de Sarmiente même s'est vanté de venir en grande poste au Pays-Bas et que, si ledit sieur de Mello n'est pas informé de toutes ces choses par les ministres et dépêches du roi catholique, tous les susdits avis étant véritables, comme l'expérience le confirmera sans doute à son grand désavantage, il pouvoit dès à présent tirer de fâcheuses conséquences de cette façon de procéder si secrète pour lui.

13. Que peut-être il se pouvoit flatter, dans la connoissance de ses grands services et de sa propre vertu, que, Piccolomini venant pour commander les armées sous l'autorité de don Juan d'Austria, on lui laisseroit celle du gouvernement politique et la direction principale des affaires de la paix, mais qu'en cela même il se mécomptoit entièrement, vu qu'il étoit certain que l'intérêt que prend Piccolomini à l'avancement du marquis de Castel-Rodrigue et la haine qu'il a contre ledit sieur de Mello font que, faisant grande vanité de procurer les avantages dudit marquis, il n'a pu s'empêcher de s'ouvrir à des personnes, ses confidentes, qu'il avoit fait réserver ladite administration du gouvernement politique des Pays-Bas pour ledit marquis de Castel-Rodrigue et donner sa place pour l'assemblée de Münster au prince de Stillane.

14. Que, si ses ennemis du Pays-Bas faisoient sonner si haut la venue de don Juan, de Piccolomini et de don Antonio Sarmiente, ils diroient bien autre chose s'ils savoient celle du marquis de Castel-Rodrigue et de don Miguel de Salamanque, qui sont ses ennemis capitaux, un autre même étant aussi nommé pour la paix.

15. Que les bruits qui viennent secrètement du Pays-Bas portent

que la violence de ses ennemis pouvoit bien passer outre même jusqu'à le faire arrêter, que quatre ou cinq se proposent de lui faire tirer l'épée, et qu'un des sujets de haine que Cantelme prenoit contre lui est de lui avoir retenu ses provisions de mestre de camp général, ou les dépêches qui lui en donnent l'avis, durant trois mois. Après cela, supposé que la vérité de tous ces avis ou le désir de s'en assurer obligeât ledit sieur de Mello à presser pour savoir de qui on les tient, on lui pourra dire :

16. Que toutes ces choses sont sues du cardinal Mazarin par tous les ministres des princes quant à celles qui sont un peu divulguées, et les autres, plus secrètes, par les amis confidents qu'il a de longue main à Madrid, Rome, Venise, Gênes, Milan, cour d'Angleterre et autres lieux, nommant même, à demi-bouche, le cardinal Panzirolo comme étant son ancien ami, employé de longue main ensemble aux premières guerres d'Italie, et qu'elles venoient de personnes si assurées qu'il n'y avoit pas lieu d'en douter, vu la sûreté qu'on avoit de leur avis par l'expérience et l'événement de ceux qu'on en avoit reçus par le passé, ce qui étoit encore confirmé par un capitaine nouvellement venu d'Espagne, etc.

17. Que Mme de Chevreuse même s'étoit assez expliquée sur la ruine certaine dudit sieur de Mello par les moyens de ses confidents qui en ont donné part [   ], qu'elle fait agir tous les ressorts imaginables qu'elle peut avoir de France et ailleurs pour y parvenir, desquels pourtant, aussi bien qu'à l'égard de plusieurs autres mauvaises intentions, on saura bien empêcher l'effet, l'esprit de la reine étant en si mauvaise assiette et si justement pour elle qu'il faudroit faire plus de violence pour son retour qu'il n'y a eu de facilité à l'éloigner.

18. Qu'en ceci, la seule estime et la connoissance particulière qu'a depuis plusieurs années le cardinal Mazarin du mérite, des services et de la vertu dudit sieur de Mello, employés si efficacement pour la grandeur d'Espagne avec tant de conduite et de fidélité, font que c'est avec beaucoup de joie qu'il peut satisfaire à l'obligation et aux autres devoirs d'une véritable générosité en faveur d'un si grand sujet, si indignement persécuté ; que la preuve en est assez claire de n'y prendre autre intérêt que le sien, puisqu'il lui fait donner tous ces avis si importants à son honneur, à sa fortune et à sa sûreté, sans autre proposition que celle de lui offrir et lui rendre tous les offices et services qu'il en pourra raisonnablement désirer auprès de la reine, qui seule participe au secret de cette affaire ; sur quoi c'est à lui

de prendre les résolutions qu'il estimera les plus convenables dans une conjoncture de la conséquence de celle-ci.

19. Et, pour conclusion, si on voit qu'il y ait lieu d'espérer que le personnage veuille prendre quelque bonne résolution pour sa sûreté, de laquelle il s'ouvre au négociant, en ce cas, pour achever l'affaire et le confirmer, il pourra lui représenter qu'il est Portugais, qu'il a sa femme et ses enfants auprès de lui, rien qui l'oblige du côté d'Espagne et qu'en attendant de plus grandes apparences de l'effet de toutes les choses susdites, il peut, sous couleur des jalousies qu'on lui peut donner à cette fin de deçà, se retirer en quelque place pour prendre son parti, selon l'occasion et la vérité de sa bonne ou mauvaise fortune, observant ponctuellement de le laisser et voir venir sur ce chapitre sans le presser, mais aider seulement à sa résolution par toutes les adresses et raisons convenables pour lui faire naître les plus fortes défiances qu'il sera possible de la sûreté de sa personne s'il demeuroit exposé à la puissance de ses ennemis, vu qu'en pareilles rencontres plus un homme persécuté se trouve considérable en mérite, en vertu, en services, en capacité, en dignité, tant plus aussi ses persécuteurs font prendre au maître les résolutions qui sont nécessaires pour le perdre ou pour s'en assurer; en quoi il ne faut rien oublier de ce qui peut échauffer l'esprit et l'induire au ressentiment et aux moyens de la vengeance ou de la sûreté propre ; et, à propos de quoi, il sera très bon de dire :

20. Qu'il a passé depuis peu quatre courriers espagnols expédiés en apparence par le cardinal Panzirolo, dont les deux qui vont par l'Italie passent apparemment par l'Allemagne, et les deux autres par les Pays-Bas ; qu'on les a retardés quelque temps sur l'étonnement de voir dépêcher tant de courriers espagnols par ledit cardinal Panzirolo en des lieux où la communication est d'ailleurs assez ouverte par tous les ordinaires et courriers extraordinaires d'Espagne, sans qu'il soit besoin pour cela de se servir de son nom, si ce n'est pour prétexte et pour faire passer plus sûrement et secrètement des ordres et dépêches dont on ne veut pas que ledit sieur de Mello ait connoissance.

(Affaires étrangères, Espagne, supplément, IV.)

33. *Mémoire du sieur du Plessis-Besançon sur les entretiens qu'il eut à Bruxelles avec don François de Mello au printemps de l'année 1644.*

Le sieur du Plessis, ayant satisfait aux points de l'instruction qu'il avoit sur le sujet des prisonniers et d'un quartier général pour l'avenir, et tombant ensuite dans une conversation ordinaire, où ledit sieur de Mello lui témoigna grand désir et curiosité de savoir des nouvelles de la fortune et de la façon dont vivoit à la cour M. le cardinal Mazarin, après lui en avoir rendu compte sur diverses choses assez publiques et indifférentes, et voyant les grandes marques d'estime et d'admiration qu'il lui donnoit du mérite et de la merveilleuse conduite dudit sieur cardinal, depuis qu'il est en France et surtout après la mort du feu cardinal de Richelieu, lequel il considère [   ] comme un des plus grands hommes qui ont été de plusieurs siècles, ledit sieur du Plessis ne trouva point de meilleure occasion d'entrer en matière que de lui faire aussi connoître combien cette estime étoit réciproque entre lui et ledit sieur cardinal Mazarin par la connoissance qu'il avoit de tant de preuves signalées que ledit sieur de Mello en avoit si souvent données, dont ledit sieur du Plessis avoit plusieurs fois ouï parler audit sieur cardinal. De quoi, prenant nouveau sujet de lui en faire le dénombrement, comme il est exprimé ci-dessus dans les cinq premiers articles, et voyant d'ailleurs que cela faisoit l'effet qui étoit à désirer par le grand sentiment de reconnoissance que ledit sieur de Mello témoignoit de la bonne opinion que ledit sieur cardinal avoit de lui, ledit sieur du Plessis continua de lui faire connoître qu'il étoit encore plus obligé qu'il ne pensoit audit sieur cardinal vu les choses qu'il avoit à lui dire de sa part; sur quoi, ledit sieur de Mello montrant beaucoup de curiosité d'en apprendre davantage, ledit sieur du Plessis commença d'y satisfaire, selon la teneur de chaque article de cette instruction, et tira dudit sieur de Mello toutes les choses qui se verront ci-après :

6. L'effet d'une relation si agréable parut manifestement en son visage, autant que sa curiosité à demander en quoi consistoient les avis qu'il avoit à lui donner, et, se préparant à les écouter avec beaucoup d'attention,

7 et 8. Ledit sieur de Mello ne témoigna pas de savoir rien du contenu de cet article, mais plutôt il sembla qu'il en fut surpris et que son esprit passoit d'une assiette agréable où l'avoit mis le discours précédent en une contraire; de sorte que, le dit sieur du Plessis en demeurant là, il le convia de passer outre et de continuer, non sans plusieurs marques d'émotion et d'inquiétude, comme de rougir et s'approcher dudit sieur du Plessis, voyant qu'il baissoit un peu la voix et regardoit autour de lui.

9. Ledit sieur de Mello, s'étonnant et pressé d'entendre cette

particularité dont vraisemblablement il ne savoit rien, témoigna seulement audit sieur du Plessis en cet endroit qu'il avoit grande envie d'en savoir davantage, sans s'ouvrir pourtant s'il étoit vrai ou non qu'il eût écrit contre ledit Cantelme, mais ne pouvant aussi cacher qu'il n'en fût touché.

10 et 11. Le contenu de ces articles l'obligea d'avouer qu'apparemment les personnes nommées étoient ses ennemis, mais sans qu'il leur en avoit donné sujet, et, quant au reste, qu'il avoit toujours essayé de faire le service de son maître ; et, comme ledit sieur du Plessis faisoit semblant, de temps en temps, de manquer de mémoire et de chercher ce qu'il avoit à dire, ledit sieur de Mello continuoit aussi à le presser, témoignant, à sa contenance, que son ressentiment intérieur ne s'augmentoit pas moins que sa curiosité.

12. En cet endroit, ledit sieur de Mello tâcha de couvrir son émotion par un souris, à quoi il ajouta ces paroles : « Que les enne-« mis les plus déclarés n'étoient pas les plus dangereux. »

13. Il semble que le contenu de cet article le toucha plus qu'aucun autre, quoiqu'en apparence il le reçut avec assez d'indifférence, mais comme s'il eût été piqué néanmoins qu'on l'eût jugé capable de se contenter de l'offre de pareilles prétentions, après avoir occupé un poste si relevé; qu'à la vérité, l'emploi qu'il avoit étoit trop grand pour un seul, etc., qu'il pouvoit bien se partager et satisfaire à l'ambition de trois ou de quatre, ce qu'il disoit avec esprit d'indignation et plutôt par un sentiment contraint que naturel.

14 et 15. Ici, ledit sieur de Mello confesse ingénûment que les personnes que le sieur du Plessis lui avoit nommées étoient ses ennemis, que tous ses avis étoient fort précis et qu'il falloit qu'ils vinssent de bon lieu ; et, pressant là-dessus ledit sieur du Plessis de lui en donner tous les éclaircissements qu'il pourroit, à l'égard du quinzième article, quand ce vint au point qui parloit de l'arrêter, il dit, avec émotion véritablement, qu'il ne falloit plus que cet expédient pour raccommoder les affaires du Pays-Bas et bien établir les affaires de son maître, ce qu'il disoit avec un accent de dérision mêlé de colère.

16. Ledit sieur de Mello auroit bien voulu qu'on lui eût nommé les personnes dont venoient les avis et que le sieur du Plessis se fût étendu sur celle du cardinal Panzirolo, dont il n'avoit parlé qu'entre les dents, comme aussi du capitaine nouvellement venu d'Espagne, montrant au reste que cela lui faisoit peine et qu'il en avoit inquiétude ; mais ledit sieur du Plessis changea de dis-

cours, comme s'il n'y eût pas pris garde, tant pour l'émouvoir que pour l'engager davantage.

17. Le nom de Mme de Chevreuse l'obligea de s'en informer. Sur quoi, le sieur du Plessis essaya de satisfaire à sa curiosité, mais toujours en termes généraux; à quoi il répartit en disant : « C'est une bonne dame, elle n'a pas changé d'humeur à ce que je vois. Je ne lui ai pourtant pas donné sujet d'en user ainsi. »

18. Ce fut sur cet article que ledit sieur de Mello s'ouvrit davantage, avouant les extrêmes obligations qu'il avoit en cette rencontre à M. le cardinal Mazarin et à la bonté de Sa Majesté; que cette affaire étoit assez considérable pour y observer un grand secret et qu'il étoit à propos qu'il ne fût dit qu'aux personnes qui en avoient connoissance; qu'il songeroit solidement aux choses que ledit sieur du Plessis lui avoit dites et qu'il pouvoit bien juger lui-même qu'elles lui étoient importantes à un point qui méritoit qu'il songeât à ce qu'il avoit à faire avec un peu de loisir, et qu'il lui feroit part au plus tôt des résolutions qu'il auroit prises sur ce sujet.

19. Ledit sieur de Mello ne s'étant ouvert à rien de particulier sur l'article précédent, le sieur du Plessis n'estima pas à propos de lui rien dire de celui-ci, mais plutôt de le voir venir, de peur que, le pressant trop à contretemps, il n'entrât en ombrage et ne jugeât la fin du négociant, si ce n'est à l'égard des choses qui pouvoient l'aigrir, augmenter sa méfiance pour la sûreté de sa personne, sans lui proposer quoi que ce soit que des offres de bons offices et de services de la part de M. le cardinal Mazarin auprès de la reine, ce qu'il reçut avec beaucoup de ressentiment.

20. Soit que le contenu de ce dernier article ou des précédents eût déjà fait grande impression sur son esprit, ou qu'il prit un nouveau sujet de méfiance sur l'envoi de tant de courriers, il est certain qu'il ne put si bien régler sa contenance que le sieur du Plessis ne s'aperçût du trouble où il étoit et auquel il laissa ledit sieur de Mello après une grosse heure de conférence. Pendant toutes ces choses, ledit sieur du Plessis ayant soigneusement observé tous les mouvements et paroles dudit sieur de Mello, il lui sembla qu'il avoit lieu d'espérer que cette négociation pourroit enfin se terminer à quelque bonne résolution en faveur de la France, vu la façon dont avoit été reçue cette belle et délicate pensée de M. le cardinal Mazarin sur une occasion si convenable à son dessein que celle-ci, puisqu'il est vrai qu'un homme au-dessus de l'ordinaire, qui écoute agréablement de pareils avis, n'est pas dans une assiette si ferme qu'elle ne puisse être ébranlée par

le ressentiment d'un grand outrage ou par la prévoyance d'un grand péril.

Trois jours après cette première conférence, M. de Mello faisant dire au sieur du Plessis qu'il pourroit le voir quand il voudroit, il fut conduit à l'audience qu'il a coutume de donner avant midi, d'où l'ayant mené dans une autre salle moins fréquentée, accompagné de trois ou quatre de ses plus familiers seulement, et le tirant à part près de la cheminée, il lui dit qu'il avoit reçu d'Espagne un courrier extraordinaire qui lui portoit nouvelle de l'arrivée de la flotte plus riche qu'elle n'avoit été de longtemps, ensuite de quoi le reste de l'audience se passa en conversations de choses communes, dans laquelle il fut aisé de juger que ledit sieur de Mello avoit l'esprit plus satisfait qu'à sa dernière conférence et qu'il avoit reçu quelque nouvelle qui l'avoit tiré d'inquiétude.

A quelque temps de là, M. de Mello ayant fait savoir au sieur du Plessis qu'il l'attendoit le soir même pour l'expédier entièrement, ledit sieur du Plessis ne manqua pas de l'aller voir, et, après avoir terminé les choses qui regardoient le sujet apparent de son voyage, ledit sieur de Mello commença de lui-même à lui dire, sur le reste, qu'il avoit pensé à tout ce qu'il lui avoit dit de la part du cardinal Mazarin, auquel il demeureroit toute sa vie obligé de la générosité d'un si bon office et rechercheroit avec soin les occasions de le reconnoître, souhaitant toutefois de n'en avoir jamais une pareille, mais que, comme la fortune des hommes et les choses du monde étoient sujettes à diverses résolutions, peut-être seroit-il assez heureux pour en rencontrer quelqu'une plus favorable à ses désirs et à son ressentiment ; qu'il étoit vrai qu'on le tiroit des Pays-Bas, qu'il en avoit reçu les avis et que les personnes que ledit sieur du Plessis lui avoit nommées étoient apparemment celles qui lui devoient succéder, mais qu'avec tout cela ses ennemis ne seroient pas assez puissants pour lui faire tant de mal qu'ils s'étoient proposé ; que, d'ailleurs, il y avoit assez longtemps qu'il étoit hors de chez lui pour y retourner et donner deux ou trois ans à ses affaires particulières ; que peut-être ceux qui viendroient après lui seroient plus heureux et plus capables, mais qu'il ne pouvoit être surmonté en affection de bien servir, et qu'ayant déjà obtenu un passeport pour le passage de sa femme et de ses enfants par la France, il espéroit qu'on ne lui refuseroit pas qu'il y fût compris comme un pauvre ermite qui se retiroit en solitude, et que, lorsqu'il seroit temps, il en feroit faire instance par la voie du cardinal Grimaldi. A quoi ledit sieur du Plessis repartit que M. le cardinal Mazarin seroit ravi d'apprendre que ses affaires allassent de la sorte, n'ayant eu en cette occasion autre pensée que de le servir.....

(Original. Affaires étrangères, Espagne, supplément, IV.)

APPENDICE V.

Première mission auprès du duc de Lorraine (1644).

34. *Instructions pour le sieur du Plessis-Besançon s'en allant trouver le duc Charles de Lorraine.*

Paris, le 4 mai 1644.

1. Sa Majesté, après avoir bien entendu et examiné tout ce qui lui a été dit par le sieur comte de Maugiron et le sieur du Maurier de la part de M. le duc Charles de Lorraine touchant son accommodement, pour témoigner à quel point Sa Majesté désire de mettre ledit sieur duc dans le chemin de recevoir toujours de plus en plus de nouvelles grâces, en sorte que, rendant des services à cette couronne, Sadite Majesté ait moyen de les lui départir avec applaudissement général des François, a résolu, en renvoyant encore vers lui, de lui faire connoitre les facilités que l'on a apportées de ce côté-ci à tout ce que l'on a su être de son contentement, particulièrement en ce qui peut regarder son honneur, qu'il dit être blessé à moins qu'on se dispose à le satisfaire sur certains points.

2. Et, pour cet effet, Sa Majesté a jeté les yeux sur le sieur du Plessis-Besançon, maréchal de bataille de ses armées, non seulement pour la confiance qu'elle prend en son affection et en sa suffisance, dont il a donné diverses preuves aux occasions où elle l'a employé, mais parce qu'ayant eu jusques ici charge de traiter de sa part pour les échanges des prisonniers de part et d'autre, le véritable sujet de son voyage pourra être moins soupçonné, ayant un prétexte si plausible et su même de tous les principaux ministres des ennemis.

3. Ledit sieur duc n'aura pas grande peine à croire que toutes les diligences qu'on fait pour le remettre dans le bon chemin et lui faire ressentir les effets de la protection de cette couronne partent de la bonté de la reine, les affaires de ce royaume étant en si grande prospérité et avec tant d'apparence de progrès considé-

rables et les ennemis en si foible état, et avec si peu d'espérance de ressource, qu'on s'assure qu'il reconnoîtra bien lui-même que son bien, plus que toute autre considération, oblige Sa Majesté à prendre tous ces soins.

4. Cela est d'autant plus véritable qu'on ne doute nullement que, si la discussion de ses intérêts vient à être remise à l'assemblée générale, les ministres de l'Espagne et de l'empereur ne les sacrifient volontiers, soit pour la mauvaise volonté qu'ils ont contre lui, soit parce que les leurs propres les toucheront davantage, et en ce cas, il verra bien qu'il n'y auroit nulle ressource pour lui ni pour sa maison.

5. Sa Majesté s'attendoit que les raisons qu'elle avoit donné ordre aux sieurs de Maugiron et du Maurier de lui déduire, pour lui faire connoître qu'elle ne pouvoit à présent lui accorder que ce qu'elle leur avoit donné charge de lui dire, seroient assez fortes pour le satisfaire entièrement; et, à la vérité, il eût été impossible d'y rien ajouter, si Sa Majesté n'eût été touchée, reconnoissant avec son conseil une marque certaine du désir qu'il a de s'attacher pour toujours à la France, dans la proposition qu'il a faite audit comte de Maugiron de remettre dès à présent la Mothe, pour la recevoir avec Nancy à la conclusion de la paix générale.

6. En cela, on a eu grand sujet de louer sa conduite, pour trois raisons principalement : la première, que, par ladite proposition, il oblige la France à prendre entière confiance en lui par celle qu'il prend en Sa Majesté. La deuxième, que, par ce moyen, il met la reine en état et ses ministres de la conseiller de se dispenser plus librement à son avantage de quelques points du traité de Paris, sans que personne y puisse trouver à redire, ni la blâmer qu'elle perde les avantages que le défunt roi avoit acquis par ledit traité. Et la troisième, qu'avec la garnison de la Mothe, il aura encore moyen de mieux renforcer son armée, laquelle devant être aussi fortifiée des troupes que Sa Majesté lui donnera, il se trouvera plus en état d'acquérir de la gloire, de bien mériter de cette couronne en avançant ses intérêts et de contraindre tous les François à louer la résolution de Sa Majesté, quand elle s'est relâchée pour le satisfaire et l'engager dans ce parti.

7. Outre ces trois considérations, il semble que ledit sieur duc, dans la proposition de la remise de la Mothe, ait encore eu beaucoup d'égard à la justice et à l'équité, étant bien raisonnable que, puisque c'est lui qui résiste si fortement au traité de Paris, qu'il prétend lui être si désavantageux, ledit traité soit rompu en tout et ne se trouve pas être accompli au seul article qui nous étoit

préjudiciable, et lequel se trouve seul exécuté de notre part, pendant que, du côté dudit sieur duc, rien n'a été exécuté de ce qui avoit été arrêté.

8. Sa Majesté se disposera donc à faire un nouveau traité avec ledit sieur duc par le moyen duquel il sera remis dans la jouissance des duchés de Lorraine et de Bar, ainsi qu'il est porté par le traité de Paris, sans pourtant en faire mention, les restrictions qui y sont insérées étant absolument nécessaires, pour jouir jusqu'à la paix, sans jalousie, des places qui nous doivent demeurer en propre et en dépôt.

9. Qu'on retiendra à présent Nancy, la Mothe, Clermont, Stenay et Jametz avec leurs dépendances.

10. Qu'on rendra Nancy et la Mothe à la paix générale, et, pour ce qui est de raser toutes les fortifications de Nancy ou seulement celles de la ville neuve, il doit en espérer contentement et satisfaction, selon celle que la France recevra de sa conduite et de ses services jusques à la conclusion de la paix. En quoi ledit sieur duc peut connoitre l'envie qu'on a de le bien traiter, puisque le roi demeure d'accord de reconnoitre ses services en le satisfaisant sur un point si chatouilleux que celui desdites fortifications, quoique Sa Majesté n'ignore pas que ledit duc s'attendoit bien, quand on lui rendroit Nancy, que ce ne seroit qu'après avoir rasé toutes les fortifications, comme il a témoigné dans les discours qu'il a tenus lui-même audit sieur de Maugiron.

11. Quant à Clermont, Stenay, Jametz et leurs dépendances, Sa Majesté, pour témoigner la bonne volonté qu'elle a pour le bien et avantage dudit sieur duc, promettra d'en donner récompense, partie en argent et partie en terres, lorsque la paix sera faite, bien entendu que, de son côté, il accomplira, dans ce temps, religieusement tout ce qu'il aura promis, et tâchera, ainsi qu'il en a fait assurer, de rendre quelque service considérable à cette couronne, soit en Allemagne, soit aux autres endroits où il sera jugé à propos d'employer sa personne et ses forces, en quoi on ne doute point qu'il ne fasse ses derniers efforts, puisque, par ce moyen, les ennemis seront d'autant plus pressés à faire la paix dans laquelle Son Altesse trouvera son ancien repos.

12. Ledit sieur duc peut encore voir une preuve bien évidente de la passion que Sa Majesté a de lui procurer tous les avantages possibles, dans le consentement que Sa Majesté donne à faire récompenser Son Altesse des places de Stenay, Jametz et leurs dépendances, quoique Sadite Majesté n'ignore pas que ledit sieur duc a dit positivement à M. de Rantzau que, quand en France on

s'opiniâtreroit à vouloir absolument retenir lesdites places sans aucun échange, il faudroit bien s'en consoler et ne laisseroit pas de passer outre.

13. On s'assure que ledit sieur duc n'oubliera rien pour rendre ses troupes fortes et les maintenir toujours au meilleur état qu'il sera possible, y ayant un si notable intérêt pour les considérations marquées ci-dessus.

14. Si dans la continuation de la guerre on peut faire des conquêtes sur les ennemis, parmi lesquelles il s'en trouve quelqu'une à la bienséance dudit duc, comme en la Franche-Comté ou ailleurs, on lui en pourra donner, avec promesse de l'y maintenir; et, en ce cas, on pourroit ajuster qu'elles servissent de récompense pour les places susdites, si ledit sieur duc l'aggréoit et y trouvoit son compte.

15. On ne parle point de la foi et hommage pour raison du duché de Bar, puisqu'il n'est pas question aujourd'hui de le rendre, et le duc de Lorraine, successeur de Son Altesse, le rendra, comme ses prédécesseurs auront fait. Il sera à propos d'éviter d'entrer en contestation sur cet article et même de n'en parler que quand il ne s'en pourra plus défendre pour en être extraordinairement pressé. On ne croit pas nécessaire de spécifier que, ne se concluant rien présentement de tout ce que dessus avec Son Altesse; on demeure aux termes du traité de Paris, qui donne droit à Sa Majesté sur toute la Lorraine, sans que jamais ledit duc se puisse prévaloir des propositions qui lui sont faites, dont le sieur du Plessis-Besançon prendra bien garde de ne lui laisser rien en main que, toutes choses étant arrêtées, on ne signe de part et d'autre le traité.

16. On a grand sujet de s'étonner de ce que ledit sieur duc a dit auxdits sieurs de Maugiron et du Maurier touchant les places de Worms et Spire, qu'il semble qu'il veuille remettre à l'empereur. Cette résolution, dans un temps où il proteste vouloir inséparablement s'unir à cette couronne, et d'ailleurs ne manquant pas de prétextes et de raisons pour retenir lesdites places pour le payement des grandes sommes d'argent qui lui sont dues, ainsi qu'il avoit dit à M. de Rantzau, est capable de donner occasion de douter de la sincérité de ses intentions touchant son attachement à la France, qu'il ne peut mieux témoigner que par une véritable et entière rupture en toutes choses avec la maison d'Autriche. C'est pourquoi on s'attend que, considérant l'importance de ce point pour son intérêt propre, il sera le premier à en vouloir user d'autre façon, quand nous ne le désirerions pas de lui.

17. Ce mémoire ayant été dressé, on a cru nécessaire d'ajouter

que, la campagne étant avancée, et étant plus à propos pour le service du roi et pour celui dudit duc qu'il emploie le temps à agir qu'à venir à Paris ou à faire des allées et venues pour mettre le traité en la forme qu'il doit être, on pourroit proposer audit sieur duc de promettre le total accomplissement dudit traité à la fin de la campagne, auquel temps il pourroit venir faire un tour à la cour, les principaux points demeurant ajustés dès à présent; et, en ce cas, il demeureroit avec la Mothe, et auroit moyen d'en retirer presque toute la garnison, comme nous ferions aussi d'une partie de celles qui sont dans les places de la Lorraine, afin qu'avec ces troupes-là et avec d'autres que nous lui pourrions envoyer, son armée étant fortifiée, Son Altesse fût mieux en état d'agir et de faire quelque action digne d'elle, afin qu'elle pût venir ici recevoir les grâces de Sa Majesté : ce qui lui doit être dit en sorte qu'il ne conçoive pas qu'on l'en voulût empêcher ; car, les principaux points de son traité étant ajustés, s'il témoigne en avoir envie, il n'y aura pas lieu de l'en détourner, mais plutôt le laisser suivre son sentiment, qu'il faudroit pour lors fortifier, afin qu'il connoisse qu'il est désiré et aimé en cette cour.

(Original. Affaires étrangères, Espagne, supplément, IV.)

35. *Premier article secret ajouté à l'instruction donnée par le roi au sieur du Plessis-Besançon retournant pour la seconde fois vers le duc Charles de Lorraine.*

Rueil, le 8 juin 1644.

Sur le rapport qu'a fait à Sa Majesté le sieur du Plessis des sentiments dans lesquels il a trouvé Son Altesse, mêmement de lui remettre la place de la Mothe, Sadite Majesté a jugé à propos de renvoyer ledit sieur du Plessis pour lui témoigner que, si nonobstant le traité qu'on sait qu'il a conclu, depuis peu, avec les Espagnols, il est encore en intention de s'attacher véritablement et avec sincérité à cette couronne, Sa Majesté est toute disposée à l'y recevoir. Pour cet effet, outre ce qui étoit contenu dans la précédente instruction dudit sieur du Plessis, elle lui a donné pouvoir, sur le sujet de la restitution des places de Lorraine, qui semble être aujourd'hui le seul point en contestation, de promettre de sa part audit sieur duc de le remettre à la paix générale dans la possession de tous ses états, à la réserve de Clermont, Stenay, Jametz et leurs dépendances, que Sa Majesté gardera, en lui donnant récompense raisonnable, à son contentement, en argent ou en terres, ainsi qu'il sera concerté, ou bien lui rendra avec ses autres états lesdites places de Clermont, Stenay et Jametz, après néanmoins en avoir fait démolir toutes les fortifications ; et il sera au choix de Sadite Majesté ou de lui donner la récompense des places, comme dessus, ou de les lui rendre démolies.

(Original. Affaires étrangères, Espagne, supplément, IV.)

36. *Second article secret ajouté à l'instruction donnée par le roi au sieur du Plessis-Besançon.*

Rueil, le 8 juin 1644.

Le roi déclare par cet article qu'au cas que la proposition portée par ladite instruction ne pût entièrement satisfaire le duc Charles et qu'il ne manquât, pour conclure l'accommodement, que de le contenter sur le point de Clermont, qu'il a témoigné désirer sur toutes choses, Sadite Majesté donne pouvoir au sieur du Plessis de promettre de sa part audit sieur duc qu'elle se disposera aussi, après la paix, de lui rendre Clermont, les fortifications rasées, à condition qu'elles ne pourront être refaites par ledit sieur duc ni par aucun de ses successeurs, et que Stenay, Jametz et leurs dépendances demeureront à Sa Majesté, en donnant pourtant audit sieur duc récompense raisonnable desdites places, à sa satisfaction, en argent ou en terres, ainsi qu'il sera concerté.

(Original. Affaires étrangères, Espagne, supplément, IV.)

37. *Articles du traité fait entre M. le duc Charles de Lorraine et le sieur du Plessis-Besançon, ayant pouvoir du roi pour cet effet.*

24 juin 1644.

1. Sur le rapport qui a été fait à Sa Majesté par diverses fois et par différentes personnes, de la part dudit sieur duc, des sentiments auxquels il se trouvoit et du déplaisir qu'il avoit que son malheur plutôt que sa volonté l'eût engagé de donner au roi le moindre sujet de mauvaise satisfaction de ses déportements, Sa Majesté (recevant favorablement les soumissions dudit sieur duc, avec résolution d'oublier le passé, sur la protestation qu'il fait de demeurer à l'avenir, lui et ses troupes, inséparablement attachés aux intérêts de cette couronne) a trouvé bon de passer le présent traité avec Son Altesse aux conditions et à la réserve des choses qui suivent :

2. Et, en premier lieu, que Son Altesse remettra présentement entre les mains du roi la forteresse de la Mothe, la reine ayant désiré cette marque de la confiance et sincérité des intentions dudit sieur duc, demeurant au choix de Sa Majesté d'en faire raser toutes

les fortifications, après y avoir fait mettre garnison, ou de garder ladite place, par forme de dépôt, jusques à la paix générale d'entre la France et la maison d'Autriche, pour la rendre à Son Altesse à même temps que Nancy.

3. Que Sadite Majesté gardera, jusques à la paix susdite, les ville de Nancy et château de Clermont, comme en dépôt seulement.

4. Que les fortifications dudit château de Clermont seront rasées avant que de le rendre audit sieur duc.

5. Que Sa Majesté pourra garder pour toujours les ville et citadelle de Stenay, avec le château de Jametz et leurs dépendances, pour être réunis à la couronne, à la charge d'en récompenser ledit sieur duc incontinent après la paix, soit en argent, soit en terres, à sa bienséance, ainsi qu'il sera concerté dans un temps limité, si ce n'est que Sa Majesté trouve bon de faire aussi raser les fortifications desdites places pour les rendre à Son Altesse, à même temps que Clermont et Nancy, ce qui demeurera toutefois au choix de Sadite Majesté, pour en user absolument ainsi qu'il lui plaira.

6. Que toutes les fortifications de la ville de Marsal seront aussi entièrement rasées, avant que d'être rendue audit sieur duc, à la réserve toutefois, et sous le bon plaisir de Sa Majesté, de ce qui ne pourra servir que de simple clôture sans fossé considérable, pour l'intérêt que Son Altesse y peut avoir à cause des salines, afin que ce ne soit pas un lieu ouvert.

7. Que le commerce demeurera libre de part et d'autre entre les places que le roi doit garder, tant en propriété qu'en dépôt, et les autres états dudit sieur duc.

8. Que ledit sieur duc donnera libre passage aux troupes du roi par tous sesdits états, soit pour aller en Alsace et autres lieux de l'Allemagne, soit en Luxembourg et Franche-Comté, faisant fournir les vivres par étapes, en payant au prix courant du pays.

9. Que Son Altesse ne pourra faire passer ni loger aucune de ses troupes plus près de Nancy que de cinq lieues, pendant que ladite place demeurera entre les mains de Sa Majesté, si ce n'est du consentement de celui qui commandera pour le roi audit Nancy.

10. Que les différends qui étoient à décider avant la guerre, pour raison de certains lieux des états dudit sieur duc, lui demeureront à démêler avec la France, pour être terminés à l'amiable au plus tôt qu'il se pourra.

11. Que Son Altesse ni ses successeurs ne pourront jamais réta-

blir les fortifications des places qui auront été rasées, desquelles il est fait mention au présent traité.

12. Que toutes les confiscations données par Son Altesse des biens de ceux qui portoient les armes contre son service ou qui étoient avec les ennemis seront valables jusques à ce jourd'hui, sans que ceux qui en ont joui en puissent être aucunement recherchés, pourvu que ceux de qui les biens auront été confisqués ne demeurent plus avec lesdits ennemis, et ne les servent plus, auquel cas ils seront rétablis dans leurs dits biens.

13. Que Son Altesse fera fournir les bois nécessaires pour les corps de garde de la garnison de Nancy, lesquels seront pris dans ses forêts, ou souffrira qu'on l'aille prendre au plus proche par l'ordre de celui qui commandera dans la place, jusques à une certaine quantité dont il sera convenu.

14. Que ledit sieur duc ne pourra commettre dans Nancy aucune personne pour y recevoir les droits de son domaine qui ne soit françoise ou agréée du roi.

15. Que ledit sieur duc ne saura mauvais gré à aucun de ses sujets qui aura servi le roi pendant cette guerre, Sa Majesté désirant particulièrement l'accomplissement de cet article, ains les traitera comme ses bons et véritables sujets, sans permettre qu'ils en soient aucunement recherchés par qui que ce soit.

16. Et pour ce qui est des articles qui doivent traiter du paiement des dettes à quoi les états dudit sieur duc sont engagés envers plusieurs de ses sujets, notamment de ceux qui ont servi ou qui servent présentement le roi, comme aussi pour ce qui regarde les bénéfices de Lorraine déjà donnés par Sa Majesté ou qui pourront vaquer dans les places ou lieux qui doivent demeurer en propre ou en dépôt entre les mains de sadite Majesté, ensemble pour la manière d'administrer la justice criminelle dans Nancy et en transférer le baillage ailleurs; et, pour ce qui concerne la pension de six-vingt mille livres par an que Son Altesse doit donner à Mme la duchesse Nicole de Lorraine, fille du feu duc Henri, la forme et le fonds dont elle se doit prendre (ledit sieur duc prétendant que ladite pension ne doit durer qu'autant de temps que leur mariage demeurera indécis, ou pendant la vie de ladite dame, après que Sa Sainteté se sera déclarée et aura prononcé sur icelui), il a été convenu que le tout seroit réglé à Paris au premier voyage que ledit sieur duc y fera, ou quelqu'un envoyé de sa part avec pouvoir de Son Altesse pour cet effet, à cause des longueurs qui s'y pourroient rencontrer maintenant.

17. Moyennant quoi, Sa Majesté promet de rétablir dès à présent

ledit sieur duc dans ses états de Lorraine et duché de Bar, pour en jouir comme il faisoit auparavant la guerre, ainsi que ses prédécesseurs, suivant les réserves et restrictions ci-devant mentionnées, lesquelles seront plus particulièrement spécifiées à l'égard des points du précédent article.

18. Ce que dessus a été arrêté entre mondit sieur le duc Charles de Lorraine et le sieur du Plessis-Besançon, au nom du roi, suivant le pouvoir qu'il a de Sa Majesté pour cet effet, avec promesse de la part dudit sieur duc d'en entretenir le contenu avec tant de fidélité et de fermeté qu'il consent de déchoir entièrement de toutes les grâces que le roi et la reine régente sa mère lui accordent par le présent traité s'il y contrevient jamais en quelque sorte et manière que ce puisse être, soit directement ou indirectement : en témoin de quoi, il a signé de sa main, et le sieur du Plessis-Besançon aussi, le présent original, qui a été fait double, afin que tant Son Altesse que ledit sieur du Plessis en puissent garder chacun un, promettant de les ratifier et faire ratifier dans un mois, ou plus tôt, s'il est possible, en la meilleure et plus authentique forme qui se pourra, pour être ensuite exécuté de part et d'autre, de point en point. Fait à Guémine, le 24 juin 1644.

[Paraphe.]

(Original. Affaires étrangères, Espagne, supplément, IV.)

38. *Article secret arrêté entre M. le duc Charles de Lorraine et le sieur du Plessis-Besançon.*

Il a été convenu et arrêté qu'encore que, dans le traité qui a été fait ce jourd'hui entre Son Altesse et ledit sieur du Plessis-Besançon pour le roi, il soit mis au choix de Sa Majesté de rendre audit sieur duc les villes, citadelles et châteaux de Stenay et Jametz, après en avoir démoli les fortifications, ou de les garder pour toujours, à la charge d'en bailler la récompense raisonnable à Son Altesse, en argent ou en terres, à sa bienséance, après la paix générale d'entre la France et la maison d'Autriche, le roi et ledit sieur duc entendent positivement que Sa Majesté gardera lesdites places et leurs dépendances pour toujours, sans autre condition que de la récompense susdite, comme aussi que Sadite Majesté pourra garder la Mothe en l'état qu'elle est pour la rendre audit sieur duc avec Nancy, après la paix susdite. Et, pour ce qui est des fortifications de Nancy, Son Altesse se promet de donner telle satisfaction de sa conduite et de ses actions qu'elle espère que Sa Majesté lui rendra ladite place après la paix, sans y apporter aucun changement, bien qu'elle s'en remette à la volonté du roi, ledit sieur duc déclarant qu'il a désiré que les choses fussent autrement couchées audit traité seulement pour plus de satisfaction de ses proches et de ses sujets; Son Altesse voulant au surplus que le contenu du présent article secret ait la même force que tout le reste du susdit traité, à peine de déchoir de toutes les grâces que Leurs Majestés lui concèdent par icelui, etc..... Fait double à Guémine, le 24 juin 1644.

[Paraphe.]

(Original. Affaires étrangères, Espagne, supplément, IV.)

39. *Article secret arrêté entre M. le duc Charles de Lorraine et le sieur du Plessis-Besançon sur le sujet de la personne et des troupes de Son Altesse.*

En premier lieu, que ledit sieur duc renonce présentement à toute sorte de traités et d'intelligences qu'il pourroit avoir avec la maison d'Autriche et autres ennemis de la France, directement ou indirectement.

Secondement, que Son Altesse servira le roi de sa personne et de ses troupes, tant de celles qu'elle a présentement que des autres qu'elle pourra faire ci-après, envers tous et contre tous ceux avec lesquels Sa Majesté est maintenant en guerre.

Que lesdites troupes feront serment de bien et fidèlement servir le roi sous l'autorité dudit sieur duc, ainsi qu'il est dit ci-dessus, et que, pour cet effet, Sa Majesté les fera payer comme les autres troupes de ses armées, pendant la campagne seulement, sans qu'elles puissent prétendre aucun quartier d'hiver en France ou ailleurs que dans le pays ennemi.

Ce que dessus a été ainsi arrêté entre mondit sieur le duc Charles de Lorraine et le sieur du Plessis-Besançon, au nom du roi, suivant le pouvoir qu'il a de Sa Majesté pour avoir même force, et sous les mêmes clauses et conditions que le traité qui a été ce jourd'hui conclu entre Son Altesse et ledit sieur du Plessis. En foi de quoi, ils ont tous deux signé le présent original, qui a été fait double afin qu'ils en puissent garder chacun un, promettant de les ratifier et faire ratifier dans un mois, ou plus tôt, s'il est possible, en la meilleure et plus authentique forme qui se pourra. Fait à Guémine, le 24 juin 1644.

[Paraphe.]

(Original. Affaires étrangères, Espagne, supplément, IV.)

40. *Du Plessis-Besançon au duc d'Anguien.*

Metz, le 27 juin 1644.

Après une marche de onze jours, j'arrive en cette ville; celle qu'a faite M. le duc Charles de Worms à Guémine, où je l'ai vu, est cause d'un si long voyage. Il est maintenant à Cirères[1] sur la Moselle, qui est le quartier général, presque au milieu de toutes ses troupes, logées de façon qu'il les peut mettre ensemble en douze heures..... Cependant, je vous dirai en peu de mots la substance du succès de ma négociation. Votre Altesse saura donc que je m'en retourne assez satisfait, ayant conclu et arrêté avec lui toutes les choses dont j'étois chargé, conformément à mes instructions que vous avez vues, et même plus avantageusement pour le roi, à la réserve de trois points, dont les deux, encore qu'ils soient fort de son sentiment, ne sont ni essentiels ni importants à notre égard, et le troisième, qui regarde la forme et la durée de la pension de madame sa femme, qui est à Paris, se peut à mon avis assez facilement accommoder. Néanmoins, comme il veut conclure entièrement et ne laisser rien à éclaircir en signant le traité, je m'en retourne avec tous les autres articles paraphés de sa main, même deux petites additions d'articles secrets sur le sujet du traitement de ses troupes et de sa personne et de son engagement avec la France envers tous et contre tous, ensemble pour ce qui regarde les chefs qui demeurent au choix du roi dans le traité général, que je rends absolus et sans condition par une espèce de déclaration secrète; cependant, afin qu'il ne se perde point de temps en allées et venues, il envoie avec moi à la cour un de ses maîtres des requêtes nommé Thomas et un autre appelé Fournier, qui a été un de ses conseillers et secrétaire d'État, retiré depuis quelque temps en Suisse, mais à présent auprès de lui; ils portent une lettre de sa main au marquis de Mouy, qui a pouvoir dudit sieur duc pour signer, laquelle il m'a fait voir, par où il lui donne avis de tout ce qu'il a résolu avec moi, le pressant de conclure et signer aussitôt qu'il aura fait les remontrances dont il le charge sur les points qui le blessent et qu'ils auront été ajustés, lui envoyant dans la même lettre une marque semblable à celle dont il a paraphé tout ce que j'ai arrêté avec lui.

Par là, vous voyez que je n'ai pas fait trop mauvais voyage et

---

1. Sierck.

que je ne jugeois pas mal de la chose quand je ne pouvois consentir aux avis qu'on donnoit que ses troupes avoient joint celles des ennemis. Il est extraordinairement pressé de ce côté-là, ou pour aider à secourir Gravelines, ou pour la défense du Luxembourg, mais je ne vois pas qu'il y soit du tout porté, les payant de dilayement, à cause des infirmités de sa personne, et ne voulant pas aussi rompre avec eux qu'il n'ait entièrement conclu avec nous. Sur quoi, je pense qu'il ne se faut assurer de rien que cela ne soit ; néanmoins, je vois toutes les apparences du monde en notre faveur..... Il s'est fort ouvert à moi et je ne puis comprendre qu'il y ait du fourbe à tout ceci ; du reste, il m'a positivement assuré qu'aussitôt qu'il auroit avis du marquis de Mouy que le traité seroit signé on pourroit faire état du service de ses troupes et de sa personne, si sa santé le permettoit, pour toutes sortes de desseins, même de les joindre avec les vôtres pour agir conjointement en Luxembourg ou le long de la Moselle. Il est vrai que la marche de Votre Altesse du côté de Thionville me surprend un peu et qu'il semble qu'elle pourroit apporter quelque changement au bon état des choses, si, d'aventure, votre approche lui donnoit trop de jalousie, ou qu'en une pareille conjoncture les ennemis vinssent à le presser extraordinairement, en sorte que, pour leur sûreté commune, ils fussent obligés de se joindre. C'est à quoi Votre Altesse apportera, s'il lui plaît, le tempérament convenable ; mais il semble qu'il seroit à propos de ne s'attacher à rien qu'on n'eût entièrement conclu ou différé de conclure avec lui, car, de rompre tout à fait, je doute que ce fût une bonne résolution, vu les grands avantages qu'on peut obtenir par son moyen. Ses troupes feront assurément quatre à cinq mille hommes.....

Je pars demain de bonne heure et prétends d'être à la cour dans jeudi ; ensuite de quoi Votre Altesse recevra bientôt toutes nouvelles..... J'envoie aussi un paquet du duc Charles au gouverneur de Longwy, par où il lui défend de nous traiter comme ennemis et de ne plus courre, lui donnant à entendre qu'il va mettre cette place en neutralité ; il m'a prié d'écrire aux gouverneurs de cette frontière de ne traiter pas plus mal ses gens : c'est ce que j'ai fait, sans toutefois me déclarer sur ce qui m'y oblige, mais leur recommandant pour le service du roi de ne s'en ouvrir à personne et de tenir le tout secret.

Pour moi, quoique la raison et les apparences veulent non seulement qu'on espère bien de tout ceci mais qu'on s'en assure, si est-ce que, pénétrant l'esprit et les artifices de la personne dont il s'agit, je n'ose conclure sur ce qui en adviendra. Je souhaite que tout réussisse[1].

(Original. Archives de Condé, série M, XXX, 409.)

41. *Brienne à du Plessis-Besançon.*

Extrait. Paris, le 5 août 1644.

On loue autant votre conduite que l'on blâme celle de celui avec lequel vous aviez à traiter; ce qu'il vous a mandé, plutôt pour vous amuser que pour excuse de ce qu'il fait, après les engagements qu'il avoit pris, a été lu avec risée; il falloit, pour prendre droit sur les pièces, les voir et les débattre. Mais Dieu, lassé des violences qu'il a commises, l'abandonne à son sens, afin de le faire tomber dans le précipice.

(Original. Affaires étrangères, Espagne, supplément, IV.)

42. *Du Plessis-Besançon à Mazarin.*

Metz, le 31 août 1644.

Enfin, je reçus hier, par le sieur receveur Richard, que Son Altesse m'a envoyé de quatre lieues au deçà de Mons en Hainaut, la réponse de celle que je lui avois écrite par le sieur Thomas..... Je serois parti dès aujourd'hui pour me rendre auprès de Votre Éminence n'étoit qu'outre que je ne suis pas trop en état de faire diligence j'ai pensé que je devois encore attendre jusques au prochain ordinaire de mercredi, pour voir si je ne recevrai point quelque commandement contraire à mon retour, prendre le temps de donner avis de tout ceci à M. le duc d'Anguien, et, cependant, informer promptement Votre Éminence comme j'apprends par ledit sieur Richard que son maitre étoit au deçà de Mons avec ses troupes (qu'il assure être de cinq à six mille soldats effectifs) le 26 du passé, marchant toujours à petites journées du côté de Gravelines..... Il faut avouer que Votre Éminence a toujours merveil-

---

1. Trois autres lettres de du Plessis-Besançon, relatives à cette mission et adressées au duc d'Anguien et à Mazarin, ont déjà été publiées dans l'*Histoire des princes de Condé*, par M. le duc d'Aumale, t. IV, 592, 596, et dans l'*Histoire de la réunion de la Lorraine à la France*, par le comte d'Haussonville, t. II, p. 449. — A la cour, on crut sérieusement, pendant quelques jours, à la conclusion d'un traité avec le duc de Lorraine. Voir les *Mémoires de Turenne* dans la collection Michaud et Poujoulat, 3e série, III, 376.

leusement bien jugé de la fin du procédé de ce prince, mais il semble que la prudence ne vouloit pas qu'on fît moins.....

(Original. Affaires étrangères, Lorraine, XXXIII, 153.)

APPENDICE VI.

Entretiens avec don François de Mello (1644).

43. *Relation succincte des choses plus considérables que le sieur du Plessis-Besançon a tirées des discours de don Francisco de Mello sur le sujet de la paix générale pendant le temps qu'il a demeuré auprès de lui à son passage par la France.*

Extrait. 30 octobre 1644.

Le sieur du Plessis-Besançon engagea la conversation en déclarant que la cour de France souhaitoit une paix honorable, telle que l'heureux état de ses affaires lui permettoit de la désirer, et qu'elle écarteroit toute proposition qui seroit faite en dehors des négociations de Münster. Don Francisco de Mello répondit que l'Espagne désiroit également la paix, mais que c'étoit une chose difficile à réaliser, les événements de la guerre faisant constamment changer les prétentions des deux parties. Il faudroit, selon lui, que les premiers ministres pussent correspondre entre eux pour bien définir les pouvoirs des plénipotentiaires respectifs. Il n'y auroit en cela qu'à imiter l'exemple donné par le cardinal de Richelieu, qui avoit, on le sait, des relations directes avec le comte-duc d'Olivarès. Don Francisco de Mello montra à du Plessis-Besançon un plein pouvoir du roi d'Espagne, l'autorisant à conclure la paix générale ou une trêve seulement. Il lui assura qu'il connoissoit fort bien les intentions de la France, et lui fit voir une copie des instructions secrètes adressées, en juin 1643, à Servien et à d'Avaux, que son gouvernement étoit parvenu à se procurer. D'après lui, ceux que nous croyions nos meilleurs alliés avoient déjà essayé de nous abandonner, au moyen de négociations particulières. Le roi catholique n'y consentira pas, ajouta-t-il, et, si la France le désiroit, il en prendroit l'engagement pour un laps de temps déterminé, pendant lequel les deux pays pourroient arranger toutes les affaires, à eux deux seulement.

En ce moment, don Francisco de Mello le reconnoissoit, la fortune ne favorisoit pas les armes du roi d'Espagne; mais elle pouvoit changer. Il croit, en ce qui le concerne personnellement, qu'il va occuper en Espagne les fonctions de premier ministre. Il désire sincèrement la paix : la faire est son ambition. En dehors de cela, il ne demande qu'à se retirer des affaires. Si la personne des plénipotentiaires espagnols à Münster ne nous convient pas, la cour de Madrid est prête à les changer. Il est extrêmement difficile de faire la paix dans un congrès tel que celui de Münster, à cause de l'impossibilité de garder les secrets entre alliés, et des intrigues qui en résultent, et des obstacles de toute nature qui empêchent de réunir l'unanimité des suffrages. Dans un autre entretien à Lusignan, don Francisco de Mello ajouta : « Ne croyez « pas que nous acceptions les conditions que vous avez tracées à « vos négociateurs. Le roi d'Espagne aimera mieux en être réduit « aux montagnes d'Oviedo et de Léon, comme au temps des « Maures, que de faire une paix honteuse. » Que, maintenant, il s'agissoit de trouver des expédients raisonnables, que les meilleurs traités de paix étoient ceux des mariages, que l'empereur et le roi d'Espagne avoient, à l'heure actuelle, des filles d'âge convenable pour le roi, et Sa Majesté catholique un fils qui pourroit convenir à Mademoiselle; qu'au reste, les affaires générales n'étoient pas si difficiles à résoudre que l'on pensoit; que tous les intérêts pouvoient être réduits à trois chefs seulement : le premier regardoit l'Allemagne, l'empereur, les Suédois, et les princes et communautés de l'empire, tant catholiques que protestantes; le second, l'Italie, les couronnes, la Savoie et Mantoue; le troisième, les Pays-Bas, les François, les Espagnols et les Hollandois.

Quant au premier, qu'il n'y avoit à peu près rien de considérable à régler en dehors de l'intérêt des Suédois, et qu'on avoit déjà négocié trois fois avec eux pour cela; qu'à la première, on avoit proposé de leur laisser la Poméranie et le Mecklembourg, mais que l'impossibilité de pouvoir dédommager l'électeur de Brandebourg avoit arrêté cette combinaison; qu'à la seconde, on leur en laissoit seulement la moitié, rachetable au moyen d'une certaine somme, dans un certain laps de temps, ce dont ils ne s'étoient pas montrés satisfaits, et, qu'à la troisième, il avoit été convenu qu'ils garderoient pour toujours le tiers du total pour se conserver un pied dans l'Allemagne, les deux autres tiers leur étant payés sans délai, selon l'évaluation qui en devoit être faite de bonne foi, par des députés nommés à cet effet de part et d'autre. Pour ce qui étoit des électeurs de Trèves et Palatin et du duc de

Würtemberg, qu'on les rétabliroit dans leurs états, en même temps que la France donneroit satisfaction raisonnable au duc de Lorraine, et remettroit les places qu'elle occupoit en Alsace et autres lieux d'Allemagne, où elle n'avoit aucun droit.

Que, pour les affaires d'Italie, elles étoient presque toutes réduites aux trois places de Pignerol, Casal et Verceil; que, le roi conservant la première, puisqu'il l'avoit achetée, et rendant la seconde démolie, Sa Majesté catholique restitueroit la dernière, en l'état actuel ou dans l'état où elle l'avoit trouvée, en même temps que les François se retireroient des autres lieux qu'ils occupoient présentement en Piémont et les Vénitiens de Mantoue; de sorte qu'il ne resteroit plus rien à démêler de ce côté-là que les autres petits intérêts du duc de Savoie pour le Montferrat, ce qui seroit facile à régler par l'interposition du pape et l'entremise des couronnes; car, pour ce qui étoit de l'état de Monaco, il sembloit juste que les François s'en retirassent, le laissant comme neutre, et que les Espagnols en rétablissent le prince dans ses autres biens du royaume de Naples et de l'état de Milan. Quant au troisième point, qui regardoit les Pays-Bas, on avoit déjà travaillé, avec apparence de succès, à chercher des expédients pour l'accommoder entre Sa Majesté catholique et les Hollandois; qu'ainsi, il ne restoit plus que la France, et qu'avec elle l'accord se trouveroit facilité par le moyen des mariages proposés. Qu'enfin, pour ce qui étoit du Portugal et de la Catalogne, on pourroit aussi prendre des tempéraments à la satisfaction de tous : ceux que nous avions proposés par l'addition à l'instruction, du mois de juin 1643, n'étoient pas, à la vérité, bien convenables; cependant, ils n'étoient pas non plus tout à fait à rejeter, don Francisco de Mello donnant ainsi à entendre que le Roussillon et ses dépendances pourroient nous demeurer par un traité.

Que toute l'Europe étoit persuadée que la France ne vouloit point la paix, se croyant plus assurée pendant la guerre contre les dissensions civiles qui la travaillent d'ordinaire, durant le temps des minorités, ce à quoi M. le Prince inclinoit particulièrement, à cause du principal commandement des armées qui demeuroit dans sa maison; qu'outre cela, pour confirmer ce bruit commun, on avoit su que la reine même avoit dit à une dame de grande condition qu'il falloit aller jusqu'au bout et voir ce que la fortune des armes pourroit produire pour l'agrandissement de son fils et de cet état, ce qui étoit bien éloigné de l'opinion qu'on avoit conçue d'abord, que la douceur de son sexe et de son humeur, jointe à la considération du bas âge du roi, la porteroit entièrement à une paix raisonnable. Don Francisco de Mello ajouta encore que, le gouvernement et l'autorité d'une régence n'étant jamais si absolus que le pouvoir des princes majeurs, il sembloit qu'un traité qui se feroit en semblable temps auroit besoin d'être confirmé par une assemblée de notables ou par les parlements, afin qu'aucun n'y pût trouver à redire, vu les restitutions qu'il y avoit à faire de la part de la France; mais, qu'après tout, cette formalité n'étoit pas un obstacle où il se fallût arrêter, et que, pour eux, ils passeroient librement par-dessus.

Qu'enfin, il ne restoit plus qu'à choisir le moyen d'établir la correspondance particulière qu'il falloit avoir ensemble pour commencer une négociation confiante et rapide; que, pour lui, après y avoir bien pensé, il ne trouvoit que quatre canaux dont on se pût servir pour cela : le premier étoit celui des nonces, le second, des résidents de Florence, le troisième, des marchands trafiquant de France en Espagne, et le quatrième, celui des courriers ordinaires qui passent des Pays-Bas à Madrid, chargeant les maîtres de poste de Bayonne et d'Irun de faire tenir promptement, selon leurs adresses, les dépêches qui leur seroient portées, soit par des exprès ou autrement, suivant l'avis qu'on leur en donneroit. Que, pour ce qui étoit du premier, les personnes des nonces étant trop publiques et trop accoutumées de se mêler des choses de la paix, il ne trouvoit pas cette voie assez sûre, et que, quant aux trois autres, la dernière lui sembloit la meilleure, comme la plus simple, et, par conséquent, la moins capable de faire naître des soupçons. Que, comme depuis le traité de Cambrai le sieur du Plessis-Besançon avoit négocié en Flandre avec lui pour l'échange des prisonniers, il pourroit, sous ce même prétexte, poursuivre et transférer la négociation du côté de l'Espagne, et que, puisqu'il y avoit encore à préparer un quartier général, déjà proposé pour l'avenir entre la France et tous les états de Sa Majesté catholique, cela même pourroit donner au sieur de Besançon une occasion légitime de faire quelque voyage sans éveiller aucun soupçon.

Dans la dernière conférence qu'il eut avec le sieur du Plessis-Besançon, don Francisco de Mello lui fit connoître que, si l'on venoit à proposer ouvertement à Münster de laisser à la France, en faveur de quelque mariage ou autrement, une partie de la Flandre, l'Artois, le Luxembourg ou l'Alsace, aussitôt il y auroit des oppositions qui en empêcheroient l'effet, tant de la part des Hollandois, Suisses et Suédois, que des impériaux, protestants, électeurs et autres princes de l'empire, mais surtout des premiers, par la crainte qu'ils avoient de notre agrandissement de leur côté, et que, par conséquent, il étoit absolument nécessaire de convenir en particulier des choses les plus importantes avant que de les divulguer à Münster, si l'on vouloit réellement arriver à des résultats pratiques.

(Affaires étrangères, Espagne, supplément, IV.)

APPENDICE VII.

Campagne de Catalogne (1645).

44. *Instruction donnée à M. du Plessis-Besançon s'en allant en Catalogne.*

Paris, le 23 décembre 1644.

Le roi, estimant que rien ne peut davantage contribuer au rétablissement des affaires de Catalogne que d'y employer des personnes de qui l'entremise soit agréable à ceux de la province, et qui aient déjà fait paroitre leur fidélité et bonne conduite dans les occasions qui se sont présentées, et sachant que le sieur du Plessis-Besançon, conseiller en ses conseils d'État et de guerre, et sergent de bataille en ses armées, lequel, en divers emplois, a fait connoître sa capacité, son industrie et prudence avec son zèle pour le service de Sa Majesté, en a donné des preuves singulières, non seulement dans les négociations et les traités qui ont été faits avec les catalans, en conséquence desquels ils ont été reçus en la protection et depuis en l'obéissance de Sa Majesté, mais aussi en la défense du pays et des places contre les premiers et plus grands efforts que les castillans y ont faits pour l'opprimer et pour se rendre maîtres de Barcelone, Sa Majesté, par l'avis de la reine régente sa mère, se promettant que, dans les nécessités présentes de ladite province, il ne s'acquittera pas avec moins de soin et de succès des choses qui lui sont commises, a jeté les yeux sur lui pour l'y renvoyer avec une entière confiance, et, afin de l'informer de ses intentions, elle lui a voulu faire donner la présente instruction.

Ledit sieur du Plessis se rendra le plus diligemment qu'il lui sera possible en Catalogne, conférera premièrement avec le sieur de Marca, visiteur général en la province, du sujet de son voyage et de tous les ordres qui lui sont donnés, et prendra son avis sur l'exécution d'iceux, agissant en toutes choses de concert avec lui comme avec une personne très prudente et affectionnée au bien de l'état et du service du roi, et en qui la reine se confie entièrement. La première fin de l'envoi dudit sieur du Plessis est de faire que la province soit maintenue en bon état, en attendant l'arrivée de M. le comte d'Harcourt, qui partira au plus tôt pour aller prendre, en qualité de vice-roi et lieutenant général pour Sa Majesté, le commandement des armées et de la province, et que toutes choses soient préparées pour l'y recevoir et pour lui donner moyen d'employer utilement les grandes forces que Sa Majesté est résolue de mettre en ses mains. Pour cet effet, bien qu'elle croie que le sieur du Terrail, auquel elle a donné le commandement de ses armes en la province, et ledit sieur de Marca, avec lequel il doit agir de concert en toutes occurrences, n'auront rien omis pour la conservation des troupes et pour la sûreté des places et du pays, néanmoins, elle désire que ledit sieur du Plessis s'informe bien particulièrement de tout ce qui aura été fait pour cela, et, s'il estime qu'il y ait quelque chose à y ajouter, qu'il leur en donne ses bons avis pour y être pourvu, ainsi qu'ils verront ensemble être plus à propos. Qu'après cela, ledit sieur du Plessis travaille incessamment, de la part de Leurs Majestés, à remettre et rassurer dans le service du roi les esprits de ceux que les progrès du roi catholique, durant l'année dernière, et ses pratiques et intelligences ont aliénés ou intimidés, en sorte que chacun marche de bon pied et avec la fermeté et constance requises pour faire que l'on n'ait point à se défendre d'ennemis au dedans pendant que l'on combattra au dehors, qu'il ne se forme aucun parti contre Sa Majesté, ni dans la ville de Barcelone ni dans la province, et qu'il n'arrive aucune division civile; qu'aussitôt après que ledit sieur du Plessis aura vu lesdits sieurs du Terrail et de Marca, il visite le chancelier et les conseillers de Barcelone, tant en corps qu'en particulier, avec l'ordre et en la manière qu'il sait se pratiquer, observant de ne donner jalousie à aucun, et s'informant bien des inclinations et humeurs des uns et des autres pour les entretenir et ménager, comme il sera plus convenable; et, se servant des lettres que Sa Majesté a fait mettre en ses mains, afin d'acquérir près d'eux une entière créance, qu'il fasse connoître à tous qu'il n'y a point d'effort que Sa Majesté ne veuille faire pour reprendre sur les ennemis ce qu'ils ont gagné à la campagne dernière, et pour les chasser tout à fait de la Catalogne; qu'elle est résolue d'y employer une puissante armée de terre et toutes les forces nécessaires par mer, choisissant de ses meilleures troupes, tant de cheval que de pied, et y en mettant un plus grand nombre qu'en aucune de ses armées ; que, comme l'on sait assez qu'il est besoin d'user de diligence extraordinaire pour faire réussir les desseins de Sa Majesté et empêcher l'effet de ceux des ennemis, Sa Majesté donne ordre de toutes parts à ce que les recrues des troupes qui sont en Catalogne et les corps qui y doivent passer se mettent incessamment en état d'y marcher pour s'y rendre dans le mois de février prochain, et leurs traités doivent porter qu'ils y arriveront dès le 15 dudit mois de février ; qu'encore, que l'intérêt de la réputation des armes de Sa Majesté et l'avantage de son service l'obligent notablement à embrasser avec toute sa puissance les affaires de Catalogne, néanmoins, rien ne l'y porte avec une ardeur égale à celle que Sa Majesté conçoit de l'affection que la plus grande et meilleure partie des catalans ont montrée pour son service.....; que Sa Majesté, faisant de sa part tout ce qu'il lui est possible, attend aussi que les catalans n'omettent rien de la leur.....; qu'enfin, par toutes les choses marquées ci-dessus et celles que ledit sieur du Plessis verra à propos d'y ajouter, il excite un chacun à se tenir dans le devoir envers Sa Majesté, et à s'efforcer contre les ennemis communs de la France et de la Catalogne.

Et, bien que Sa Majesté croie que, lorsque ledit sieur du Plessis sera arrivé en Catalogne, il trouvera que le sieur du Terrail et ledit sieur de Marca auront pourvu à toutes les choses que Sa Majesté leur a ordonnées pour les revues, et pour empêcher qu'avec les officiers qui retourneront dans le royaume et quelques troupes de cavalerie qui y repasseront pour servir ailleurs, il ne repasse aucun cavalier ni soldat, dont ledit sieur du Plessis sera particulièrement informé, néanmoins, en cas qu'il restât quelque chose à faire en ce sujet, Sa Majesté désire que ledit sieur du Plessis s'y emploie incessamment avec eux ; qu'en passant en Languedoc, il sache des sieurs du Bosquet, Balthazar et Imbert, intendants de la justice, police et finances, ce qu'ils auront fait pour les traités et le paiement des revues, en conformité de ce que Sa Majesté leur a ordonné ; et, s'ils n'avoient encore pourvu à ce qu'elle leur a mandé, qu'il les presse d'y satisfaire, et fasse le semblable envers les chefs et officiers des troupes, leur faisant connoître qu'il faut qu'ils soient tous de retour en Catalogne avec leurs recrues dans le 15 de février prochain, qui est le temps auquel M. le comte d'Harcourt doit se mettre en état de marcher à la campagne, remontrant auxdits officiers combien la diligence est importante à Sa Majesté et désirée d'elle.

Et, afin que s'ils manquoient à l'exécution de ce qu'ils auront promis ledit sieur du Plessis les puisse hâter, il prendra un contrôle de leurs quartiers, outre celui qui lui est donné, par lequel il verra ceux qui ont été expédiés par deçà et ceux qui ont été renvoyés à Narbonne, et tiendra correspondance, tant avec lesdits sieurs du Bosquet, Balthazar et Imbert qu'avec lesdits officiers pour savoir ce qu'ils y avanceront et en rendre compte à Sa Majesté, qui lui recommande de ne rien omettre pour diligenter la levée et le passage desdites recrues. Il aura aussi soin, en passant en Languedoc, de presser le sieur de Chamfort, lieutenant de l'artillerie en l'armée de Catalogne, de mettre au plus tôt l'équipage d'icelle en bon état de servir conformément à l'état qui a été envoyé audit sieur de Chamfort avec les moyens de l'exécuter, dont il est donné copie audit sieur du Plessis.

Et, parce que Sa Majesté a su que la garnison catalane qui étoit dans Ager, ayant été contrainte de se rendre à la discrétion des ennemis après une longue et généreuse résistance, ils l'ont très maltraitée, prétendant les pouvoir punir comme des criminels, ce que Sa Majesté ne veut aucunement souffrir, elle a mandé audit sieur du Terrail de faire entendre aux ennemis que, s'ils les traitent autrement que le doivent être les prisonniers de guerre, elle usera de représailles contre ceux de leur parti qui sont, grâces à Dieu, en assez bon nombre en son pouvoir, et qui y tomberont ci-après. Et, afin que personne n'en doute et que l'exemple de ce qui arrivera à ceux d'Ager ne puisse porter aucun préjudice au service de Sa Majesté, elle veut que ledit sieur du Plessis publie ce qui est en cela de sa résolution, et que, s'il a occasion de mander quelque chose aux ennemis, il leur fasse connoître les sentiments de Leurs Majestés sur ce sujet, avec assurance qu'elles ne s'en départiront aucunement.....

Lorsque M. le comte d'Harcourt sera dans la province, l'intention de Sa Majesté est que ledit sieur du Plessis y agisse sous ses ordres en toutes les occurrences qui regarderont le service de Sa Majesté, soit dans la guerre, soit dans les affaires de la ville de Barcelone et du pays, dans lesquelles Sa Majesté fera connoître audit sieur comte comme elle désire qu'il considère particulièrement les avis que ledit sieur du Plessis lui donnera, et qu'il se serve de son ministère, sans néanmoins rien entreprendre qu'avec les ordres ou l'agrément dudit sieur comte, et qu'il n'ait concerté avec ledit sieur de Marca tout ce qui sera de conséquence.

Ledit sieur du Plessis tiendra particulière correspondance avec tous ceux qu'il sait être affectionnés au service de Sa Majesté, et spécialement avec le sieur don Joseph Margarith, lequel a signalé de telle sorte sa fidélité, sa valeur et sa bonne conduite pour le service de Sa Majesté dès les premiers mouvements de la Catalogne pour recourir à la protection de la France, et depuis pour faire qu'elle y fût unie et maintenue sous l'obéissance de Sa Majesté, qu'elle juge qu'il n'y a rien dont l'on ne se puisse ouvrir et confier en lui; et, comme il a eu quelque dégoût sur les rapports qui lui ont été faits qu'on lui avoit rendu de mauvais offices, et même que ledit sieur du Plessis pourroit avoir favorisé ceux qu'il en a soupçonnés, Sa Majesté désire qu'il travaille d'autant plus à lui ôter toute sorte de défiance et de jalousie contre lui, à quoi il sera aidé par ledit sieur de Marca; et, sur cela, ledit sieur du Plessis ne manquera de lui demander sa bonne entremise, se souvenant qu'à l'égard dudit sieur Margarith et de tous les autres catalans, il est besoin de tenir une telle égalité que l'on ne paroisse partial d'aucun, ni ennemi de personne, si ce n'est de ceux qui le sont du service du roi, et que l'on n'a que le seul bien public en recommandation.

Et, parce qu'en une province si éloignée et qui est en un état sujet à diverses mutations, il n'est pas possible de donner des ordres précis sur toutes occurrences et événements, Sa Majesté se remet à la prudence, affection et bonne conduite dudit sieur du Plessis, de tout ce qu'elle lui pourroit prescrire de plus particulier sur les affaires présentes de ladite province, se réservant, quant à celles qui pourront arriver ci-après, de lui ordonner ce qu'il aura à faire sur les avis qu'il donnera ponctuellement et soigneusement à Sa Majesté de l'état de toutes choses, et l'assurant qu'elle reconnoîtra les services qu'il lui rendra en un emploi de si grande conséquence aussi avantageusement qu'elle se promet bien qu'ils le mériteront.

Addition. — Ledit sieur du Plessis représentera aux députés du principat et conseillers de Barcelone que Sa Majesté est informée comme le bataillon entretenu par la province a accoutumé de se diminuer notablement peu de temps après qu'il est à la campagne, étant composé de gens du pays, que le désir et la facilité de retourner chez eux fait débander, et, ayant considéré que l'on y pourroit suppléer en entretenant un corps de françois de dix ou douze compagnies au lieu d'une partie dudit bataillon, dans lequel ils se maintiendroient beaucoup mieux que dans les autres troupes de notre nation, parce qu'ils seroient mieux traités,

Sa Majesté se disposera volontiers à leur donner des lieux d'assemblée dans le royaume et les expéditions nécessaires pour en faire l'assemblée et pour les faire acheminer dans le pays; ce qu'elle remet néanmoins à ce qu'ils en aviseront pour le mieux, ceci n'étant qu'une simple proposition que ledit sieur du Plessis fera valoir comme une marque des soins de Sa Majesté pour fortifier par tous moyens l'armée de Catalogne.

(Original. Affaires étrangères, Espagne, supplément, IV.)

45. *Servien à du Plessis-Besançon.*

Extrait. Münster, le 28 janvier 1645.

Je suis ravi de la résolution que l'on a prise de vous renvoyer en Catalogne, sachant qu'on ne pouvoit faire choix d'une personne plus intelligente dans la manière d'agir en ce pays-là. Les préparatifs que l'on fait pour y faire un grand effort ne me touchent pas moins, reconnoissant très bien que tous les succès qui nous y arriveront doivent frapper un coup au lieu où nous sommes, quoiqu'il y ait beaucoup de distance de l'un à l'autre.

(Original. Affaires étrangères, Espagne, supplément, V.)

46. *Du Plessis-Besançon à Mazarin.*

Barcelone, le 1er février 1645.

Jusques ici je me suis contenté de donner avis à M. Le Tellier de mon arrivée en cette ville, à laquelle j'ai apporté toute la diligence que la rigueur de la saison et la difficulté des chemins m'ont pu permettre, étant ici dès le 23 du passé et n'ayant arrêté qu'un jour entier à Auxonne pour obéir ponctuellement à ce que Votre Éminence m'avoit fait l'honneur de me commander en partant.

Incontinant après que je fus arrivé, je vis M. de Marca, le gouverneur et le chancelier, auxquels je rendis mes dépêches et pris d'eux les lumières qui m'étoient nécessaires pour le reste, m'y étant gouverné de sorte que je pense n'avoir donné sujet de jalousie à personne et que Votre Éminence l'aura tout entier d'être satisfaite de ma conduite.

Le lendemain, je visitai tous les consistoires et entrai dans le Conseil de Cent de la ville de Barcelone, où, mes dépêches ayant été lues, je tâchai d'expliquer ma créance et les intentions de Leurs Majestés et les vôtres dans les termes les plus efficaces qu'il me fut possible, ayant à parler dans une langue qui ne m'est pas assez familière pour en tirer tout l'avantage qui seroit à désirer d'une forte persuasion.

De dire à Votre Éminence de quelle façon et avec quel applaudissement j'ai été reçu, c'est chose que je laisse à quelque autre, et je lui ferai seulement savoir en gros qu'elle ne s'est point mécomptée quand elle a cru que mon voyage en ce pays pourroit être utile à quelque bon effet, en attendant la venue de M. le comte d'Harcourt, laquelle, à mon avis, on ne sauroit trop hâter, parce que, sans sa présence, il est impossible de remédier à diverses choses qui la demandent nécessairement et sans perte de temps : outre que, les ennemis faisant certainement tous leurs efforts pour nous prévenir, il n'en aura pas beaucoup à demeurer en cette ville pour réparer les défauts du gouvernement politique, s'il n'y arrive de bonne heure, et cet article n'est pas moins important que les dispositions de la guerre.

Quand j'aurai pris une plus particulière connoissance des intérêts du pays et de l'état des choses, je continuerai un petit discours à quoi je travaille pour en informer Votre Éminence. Cependant, je lui dirai qu'il importe du tout à l'affermissement de l'autorité royale en Catalogne que M. le comte d'Harcourt y vienne les mains pleines de grâces pour les bons (lesquelles doivent être de différentes natures) et de terreur ou de justice pour le châtiment des méchants, qui sont en très grand nombre en ce pays par la tolérance ou la foiblesse des ministres de l'audience criminelle, particulièrement entre la noblesse et les ecclésiastiques ; car, pour ce qui est du peuple, il est aussi ferme et autant affectionné que jamais : ce qui paroit assez clairement par le mauvais procédé de ceux-là et par ce que ceux-ci souffrent des gens de guerre et de la surcharge des logements (encore que ce leur soit sensible), sans qu'on ait encore vu qu'un seul village ait manqué à la fidélité, non pas même de ceux qui sont aux portes des places que les ennemis occupent, nonobstant les malheurs de la campagne dernière.....

Maintenant, pour ce qui est du bon effet qu'on doit espérer des grandes forces qui sont destinées pour la Catalogne, il est certain qu'elles ne le produiront jamais tel qu'il est à désirer, et même qu'elles dépériront en peu de temps si l'on ne fait deux choses pour l'empêcher, dont l'une est de faire ponctuellement payer les troupes par avance, hausser leur paie ou ne leur donner pas les espèces de France à si haut prix que l'on fait (particulièrement aux gens de pied et aux soldats de cavalerie), afin qu'ils puissent vivoter de leur solde, pour empêcher l'extrême misère où ils tombent autrement, laquelle est véritablement telle qu'ils passent à troupes du côté des ennemis les armes à la main, forcent les passages qui sont gardés ou font des désordres intolérables sur les paysans, dont c'est merveille qu'il n'ait déjà succédé quelque malheur; l'autre, que l'on envoye par deçà quelque commissaire général exact, homme sévère et d'autorité confirmée, tant pour faire justice des gens de guerre à la campagne que pour empêcher les grands abus qui se pratiquent aux revues, notamment dans la cavalerie.....

(Original. Affaires étrangères, Espagne, XXVI, 36, 37.)

47. *Du Plessis-Besançon à Brienne.*

Extrait. Barcelone, le 15 février 1645.

..... En attendant que j'aie quelque chose de plus particulier à vous mander, je me contenterai de vous dire en gros que, pour ruiner la réputation des armes et de la conduite, rendre le nom françois odieux et multiplier la sequelle des *malafectos* et des malcontents, il ne falloit que faire ponctuellement tout ce qu'on a fait en Catalogne; vous protestant en toute vérité que les affaires s'y sont maniées d'une si étrange sorte[1] que c'est merveille que tout ne se soit perdu, la seule foiblesse des ennemis ayant sauvé tout ce qui reste. Néanmoins, comme ils sont en curée, leur dessein est de pousser en avant leur bonne fortune de l'année dernière. Pour cet effet, ils font tous les efforts imaginables afin de nous surmonter et prévenir, principalement à la mer, ayant retenu les vaisseaux des Indes pour les employer à une armée navale qu'ils prétendent composer de cent vingt voiles pour le moins.

---

1. De grands abus eurent lieu, en effet, et se continuèrent encore sous l'administration du comte d'Harcourt, notamment dans la répartition des biens confisqués. Voici dans quels termes Marca en rendait compte, quelques mois plus tard, à Mazarin : « Une seigneurie a été donnée à « don Hieronimo de Luna. Celui-ci est gouverneur de Camarasa et mari « d'une femme qui chante et danse de bonne grâce et donne du plaisir « aux officiers du comte d'Harcourt. Il y a encore une autre seigneurie « de semblable valeur, dont la jouissance a été donnée au nommé « Bosagne, catalan qui sert d'interprète entre les hommes et les femmes... « Il faut avoir de belles femmes pour avoir des récompenses. » (Affaires étrangères.)

C'est pourquoi il importe du tout au service du roi de s'assurer de deux postes qui sont en ces côtes, à savoir Palamos et Sitjes, dont le premier est entre ci et Roses et le meilleur de tous les ports de la Catalogne, et l'autre à moitié chemin d'ici à Tarragone. Pour le premier, il est en la main du roi et lui appartient par droit de confiscation, étant au duc de Sèze qui est avec les ennemis; de façon que, réunissant cette place au patrimoine royal, il peut ensuite y faire travailler comme chez lui sans qu'il soit besoin de le faire trouver bon à personne, après avoir seulement fait connoître aux deux consistoires de la députation et maison de ville combien il importe au bien et sûreté de la province qu'elle soit mise en état de n'être pas surprise des ennemis; car, d'en faire une affaire de négociation, outre que ce seroit la rendre douteuse et commettre l'autorité royale, ce seroit, à mon avis, le plus mauvais chemin, puisqu'en tout ce qui ne choque point directement les privilèges il faut se gouverner de telle façon que les choses se fassent plutôt avec vigueur que foiblement. Pour ce qui est de Sitjes, comme c'est un lieu qui appartient à messieurs du chapitre de Barcelone, et qu'on ne peut avoir d'eux que par échange pour quelqu'autre chose qui les accommode, il faudra plus de temps pour en venir à bout. C'est sur quoi j'attendrai les ordres supérieurs.

(Original. Affaires étrangères, Espagne, supplément, V.)

48. *Du Plessis-Besançon à Le Tellier.*

Extrait.   Barcelone, le 1ᵉʳ mars 1645.

Le retardement de l'arrivée de monseigneur le comte d'Harcourt commence à faire de mauvais effets en Catalogne, les mal-affectionnés tâchant d'insinuer qu'il ne viendra point, qu'on le renvoie en Piémont et que le prince Thomas a pris le parti d'Espagne : ce qui est d'autant plus facilement cru des foibles qu'on ne voit arriver ici personne de la cour, ni de son train, pour entretenir les espérances et nous donner lieu de les faire valoir; les mieux intentionnés pour la France ne sont pas sans inquiétude, et ceux qui ne sont pas bien confirmés appréhendent ce qu'ils craignent, ou plutôt ne savent que croire de tout ceci, voyant notre foiblesse, et que rien ne les assure que des paroles dont ils ne voient rien réussir.....

(Minute originale. Affaires étrangères, Espagne, supplément, V.)

49. *Observations et avis nécessaires touchant la Catalogne.*

Mars 1645[1].

Humeur des Catalans.

Ils aiment et craignent extrêmement la justice, portant grand respect à ceux qui l'administrent et ne trouvant à redire à quoi que l'on puisse faire par cette voie, ce qui n'est pas un petit avantage pour ceux qui gouvernent, bien que, d'ailleurs, leurs constitutions et privilèges semblent traverser toute sorte de châtiment et qu'ils y soient tellement attachés qu'il n'y a point d'extrémité ni de violence qu'ils n'entreprennent pour les conserver. Et, quoiqu'en effet ils ne soient pas plus gens de bien que les autres nations catholiques, si est-ce qu'en apparence ils sont grands amateurs des cérémonies de la religion, d'où vient que les ecclésiastiques et les moines ont beaucoup de crédit parmi eux pour faire du bien ou du mal.

Ils sont naturellement envieux les uns des autres, fort intéressés et jaloux de leurs femmes, de sorte qu'il n'y a point de quartier avec eux sur tous ces points et que, pour ce qui est du second, se trouvant foulés par les désordres et les logements excessifs des gens de guerre, ils sont capables, selon les rencontres, de se porter à toutes les extravagances imaginables, sans considérer les malheurs ni les suites qui en peuvent arriver. Néanmoins, pourvu qu'on les prenne avec douceur et qu'on leur fasse connoître la raison qu'il y a de faire les choses, ils s'y accommodent facilement, ainsi qu'il paroît en ce que, depuis quatre mois et plus, ils nourrissent les troupes dans les quartiers, sur la seule assurance par écrit que le gouverneur leur a donnée d'en être remboursés.

Ils sont, d'autre côté, fort lents et paresseux en toutes leurs affaires, se contentant de faire travailler de leurs terres ce qu'il leur en faut pour vivre seulement, sans se soucier autrement du commerce que dans leur voisinage. En matière de grandes choses, ils sont très difficiles à ébranler, soit pour aller au mal, soit pour en revenir, parce qu'elles sont ménagées par les plus habiles, ainsi qu'il a paru dans ces dernières occasions, nonobstant les grands progrès des ennemis. Mais aussi sont-ils très capables d'une émotion subite dans les occasions particulières, lesquelles

---

1. Du Plessis-Besançon adressa ce mémoire à Mazarin par une lettre en date du 6 mars 1645.

il faut éviter autant qu'il est possible, pour la conséquence des suites que peut produire un seul mauvais exemple.

A parler en général, ils sont quasi tous ignorants et peu capables des affaires du monde, et, si entre ceux qui ont de l'étude il s'en trouve quelques-uns qui sachent plus que les autres, leur capacité dégénère plutôt en malice qu'en habileté, ne se rencontrant quasi point de véritable prudence ni de jugement solide en leurs esprits. Étant d'ailleurs à demi républicains et fort curieux de nouvelles, ils sont aussi fort crédules, de sorte qu'un beau parleur peut acquérir beaucoup de crédit parmi eux ou pour exciter les émotions subites ou pour les apaiser. Les vertus morales n'y sont presque d'aucun usage, et, comme ils sont pour la plupart d'un tempérament chaud et sec, ils sont fort adonnés aux femmes et fort vindicatifs, ne laissant aucune méchanceté à faire pour venir à bout de leurs désirs et de leurs vengeances, surtout la noblesse, les gens de lettres et les ecclésiastiques, tant séculiers que réguliers. Pour ce qui est des peuples et des personnes ordinaires, ce sont d'assez bonnes gens, pourvu qu'on les sache ménager avec douceur. Les principaux vices de ceux-ci sont la fainéantise et l'avarice, voulant profiter de tout et ne rien faire.

Mais, avec tout cela, quoiqu'ils aiment autant l'oisiveté qu'ils appréhendent toute sorte de fatigue, comme ils sont d'une complexion forte et robuste, d'un naturel plein de fougue et d'un courage prompt et ardent lorsqu'ils sont une fois adonnés à la guerre (où le désir du gain et l'utilité de la solde, joints à l'aversion naturelle qu'ils ont contre les castillans, les mènent plus que toute autre considération), il est certain qu'il n'y a pas de plus braves gens au monde, tant à pied qu'à cheval, ni qui fassent plus ponctuellement le service qu'eux. C'est pourquoi il seroit très avantageux pour le roi d'en prendre à sa solde et de s'en servir en Catalogne et ailleurs, tant pour plusieurs raisons d'état et de bonne conduite que pour entretenir et fomenter d'autant mieux leur haine contre les ennemis.

Générale disposition des esprits dans les divers ordres de la province.

Les ecclésiastiques, la noblesse et les principaux du tiers état sont composés de quatre sortes de gens, à savoir :

De bienaffectés confirmés et persévérants, comme sont ceux qui ont eu part au secret des premières émotions, qui étoient alors dans les charges et dans les emplois et dont le nombre est assez considérable ;

De malaffectés fermes, dont les inclinations et les volontés ont été de tout temps et sont positivement ennemies, et de ceux-ci, quoi que l'on en publie, il n'y en a pas tant que l'on dit, si ce n'est parmi les prêtres ordinaires et les moines, lesquels il faut considérer comme les agents de toutes les intelligences des ennemis en Catalogne;

De malcontents ou dégoûtés, soit par l'envie qu'ils portent à ceux qu'on avance dans les bienfaits et dans les charges, soit par ressentiment ou participation des vengeances et oppressions qu'ils prétendent que les haines particulières des familles (ou de ces deux partis appelés *nieros* et *cadella*) ont causées dans le pays par ceux qui se sont trouvés dans l'autorité, notamment de l'oppression qui résulte d'un certain nouveau conseil d'état odieux à la plupart des catalans, dont ils ont résolu de demander la suppression et qui a donné sujet à plusieurs de déclamer contre le gouvernement des françois.....;

Et la quatrième espèce, de gens timides et indifférents, que les progrès des ennemis et la mauvaise conduite des affaires tient plutôt en échec et retirés qu'aucune volonté sinistre ou aversion contre la France.

Des premiers, on doit attendre toute sorte de constance et de fidélité, tant pour ce qu'ils sont bons d'inclination et de volonté que pour l'étroite liaison de leurs intérêts avec les nôtres.

Des seconds, on peut tout appréhender. Il n'y a point d'avis ni de conseils qu'ils ne donnent aux ennemis, point de pièges qu'ils ne tendent aux officiers du roi pour les faire faillir, afin de les rendre odieux et le nom françois aussi, et rien qu'ils ne fassent couvertement, et même assez ouvertement à l'égard des prêtres et religieux, pour desservir notre conduite et nos affaires; faisant valoir la puissance du parti contraire, multipliant nos pertes et tâchant d'anéantir et faire passer pour fables tout ce qui nous peut être avantageux, supposant et insinuant par toutes voies que la France ne peut et ne veut point garder la Catalogne et qu'il y a déjà des traités faits à Münster pour cela. Lequel point, étant fort chatouilleux et délicat, a fait de très dangereuses impressions parmi les foibles et beaucoup refroidi cette première ardeur des peuples.

Pour ce qui est de la troisième et quatrième espèce, il n'y a pas grande chose à craindre, si ce n'est dans l'occasion de quelque soulèvement ou perte de bataille en Catalogne, les ennemis se trouvant proches et puissants pour donner terreur à Barcelone qui est le tout en ce pays, et nous foibles et les secours éloignés pour nous y opposer; auquel cas il seroit à craindre que le peuple même qui a été jusques ici le principal frein des malaffectés ne changeât de volonté pour nous.

Remèdes.

Pour conserver et satisfaire les premiers, il faut les maintenir dans les charges et dans l'autorité (pourvu qu'ils ne soient pas de ceux qui sont dans la haine publique), leur faire du bien, soit en propriété ou par usufruit et pension seulement, selon la nature des choses, les services et la qualité des personnes, et se gouverner de sorte avec eux qu'ils aient sujet d'en espérer encore davantage, les bienfaits présents n'étant pas si puissants que ceux de l'avenir pour assouvir l'avidité des hommes, d'autant que les premiers sont limités par la connoissance et que les autres conviennent mieux à leur ambition, tant à cause que cette passion a son objet hors d'elle-même, que pour être indéterminée.

Quant aux seconds, notamment ceux que le consentement général et tous les signes extérieurs confirment pour ce qu'ils sont, comme il n'y a rien qui les puisse gagner, il se faut bien garder de leur faire du bien, d'autant qu'outre la puissance et la commodité que cela leur donne de mal faire ils en deviennent aussi plus insolents et plus propres à faire valoir leurs perfidies, attribuant plutôt les avantages qu'ils reçoivent à la nécessité qu'on a d'eux ou à la crainte ou foiblesse des ministres qu'à leur bonté ou au dessein de les ramener par les douces voies, joint que c'est un désespoir pour les bons et un appât ou raison aux indifférents pour devenir méchants, voyant que c'est le chemin de la fortune. Ainsi, ne pouvant pas venir à bout de cette sorte de gens, il se faut contenter de les rendre inutiles et de les réprimer : à quoi rien ne peut si utilement servir que les exemples de justice, et, pour cet effet, il n'y a soin ni diligence qu'on ne doive apporter pour en convaincre et châtier sévèrement quelques-uns, soit en les punissant corporellement, soit en les bannissant et transplantant du côté de France, parce qu'il n'y a que le temps et la crainte des supplices qui puissent déraciner leurs mauvaises habitudes. Mais, nonobstant tout ce que dessus, on a pratiqué jusques ici des maximes toutes contraires en Catalogne, desquelles on s'est aussi fort mal trouvé.

Pour ce qui est des malcontents, que le ressentiment des injures en la personne de leurs proches, le mépris de la leur et l'émulation des bienfaits conférés aux autres, plutôt qu'une volonté déterminée au mal peuvent avoir aliénés, il est certain que, leur donnant, par toutes les voies possibles à la bonne conduite et à la justice d'un gouvernement équitable, de quoi voir clairement que c'est là raison et le bien public qui servent de motifs aux actions du prince et de ses ministres, et tâchant toujours d'en gagner quelqu'un des meilleurs et des plus accrédités d'entre eux, on peut quasi s'assurer qu'il ne sera pas difficile de les ramener au bon chemin et tous les indifférents à leur exemple. A quoi de petits bienfaits, pour les étendre à un plus grand nombre de personnes, l'emploi des charges militaires dans les nouvelles levées et la bonne distribution des bénéfices et des titres d'aumôniers et de prédicateurs de Leurs Majestés à l'égard des ecclésiastiques joints à l'établissement des juges de Bref[1], pour contenir et châtier ceux de cet ordre, seront des moyens très utiles et, par dessus tout, les bons succès et la puissance des armes du roi dans le pays; ouvrant le chemin de la cour aux catalans par la nécessité d'y aller prétendre et impétrer les grâces qui seront de considération, afin de leur en faire connoître la douceur et la magnificence, et porter leurs plaintes légitimes aux ministres supérieurs pour tenir ceux de deçà dans les bornes de la bienséance et du devoir, mais en observant toujours néanmoins, en choses de conséquence, de ne résoudre rien sans leur témoignage, afin de les maintenir dans la juste autorité qui est nécessaire aux subalternes en un pays si éloigné du siège de la monarchie.

Des peuples.

Il n'y a pas grande division ou distinction à faire pour ce regard. La différence de leurs affections se rencontre plutôt en la situation des lieux que dans les personnes, excepté quelques-uns mais en petit nombre, qui se trouvent attachés aux intérêts des adhérents et partisans d'Espagne, comme dans la Cerdagne et plusieurs aux environs de Vic[2], Manrese[3], Solsonne[4] et Empourdan[5], à cause du voisinage de Roses et des malaffectés de plus haute condition qu'il y a partout ces quartiers-là plus que d'aucun autre, et notamment l'évêque de Vic. Mais, avec tout cela, moyennant qu'on ne

---

1. Juges ecclésiastiques nommés par bref papal. Le pape Innocent X, partisan de l'Espagne, créait alors, de parti pris, toutes sortes de difficultés à la France dans les questions relatives au clergé catalan et refusait d'instituer les juges de Bref.
2. Vich ou Vic d'Osona, ville de Catalogne, siège d'un évêché.
3. Manresa, ville de Catalogne.
4. Solsona.
5. District situé près de Figueras et de Rosas.

les surcharge pas de logements, que les troupes vivent doucement avec eux, qu'on ne touche point déclarément à leurs privilèges et que les armes du roi soient plus heureuses cette campagne que les précédentes, il est certain que la Catalogne est aussi ferme et assurée pour Sa Majesté qu'aucune province du royaume, et que le gros des peuples, qui en est la base et le fondement sur lequel s'appuie l'autorité royale, a donné jusques ici telle terreur à tous les malaffectés que ça a été le véritable frein qui les a retenus, qui a maintenu les affaires et empêché les révolutions qui pouvoient arriver de la mauvaise conduite des françois et des catalans, tant à l'égard du gouvernement militaire que du politique. De façon qu'il n'y a rien de plus considérable que de se conserver et entretenir par toutes voies la bonne volonté d'un corps si ouvertement ami de la France et si capital ennemi des castillans, étant vrai de dire qu'aux choses qui se sont passées en Catalogne c'est merveille qu'il n'y soit arrivé quelque subversion générale.

De la députation de Catalogne.

C'est un tribunal de six personnes qui, de trois ans en trois ans, se tirent au sort de tous les ordres de la province, à savoir deux ecclésiastiques, deux gentilshommes et deux du tiers état; lesquels n'ont autre juridiction que celle qui leur est concédée par les lois pour faire valoir et retirer les droits et revenus destinés pour fournir au paiement des charges et dépenses de la généralité, étant comme les procureurs généraux de la province pour en conserver et maintenir les constitutions et privilèges contre les officiers du prince, auquel ils ont recours, par voie de remontrance et d'ambassade (c'est ainsi qu'ils nomment leurs envoyés), lorsqu'ils ont quelque plainte à faire dont le vice-roi ne leur a pas fait raison. Et, en cas de contravention manifeste et réitérée, ou que, par la force, le souverain veuille usurper ce qui ne lui appartient pas au préjudice des constitutions susdites, ils en viennent jusques à cette extrémité de convoquer les états généraux ou pour résoudre de prendre les armes et se défendre, ou pour aviser des expédients les plus convenables pour concilier les choses : ce qu'ils font avec l'avis des principaux et des plus considérables de tous les ordres.

De sorte qu'il est évident, par le motif de l'institution de ce corps et par les divers exemples qu'on a de sa conduite et de sa fonction, qu'il est directement opposé aux abus des officiers du souverain et que, quand il est composé de gens résolus et entreprenants ou de mauvaise volonté, il en peut arriver des accidents qui ont de dangereuses suites. Ainsi, comme d'une part il faut éviter soigneusement toutes les occasions d'éclater ou de rompre avec eux, surtout en choses où le public et la fin pour laquelle ils sont institués puissent être intéressés, d'autant qu'alors ce sont des matières très chatouilleuses et délicates, aussi ne faut-il souffrir en façon quelconque, ni sous quelque prétexte que ce soit, qu'ils s'attribuent aucun avantage qui puisse blesser la souveraineté du prince, mais les faire demeurer et restreindre dans l'étendue de ce qui leur appartient simplement.

Et, pour cet effet, il est du tout nécessaire que le chancelier et le régent en connoissent parfaitement les limites, tant pour ne laisser rien perdre des droits de la royauté que pour ne pas la commettre ou engager légèrement à des prétentions dont on ne puisse venir à bout. Et, comme il arrive quelquefois des rencontres où il est besoin de s'éclairer, il semble qu'en pareille occasion il est plus à propos de conférer auparavant avec des personnes capables et confidentes, et puis avec ceux des députés qu'on connoît les plus raisonnables, que de s'embarrasser avec tout le corps, sans avoir pénétré le fond de ce qui en peut arriver.

Sur quoi, quelques-uns sont d'avis que la meilleure conduite qui se puisse pratiquer sur ce sujet est d'en gagner une partie et de les diviser par les moyens les plus convenables, non pour en abuser au préjudice de leur devoir et des privilèges du pays (car la fin n'en seroit ni bonne ni utile), mais seulement pour avoir de quoi traverser et contrecarrer les desseins et les mauvais sentiments de ceux-là d'entre eux qui, par des chicanes et des formalités hors de propos et sans nécessité, voudroient brouiller les affaires et troubler la bonne correspondance qui doit être entre ce corps et les officiers du roi sous prétexte des constitutions susdites, cette compagnie étant de celles qui peuvent faire beaucoup de mal et peu de bien si on ne la sait ménager avec un tempérament composé d'adresse et d'autorité.

De la maison de ville de Barcelone.

Tous les intérêts de la maison de ville de Barcelone sont gouvernés par les résolutions et suffrages du Conseil de Cent, lequel est composé de gentilshommes, de citadins honorables, de docteurs en médecine et en droit, de marchands, d'artistes et de gens de métier ; de chacun desquels ordres, suivant certaines coutumes et statuts, on tire tous les ans un conseiller pour en faire le nombre de six, auxquels est commis le soin d'exécuter et faire exécuter les choses résolues audit Conseil de Cent, à qui lesdits conseillers proposent tout ce qui doit y être mis en délibération.

Ils ont droit, à l'entrée des vice-rois (ou *alternos*), et du roi même, de parler à eux la tête couverte et à cheval, le premier d'iceux (qu'ils nomment conseiller en cap) marchant en cet état à leur main gauche depuis la porte de la ville jusques à la grande église, où ils vont juger les privilèges. Et, dans ladite ville de Barcelone, hors la personne desdits vice-rois ou des gouverneurs du pays et de l'évêque en leur absence, ledit conseiller en cap prend la droite en toutes les cérémonies.

Les privilèges et revenus de ladite maison sont très grands, ayant une juridiction absolue et sans appel en l'absence des vice-rois, qu'ils nomment juges de *Proms*, et de même pour tout ce qui regarde la police et le recouvrement des droits qui lui appartiennent, non seulement dans la ville et aux environs, mais en divers lieux qui sont à elle en propre. Bref, la réputation et l'autorité de ladite ville sont telles en Catalogne que tout le reste de la province suit ordinairement son exemple et le parti qu'elle prend. Et, comme les conseillers qui en ont l'administration particulière sont ceux qui proposent et donnent le branle à toutes les choses qui passent par le Conseil de Cent, il importe extrêmement de se bien maintenir avec eux et de se rendre favorables les anciens dudit Conseil, qui sont les chefs de meute, qui opinent les premiers et dont la voix attire presque toujours le reste à leur opinion, ce qui est d'autant plus facile qu'il n'y a point d'ecclésiastiques et fort peu de gentilshommes parmi eux; outre que le peuple de Barcelone étant celui dont les mouvements et les séditions ont engagé les affaires et qu'il est incomparablement le plus fort dans ledit Conseil, il n'est pas difficile à ceux qui le manient de le porter à tout ce qui en peut assurer l'impunité contre la vengeance et les ressentiments de Sa Majesté catholique. Ce qui a fait que, depuis quelque temps, les magistrats de ces deux maisons, de la députation et de la ville, voyant que les malheurs et la mauvaise conduite du maréchal de la Motte leur faisoient courre fortune de se perdre et que, d'ailleurs, ils n'y pouvoient remédier sans un extrême secret qui se rencontre difficilement parmi la multitude, ils nommèrent conjointement un certain nombre de personnes des plus capables et des plus confidentes, qui s'obligèrent par serment de ne rien révéler, auxquelles ils donnèrent pouvoir de dresser des mémoires pour les envoyer secrètement à la cour, dont la fin principale étoit de demander un nouveau vice-roi, et dont on a vu arriver tout ce qui s'est passé depuis.

Mais, parce qu'il n'est plus à propos qu'une pareille junte où assemblée subsiste, et que, la cause cessant, l'effet doit aussi cesser, quelques-uns sont d'opinion qu'il est du tout nécessaire de la supprimer au plus tôt, de peur que, par l'union trop étroite de deux corps qui ne sont déjà que trop considérables par la forme de leur gouvernement plus républicain que monarchique, il ne s'établisse insensiblement une puissance préjudiciable au service du prince et à la sûreté de ses affaires; puisqu'il est vrai de dire que rien ne le peut choquer plus désavantageusement que de voir son autorité partagée avec celle de ses sujets, ainsi qu'il arriveroit s'il laissoit établir en Catalogne un conseil d'état qui se peut assembler et résoudre quelque chose en secret sans sa participation et sous des conditions si suspectes que celle du serment, après avoir été institué sans lui ; ce qui est tolérable en un temps et pour certains respects ne le pouvant pas être pour toujours.

Néanmoins, comme c'est une affaire qui, sous un sujet si plausible que celui du salut de la province, a déjà pris certain établissement, il faut la ménager avec grand art et petit à petit, la députation et les conseillers de Barcelone n'étant pas sans faculté de pouvoir convoquer les deux consistoires quand il leur plaît, et, selon que la nécessité le requiert, d'y appeler ceux qu'ils jugent les plus capables de leur donner conseil et même avec obligation de garder le secret. C'est pourquoi plusieurs estiment que, présentement, il seroit dangereux de toucher cette corde, et qu'il est beaucoup plus expédient de la laisser rompre d'elle-même, ce qui arrivera sans doute si on évite de donner occasion aux consistoires de s'assembler pour la défense des privilèges, vu qu'il s'y pourroit prendre d'autres résolutions sous ce prétexte ; joint que les susdits conseillers et députés changeant, les uns tous les ans, et les autres de trois ans en trois ans, il est assez difficile que ceux qui leur succéderont soient animés du même esprit que leurs prédécesseurs, et que le temps ne produise bientôt des succès capables de réduire les choses à leur ancienne forme.

Des officiers du roi pour le gouvernement politique et pour la justice.

Le vice-roi, le gouverneur, le chancelier, le régent et les juges des trois salles de l'audience royale sont ceux qui ont toute l'autorité du gouvernement politique, de la justice et des armes, les autres charges, comme sont celles du rationnel ou Chambre des comptes, bailli général et trésorerie, n'étant pas de cette considération. Le premier a semblable pouvoir que le roi même, le second en son absence, mais pour certaines choses seulement, le troisième (qui doit être ecclésiastique) est président de la justice civile composée de deux salles où l'on va par appellation de l'une à l'autre, et le quatrième est chef subalterne de la chambre criminelle ou troisième salle avec quatre conseillers et un avocat fiscal. Ces trois chambres, avec trois conseillers ou juges de cour, composent l'ordre de la justice souveraine de toute la province, prononçant les sentences au nom du vice-roi, avec des viguiers distribués en dix-sept vigueries, par-devant lesquels les procès s'intentent en première instance, tant pour le civil que pour le criminel. Il n'y a que les charges de gouverneur, de chancelier et de régent qui soient à vie, Sa Majesté pouvant pourvoir à toutes les autres, selon la bonne ou mauvaise satisfaction qu'elle a de la conduite et des services de ceux qui les exercent.

L'opinion générale des mieux sensés et des plus gens de bien est que, jusqu'ici, non seulement la justice criminelle a été mal administrée, mais qu'il ne s'en est presque fait aucune, et peu dans les causes civiles, par la foiblesse, intérêt et tolérance de la plupart des officiers, chacun ne songeant qu'à s'accommoder et se divertir, ou craignant de se faire des ennemis, ou voulant épargner ses amis et ses proches, si bien que le peu d'action des ministres n'a eu pour motif (à ce qu'on dit) que d'éloigner ceux dont les bonnes qualités ou l'habileté leur pouvoient donner de la jalousie et d'exercer des vengeances particulières. D'où il est arrivé que le nombre des malaffectés a multiplié par l'abus d'une impunité si dommageable, et que la mauvaise satisfaction de ne voir que des exemples d'injustice et de corruption (la prison et le bannissement étant le principe et la fin de toutes les accusations) a causé tant de dégoûts et de mécontentement dans tous les ordres parmi ceux de qui les amis et parents étoient traités de la sorte. Or, comme il est certain qu'un manquement si préjudiciable l'est beaucoup plus en Catalogne qu'en aucun autre lieu, tant à cause du naturel rustique et libertin des catalans que pour être un nouvel état, il est encore plus certain que, si l'on n'y remédie bien efficacement et bientôt, il en arrivera nécessairement une suite de désordres irrémédiables, quand même le levain des ennemis ne s'y mêleroit point. Enfin, pour conclure en peu de paroles, cette province demande le repos et la sûreté qui ne se peuvent trouver que dans une équitable et sévère administration de la justice, et dans la puissance et bonne fortune des armes.

(Original. Affaires étrangères, Espagne, XXVI, 20.)

50. *Du Plessis-Besançon au prince de Condé.*

Extrait. Céret, le 17 mars 1645.

Depuis ma dernière, il ne s'est rien passé de considérable en Catalogne que l'arrivée de M. le comte d'Harcourt, au-devant duquel j'étois allé jusqu'à Narbonne ; il a été reçu à Perpignan, non seulement comme un vice-roi qui vient pour le rétablissement des affaires, mais comme si c'étoit un nouveau Messie qui fût arrivé pour le salut du genre humain ; nous allons aujourd'hui coucher à Figuières, et pourrons arriver le 21 à Barcelone. Ceux de Roses continuent à troubler la sûreté du grand chemin, mais j'espère qu'ils seront bientôt resserrés ; jamais l'occasion n'en fut si belle, et, de la façon qu'on s'y prend, il est certain que les desseins de Catalogne ne pouvoient être mieux projetés qu'ils sont.

(Minute originale. Affaires étrangères, Espagne, supplément, V.)

51. *Du Plessis-Besançon à Mazarin.*

Bascara près Gérone, le 9 avril 1645.

M. le comte d'Harcourt s'étoit disposé à partir de Barcelone dès le 5 pour se rendre le 8 à Cervère ; mais l'impossibilité d'y pouvoir pour encore faire subsister la cavalerie et l'armée de M. de Saint-Aunais qu'il a envoyée de ce côté-là, avec ordre d'en loger une partie au camp de Tarragone, et le reste dans le Panadès, jointe au retardement des ennemis pour la campagne, a été cause qu'il a pris résolution de faire un tour au camp de Roses, estimant que sa présence pourroit beaucoup servir à l'avancement de ce dessein, et que son voyage ne porteroit aucun préjudice au reste des affaires puisqu'il n'y employoit que six jours en tout. Nous en sommes donc partis ce matin, et voici le véritable état de ce siège.

Tout le camp est retranché contre les insultes de la cavalerie, l'ouverture de la tranchée faite et la redoute qui la doit soutenir, ensemble une batterie de trois pièces pour servir contre les sorties ; mais les vents du nord sont si violents et si continus qu'il n'est quasi pas possible d'avancer les travaux, et ce n'est pas sans péril de relâcher que nos galères et vaisseaux peuvent demeurer dans le golfe.

Le dessein de M. du Plessis-Praslin est d'attaquer la place par les deux bastions qui sont les plus proches de la mer, en la partie opposite au château de la Trinité, parce qu'il n'y a qu'une petite pièce entre deux, que je crois plutôt un simple redan qu'un ravelin, élevé dans la contrescarpe sur le milieu de la courtine, auquel même il ne paroît point de fossé. Partout ailleurs, il y a d'assez grands dehors, encore qu'ils ne semblent pas tous achevés, outre que le terrain se montre assez favorable de ce côté-là pour la continuation de cette attaque, à mesure qu'on approche de la place.

Sans doute que, pour dépêcher cette besogne, il seroit à désirer qu'on en fît une autre du côté dudit château de la Trinité; mais il faudroit l'avoir pris auparavant, afin de n'en être pas vu par derrière; aussi est-ce à quoi mondit sieur du Plessis a dessein de travailler. Mais, comme la communication de quinze cents ou deux mille hommes qu'il faut détacher pour cette action seroit fort incertaine par mer avec le reste et très difficile par terre, il semble qu'il doute de n'être pas assez fort pour exécuter bien vigoureusement ces deux choses tout à la fois, quoiqu'il reconnoisse que la dernière lui soit entièrement utile, tant pour s'opposer avec succès aux petits secours qui se pourroient jeter par terre dans la place après avoir débarqué par surprise en certaines petites plages qui sont entre Cap-de-Quiers et Roses, ainsi que le chevalier Garnier l'appréhende, que pour diminuer l'étendue de la côte par où les ennemis voudroient lui en donner, en s'y échouant à barque perdue, et procurer à nos vaisseaux un mouillage non seulement plus sûr, mais plus commode pour serrer ladite place de plus près; mais, comme lesdits secours ne peuvent venir que de loin, et foibles à l'égard de nos forces de mer, je ne crois pas qu'il soit difficile de les empêcher; et, pour ce qui est d'un secours général, les avis que l'on reçoit d'Espagne sur ce sujet ne nous obligent pas de le craindre avant la fin de mai.

Quant aux forces que peut avoir présentement mondit sieur du Plessis et à celles des ennemis dans Roses, on croit pour les premières que, non compris les régiments de Caderousse, de Saintonge et de Poitou, quarante-cinq mousquetaires de la compagnie de la reine et les gendarmes et chevaux-légers de M. le duc d'Anjou, qui n'ont pas encore joint, il peut bien avoir sept mille hommes de pied et sept cents chevaux effectifs, sans les officiers; et, pour les autres, qu'il n'y a pas plus de douze à treize cents fantassins et deux cents bons mousquetaires dans la place, laquelle, selon le jugement que font avec moi plusieurs personnes intelligentes, est assez au-dessous de la réputation qu'elle a d'être si bonne, ôté les avantages de sa situation et de la mer, de façon qu'à supposer les choses égales, tant à l'égard de la valeur des hommes que de l'art, une armée de neuf à dix mille hommes effectifs en peut venir à bout dans un mois ou cinq semaines de tranchée ouverte pour le plus, mais aussi n'en faut pas moins et supposer que le chapitre des accidents ne soit pas contraire.

La dépêche d'Espagne à don André Cantelme, prise par un de nos partis entre Frague et Lerida, que M. le comte d'Harcourt envoie à Votre Éminence, vous fera connoitre le mauvais état des forces, des projets et de la santé de Sa Majesté catholique, et nous donne lieu d'espérer que mondit sieur le comte pourra faire aussi quelque chose de son côté..... Il n'y a maintenant plus rien à venir des troupes destinées pour mondit sieur le comte que le régiment d'Alais et quelques recrues de cavalerie. Quand tout y sera, nous aurons bien treize à quatorze mille hommes de pied et près de deux mille sept cents ou deux mille huit cents chevaux de toutes nations avec les officiers. Mais, pour ce qui regarde l'infanterie, il est certain que le quart de ce qui est venu est si mal armé qu'il se peut quasi dire sans armes, outre que ce sont d'ailleurs d'assez mauvaises gens fort nouveaux et fort misérables; comme je ne dois rien cacher à Votre Éminence, je lui mande tout. Suivant le dessein que fait M. le comte d'Harcourt, il sera le 16 du courant à Cervère, et j'espère qu'il ne laissera pas longtemps les ennemis dans Agramunt.

Pour ce qui est des affaires de la province et de la disposition des esprits, j'ose vous assurer que l'arrivée de mondit sieur le comte et des troupes y ont produit de très favorables effets dans tous les ordres, surtout quand ils ont vu que l'action de Roses ne diminuoit en rien les forces nécessaires pour la sûreté de l'autre frontière. C'est véritablement ici un coup d'état digne de la grandeur du roi, de la réputation de ses armes et de votre prudence. Mais aussi importe-t-il beaucoup de ne pas manquer cette place, dont la prise est un des meilleurs affermissements qu'on puisse donner aux affaires de Leurs Majestés en Catalogne, et dont le manquement pourroit aussi causer de très grands changements.

M. le comte d'Harcourt m'a témoigné désirer que j'aille demeurer quelques jours auprès de lui à l'armée pour assister à l'établissement de la campagne, en suite de quoi je dois revenir par ses ordres à Barcelone. J'en reçois toutes les marques qui sont à désirer de l'honneur de sa confiance, et, certes, il ne se peut rien ajouter à l'agrément et à la bonté de sa conduite; si madame sa femme étoit à Barcelone en son absence pour achever de convertir les dames catalanes, qui sont pour la plupart espagnoles, et qui ont beaucoup de pouvoir sur les hommes, il ne resteroit plus rien à désirer pour l'accomplissement de cet ouvrage dont la gloire vous est due..

(Original. Affaires étrangères, Espagne, XXVI, 76.)

52. *Du Plessis-Besançon à Mazarin.*

Du camp de Bellpuig, le 28 avril 1645.

J'ai reçu de la bonté de Votre Éminence, par la main de M. le comte d'Harcourt, le brevet et les autres expéditions nécessaires pour servir présentement de maréchal de camp en cette armée, lorsque j'étois à la veille de m'en retourner à Barcelone.....

Les troupes effectives qui se sont trouvées au rendez-vous d'avant-hier montent à deux mille quatre cents chevaux et sept mille cinq cents hommes de pied, sans les officiers et les garnisons; il nous manquoit environ huit cents des premiers et douze à quinze cents des autres, lesquels ne peuvent arriver que demain, à quoi je ne comprends point l'infanterie catalane. Quand tout sera ensemble, nous aurons une armée de considération, mais non pas assez forte pour entreprendre un siège et garder en même temps une frontière tout ouverte contre les ennemis, à moins que d'avoir gagné une bataille auparavant, laquelle ils ne donneront point s'ils ne veulent, ayant des places et des rivières très fâcheuses devant eux......

(Original. Affaires étrangères, Espagne, XXVI, 83.)

53. *Du Plessis-Besançon à Mazarin.*

Extrait. [Sans indication de lieu], le 30 mai 1645.

La prise de Roses a rétabli entièrement les affaires et la réputation du roi en ce pays. M. le maréchal de la Motte a laissé les affaires de Catalogne et surtout celles de cette frontière en si mauvais état par la perte des places de la Sègre que, n'ayant pu agir dans les temps qu'elle étoit basse, les ennemis foibles et sans fortifications sur les gués, il est maintenant d'un péril et d'une difficulté extrême de pouvoir passer cette rivière, tant pour être grosse comme elle est par la fonte des neiges, que pour les travaux et le canon qu'ils ont à tous les gués, et les forces qu'ils opposent à notre passage.....

Pour ce qui est de l'état des affaires en dedans de la province et de Barcelone, tous les avis que j'ai de divers endroits portent que les mauvais catalans font pis que jamais contre nous par toutes sortes de voies, et le régent Fontanelle m'écrit qu'il a découvert diverses pratiques[1] dont il me fera part à son retour dudit Barcelone.....

(Minute originale. Affaires étrangères, Espagne, supplément, V.)

54. *Lyonne à du Plessis-Besançon.*

Extrait. Paris, le 2 juin 1645.

Je me suis trouvé présent comme Son Éminence a dit à M. Le Tellier que, si la maladie de M. de Marca l'empêchoit d'agir ou l'obligeoit à se retirer, il ne falloit point songer à d'autre personne qu'à vous, qui, avec la qualité de maréchal de camp, aviez tous les talents nécessaires et la créance dans le peuple pour prendre soin de toutes les affaires, tant politiques que de finance. J'ai seulement à vous donner avis, comme votre très humble serviteur, d'empêcher par votre conduite qu'on ne puisse vous rendre de mauvais offices sur ce qui est du ménage. On a voulu faire croire ici que c'étoit vous qui mettiez dans la tête de M. le vice-roi de solliciter pour faire accorder un traitement plus avantageux à la cavalerie et aux troupes qui servent en Catalogne. Il faut que vous vous accommodiez un peu à nos nécessités, et, si vous avez des besoins, croyez que les nôtres sont extrêmes, ayant tant de choses différentes auxquelles il faut nécessairement pourvoir.....

(Original. Affaires étrangères, Espagne, supplément, V.)

55. *Du Plessis-Besançon à Mazarin.*

Extrait. Camarasa, le 22 juin 1645, au soir.

L'action que M. le comte d'Harcourt a faite aujourd'hui[2] peut passer pour une des plus hardies et des plus heureuses qui se puissent exécuter à la guerre; j'y ai peu contribué de ma personne, mais je n'ai pas eu de mauvais sentiments pour y parvenir. M. de Chavagnac[3], qui s'est signalé en cette occasion, en fera une relation verbale à Votre Éminence, en attendant qu'on lui en envoie une plus particularisée. Le nombre des morts est considérable et celui des prisonniers plus grand, outre la qualité des per-

---

1. Allusion sans doute à quelque manœuvre relative à la conspiration dont on trouvera plus loin le récit.
2. Le passage de la Sègre, qui fut suivi de la bataille de Llorens gagnée par le comte d'Harcourt.
3. François de Chavagnac, lieutenant de la compagnie des gendarmes du comte d'Harcourt, maréchal de camp en 1646. Il était frère de Gaspard, comte de Chavagnac, maréchal de camp, qui a laissé des *Mémoires.*

sonnes. J'espère que nous essaierons encore quelque chose avant que les excessives chaleurs nous arrêtent, quoique les forces qui restent aux ennemis ne soient pas si fort à mépriser qu'on puisse tout entreprendre sur eux. Nous n'en perdrons pourtant aucune occasion.

(Original. Affaires étrangères, Espagne, XXVI, 139.)

56. *Du Plessis-Besançon à Mazarin.*

Extrait. Du camp de Termes, le 8 juillet 1645.

Nous avons pris le poste de Termes, où nous travaillons à nous retrancher des deux côtés de la Sègre entre Lérida et Balaguer, étant maîtres par ce moyen des grands chemins qui communiquent de l'une à l'autre de ces villes le long de la rivière. Votre Éminence aura déjà su comme ce qui est resté des ennemis, au nombre de deux mille cinq cents chevaux et trois à quatre mille hommes de pied, s'est venu fortifier au saint Christ, qui est une hauteur fort avantageuse à la tête de Balaguer, où ils sont encore. Cependant, nous tâchons de bien établir notre pain, le manquement duquel nous a fait perdre les plus belles occasions du monde de profiter des avantages que les armes du roi ont remportés sur celles d'Espagne[1]. On assure que don Philippe de Silve est présentement à Fraga ou Mequinance, où il prétend d'assembler un corps de quatre à cinq mille hommes de pied et mille chevaux ; et, selon les avis que nous avons de tous côtés, on ne doute point qu'il n'en vienne à bout, et qu'en même temps ce qui est à Balaguer ne le puisse aller joindre par le chemin d'Ager, qui n'est qu'à deux heures de chemin d'Aragon, sans que nous le puissions empêcher du poste où nous sommes, si ce n'est en leur abandonnant d'autres chemins plus courts et plus faciles, comme sont ceux de la Sègre ; et, cela étant, je ne vois pas que nous puissions rien entreprendre de

---

1. « Après la bataille, nous avons manqué de pain trois jours entiers, » écrivait le comte d'Harcourt à Mazarin, le 1er juillet, « à savoir, le jour
« du combat et les deux suivants, et la fourniture en est encore si mal
« établie depuis ce temps-là qu'à peine en avons-nous pu avoir une
« demi-ration par jour, et, avant-hier, notre camp fut en telle nécessité
« que j'abandonnai ma table aux soldats avec toutes mes provisions de
« viande, de pain et de vin, fis tuer plusieurs bœufs et acheter tout le
« pain et le vin des vivandiers, avec quoi j'assouvis un peu la faim et
« apaisai la mauvaise humeur des misérables drilles. » (Original. Affaires étrangères, Espagne, XXVI, 145.)

considérable, si ce n'est de chercher les moyens d'en venir à une bataille..... Il me semble qu'en la disposition où sont la plupart des esprits, à cause des dommages que les peuples reçoivent de cette guerre et le libertinage des mal affectionnés faute de justice et de politique, ce genre d'affaires étant comme abandonné depuis que nous sommes partis de Barcelone, il n'est pas autrement à propos de mettre si souvent que nous faisons le tout pour le tout, mais plutôt de soutenir les choses en faisant une guerre plus méthodique qu'impétueuse, comme aussi de tenir à Barcelone une personne d'autorité, vigoureuse, agissante et agréable aux peuples, comme le seroit celle de M. de la Berchère [1], pour laquelle j'estime que M. le comte d'Harcourt n'auroit aucune répugnance ; car, pour ce qui me regarde, c'est un emploi dont je ne me sens point capable, et qui demande un homme d'autre profession que la mienne.

(Minute originale. Affaires étrangères, Espagne, supplément, V.)

57. *Du Plessis-Besançon à Lyonne.*

Extrait.   Du camp de Termes, le 12 juillet 1645.

Nous continuons à nous établir dans ce poste en nous y retranchant, et tâchant d'ailleurs de trouver des expédients de faire subsister notre cavalerie, de qui les chevaux dépérissent à vue d'œil, et j'appréhende bien fort que, si la chose dure, il ne nous arrive une partie du mal que nous voulons procurer aux ennemis qui sont à Balaguer, où ils travaillent jour et nuit à se fortifier, c'est-à-dire qu'en voulant les affamer et tâchant, en les serrant de près, de ruiner la leur, la prévoyance qui est une partie en laquelle ils excellent par-dessus nous, ne les ait mis en état, ou de subsister plus que nous, ou de se retirer en Aragon par les montagnes, quand leurs travaux seront assez avancés, pour donner une sûreté probable à ce qu'ils laisseront audit Balaguer pour sa défense, et que, s'étant joints à quatre mille hommes de pied et mille ou douze cents chevaux que don Philippe de Silve peut assembler dans ce mois, ils ne forment un corps capable de s'opposer à tous nos desseins pour le mauvais état auquel

---

1. Pierre le Goux de la Berchère, premier président du parlement de Dijon en 1630, suspendu de ses fonctions en 1637, réintégré en 1644, puis premier président du parlement de Grenoble. De Lyonne avait suggéré à du Plessis-Besançon, dans une lettre en date du 19 juin, l'idée de proposer La Berchère à Mazarin pour remplacer Marca.

nous pourrons être en ce temps-là par des manquements dont il ne m'est plus loisible d'ouvrir la bouche, puisqu'on ne le trouve pas bon et qu'on me rend de mauvais offices, qui font effet contre moi, lorsqu'on me devroit savoir gré des fidèles avis que je donne..... Les peuples de cette frontière commencent fort à murmurer contre nous, voyant que nos troupes y vivent à peu près comme en Allemagne, et que la plupart des hostilités de la guerre s'y pratiquent, dont je crains plus les suites que tout l'effort des ennemis, étant vrai de dire que, sans l'amitié des catalans, nous ne saurions nous maintenir en ce pays. J'en parle souvent et m'en désespère, mais tout cela ne sert de rien; ce n'est pas que M. le comte d'Harcourt l'approuve ni le tolère, mais, faute d'exemple et de châtiment, le désordre s'établit et commence de passer en coutume, le libertinage des nouvelles troupes qui sont venues ayant passé facilement aux vieilles, et la douceur qu'elles y trouvent ayant infecté de son venin leur ancienne sévérité.

D'ailleurs, comme le parti des mottistes[1] est grand en Catalogne par l'intérêt et l'inclination de ceux qu'on y a laissés, on fait valoir à Barcelone et en divers lieux le gouvernement passé pour décrier plus efficacement la conduite présente; et, personne n'agissant depuis trois mois audit Barcelone, les malaffectés y ont extraordinairement multiplié pendant la confusion où toutes choses sont demeurées; et croyez que, si la gente ordinaire n'étoit entièrement pour nous, ou que les armes du roi n'eussent été cette année plus heureuses que la précédente, celle-ci ne se passeroit point que nous ne vissions quelque chose d'extravagant contre nous. Je vous dis tout ceci de l'abondance d'un cœur plein de zèle et avec beaucoup de connoissance; prenez vos mesures là-dessus et croyez que, pour bien assurer les affaires du roi, il faudra tôt ou tard faire quelque grand coup de politique en ce pays.

(Original. Affaires étrangères, Espagne, supplément, V.)

58. *Relation de ce qui s'est passé entre Ager et Balaguer, les 21 et 22 août 1645.*

Ceux de Balaguer, non moins pressés du voisinage de l'armée du roi que la mauvaise posture où ils sont d'être réduits au pain et à l'eau depuis cinq semaines, et se voyant quasi hors d'espoir

---

1. Partisans du maréchal de la Motte-Houdancourt.

d'être secourus de vivres, ont enfin entrepris de soulager le peu qui leur en reste, en diminuant le nombre des troupes qui étoient dedans par une évasion secrète; et, d'autant que la cavalerie étoit celle qui souffroit le plus, don André Cantelme ayant eu ordre de s'échapper avec ce qui lui restoit de trois mille chevaux qui étoient entrés dans la place avec lui, le soir du 21 au 22, il sortit de son camp, sur les neuf heures, accompagné des principaux chefs et officiers et de tous les cavaliers dont il jugea que les chevaux pourroient fournir au voyage qu'ils avoient à faire, qui tous ensemble formèrent un corps de six à sept cents maîtres, à quoi il ajouta cinq à six cents cavaliers démontés et autant de mousquetaires, prenant le côté des montagnes pour gagner l'Aragon par une petite ville qui tient pour eux, nommée Ager. Or, comme, depuis que M. le comte d'Harcourt les tient serrés, il y a toujours eu de ce côté-là un corps détaché de deux mille cinq cents hommes de pied et trois à quatre cents chevaux commandés par un maréchal de camp, il s'est trouvé que M. de Saint-Aunais étoit lors de tour, et que, n'ayant pas été bien averti de cette marche, il n'en a pu joindre que la queue assez près de leur retraite; sur quoi, les ennemis le sentant approcher et ne sachant pas ce qu'il avoit, les plus mal montés d'entre eux, en nombre de deux ou trois cents, mirent pied à terre et gagnèrent le haut, donnant auparavant de l'épée ou du pistolet à leurs chevaux, dont ils tuèrent une bonne partie, quoiqu'ils ne fussent pas encore pressés. Les nôtres prirent le surplus, assommèrent quelques-uns des plus paresseux et firent quinze ou vingt prisonniers, mais tout le reste s'est sauvé, si bien que, même sans deux pelotons de mousquetaires des régiments d'Harcourt et des Suisses qui arrêtèrent ceux qui avoient tourné sur ledit sieur de Saint-Aunais, lequel s'étoit avancé un peu trop brusquement avec quarante ou cinquante maîtres, dont la plupart se débandèrent pour le pillage, il couroit fortune d'aller avec eux plus loin qu'il n'eût voulu. Le reste de leur infanterie est demeuré audit Balaguer, en nombre de deux mille cinq cents à trois mille hommes, restant de plus de cinq à six mille; on assure qu'il y est aussi demeuré quatre compagnies de cavalerie, et que la ration qu'on leur donne a été diminuée de dix-huit onces de pain à quatorze, où il y a du millet et du son mêlés. M. le comte d'Harcourt n'a point encore pris de nouvelles résolutions sur cet événement, quoiqu'il change un peu la face des affaires, dont il n'est pas autrement satisfait, doutant avec raison que cet inconvénient n'en produise d'autres par le moyen du temps qu'il peut donner aux ennemis. Néanmoins, il semble très difficile que cette place puisse être secourue ni échapper à ses soins et aux armes du roi, celles que Sa Majesté catholique assemble sous la charge de don Philippe de Silve (qui est à Lérida), n'étant jusqu'ici pas en état de l'entreprendre sans beaucoup hasarder contre un prince et une armée qui sont si fort en possession de les battre.

(Minute de la main de du Plessis-Besançon. Affaires étrangères, Espagne, supplément, V.)

59. *Le comte d'Harcourt à du Plessis-Besançon.*

Du camp de Termes, le 30 août 1645, à sept heures du soir.

Les nouvelles que je viens d'avoir de Flix me font prendre résolution de partir dans une heure avec six régiments de cavalerie, le second bataillon de Champagne, mon régiment d'infanterie et ceux de Mirepoix, Ferrières et les compagnies des gardes suisses, avec quoi et les troupes qu'a amenées M. de Chabot[1], j'espère que Dieu nous fera la grâce de battre les ennemis qui sont tous allés du côté de Flix, et, avec le reste de nos troupes, je m'assure que vous nous rendrez bon compte de ce qui est à faire par deçà. Je laisse le sieur de Chambon dans ce camp; vous aurez à lui ordonner ce qu'il aura à faire, et choisirez le quartier où vous jugerez plus à propos de demeurer, à Gerb ou en ce camp.

(Original. Affaires étrangères, Espagne, supplément, V.)

60. *Du Plessis-Besançon à Mazarin.*

Du camp de Castillon, le 30 septembre 1645.

De la façon que Votre Éminence s'intéresse et se passionne pour les avantages de la France, vos serviteurs ne recevront pas une médiocre satisfaction de voir qu'elle n'ait pu avoir nouvelle de la surprise de Flix qu'en même temps qu'on lui porte celle du secours que M. de Chabot y a conduit, et si heureusement pour nous, que les ennemis y ont perdu tout ce qui s'y est trouvé….. Pour moi, qui voyois assez clair aux suites que cette mauvaise affaire pouvoit avoir, je m'en suis d'autant plus réjoui que j'ap-

---

1. Charles, comte de Chabot de Sainte-Aulaye, frère du duc de Rohan-Chabot, sergent de bataille en 1642, maréchal de camp en 1643, fut tué devant Lérida en 1646.

préhendois le mal qui en pouvoit arriver et le déplaisir que Votre Éminence en auroit. Ce gentilhomme, nommé Saint-Abre[1], qui a très bien servi en toutes les occasions de cette campagne, et qui s'est encore particulièrement signalé dans celle-ci, lui rendra si bon compte du détail que je n'en dirai rien dans cette lettre.

Pour ce qui est de Balaguer, mon tour étant venu de garder le côté des montagnes avec un corps séparé, j'en ai rapproché tous nos postes, en sorte qu'au lieu du circuit de sept à huit heures de chemin qu'il falloit garder, je l'ai réduit à une heure et demie, par le moyen de quoi les gardes se peuvent faire plus exactement et avec moins de fatigue pour les troupes, outre que j'ai achevé de leur ôter entièrement toute l'eau de leur moulin. M. le comte d'Harcourt persiste à n'en plus laisser sortir personne, mais, nonobstant cette précaution, je crains infiniment que les vivres ne durent beaucoup plus qu'on ne pense, voyant que le pain y est encore distribué sans notable diminution, et que les habitants contribuent de tout leur pouvoir à faire durer cette place. Il semble que, depuis l'évasion de Cantelme, nous pouvions en avoir plus facilement raison par la voie de la force, continuant de recevoir les déserteurs, et que nous nous fussions trouvés plus forts d'infanterie; mais, en vérité, nous ne le sommes pas assez maintenant, en l'état que sont les choses, et notre cavalerie a tellement dépéri qu'à peine avons-nous mille ou douze cents chevaux en tout qui soient tant soit peu en état de servir.

J'attends qu'ensuite de mes précédentes et très humbles prières Votre Éminence me concédera la grâce de me rapprocher d'elle au plus tôt après cette occasion, les affaires que j'ai en Provence pour le bien de ma femme et celles de mon gouvernement, où tout est en désordre, ne me pouvant permettre de différer davantage..... Don Philippe de Silve est présentement à Lérida avec deux mille hommes de pied et deux à trois cents chevaux, tout le reste de leurs troupes ayant marché vers Flix, sous la charge de Toralto, qui mène un corps assez considérable de l'un et de l'autre, et tous les avis que nous avons portent qu'ils sont résolus de secourir Balaguer d'une façon ou d'autre. Néanmoins, c'est une chose que je tiens fort difficile.

(Original. Affaires étrangères, Espagne, XXVI, 186.)

---

1. Jean de la Cropte, marquis de Saint-Abre, comte de Rochefort; il était alors capitaine au régiment de la Motte-Houdancourt. Nommé

61. *Du Plessis-Besançon à Mazarin.*

Du camp de Termes, le 20 octobre 1645.

La place où nous allons entrer[1] se doit considérer, sinon comme bonne, à tout le moins comme un poste important et nécessaire au service du roi en Catalogne, et, par-dessus tout cela, pour avoir mis à bout avec elle tout ce qui restoit de bonne et vieille infanterie de l'armée d'Espagne. Ce qui en sort consiste en plus de neuf cents officiers de toute espèce et près de deux mille cinq cents des meilleurs soldats qui se puissent voir, sains ou malades, qui s'en revont par la France et qui, vraisemblablement, n'arriveront pas tous à Fontarabie. Ils nous laissent assez bon nombre de munitions de guerre, quinze pièces de canon, pour autant de jours de vivres, et, ce qui est plus à estimer que tout, la réputation de cette campagne, dont les suites peuvent produire des effets sans comparaison plus avantageux la prochaine que celle-ci, et les espérances que j'en ai sont si bien fondées qu'il n'est pas raisonnable d'en douter. La bonne fortune de l'état et celle de M. le comte d'Harcourt y ont sans doute beaucoup contribué, mais il faut avouer que sa patience, son exemple et sa fermeté seront toujours les principaux instruments des belles productions de son courage et de sa conduite. Il me doit faire partir dans le 20 ou 30 du courant, chargé de ses sentiments pour Votre Éminence, desquels j'espère de lui rendre compte bientôt après, ne prenant que deux jours de détour pour passer à Auxonne, qui est quasi sur mon chemin.

(Original. Affaires étrangères, Espagne, XXVI, 218.)

62. *Conjuration de Catalogne pendant le temps que M. le comte d'Harcourt y commandoit les armées du roi*[2].

Après la perte de la bataille de Lérida et le mauvais succès

---

maréchal de camp en 1650 et lieutenant général en 1655, il fut blessé à mort à la bataille de Sintzheim, le 16 juin 1674.

1. Balaguer.
2. Ce récit n'est pas dû à la plume de du Plessis-Besançon. Il doit être attribué sans doute à quelque personne de l'entourage du comte d'Harcourt qui paraît avoir connu fort exactement les faits. Nous avons cru utile de le publier ici à cause de l'intérêt qu'il présente et du rôle qu'on y fait jouer à du Plessis-Besançon. Cette conjuration occupa les autorités françaises en Catalogne pendant tout l'automne et l'hiver de 1645 à 1646. Ce fut seulement par une lettre du 24 mars 1646 que le comte d'Harcourt annonça à Mazarin le châtiment des coupables.

que nous eûmes au siège de Tarragone, les ennemis, qui jusque-là n'avoient songé qu'à conserver l'Aragon, conçurent de grands desseins sur la Catalogne, et se résolurent de faire tous leurs efforts pour en chasser les François. Leur armée étoit et victorieuse et beaucoup plus forte que la nôtre, les peuples dans une assez grande consternation, nos partisans, excepté quelques particuliers, tous refroidis, et ceux d'Espagne, qui avoient attendu longtemps une pareille occasion, disposés à faire toutes choses pour son avantage. Dans cette conjoncture, le conseil d'Espagne ne trouva rien de plus important que de faire une faction dans Barcelone, laquelle, se trouvant puissante dans peu de temps, pourroit, avec l'assistance de quelques troupes et le secours de l'armée navale, remettre la ville entre les mains de leur roi.

Le duc Toralto, gouverneur de Tarragone, qui, pour être de la province, avoit et plus d'intelligence et plus de commerce avec les catalans, eut ordre d'y faire autant de pratiques qu'il pourroit, et d'y jeter le fondement de cette faction qu'on y vouloit entretenir. Ce duc, connoissant l'esprit remuant de la baronne d'Albi, son crédit dans Barcelone et l'inclination qu'elle avoit pour le roi d'Espagne, crut ne pouvoir pas mieux s'adresser qu'à elle, ni mieux confier le secret d'une affaire si importante que celle-là.

Cette femme est originaire d'Aragon, mariée au baron d'Albi, homme de condition en Catalogne; la différence d'intérêts et la diversité d'humeurs, la méchante mine de l'un et la trop grande galanterie de l'autre font que le mari hait sa femme et les Espagnols, et que la femme n'a rien de plus en horreur que son mari et les François. La baronne d'Albi a des qualités extraordinaires, autant de beauté que femme de sa nation et de l'esprit davantage; outre les agréments de son sexe, elle a toute la hardiesse du nôtre, de l'intelligence et de la dextérité. Au reste, voluptueuse illustre, non seulement par les charmes de la volupté, mais pour mépriser la retenue et la régularité de celles qu'on appelle honnêtes femmes, de sorte que le même esprit qui lui fait haïr les opinions communes fait qu'elle ne trouve rien à dire ni à un adultère ni à une conspiration. Cette femme, telle que je la dépeins, fut choisie pour avoir le secret de l'affaire et pour négocier toutes choses comme elle trouveroit à propos. Les deux points essentiels dont ils demeurèrent d'accord, le duc Toralto et elle, furent de gagner l'abbé de Galligans[1], député ecclésiastique

1. Fra don Gispert Amat y Desboch, abbé de Galligans.

et quasi absolu dans le clergé, et de faire en sorte qu'Onofre Aguiles[1] voulût devenir trésorier du roi d'Espagne, toucher son argent et le distribuer aux personnes utiles, selon l'ordre qu'il recevroit de la baronne d'Albi. Onofre Aguiles n'étoit pas né gentilhomme, mais un vice-roi d'Espagne l'avoit anobli ; il étoit extrêmement riche, fort obligeant et fort secret, de sorte qu'il ne pouvoit être soupçonné de personne, quand on eût su même qu'il donnoit de l'argent aux particuliers. Ce fut le premier que la baronne d'Albi voulut gagner, ce qu'elle fit à la fin de la façon qui s'ensuit : Onofre Aguiles avoit quelque légère passion pour elle, mais, comme elle n'avoit pas eu jusque-là grande complaisance pour lui, il se contentoit de la traiter comme une personne qui mérite d'être aimée, et dont on n'espère pas ce qui donne les attachements plus particuliers. Elle, qui ne songeoit qu'à le gagner tout à fait, prévint ses civilités à la première rencontre, et attira bientôt les siennes. Cette première douceur lui fut infiniment sensible ; il parle d'amour, elle l'écoute ; il lui fait de grandes protestations, elle les reçoit ; il devient le plus passionné homme du monde, et elle paroît fort touchée. Un jour, il se résolut de ne languir pas davantage, et, avec les transports ordinaires des personnes passionnées, il demande à jouir. La baronne d'Albi, qui ne désiroit autre chose que de le voir réduit en cet état-là, répondit qu'elle étoit prête de le contenter, mais que ce seroit à certaines conditions, justes toutefois, et même honorables pour lui. Là-dessus, il promet toutes choses et demande seulement ce que ce peut être ; elle lui dit que le roi d'Espagne avoit dessein de faire une faction dans Barcelone, qu'il lui avoit fait l'honneur de lui en confier le secret, et qu'il étoit choisi pour être distributeur de son argent ; que, s'il vouloit servir son prince (disoit-elle), avec plaisir elle consentiroit à tout, sinon, qu'il n'auroit jamais d'elle que du mépris. Onofre Aguiles, homme d'un naturel fort doux et très éloigné des violences qu'il prévoyoit infaillibles, demeura tout interdit à cette proposition. Il lui représente que ce seroit trahir sa patrie et faire une infidélité horrible au roi de France, qui étoit devenu légitime maître des catalans. Il la prie de le dispenser d'une action si noire, mais elle est toujours ferme en sa résolution, lui reproche sa foiblesse et sa méconnoissance, ne jouissant des privilèges des gentilshommes, comme il faisoit, que par la grâce qu'il avoit reçue du roi d'Espagne. Lui, qui se sentoit touché au discours

---

1. Onofre Aguilo, député de la province de Catalogne.

de sa maîtresse, fut bien aise de se souvenir de cette obligation ; il voulut croire qu'il pouvoit entrer avec honneur en de nouveaux intérêts, et, pour dire tout, il jouit, il devint perfide. Il confirma plusieurs fois la perfidie : après cela, il ne fut plus question que de servir utilement dans le parti d'Hippolyte d'Aragon ; c'est ainsi qu'on appeloit la baronne d'Albi. Elle avoit une lettre du roi catholique pour l'abbé de Galligans, mais elle différoit à la lui rendre jusqu'à ce qu'elle eût gagné Onofre Aguiles pour ce qu'il étoit fort de ses amis, et qu'elle le croyoit plus propre qu'homme du monde à le gagner. Aussi ne fut-elle point trompée dans son opinion, car, à peine lui eut-il donné la lettre qu'il se déclara ouvertement et conféra avec lui, dès la même heure, des moyens de faire réussir leurs desseins. Cette promptitude à se résoudre sur une affaire si importante que celle-là venoit de l'inclination qu'il avoit toujours eue pour les Espagnols, et je ne vous saurois dire qui reçut plus de joie, ou lui, de l'ouverture qu'on lui fit, ou ceux qui la lui faisoient, du plein consentement qu'il y donna. L'abbé ne manqua pas de répondre à la lettre qu'il avoit reçue, et la baronne d'Albi informa le duc Toralto et quelques autres ministres d'Espagne de l'heureux commencement de cette affaire. Ce fut alors qu'ils voulurent donner quelque forme à leurs projets qui, jusque-là, n'étoient entrés que confusément dans leur pensée. A Madrid, les Espagnols avisoient aux moyens de conduire une si grande entreprise. A Barcelone, ces trois personnes que j'ai nommées se donnoient les mêmes soins, et, après avoir reçu plusieurs avis les uns des autres, ils concertèrent enfin ce qui s'ensuit : que tout le temps qui restoit jusqu'à la campagne prochaine seroit employé pour gagner des créatures au roi d'Espagne ; qu'on feroit tenir force argent à don Onofre pour corrompre ceux qui pourroient être corrompus, et pour s'en servir à tout ce qui feroit besoin ; que la baronne d'Albi distribueroit des lettres de pardon à ceux qui en voudroient, et, quand les choses seroient en état d'être exécutées, que l'armée navale viendroit devant Barcelone, que cinq ou six mille hommes de l'armée de terre se camperoient proche des murailles et feroient semblant d'assiéger ; que, là-dessus, l'abbé de Galligans feroit assembler le conseil général où, par une longue harangue, il exhorteroit les catalans à s'accommoder avec le roi d'Espagne, qu'il se chargeoit de faire réussir l'accommodement à l'avantage de la province, et, si le conseil ne vouloit se résoudre en ce parti, qu'alors il sortiroit à la ville, et, se promenant à la tête du clergé, dont il disposoit presque absolument, il seroit le premier à crier liberté, pacte avec Espagne; qu'à ces cris, tous les factieux prendroient les armes, romproient les prisons, se saisiroient de la Tersane, qui est une manière d'arsenal qui regarde la mer, pour en tirer les prisonniers espagnols qu'on y tenoit; qu'au même temps les soldats de l'armée de mer se débarqueroient et feroient leurs efforts du côté de la marine où ils seroient attendus par leurs partisans, tandis que ceux de terre donneroient d'un autre côté, où ils seroient aussi favorisés. Cette résolution prise, ils commencèrent à faire leurs pratiques, non pas tout ouvertement, mais s'acquérant des amis et s'en assurant, décriant les affaires de France, et prévoyant bien, disoient-ils avec douleur, que bientôt le roi d'Espagne alloit recouvrer la Catalogne.

Insensiblement, chacun se plaignoit de l'état présent, et il y avoit force gens qui condamnoient les premiers auteurs de la liberté que les catalans s'étoient procurée. Les discours se faisoient d'autant plus librement qu'il n'y avoit plus de vice-roi dans la province, le maréchal de la Motte ayant été rappelé. Durant ce désordre et cette confusion, on eut avis que le comte d'Harcourt venoit commander en Catalogne et amenoit force troupes; cela suspendit tous les esprits. Les plus passionnés pour l'Espagne voulurent attendre l'effet de ce changement, et ils se repentoient même dès lors d'en avoir tant fait. Les partisans de France, et particulièrement les peuples, furent animés d'une chaleur nouvelle pour nos intérêts. La grande réputation du comte d'Harcourt et sa qualité de prince le firent attendre impatiemment de ceux-ci. Il arriva avec un superbe équipage, que les livrées du roi rendoient encore plus magnifique. Aussi fut-il reçu magnifiquement, et l'on lui fit une aussi belle entrée qu'on eût pu faire au roi même. Pendant le séjour que le viceroi fit à Barcelone, ce furent des dépenses extraordinaires, et il parut avec toute la pompe qu'on sauroit s'imaginer; cela donnoit de l'admiration aux catalans, qui, dans ce grand appareil et les grands préparatifs de notre armée, croyoient que nous allions pousser celle d'Espagne jusqu'à Madrid.

Cependant, le comte d'Harcourt, qui n'aimoit pas le maréchal de la Motte, s'informoit de son cousin de Chabot et de quelques autres, quels étoient ses amis et ses ennemis, à dessein de se faire des partisans de ceux-ci et de ruiner insensiblement les autres. Il y a deux cabales dans la Catalogne, qui sont quasi de véritables factions : don Joseph Margarith, gouverneur de la province, et le chancelier[1] sont chefs de l'une, don Joseph d'Ardenne et le régent[2] chefs de l'autre. Le premier n'est pas d'une naissance fort illustre ni d'un courage fort résolu, mais d'un esprit intelligent, d'une vigilance incroyable et toujours tendu à découvrir ce qui se fait contre l'intérêt des catalans, au reste puissant dans la députation, puissant dans tous les conseils, et particulièrement parmi les peuples. Don Joseph d'Ardenne est homme de condition, fort brave et fort fier, appuyé de la plupart des gens de guerre et quasi de tous les cavaliers, moins intelligent que l'autre, mais prenant ses conseils du régent, l'homme sans contredit le plus délié de la Catalogne. Le comte d'Harcourt, au lieu d'étouffer les divisions, se déclara ouvertement pour don Joseph d'Ardenne, et, par ce moyen, se rendant suspect au gouverneur et à ses amis, se les rendit suspects à lui-même, et se mit en état de n'en recevoir que peu de services considérables. Le gouverneur, toutefois, qui, pour son intérêt et pour celui de la ville, avoit besoin des bonnes grâces du vice-roi, fit tout ce qu'il put pour se les acquérir, et, voyant qu'il n'en pouvoit venir à bout, lui parla un jour avec la franchise que vous allez voir :

« Quand Votre Altesse ne se seroit pas déclarée pour mes enne« mis, il faudroit que je fusse bien stupide, si je ne m'aperçevois pas
« de l'aversion qu'elle a pour ma personne; depuis que j'ai l'hon« neur d'être en la charge où je suis, je crois n'avoir rien oublié
« qui touche le service du roi. De ce côté-là, Monsieur, je ne
« pense pas que vous puissiez être mal satisfait. Je vois bien que
« ma disgrâce vient d'ailleurs. Votre Altesse a su que j'étois des
« amis particuliers du maréchal de la Motte, et elle voit qu'en
« toutes les rencontres où je le puis servir, je le fais avec joie. Il
« est vrai que je serai toujours ferme dans ses intérêts; mais
« cela vous devroit donner de l'estime pour moi. Le maréchal
« de la Motte m'a fait quasi ce que je suis; si je n'en avois du
« ressentiment, Votre Altesse m'accuseroit d'ingratitude. Il est
« en prison et vous êtes en Catalogne; je ne pense pas que vous
« ayez des intérêts si contraires que je ne puisse être de ses
« amis sans vous offenser. Par ce que j'ai fait pour lui, jugez ce
« que vous devez attendre de moi, si vous avez agréable que je
« sois votre serviteur. »

Le comte d'Harcourt fut surpris de cette harangue, et, après avoir répondu par certains discours qui ne concluoient rien, il

---

1. Don Laurentio de Barutell, chanoine de l'église d'Urgel.
2. Don Joseph Fontanella.

laissa aller l'autre assez mal édifié de la peine qu'il avoit prise. Ceci mit le gouverneur et tous ceux de son parti hors d'espérance de s'accommoder avec le vice-roi, et confirma l'autre cabale dans l'opinion qu'elle avoit de pouvoir toujours s'assurer de sa faveur. Don Joseph d'Ardenne, le régent et quelques autres ne songeoient qu'à la ruine de leurs ennemis, mais la baronne d'Albi et le reste des conjurés furent bien aises de trouver une occasion si favorable aux intérêts du roi catholique. Et, en effet, les brigues et les menées se firent depuis en apparence contre le gouverneur, mais secrètement et avec vérité pour l'Espagne. Environ ce temps-là, le vice-roi se disposoit à partir pour l'armée, ce que les conspirateurs attendoient avec joie; mais, devant qu'il partît, la même Hippolyte et ses confidents jugèrent à propos de gagner quelque François, par le moyen duquel ils pussent être avertis de toutes choses, et qui pût leur rendre auprès du comte d'Harcourt tous les offices dont ils auroient besoin. Ils jetèrent les yeux sur Chabot comme sur un homme tel qu'ils le pouvoient désirer. C'étoit le bon cousin du vice-roi, ennemi du gouverneur et de toute sa cabale; il n'étoit point assez intelligent pour démêler ce qui se pratiqueroit contre elle et tout ce qui se feroit pour le roi d'Espagne; de plus, homme vain et léger, dont ils se promettoient de découvrir toutes choses. Ils se servirent de trois moyens pour le gagner, dont le moindre n'en étoit que trop capable. Le premier dépendoit de la baronne d'Albi, qui étoit de lui donner de l'amour; à quoi Onofre Aguiles ne s'opposa point, soit qu'il ne crût pas qu'il y dût avoir de conclusion, soit que, son amour s'étant ralenti par la jouissance, il ne cherchât plus que la facilité d'un plaisir commode, et n'eût point avec elle d'engagement si considérable que la liaison de leurs communs intérêts. Le second fut pratiqué par le même Aguiles avec heureux succès; c'étoit un homme d'une conversation agréable et d'un esprit qui s'insinuoit aisément. Un jour qu'il eut un assez long entretien avec Chabot, il s'étendit sur son mérite et lui dit, entre autres choses, qu'il n'y avoit point de fortune où il ne dût aspirer. L'autre lui répondit d'un ton et d'un air tout pareil à celui du chevalier, si je ne me trompe : « Il est vrai que j'ai
« assez de naissance et assez de pratique de la guerre, étant vieil
« officier comme je suis, pour espérer quelque chose; mais,
« aujourd'hui, le mérite seul ne fait pas la fortune des hommes.
« Il faut du crédit, et, ce qui est encore plus difficile à trouver,
« beaucoup de bien pour faire dépense; pour moi, je vous dirai
« franchement que je suis sorti d'une maison ruinée. » Et,

là-dessus, il lui conte tous les désordres de sa famille, à commencer depuis les persécutions du chancelier Poyet contre l'amiral Chabot jusqu'à la prison de son père. Aguiles lui dit que chacun connoissoit son crédit, et que, pour de l'argent, un honnête homme n'en manquoit jamais, qu'il étoit le moindre de ses serviteurs, mais qu'il auroit toujours mille pistoles à son service. Homme vivant ne s'est commis avec ceux de ce nom de cette sorte impunément. L'offre faite, l'offre est acceptée, et il fut question à la même heure de fournir de l'argent comptant. Il faut donner cette louange à MM. de Chabot, qu'ils prônent plus que gens du monde ceux qui les obligent. Durant la chaleur de l'obligation, en quelque lieu que se trouvât Saint-Aulaye, il ne parloit que de l'esprit, que de l'agrément, que de la générosité d'Onofre Aguiles; Aguiles lui rendoit la pareille, et, dans les différentes intentions d'emprunter de l'argent et de savoir des nouvelles, ils établirent une société admirable ; mais le troisième artifice qu'ils employèrent est trop spirituel et trop bien pris sur la connoissance qu'ils avoient de son humeur chimérique pour être oublié. Ils lui dirent qu'il leur étoit venu une pensée pour son établissement, laquelle, à leur avis, n'étoit pas à rejeter. Il leur sembloit qu'il devoit songer au gouvernement de Catalogne ; que, pour eux, ils feroient une brigue si forte contre don Joseph qu'il lui seroit impossible d'y résister, et qu'alors, se servant du crédit de son cousin et du sien propre, il pourroit s'établir en sa place facilement ; qu'à la vérité, il y avoit une chose contraire à ce dessein, c'est que, par les constitutions de Catalogne, il faut que le gouverneur soit catalan, mais que cette difficulté seroit bientôt levée s'il vouloit se faire naturaliser. Chabot approuva fort leur proposition, et les pria d'apporter leurs soins pour la faire réussir ; que, pour lui, il travailleroit du côté de la cour, et qu'il étoit assuré que ses frères remueroient le ciel et la terre pour le servir. Là-dessus, les adieux et les protestations se firent avec chaleur, et Chabot partit pour l'armée, ayant l'âme toute remplie de ce projet. Les autres, bien ravis d'avoir apporté ces précautions dans une affaire si délicate que celle-là, commencent à travailler tout de bon, corrompent les intéressés par argent, gagnent, sous prétexte de générosité, les faux généreux, donnent des lettres de pardon à quelques-uns, réveillent les inclinations des cavaliers qui sembloient être assoupies, et, en un mot, ne laissant rien à tenter pour faire réussir leur entreprise, non contents de faire tant de pratiques dans Barcelone, ils jettent les yeux sur tous ceux qui pouvoient avoir quelque crédit aux environs de la ville. Ils gagnèrent le bailli de Mataro, homme factieux et d'une autorité considérable parmi les paysans et les michelets. Celui-ci leur promit d'envoyer insensiblement dans Barcelone cinq cents hommes armés de pistolets et de poignards, et de s'y rendre lui-même quand on le trouveroit à propos pour les fortifier dans l'exécution des choses qu'on entreprendroit. Voilà les termes où étoient les affaires des conjurés quand ils apprirent de fâcheuses nouvelles pour les desseins qu'ils avoient. Le comte d'Harcourt, qui ne désiroit rien si fortement que de combattre les ennemis, s'étoit avancé jusqu'à la Sègre. Mais, comme ils tenoient Lérida, Balaguer et généralement tous les passages, il étoit comme impossible d'en venir aux mains avec eux, qui étoient séparés par une rivière si grande et si rapide. Ainsi, nous étions quasi hors d'espérance de pouvoir passer et dans une grande appréhension de faire une campagne inutile, quand deux prêtres catalans donnèrent l'invention d'un pont de corde pour les gens de pied, et enseignèrent un gué pour ceux de cheval, difficile toutefois et périlleux. Je ne veux point m'amuser au détail ni du passage ni des combats; il suffira de dire qu'une partie du régiment de Champagne, ayant passé sur cette machine, défit ce qui venoit d'abord s'opposer à nous; qu'après, notre armée passa aisément; qu'ensuite, elle gagna la bataille de Llorens et mit les troupes d'Espagne dans un désordre si effroyable que, si le comte d'Harcourt, qui manqua de vivres, eût été en état de pousser sa victoire jusqu'au bout, les affaires eussent été peut-être au plus haut point qu'on eût pu désirer par la conséquence de ces combats. Ce furent sans doute des actions extraordinaires, et j'ai ouï dire à une infinité d'officiers que le comte d'Harcourt, qui a fait tant de grandes choses, n'en a pas fait de plus merveilleuses que celle-là; mais il n'y eut pas moins de consternation parmi les conjurés que parmi les Espagnols, et, quoique les principaux d'entre eux tâchassent par toute sorte de moyens d'avancer la faction, si est-ce qu'ils étoient mal persuadés eux-mêmes, et, ne croyant pas que l'armée de terre pût approcher, ils ne croyoient pas aussi que leur dessein pût réussir. Le conseil d'Espagne n'en avoit pas meilleure opinion; néanmoins, pour tenter toutes choses et ne rien négliger de ce qu'on peut attendre de la fortune, l'on donna ordre au général de l'armée navale de mouiller l'ancre devant Barcelone; cela fut exécuté aussitôt, mais le gouverneur de cette ville, qui avoit déjà quelque soupçon, en prit de nouvelles inquiétudes, redoubla les gardes et donna si bon ordre à tout qu'en vain les conjurés eussent entrepris quelque chose. Sitôt que le comte d'Harcourt en fut averti, il dépêcha le Plessis-Besançon pour apporter tous ses soins à la conservation de la place et tâcher de découvrir s'il n'y avoit point de conspiration[1]. L'armée navale, voyant que son séjour étoit inutile, s'en retourna dans ses ports, et, bientôt après, le Plessis à notre camp, sans avoir rien découvert. Tandis que les choses se passoient ainsi, Chabot, qui n'eût jamais pensé que la baronne d'Albi et Onofre Aguiles eussent rien entrepris contre le service du roi, entretenoit un commerce avec eux, mandoit des nouvelles, et de temps en temps empruntoit de l'argent à son créancier. Les choses en allèrent si avant que la dette se montoit environ à trois mille pistoles. Aguiles, qui avoit perdu toute espérance, et à qui, par conséquent, les nouvelles ne servoient de rien, se fâchoit d'avoir trouvé un ami si franc, et ne prêtoit plus que pour avoir commencé de prêter. Le 25 août, si je ne me trompe, l'armée parut encore devant la ville, y demeura quelque temps, et, ne voyant pas plus de facilité cette seconde fois que la première, fut contrainte de s'en retourner. Cependant, les conjurés se trouvoient en des peines extraordinaires, car ils n'étoient point assez puissants d'eux-mêmes pour se rendre maîtres de Barcelone, et ne pouvoient raisonnablement se promettre l'exécution des choses qu'ils avoient concertées avec l'Espagne. Ils furent agités quelques jours de différentes pensées. Ne sachant pas bien à quoi se résoudre, mais voyant qu'on parloit fort de la reddition de Balaguer, ils appréhendèrent plus vivement le retour du comte d'Harcourt, ce qui leur fit faire une assemblée des principaux conjurés pour aviser tout de bon à leurs communs intérêts. Ce fut chez Onofre Aguiles, où se trouvèrent la baronne d'Albi, l'abbé de Galligans, l'abbé de Saint-Paul, Amigant, Serra, Ferrer, Sancava. Aguiles avoit déjà reconnu le méchant parti où sa passion l'avoit engagé, et, comme il reprenoit insensiblement son humeur douce et paisible, il n'étoit pas d'avis qu'on se portât à la violence; il alléguoit que c'étoit une chose ridicule d'attendre l'assistance qu'avoient promise les Espagnols, et, quand on la recevroit tout entière, vu les soins et la vigilance du gouverneur, vu le bon ordre que le comte d'Harcourt avoit mis,

---

1. Cette intervention de du Plessis-Besançon est confirmée par La Barde, *De rebus gallicis*, p. 134-144, et dans un long article inséré dans le supplément de la *Gazette de France* du 12 avril 1646, n° 36, sous le titre : *La descouverte d'une grande conjuration tramée par les Espagnols contre la ville de Barcelone*.

vu l'alarme générale de tout le peuple, qu'il seroit absolument impossible de réussir; qu'ainsi, dans la tentative, leur perte étoit assurée, et que, n'entreprenant rien davantage, mille choses les pouvoient conserver; que peut-être la conspiration ne seroit point découverte, puisque les principaux seulement, qui étoient gens d'honneur, en avoient une entière connoissance; que les soupçons qu'en pourroient donner des gens médiocres ne seroient pas éclaircis tout à fait, et, qu'en ce cas-là, on se contenteroit de faire mourir quelque misérable pour l'exemple. Outre ces raisons, Aguiles en avoit une secrète, qui faisoit plus d'impression sur son esprit que les autres : il pensoit qu'étant l'auteur d'un conseil modéré, ce seroit un prétexte à ses amis pour obtenir sa grâce du comte d'Harcourt, si on l'accusoit, mais que, touchant quelque chose, il leur seroit impossible de le sauver.

Son opinion étoit apparemment raisonnable, et dit-on qu'elle alloit être suivie, quand l'abbé de Galligans prit la parole. « C'est « nous flatter, » dit-il, « de croire que nos affaires soient longtemps « cachées; si une conspiration de trois ou quatre personnes se « découvre toujours, quand on y procède trop lentement, pouvons-« nous espérer qu'une faction demeure secrète, où la moitié de la « ville est intéressée; que si l'on vient à la déclarer, qui pensez-« vous qu'on accuse que nous, qui avons tout fait? Qui est assez « ridicule après cela pour espérer quelque grâce? Les consulta-« tions en ces matières-ci ne sont pas moins criminelles que « l'exécution et n'attirent pas moins les derniers supplices. Tous « ceux qui ont réussi en de pareilles occasions ont réussi par la « hardiesse et la violence, et ceux qui se sont ruinés, dont le « nombre est grand, se sont perdus par les voies douces et modé-« rées. » Ce dernier avis emporta le consentement de tout le monde, il fallut même que le pauvre Aguiles fît semblant de l'approuver. La baronne d'Albi, se tournant vers lui avec un sourire, « c'est « mon opinion, » dit-elle assez bas, « qu'on se porte aux plus « grandes extrémités, que même on n'épargne pas mon mari; « quand nous en serons défaits, nous nous marierons nous deux. » La résolution prise, ils conférèrent longtemps sur les moyens qu'ils tiendroient pour exécuter leurs desseins. Ils n'en trouvèrent point d'autres que de faire entrer dans la ville force gens armés, disposer tous leurs amis et envoyer avertir celui qui commandoit l'armée navale de venir le 12 de septembre, auquel temps ils croyoient avoir préparé toutes choses. Leur dessein étoit de livrer aux Espagnols un bastion de la marine et de rompre les prisons, où on avoit mis grand nombre d'officiers pris à la bataille de Llorens, et tâcher de se rendre maîtres de la Tersane où l'on tenoit les soldats, d'attendre le reste de la fortune, et, si les choses ne succédoient pas, de se sauver comme ils pourroient dans le tumulte. Ils attendirent impatiemment le 12 septembre, mais avec peu de succès, car l'armée navale ne parut point, et, soit que le général fût rebuté d'être venu deux fois inutilement, soit qu'ayant besoin de vivres, comme il a dit, il fût contraint d'en aller chercher dans ses ports, il abandonna l'entreprise et laissa les conjurés sans aucune espérance de secours. Ce fut un si étrange changement parmi eux, que ceux qui portoient plus loin leurs prétentions ne faisoient plus de souhaits que pour éviter le supplice ; ils s'obligeoient les uns les autres au secret par les plus grands serments qu'on puisse faire et se promettoient de mourir plutôt mille fois que de s'entr'accuser, si, par malheur, on les découvroit. Leur plus grande peine étoit d'éloigner certains confidents qu'ils commençoient de soupçonner et de petits négociateurs qu'ils avoient employés. Durant ces inquiétudes et ces embarras, le comte d'Harcourt, à qui Balaguer s'étoit rendu, arriva dans Barcelone, où il reçut tous les témoignages d'honneur que pouvoit attendre un vice-roi conquérant. Les plus coupables furent ceux qui lui firent paroître plus de joie et pour son retour et pour l'heureuse campagne qu'il avoit faite. Tout cela ne l'empêcha pas de s'appliquer à la découverte de la faction, et, pour y parvenir, il employa tous les moyens imaginables ; il promettoit impunité, argent, récompense à ceux qui lui en donneroient quelque lumière. Heureusement, quelqu'un dont je ne sais pas le nom lui déféra le bailli de Mataro et l'assura que, de sa capture, on tireroit la connoissance de tout. Il envoie le prendre aussitôt et le fait conduire dans le palais royal de Barcelone ; dès le même jour, on l'examine avec toute la dextérité qu'on sauroit imaginer, mais il fut impossible de le surprendre ni de lui rien faire avouer. Dans ce temps-là, quelques officiers qui étoient en garnison à Mataro parlèrent au comte d'Harcourt en sa faveur ; ils disoient qu'ils n'avoient point vu un Catalan si passionné pour nos intérêts que lui, qu'en tous les petits démêlés qui se rencontrent entre les bourgeois et les soldats, il avoit toujours pris le parti des gens de guerre, et qu'il paroissoit haïr les Espagnols autant qu'il favorisoit les François.

Ces discours, joints au peu de preuves qu'on avoit contre lui, commencèrent à faire quelque impression sur l'esprit du comte d'Harcourt, quand il reçut un second avis qui confirmoit le premier. Mais, avec cela, bien loin d'avoir une conviction entière, on n'avoit pas même de présomption assez violente pour lui donner la question. On fut contraint d'éplucher toute sa vie, et, après une exacte recherche qu'on en fit, on trouva certains vieux crimes, dont à peine le pauvre malheureux se souvenoit, n'étant point préparé là-dessus ou ne pouvant peut-être pas s'en défendre. Il fut condamné à la mort et, après sa condamnation, aussitôt appliqué à la torture. La force des tourments et le peu de ressource qu'il voyoit en ses affaires lui firent tout confesser. Il chargea don Onofre, comme un des chefs de la faction, et, quand on eut tiré de lui tout ce qu'il savoit, on l'envoya au supplice. Une exécution si prompte étonna tous les conjurés et, plus qu'aucun autre, Amigant. Celui-ci avoit eu beaucoup de confidence avec un cavalier nommé Magarola, dont la fidélité commençoit de lui devenir suspecte. Il tâcha, par toutes sortes de moyens, de le faire s'éloigner, mais, n'en pouvant venir à bout, il gagna deux hommes pour l'accuser. L'accusation faite, il alla le trouver lui-même comme son ami, l'avertit de ce qui s'étoit passé contre lui, le conjurant de s'éloigner promptement afin de se garantir, et tous ses amis ensemble. Magarola connut l'artifice d'Amigant, mais, pour lui ôter tout soupçon, il lui promit de pourvoir à leur commune sûreté par la fuite. Au lieu d'exécuter sa promesse, il va trouver le comte d'Harcourt, implore sa miséricorde, et, pour jouir de l'impunité promise, il assure qu'il donnera de grandes lumières de la conspiration, si on lui fait grâce. Il dit tout ce qu'il savoit et accuse Amigant comme un des plus coupables et des plus embarrassés dans l'affaire. On arrête Amigant et, ne voulant rien avouer, on le garde étroitement dans la prison. Cependant, on cherchoit Aguiles avec grand soin, mais il étoit sorti de Barcelone et s'étoit dérobé si secrètement, qu'on ne savoit ni quel chemin il avoit pris ni quel pouvoit être le lieu de sa retraite. Le comte d'Harcourt, sur quelque conjecture et quelques rapports secrets qu'on lui fit, envoya prendre Ferrer et Sancava; il donna le même ordre pour Serra qui s'en étoit fui. Amigant, qu'on avertissoit de tout ceci dans la prison, crut sa perte infaillible s'il vouloit défendre sa vie par les voies de la justice. L'exemple de Magarola lui donnant quelque espérance de salut, il prit résolution de le suivre et proposa de déclarer tous les complices, si on lui vouloit pardonner. Le comte d'Harcourt, à qui la mort d'un coupable n'étoit pas si chère que l'éclaircissement de cette grande conjuration, accorda sa grâce, et, par ce moyen, eut quasi toutes les lumières qu'il pouvoit attendre là-dessus. L'abbé de Saint-Paul, qu'il avoit chargé, fut incontinent saisi et, après certaines formalités qu'on observe à punir les gens d'Église, relégué à Roses.

Cinq ou six autres ecclésiastiques, quelques-uns qu'on ne put pas convaincre tout à fait, et ceux mêmes à qui l'on avoit donné la vie, furent bannis de la Catalogne. Cela fait, toutes choses paroissoient assez tranquilles pour donner le loisir et l'assurance à don Onofre de se découvrir et, en effet, comme il crut voir la fin des supplices et qu'on n'inquiétoit ni la baronne d'Albi ni l'abbé de Galligans, avec lesquels il avoit eu plus de confiance, il revint dans la ville et se cacha en certain lieu secret à tout autre qu'à la baronne d'Albi. Elle, qui observoit curieusement ce qu'on disoit dans le monde et particulièrement chez le comte d'Harcourt, sut qu'il promettoit de nouvelles récompenses à ceux qui lui découvriroient Aguiles, et que même on avoit déjà quelque soupçon de sa retraite; elle fut l'avertir aussitôt, le mit dans son carrosse sous sa vertugade, et le transporta de cette sorte chez les Carmes. Cependant, on continuoit de le chercher, mais inutilement, et l'on n'espéroit quasi plus de le trouver, quand il fut découvert de la manière qui s'ensuit.

Le portier des Carmes avoit ouï dire que le comte d'Harcourt promettoit beaucoup d'argent à ceux qui le livreroient, ce qui l'obligea d'aller trouver un frère qu'il avoit artisan dans Barcelone et vivant avec peine de son travail; il lui dit qu'il avoit un moyen assuré de le rendre riche, qu'Aguiles étoit retiré dans son couvent, et que, s'il en avertissoit le vice-roi, il auroit une récompense capable de l'accommoder pour le reste de ses jours. Celui-ci ne balance point et va sur l'heure même découvrir le criminel. Le comte d'Harcourt, impatient de le faire prendre, alla ouïr la messe aux Carmes, laquelle ayant entendue, il fit lui-même une exacte recherche par tout le couvent; il le trouva dans la chambre du sacristain, commanda de le saisir et de le conduire au palais de Barcelone. Il ne fut pas plus tôt en prison qu'on l'examine; le lendemain, on le condamne à la mort, on lui donne la question deux jours de suite inutilement, et, quoi qu'on lui fît endurer, il ne dénonça pas un de ses complices. Il alloit mourir dans cette assiette-là, soit opiniâtreté, soit constance, quand un capucin, son propre frère, lui représenta si vivement les affaires de l'autre monde, qu'il crut ne devoir plus se soucier de ceux qu'il laissoit dans celui-ci. Là, toute sa fermeté s'évanouit, et, après avoir dit et le nombre des conjurés et l'ordre de la conjuration, on le fit exécuter. C'étoit un fort honnête homme, du consentement des François et des Catalans; il étoit spirituel, généreux et désintéressé, qualités assez rares en toute sorte de lieux, et tout à fait extraordinaires en Catalogne. Les sentiments qu'il avoit pour la volupté le rendirent certainement recommandable, mais ils allèrent jusqu'à l'excès, lui firent oublier son devoir et lui coûtèrent la vie. Chabot, saisi d'un généreux dépit d'avoir pris l'argent d'un traître, demanda sa confiscation et fut bien aise de témoigner sa chaleur aux intérêts du roi par une vengeance de cette nature-là. Ce fut une espèce de contestation entre les Catalans, à qui feroit paroître plus la joie : la plus saine partie agissoit sincèrement, les moins zélés avec affectation ; mais, enfin, tout le monde sembloit se réjouir de voir cette grande conspiration si heureusement dissipée. Les corps de la ville firent leurs compliments au comte d'Harcourt, et l'abbé de Galligans, suivi du clergé, lui vint rendre grâces de ce que, par ses soins, on avoit découvert et les auteurs et les complices de la conjuration. — « Oui, » répondit le comte d'Harcourt, « et vous l'un des premiers, M. l'abbé. » — Là-dessus, il commanda aux officiers de ses gardes de s'en saisir et de le conduire à la Tersane. Il fut obéi promptement et l'abbé conduit dans un vaisseau qui l'emmena droit à Salses. Ensuite, la baronne d'Albi fut arrêtée. Son sexe et sa beauté firent les premières impressions pour son salut. Le mérite et les services de don Joseph d'Ardenne achevèrent de l'obtenir : pour tout supplice, elle fut envoyée à Tarragone. Devant que de partir, on lui fit au moins une partie des reproches qu'elle méritoit, à quoi elle répondit : Qu'elle ne croyoit point être infidèle au roi de France ni à sa patrie ; qu'elle étoit originaire d'Aragon et, par conséquent, espagnole ; qu'elle n'avoit point d'attachement à la Catalogne que par les intérêts de son mari, lesquels elle protestoit n'être pas les siens ; et que, si on la punissoit, il falloit que ce fût comme une ennemie et non comme une infidèle. Le comte d'Harcourt donna ordre qu'elle fût conduite à Tarragone, et Chabot se rendit à Valls, petite ville où elle devoit passer et où elle fut obligée de coucher. Là, dit-on, ils ménagèrent les derniers moments qu'ils pouvoient se voir à leur aise, et quelque chose de plus que se dire adieu. Le lendemain, il la fut conduire jusques auprès de Tarragone avec toute la cavalerie et l'infanterie qu'il put ramasser dans ces quartiers. Le gouverneur de Tarragone fit sortir aussi presque toute la garnison ; et il y eut trêve pour un peu de temps, qu'Hippolyte employa à prendre congé des François. Elle leur fit mille civilités, leur dit qu'il n'y avoit point de nation au monde qui valût la nôtre, qu'elle nous estimeroit toujours infiniment, mais qu'il lui étoit impossible de nous aimer, faisant la guerre, comme nous faisions, à son prince. Les compliments achevés, elle s'en alla avec le gouverneur de Tarragone, et Chabot retourna dans ses quartiers. Voilà quelle fut la fin de cette grande conjuration, qui n'a produit que des supplices aux Catalans et de la confusion aux Espagnols. Un événement si heureux est dû sans doute aux soins de nos ministres, à ceux du comte d'Harcourt, à sa bonne fortune et à sa vigueur. Et qui considérera qu'avec la seule compagnie de ses gardes, au milieu d'un grand peuple mal affectionné, ou du moins suspect, il a fait mourir des chefs de faction et en a fait chasser d'autres, avouera qu'il avoit besoin de beaucoup de hardiesse, mais qu'il ne lui falloit pas moins de bonheur.

(Bibliothèque nationale, manuscrits, fonds français, 3852.)

63. *Servien à du Plessis-Besançon.*

Extrait.   Münster, le 16 janvier 1646.

Je suis bien fâché que vous ne retourniez point en Catalogne. Il me semble que les affaires de ce pays-là ont toujours prospéré lorsque vous y avez été, et, à vous dire le vrai, les moindres progrès que l'on y fait sont plus sensibles à nos ennemis et les réduiront plutôt à la raison que tout ce que l'on peut faire ailleurs.

(Original. Affaires étrangères, Naples, IV.)

APPENDICE VIII.

Missions en Italie (1646-1647).

64. *Instruction pour le sieur du Plessis-Besançon s'en allant servir en Italie.*

Paris, le 10 juillet 1646.

Le sieur du Plessis-Besançon ira premièrement trouver Mme la duchesse de Savoie, régente et tutrice des États et de la personne de M. le duc de Savoie son fils, et, sur la lettre de créance de la reine à elle, que Sa Majesté fera mettre ès mains dudit sieur du Plessis-Besançon, lui donnera connoissance de la part de Sa Majesté du sujet de son voyage et lui dira que ce qui a obligé Sa Majesté à envoyer le sieur maréchal du Plessis-Praslin en l'armée qui sert en la côte de Toscane est que, par la mort du sieur duc de Fronsac, marquis de Brezé, ladite armée se trouvoit sans un chef françois qui pût, en l'absence et au défaut de M. le prince Thomas, commander l'armée; que, comme il n'y a pas assez d'infanterie présentement en Piémont pour rien entreprendre contre les ennemis, Sa Majesté a estimé que ledit sieur maréchal seroit plus utile en ladite armée, qui est en Toscane, qu'en Piémont, et, désirant témoigner la confiance entière qu'elle prend en ceux qui dépendent de Mme la duchesse de Savoie et de M. le duc de Savoie son fils, elle laisse le commandement de ladite armée de Piémont au sieur marquis Ville et a voulu dépêcher exprès ledit sieur du Plessis-Besançon pour servir sous lui en la qualité de maréchal de camp et faire connoître aux chefs de toutes les troupes de Sa Majesté comme elle veut qu'ils obéissent audit sieur marquis ainsi qu'à elle-même. A quoi ledit sieur du Plessis ajoutera que Sa Majesté prie Mme de Savoie de donner ses ordres audit sieur marquis pour employer utilement les troupes de M. le duc de Savoie aux occasions qui se pourront offrir et de le faire assister de tout ce qui dépendra d'elle pour lui donner moyen de faire vivre les troupes aux dépens des ennemis et s'opposer à toutes les entreprises qu'ils pourroient faire, avec assurance que Sa Majesté en aura un pareil ressentiment à le lui faire connoître en toutes occasions, et qu'elle embrassera toujours les intérêts de madite dame et de M. le duc de Savoie, autant que leur parenté si proche lui peut obliger.

Ledit sieur du Plessis ira ensuite trouver ledit sieur marquis, lui rendra les lettres de Sa Majesté, lui fera entendre son intention....., et que Sa Majesté désire qu'il se contente de loger l'armée en quelque poste où elle puisse vivre le plus au soulagement du Piémont et du Montferrat qu'il se pourra, et d'où il se puisse porter où il sera le plus nécessaire et avantageux pour empêcher que les ennemis ne fassent aucune entreprise dans lesdits états de Piémont ni du Montferrat, sans aussi en faire de sa part aucune considérable et où les troupes qui seront sous son commandement fussent en péril. Après quoi, ledit sieur du Plessis-Besançon fera connoître audit sieur marquis Ville qu'il doit faire sa charge de maréchal de camp sous lui et s'employer particulièrement sous ses ordres à faire que les troupes françoises exécutent avec affection et soumission entière tout ce qu'il leur commandera pour le service de Sa Majesté. Et, en effet, ledit sieur du Plessis y travaillera avec ses soins et sa bonne conduite accoutumés, et, s'il avance quelque chose de considérable et important, il en tiendra Sa Majesté ponctuellement avertie.

(Original. Affaires étrangères, Naples, IV, 12, 13.)

65. *Du Plessis-Besançon à Mazarin.*

Turin, le 30 juillet 1646.

Je suis ici dès le 26 et vis Mme Royale dès le lendemain, de laquelle j'eus une assez longue et très favorable audience et les deux jours suivants. Elle reçut la lettre de la reine avec des marques d'une satisfaction et d'une reconnoissance tout entières. Je l'ai amplement entretenue sur tous les points dont Votre Éminence m'avoit fait l'honneur de me charger pour elle..... Madite dame Royale avoue les extrêmes obligations dont elle est redevable à la reine et à Votre Éminence aussi, et proteste, en des termes tout à fait soumis et affectionnés, qu'elle n'aura jamais d'autres sentiments que ceux qu'elle doit à une véritable reconnoissance et qui lui seront inspirés de la cour, qu'on n'a que de lui marquer comme elle se doit conduire, ce qu'on désire d'elle et la part des choses sur quoi elle se doit justifier, et qu'elle sera toujours prête de le faire avec toute sorte de sincérité. Mais, comme Votre Éminence ne m'a point commandé d'entrer si avant dans le détail, j'attendrai ses volontés et une plus ample instruction sur ce sujet.

Le marquis de Pianesse[1] m'est venu visiter deux fois et je l'ai vu une seulement dans le jardin de San-Carlo, ne l'ayant pas rencontré en son logis. Je lui donnai de la part de Votre Éminence les témoignages de sa bonne volonté, aux termes qu'elle m'a prescrits, sans passer plus avant, et lui dis, au surplus, comme de moi-même et par forme de conversation, la plupart des choses dont j'avois entretenu Mme Royale. Sur quoi il m'a fait quasi les mêmes réponses..... La conversation fut longue entre ledit sieur marquis et moi, où je tâchai de ne demeurer pas court dans les répliques que je lui fis, sans m'expliquer trop néanmoins, si ce n'est à l'égard de lui faire connoître que, la reine et Votre Éminence estimant et connoissant à fond sa capacité, son mérite et le crédit qu'il avoit auprès de Madame, ce seroit toujours avec raison qu'on le prendroit à parti ou qu'on lui sauroit gré de tout ce qui arriveroit de mal ou de bien dans le cours des affaires, sur quoi il avoit à considérer toutes les suites que pouvoient produire l'indignation ou les bonnes grâces de Leurs Majestés. En cette conférence, je puis assurer Votre Éminence que ledit sieur marquis, non

---

1. Charles-Jean-Baptiste de Simiane, marquis de Pianesse, premier ministre du duc de Savoie, colonel général de l'infanterie ducale. Il mourut en 1677.

seulement demeura d'accord de tout ce qui peut convenir aux intérêts de Leurs Majestés et de la cause commune, mais qu'il le renchérit encore par-dessus tout ce qu'en sauroit dire un ministre françois très capable et très affectionné, ajoutant, à son égard, qu'il ne pouvoit nier qu'il n'eût eu part à toutes les délibérations et résolutions du conseil de Madame, mais qu'il n'en avoit aucune au manquement des agents, s'il y en avoit eu. Enfin, c'est un personnage tel que Votre Éminence m'a fait l'honneur de me le dépeindre, de grand esprit, accort, mais ferme en sa façon d'agir et mélancolique au dernier point, et, en un mot, tel que je ne me fais point de doute qu'il ne soit expédient de s'assurer de ses actions ou de sa bonne volonté pour prévenir les accidents qui en pourroient arriver. Il avoue avoir de très grandes obligations à l'estime et à la bonté de Votre Éminence, mais qu'elle doit considérer, s'il lui plaît, qu'encore que les intérêts de France et de Savoie soient entièrement unis, que, néanmoins, ils ne sont pas absolument une même chose, et qu'ainsi on ne sauroit trouver étrange qu'il agisse ou qu'il ait des sentiments convenables à cette différence aux choses qui ne peuvent blesser l'essentiel de leur intérêt commun.

..... J'ai appris qu'on me considère ici pour une personne envoyée avec ordre de négocier des affaires importantes plutôt que pour servir dans l'armée. Sur quoi, je fais état de partir dès aujourd'hui pour m'y en aller, après avoir informé Votre Éminence du sujet de la visite que me rendit hier ledit marquis de Pianesse de la part de Madame, lequel semble être de grande considération. En suite de celle qu'il me donna de la prise d'Acqui et du dessein des ennemis sur Ponzone ou Nice de la Paille, mais plus vraisemblablement sur le premier, il m'apporta donc une lettre déchiffrée de sa main entre lignes, venant d'un certain confident de la frontière non sujet de madite dame, portant qu'il a ordre du président d'Areso de Milan de savoir d'elle si on lui pouvoit faire diverses propositions avantageuses au bien des états de son fils et de sa personne, au nom des Espagnols, ledit sieur marquis ajoutant que le sentiment de Madame étoit de n'en entendre aucune, si ce n'étoit du consentement de la France ou de ceux qui avoient sa créance. Sur quoi, voulant me faire parler, je lui répondis que je n'avois autre chose à lui dire, sinon que Mme Royale avoit déjà pris le parti qu'il falloit là-dessus et qu'en la conjoncture présente on ne pouvoit que dommageablement et avec beaucoup de soupçon prêter l'oreille aux ennemis ou avoir des intelligences avec eux ; que, néanmoins, j'en donnerois avis à la reine et à Votre Éminence. A la vérité, bien que ce procédé ait quelque apparence de franchise, si est-ce qu'il semble fort imprudent et assez suspect. Sur le soir, étant allé prendre congé de Madame, après un long entretien sur ses bâtiments, elle me dit en particulier les mêmes choses que le marquis de Pianesse, ajoutant qu'elle répondroit qu'elle ne pouvoit entendre à aucune proposition, et que, si on avoit à lui en faire, qu'il falloit que ce fût à l'assemblée générale de Münster et par les voies ordinaires, me priant de vous faire savoir comme elle procédoit en cette occasion, ce que je lui promis de faire et la confirmai en termes convenables dans la résolution où je la voyois et d'en demeurer là. Elle me dit qu'il n'y avoit que le marquis de Pianesse et moi à qui elle en eût donné connoissance, me conjurant, au surplus, d'assurer la reine de son entière résignation à ses volontés et Votre Éminence de tout ce qui lui peut témoigner combien elle vous honore et se sent votre obligée de longue main. Bref, il ne se peut rien ajouter aux apparences, pourvu que les effets y répondent, mais c'est où je ne vois pas encore assez clair pour en être très persuadé, de sorte que je chemine toujours à pas de plomb et fort réservé.

J'ai aussi rendu la dépêche de la reine et la vôtre à M. le prince Maurice[1], qui me parla dans une franchise à mon avis tout à fait sincère et avec tous les sentiments de reconnoissance et d'affection qui sont à désirer pour Votre Éminence. Il m'a dit, et je l'apprends aussi d'ailleurs, que Mme Royale témoignoit satisfaction de la manière et des termes auxquels je lui ai parlé, bien que je sache d'ailleurs qu'elle fut un peu mélancolique le reste de la journée, et même qu'elle pleura. C'est ce que j'ai cru devoir dire à Votre Éminence en cette occasion ; à quoi j'ajouterai que M. le prince Maurice me fit connoître hier, dans la suite de plusieurs discours et après les témoignages de sa résignation entière aux volontés de la reine et de Votre Éminence, que, s'il y avoit eu lieu de lui donner part en l'amirauté sur la mer de Levant, avant que Sa Majesté s'en fût déclarée, il l'auroit tenue à beaucoup de faveur et d'honneur, vu même qu'il pouvoit convenir aux intérêts de France qu'une si grande charge ne fût pas mise entre les mains d'une seule personne ; il ajouta, sur ce que je lui

---

1. Maurice de Savoie (1593-1657), fils du duc Charles-Emmanuel et de Catherine d'Autriche. Nommé cardinal à l'âge de quatorze ans, il servit successivement la cause française et le parti d'Espagne. Il quitta le chapeau en 1642 pour épouser sa nièce, la princesse Louise-Marie de Savoie.

dis, qu'on lui auroit donné le commandement des armées s'il y avoit eu de quoi l'occuper dignement, que, n'ayant pas été nourri dans cette profession, il n'iroit pas volontiers au-devant de semblables emplois, mais que, par obéissance et par honneur, il les recevroit toujours pour le service et de la main de la reine ou des soins de Votre Éminence.

La nouvelle est ici que M. le prince Thomas et les troupes d'Orbitello reviennent par Oneglia, et qu'il sera en cette ville après-demain, ses chevaux étant déjà partis à cette fin. Pour ce qui est de M. le maréchal du Plessis, on n'en parle point depuis son arrivée à Pise, mais il y a grande apparence qu'il pourra s'être joint à mondit sieur le prince Thomas, ou qu'il aura pris son parti, sachant ce qui s'est passé où il alloit.

(Minute originale. Affaires étrangères, Naples, IV, 16.)

66. *Instructions du maréchal du Plessis-Praslin au sieur du Plessis-Besançon pour son voyage à Parme.*

Oneglia, le 20 septembre 1646.

...... Le sieur du Plessis-Besançon, étant arrivé près de M. le duc de Parme, lui rendra les lettres de Leurs Majestés, et, après lui avoir fait connoître l'estime particulière qu'elles font de son affection, de son mérite et de sa personne et la créance qu'elles y ont, il lui fera entendre que, si Leursdites Majestés ne lui firent point donner de part du premier dessein d'Orbitello, ce fut seulement pour ne l'embarrasser pas de la connoissance d'une affaire de cette nature, dont les Espagnols auroient pu lui savoir gré, en un temps où l'on ne se voyoit pas encore en état d'empêcher le mal qui lui en pourroit arriver, où, par cette considération, il ne fut pas jugé à propos de le mêler; mais que, depuis, Leursdites Majestés ayant su qu'il s'en étoit plaint, elles ont bien voulu donner audit sieur duc, en ce rencontre, de nouveaux témoignages de leur confiance, lui faisant savoir la résolution qu'elles ont prise de faire attaquer pour une seconde fois les places maritimes que les Espagnols tiennent sur les côtes de Toscane. Sur quoi, ledit sieur du Plessis ne manquera pas de lui faire connoître les grandes forces qu'elles y emploient par mer et par terre, et même de les faire valoir, tant par le nombre et par la bonté des troupes que par la réputation et l'expérience des chefs qui les doivent commander, ainsi qu'il sait être à propos de le faire, y ajoutant qu'après les diverses marques que ledit sieur duc a si souvent données de son inclination et bonne volonté envers la France, on ne doute point qu'il ne persiste toujours à en donner de nouvelles preuves selon les occasions.

Que Leurs Majestés connoissant de longue main l'affection dudit sieur duc et la prudence dont il use en toutes ses actions, elles ont grand sujet de croire qu'il demeurera constamment dans les termes d'un bon et fidèle allié, se rendant plutôt favorable que contraire à leurs justes desseins, et que les troupes du roi pourront tirer en payant de ses états de Castro toutes les commodités et vivres qui s'y pourront trouver et qu'on ne leur sauroit raisonnablement refuser dans la pratique d'une véritable neutralité, afin que lesdites troupes ne soient pas obligées d'en prendre si l'on refusoit de les en aider. Sur quoi, ledit sieur duc sera convié de faire savoir là-dessus son intention à ses sujets par les voies les plus convenables et ainsi qu'il aura été concerté avec Son Altesse par ledit sieur du Plessis; à quoi Leursdites Majestés s'attendent d'autant plus certainement que les Espagnols ne sont point en état de se venger de ses courtoisies; qu'il lui peut revenir de très grands avantages de la suite de cette occasion, s'il en veut profiter, qu'elle est utile à la liberté des princes d'Italie et que c'est un moyen très efficace pour avancer la conclusion de la paix générale si nécessaire à toute la chrétienté, que la seule ambition des Espagnols et leur opiniâtreté à retenir ce qui n'est point à eux arrête principalement.

Et, parce qu'il se parle que les ennemis, impuissants par eux-mêmes de s'opposer aux desseins de Leursdites Majestés, tâchent d'y intéresser (ainsi qu'ils en font courre le bruit) quelques princes d'Italie par le moyen de certaines ligues, si ledit sieur duc tomboit sur cette matière et qu'il y eût nécessité d'en parler, ledit sieur du Plessis lui fera connoître le peu d'apparence qu'il y a qu'il y en eût aucun assez mal conseillé pour y vouloir entendre en cette occasion, qui est plutôt avantageuse qu'elle ne peut être suspecte à leurs intérêts, vu qu'il s'y agit plus de leur conservation que de ceux de la France, et que, toute cette longue guerre ayant été entreprise pour leur protection et pour les maintenir dans la paisible jouissance de leurs états et non pour l'agrandissement particulier de cette couronne, qui ne vise qu'à se mettre en état d'empêcher l'oppression des plus foibles, Leursdites Majestés auroient grand sujet de plainte et de ressentiment contre ceux qui voudroient, de gaîté de cœur, traverser leurs justes desseins et le progrès de leurs armes contre des ennemis avec lesquels on est en guerre ouverte de tous côtés depuis tant d'années et dont les usurpations n'auroient point eu de limites si la France n'y avoit opposé ses armes.

Que Leurs Majestés, pour faire toutes choses dans les termes de la bienséance, n'ont point voulu faire passer les troupes qui sont venues de l'armée de Piémont pour s'embarquer à Oneglia sur les terres de la seigneurie de Gênes, quoiqu'il n'y eût que cinq ou six milles à traverser, sans la participation du sénat, pour faire voir qu'elles ne veulent rien entreprendre sur les droits de leurs alliés, mais les considérer jusques aux moindres choses, ce qui les oblige aussi à demander le même passage sur les États de Son Altesse pour les troupes qu'elles y voudront faire passer de ladite armée, selon le besoin qu'elles en pourront avoir ailleurs.

Après que ledit sieur du Plessis aura satisfait aux choses contenues en cette instruction, il s'en reviendra en Piémont pour y attendre les ordres de Leurs Majestés, et, cependant, nous fera savoir au plus tôt par ses dépêches tout ce qu'il aura négocié avec M. le duc de Parme en son voyage.

(Original. Affaires étrangères, fonds France, mémoires et documents, CCCCVI, 320.)

67. *Abrégé de la négociation faite avec M. le duc de Parme en l'année 1646*[1].

Substance de la réponse de M. le duc de Parme à la première audience qu'eut avec lui le sieur du Plessis-Besançon, le 2 octobre au soir, et du surplus de sa négociation avec ce prince :

Qu'il recevoit à grand honneur les marques de la confiance et de l'estime que Leurs Majestés avoient eues pour feu son père et les témoignages qu'elles avoient agréable de lui en faire donner, comme aussi la part qu'elles trouvoient bon de lui faire de leurs desseins en cette occasion et que c'étoit une faveur qu'il tenoit infiniment chère; qu'elles trouveroient toujours en lui l'affection et la fidélité de son prédécesseur, tant par ses propres sentiments et par son inclination naturelle envers la France, que par l'obéissance qu'il devoit aux exprès commandements que son père lui avoit faits en mourant de ne s'en détacher jamais, ainsi qu'il en avoit déjà envoyé donner des assurances à Leurs Majestés par un courrier qu'il avoit fait dépêcher exprès à son résident pour cet effet; que

---

1. Ce mémoire fut adressé à Le Tellier par une lettre de du Plessis-Besançon datée de Cannes, le 15 octobre 1646.

tout ce que leur service pouvoit désirer de sa personne et de ses états étoit entièrement à la disposition de leurs volontés, jusques à n'y épargner ni son bien, ni son sang, ni sa vie, afin de pouvoir mieux mériter la faveur de leurs bonnes grâces et de leur protection, comme étant un des plus fidèles et des plus affectionnés serviteurs qu'elles pussent avoir en Italie ; que le roi se pouvoit assurer de la maison de Farnèse de tout ce qu'elle étoit capable, selon ses forces, pour le service d'un si grand prince, et qu'elle demeureroit inséparablement unie à ses intérêts ; qu'à la vérité, c'étoient ces mêmes sentiments qui avoient obligé son père de s'étonner qu'on ne lui eût fait donner aucune connoissance de l'entreprise d'Orbitello, mais qu'il se sentoit redevable à la bonté de Leurs Majestés que c'eût été par un motif si obligeant que celui que le sieur du Plessis lui venoit d'exprimer et qu'elles recevroient des preuves de la reconnoissance qu'il en avoit en toute sorte de rencontres, sachant bien qu'elles ne voudroient rien exiger de lui qui ne fût conforme à l'honneur de leur bienveillance, puisque ce n'étoit pas moins leur intérêt que le sien de le conserver ; qu'il appeloit à témoin tous les François et M. le prince Thomas si, pendant le siège d'Orbitello, ils n'avoient pas tiré du duché de Castro toutes les assistances et les commodités qui s'y étoient pu trouver, feu son père ayant envoyé un des principaux seigneurs de la cour sur les lieux pour y tenir la main ; et, quant au surplus de ce qu'il avoit à répondre audit sieur du Plessis, en particulier sur le sujet de son voyage, qu'il satisferoit au plus tôt à tout ce qui pouvoit dépendre de lui pour le service et pour le contentement de Leurs Majestés en cette conjoncture.

La réponse de Madame, sa mère, fut plus courte, mais ce fut la même chose en substance, ajoutant que la protection du roi et de la reine lui étoit si chère qu'elle tiendroit toujours le sang de son fils heureusement répandu pour en obtenir la continuation par ses très humbles services.

Le 5 octobre, le sieur Gauffridi[1], secrétaire et conseiller d'état de Son Altesse, vint apporter au sieur du Plessis-Besançon les réponses en créance et à cachet volant que le duc de Parme, son maitre, faisoit à Leurs Majestés, lui donnant heure au lendemain

---

1. Jacques Gauffridi, ou Gauffredy, était originaire de Provence et de naissance très obscure. Il sut gagner la faveur du duc de Parme, qui le nomma son premier ministre et le créa marquis. Tombé ensuite en disgrâce, il fut décapité en 1670. Tallemant des Réaux lui a consacré une de ses *Historiettes*.

matin pour recevoir les audiences de congé de Leurs Altesses et apprendre, de la bouche dudit sieur duc, ce qu'il avoit résolu sur les instances qu'il lui avoit faites, qui fut qu'aussitôt qu'il auroit appris l'arrivée des généraux de l'armée du roi vers Orbitello, il leur envoyeroit exprès une personne de considération pour s'aboucher avec eux, leur faire compliment et ajuster toutes choses le mieux qu'il se pourroit; que, cependant, il avoit envoyé ses ordres à celui qui commandoit dans son duché de Castro pour faire que les troupes du roi fussent assistées de tout ce qui s'y trouveroit, mais que son avis étoit que les cassines et la plaine d'Ansedonia, qui n'étoient qu'à trois millés d'Orbitello et de Port-Ercole, le long de la mer, fussent prises pour le lieu du marché public et le rendez-vous des vivres, fourrages et autres commodités qu'on y mèneroit par charrois dudit duché de Castro, outre ce que les paysans porteroient dans le camp même, suppliant le roi de trouver bon de la sorte pour empêcher le désordre des gens de guerre qu'on ne pourroit éviter s'il leur étoit permis d'en aller chercher dans le pays; ce que les vivandiers pourroient faire néanmoins.

Qu'à l'égard des ennemis, il ne pouvoit pas empêcher qu'ils ne passassent les plus forts sur les terres dudit duché de Castro, vu que c'étoit un pays ouvert et sans places, mais qu'aussi ne trouvoit-il pas étrange que les troupes du roi s'y opposassent par les voies ordinaires de la guerre, pourvu que ce fût en épargnant ses sujets et ledit pays, ainsi que les Espagnols avoient fait avec grand soin en ces dernières occasions, sans y apporter aucun dommage; que c'étoit tout ce qu'il pouvoit faire, Leurs Majestés (et particulièrement le feu roi) lui ayant fait témoigner plusieurs fois qu'il ne devoit point rompre avec les ennemis, mais entretenir prudemment les affaires et se conserver.

Et, pour ce qui étoit du passage qu'on lui demandoit pour un corps de douze à quinze cents chevaux de la cavalerie de Piémont qui pourroit avoir besoin de passer sur ses états de Plaisance et de Parme pour aller en Toscane, que, comme il n'étoit pas en état d'empêcher les unes ni les autres d'y prendre le passage à l'improviste, qu'il feroit semblant de fermer les yeux en faveur des troupes du roi, lorsqu'elles se présenteroient à sa frontière, mais qu'il seroit à propos que celui qui les commanderoit lui envoyât quelqu'un auparavant pour concerter la route et les étapes; qu'à la vérité, il auroit bien désiré, pour n'attirer point une pareille foule dans ses états et peut-être la guerre, en conséquence de ce passage, que Leurs Majestés eussent trouvé bon de le faire prendre d'un autre côté, mais que, pour leur témoigner son obéissance et son affection, il vouloit bien passer par-dessus toutes ces considérations, si c'étoit une nécessité pour leur service.

Qu'il avoit jusques ici refusé un semblable passage au gouverneur de l'état de Milan pour les troupes qui ont passé dernièrement sur celui de Gênes pour aller à Orbitello, et qu'il continueroit de s'en défendre tant qu'il pourroit s'en empêcher. Sur quoi, il témoigna au sieur du Plessis qu'il seroit bien aise et qu'il étoit même à propos en toutes façons que cette correspondance ou, pour mieux dire, cette connivence qu'il avoit avec nous fût secrète, afin que ce ne fût pas un exemple en faveur des Espagnols avant le temps et un moyen à eux de s'y opposer avec plus de prévoyance.

Tout le surplus de l'audience dudit sieur duc et de Madame, sa mère, ne fut qu'une confirmation des compliments et des témoignages d'affection de la première, tant au respect de l'un que de l'autre, la dernière ayant pris grand soin de dire audit sieur du Plessis tout ce qui pouvoit servir à le persuader, mais particulièrement à l'égard de ses soumissions envers la reine et de la confiance qu'elle avoit en elle pour la protection de son fils et de ses états. A quoi il ne manqua pas de lui témoigner et de lui répartir qu'on attribueroit toujours à sa prudence et à son affection la plupart des bonnes résolutions que cette maison prendroit pour la France; en quoi la sage conduite de M. le grand-duc, son frère, n'étoit pas un petit exemple en une pareille occasion.

La fin de cette négociation ayant été de faire connoître aux ennemis que nous voulions retourner à Orbitello, pour favoriser l'événement du dessein qu'on avoit autre part, l'effet répondit assez précisément de la manière qu'elle fut conduite : car, sans rien assurer qui pût blesser la bonne foi ni abuser de la confiance de ce prince, il eut lieu de croire ce que nous désirions qu'il crût : de quoi le sieur Gauffridi, qui avoit lors toute l'autorité à la cour de Parme et qui servoit fidèlement les deux partis, ne manqua pas de faire donner avis aux Espagnols sans perte de temps. De sorte que, sur ce fondement, ils retirèrent une bonne partie de la garnison de Porto-Longone ou divertirent ce qu'ils y vouloient faire entrer et le firent promptement passer à Orbitello et Porto-Ercole qui se trouvoient en nécessité de toutes choses, mais particulièrement d'hommes pour leur défense, par la consommation qui s'en étoit faite durant le siège que la première venoit de soutenir. Si bien que le petit nombre de soldats qui se trouva dans Porto-Longone et la surprise de l'attaque (qui fut d'ailleurs vigoureuse et bien entendue) furent les principales causes qui donnèrent moyen aux maréchaux de la Meilleraie et du Plessis-Praslin de l'emporter en dix-neuf jours de tranchée ouverte contre l'opinion de tout le monde, aucun ne pouvant s'imaginer que les François fussent capables d'un si grand effort après ce qui venoit d'arriver devant Orbitello.....

(Minute. Affaires étrangères, Naples, IV, 46.)

68. Du Plessis-Besançon à Le Tellier.

Extrait. Turin, le 9 novembre 1646.

Comme l'instruction que j'ai de M. le maréchal du Plessis-Praslin m'ordonne expressément de m'en revenir en Piémont, après avoir satisfait au reste des choses dont elle me chargeoit, pour y attendre les volontés de la cour, il y a déjà quelque temps que j'y suis, sans autre emploi que celui d'avoir obéi à mes ordres; sur quoi, je vous supplie très humblement de me faire savoir, s'il vous plaît, quelles mesures j'ai à prendre, et ce que je dois devenir. M. le prince Thomas et madame sa femme sont en cette ville depuis quelques jours avec toute leur famille, où Madame Royale tâche souvent de les régaler par diverses caresses et démonstrations d'amitié, bien qu'au fond les choses aillent à l'ordinaire. Quant au reste, M. le marquis de Pianesse est toujours le patron, et il semble que l'abbé de Verrue s'avance aussi de plus en plus dans le crédit; il est maintenant logé dans le palais avec madame sa belle-sœur, mais il m'a fait entendre que ce n'étoit que par emprunt seulement, en attendant que son logis fût purgé du mauvais air de la petite vérole. Les nouvelles de Gênes nous apprennent quelque soulèvement dans le royaume de Naples, auquel on ne voit pas encore bien clair, et font Porto-Longone pris dès le 29 du passé; c'est une heureuse et importante conquête.

(Minute originale. Affaires étrangères, fonds France, mémoires et documents, CCCCVI, 164.)

69. Du Plessis-Besançon à Lyonne.

Extrait. Turin, le 9 novembre 1646.

À mon arrivée en ce pays, j'y ai trouvé la nouvelle de la mort du prince d'Espagne et des espérances si bien fondées de la prise de Porto-Longone, qu'elles peuvent passer pour des assurances de la chute de cette place, non moins belle et bonne qu'elle est importante en toutes façons, tant pour le solide que pour la réputation des armes et l'avancement des affaires du roi. Ç'a été un coup de partie et digne du grand sens et de la fermeté de Son Éminence de n'avoir point relâché de ses premiers desseins, et un effet de sa bonne fortune que MM. nos maréchaux se soient plutôt attachés là qu'ailleurs. Toute l'Italie en est abattue, et, comme vous savez que c'est un pays où les hommes ne se laissent toucher que de la crainte ou de l'intérêt et que ce sont les deux puissantes raisons qui servent à persuader ceux qui le dominent, je ne puis croire qu'après avoir gagné le premier point sur leurs esprits, on ne fasse maintenant agir la négociation en faveur de l'autre, pour obtenir d'eux les assistances et les déclarations nécessaires pour en chasser les ennemis communs du repos public et de la grandeur de Leurs Majestés. La conjoncture ne sauroit être meilleure.

(Minute originale. Affaires étrangères, Naples, IV, 29.)

70. *Instructions au sieur du Plessis-Besançon s'en allant vers les princes d'Italie.*

Paris, le 20 mars 1647.

Le roi, voulant dans la conjoncture présente des affaires envoyer traiter de diverses choses qui regardent son service avec quelques-uns des princes d'Italie, a jeté les yeux sur le sieur du Plessis-Besançon pour faire ce voyage, ayant déjà plusieurs fois expérimenté avec combien d'adresse, de fidélité et de zèle il s'acquitte de tous les emplois qu'on lui peut confier, autant dans la négociation que dans la guerre.

Sa Majesté désire donc en premier lieu qu'il aille en diligence d'ici à Parme, où il fera entendre à M. le duc que le principal sujet de son voyage est pour lui témoigner, de la part de Leurs Majestés, le sensible déplaisir qu'elles ont eu de la perte qu'on a faite du feu duc Édouard, son père, et combien elles ont compati à l'affliction qu'elle lui aura causée et à toute sa maison.

On tient superflu de s'étendre davantage touchant ces offices de condoléance avec le sieur du Plessis-Besançon, s'assurant qu'il saura ne rien omettre de tout ce qui pourra mieux persuader ce jeune prince, madame la duchesse de Parme, sa mère, et M. le cardinal Farnèse, que l'on conservera toujours bien cher et bien vif en France le souvenir de la passion que le feu duc a fait paroître en tant de rencontres pour cette couronne et de la fermeté avec laquelle il est demeuré à ce parti, méprisant également et les menaces et les avantages que les Espagnols lui ont faits en divers temps pour l'en retirer.

Il dira ensuite à Son Altesse que Leurs Majestés ont appris avec grand plaisir par ses lettres et par ce qu'y a ajouté de plus particulier le sieur de Villeré, son résident, les bons sentiments qu'il a pour la France et la volonté où il est de continuer dans cet attachement avec la même ferveur qu'a fait autrefois le feu duc, son père, qu'il peut être assuré que Leurs Majestés y correspondront avec tant d'estime et d'affection qu'il n'aura jamais sujet de se repentir de la déclaration qu'il aura faite de serviteur de cette couronne, parce qu'elles ne seront point satisfaites qu'elles n'aient trouvé occasion de lui donner des marques effectives de leur bienveillance, en procurant quelques avantages solides à sa maison, comme l'état présent des affaires de l'Europe et particulièrement d'Italie en peut fournir en un instant les moyens.

Ledit sieur duc peut donc faire un état assuré de la protection de cette couronne pour tous ses intérêts et du désir que Leurs Majestés ont de voir accroître en sa personne et en ses états la gloire et la puissance du nom Farnèse, pour peu que ledit sieur duc veuille s'aider de son côté à faire ce qu'il conviendra et qui dépendra de lui.

Ce n'est pas la coutume de la France d'engager mal à propos ses amis pour son intérêt particulier en de mauvaises affaires. Le sieur Gauffridi peut être bon témoin à M. le duc de Parme que le feu roi avoit plus besoin d'un frein pour retenir le duc son père que d'aiguillon pour le pousser à se déclarer et attaquer de son côté l'état de Milan et combien de fois Sa Majesté lui a conseillé de tenir ses sentiments extrêmement cachés et de bien vivre avec les Espagnols en attendant la conjoncture de faire son coup sans courir aucun risque.

Telle sera toujours la conduite de Leurs Majestés envers M. de Parme qui en est aimé et considéré à tel point qu'elles seroient les premières à le déconseiller si elles le voyoient incliner à entreprendre quelque chose en faveur de la France qui pût lui tourner à préjudice, comme il arriveroit s'il alloit rompre contre Espagne et qu'à peu de temps de là la paix se fît sans qu'il eût pu tirer aucun avantage de sa déclaration; mais, si Dieu permet que nos ennemis soient si aveuglés que de ne pas conclure la paix aux conditions où nous sommes restreints pour le bien de la chrétienté, qui a si grand besoin de repos pour résister à l'ennemi commun, alors, comme la continuation de la guerre sera vraisemblablement la ruine de la monarchie d'Espagne et que déjà d'autres princes d'Italie témoignent ne vouloir pas demeurer les bras croisés, mais se prévaloir du désintéressement de cette couronne et profiter avec elle du débris de l'autre, Leurs Majestés seront très aises que M. de Parme soit de la partie, et, par le partage qu'on fera des conquêtes auxquelles, en ce cas, on ne trouveroit pas grand obstacle, il connoitra l'égard que l'on aura eu avec justice à l'ancienneté de l'attachement que sa maison a, par-dessus les autres, pris de cette couronne et la sincère affection que Leurs Majestés ont pour sa personne qu'elles savent être remplie de toutes sortes de bonnes qualités.

Cependant, pour ne différer pas davantage à donner audit sieur duc quelque échantillon de cette affection dont elles le font assurer par le sieur du Plessis-Besançon, elles lui ont fait expédier un brevet de cent mille livres de pension, comme l'avoit autrefois feu M. son père, que ledit sieur du Plessis lui remettra de leur part et l'assurera de la ponctualité du paiement, se promettant qu'il correspondra comme il doit à cette grâce, sur le sujet de laquelle on dira audit sieur du Plessis qu'encore qu'on ne doute point qu'étant de la qualité qu'elle est, ledit sieur duc ne la reçoive avec grand sentiment de reconnoissance comme le sieur de Villeré s'en est laissé entendre ici, néanmoins le sieur du Plessis tâchera de pressentir, avant que s'engager à rien, de quelle façon elle sera reçue afin de ne pas s'exposer à en voir faire peu de cas ou à gratifier une personne dont la conduite, d'ailleurs, envers la France ne méritât pas ce bienfait.

Il fera aussi connoître audit sieur duc qu'en exécution de ce dont on a autrefois parlé touchant la déclaration de M. le cardinal Farnèse[1] pour la France, Leurs Majestés ont trouvé bon, en ce cas, que ledit sieur cardinal se résolût de la faire présentement, de lui accorder vingt mille écus de pension dont le brevet a aussi été expédié pour être remis audit sieur cardinal si le sieur du Plessis le trouve en cette disposition et que ledit sieur duc l'agrée, l'intention de Sa Majesté étant de changer cette pension en des biens ecclésiastiques dans les occasions de vacance qui arriveront, afin qu'il puisse la toucher par ses mains. Et, comme elle se promet de tirer beaucoup de fruit de l'adresse dudit sieur cardinal et du crédit que sa maison a dans Rome, elle se réserve aussi de lui faire dans les conjonctures de nouvelles grâces, ayant toute l'estime et l'affection qu'il se peut pour sa personne.

Pendant que ledit sieur de Besançon sera à Parme, il prendra sujet de parler au duc de quelque différend qui est survenu entre lui et le duc de Mantoue pour certaines îles et bois situés au bord du Pô qui ont donné lieu à quelques contestations et fera entendre

---

1. François-Marie Farnèse (1617-1647), créé cardinal le 14 décembre 1645. Il était frère cadet du duc Odoard.

audit duc de Parme que, Sa Majesté affectionnant ses intérêts et ceux du duc de Mantoue, elle auroit bien du déplaisir que quelque chose de petite conséquence les pût aliéner, qu'il seroit de leur commun bien d'assoupir ce différend par voie de députés, et qu'étant très assuré que Mantoue ne s'en éloignera pas, il a ordre de lui demander son consentement et, l'ayant obtenu, d'offrir de passer à Mantoue pour ajuster le jour et le lieu de la conférence, en laquelle, s'il en est requis par l'une et l'autre des parties, il pourra intervenir et s'employer pour moyenner une parfaite réconciliation entre elles et établir si bien les limites de leurs souverainetés qu'il n'y puisse jamais avoir occasion de débat pour ce sujet.

Ledit sieur de Besançon, après avoir reconnu les bonnes dispositions dudit duc de Parme, passera vers le duc de Mantoue, à la prière duquel Sa Majesté s'entremet de cette affaire, pour lui faire entendre que, Parme désirant qu'il soit convenu du jour et du lieu de l'assemblée, il ait à nommer ses députés pour y intervenir.

M. le cardinal Grimaldi a été pourvu par le feu pape Urbain d'une abbaye située dans les états de M. de Parme, et, quoiqu'il n'y ait aucune chose à opposer à la validité de la provision, puisque l'abbaye étoit vacante par la mort du légitime possesseur et que personne ne peut disputer au pape le droit de la conférer, néanmoins, jamais ledit sieur cardinal, ni du vivant du feu duc ni depuis sa mort, n'a pu obtenir la permission d'entrer en jouissance, et, quand il a écrit audit sieur duc et à Gauffridi avec toutes sortes de civilités et de déférences, ils se sont contentés de répondre en termes généraux, faute d'avoir aucune bonne raison à dire. Ce traitement fait à qui que ce fût seroit toujours étrange, jamais les princes d'Italie ne s'étant arrogé une pareille autorité qui est contre l'immunité ecclésiastique, mais il est d'autant plus extraordinaire fait à un cardinal, et Sa Majesté y doit prendre part, puisque c'est un cardinal serviteur déclaré de cette couronne et qui la sert depuis quelques années à Rome avec le zèle et l'utilité que le monde voit. C'est pourquoi Sa Majesté désire que le sieur du Plessis en parle fortement de sa part à M. de Parme, lui témoignant l'intérêt qu'elle prend en cette affaire et n'omettant rien pour obtenir de lui ce que ledit sieur cardinal peut désirer et qu'il prétend avec tant de justice. Sa Majesté s'assure que ledit sieur duc voudroit faire des choses plus difficiles pour lui plaire et ne doute point que, quand il n'y auroit d'autre considération que celle du désir de Sa Majesté, elle sera assez puissante sur son esprit pour lui faire donner les mains à ce qu'il a jusqu'ici refusé, quoique d'autant plus équitable que M. le cardinal Grimaldi y a toujours procédé avec grand respect jusqu'à faire tort à la bonté de sa cause par les partis qu'il a offerts pour ajuster ce différend, afin de n'avoir rien à démêler avec une maison qu'il honore au dernier point.

Il semble que, pour faire même réussir cette affaire, il faut, avant d'en parler audit sieur duc, s'en ouvrir au sieur Gauffridi, et, après lui avoir exagéré le traitement qu'on fait à M. le cardinal Grimaldi, lui faire connoître que Leurs Majestés souhaitent extrêmement de lui faire avoir satisfaction et qu'elles se promettent qu'il y emploiera volontiers ses offices près de son maître, dont elles lui sauront beaucoup de gré.

Ce n'est pas seulement en cela qu'on estime qu'il faut prévenir, s'il y a moyen, l'esprit dudit Gauffridi, mais, de tout ce qu'il est ordonné ci-dessus au sieur du Plessis-Besançon de négocier, on croit qu'il faut s'en adresser confidemment à lui avant qu'à son maître, parce qu'étant seul dans cette cour-là instruit des affaires, il peut leur donner telle face ou tel poli qu'il veut et y faire prendre toutes les résolutions dont il aura été lui-même persuadé, de sorte que Leurs Majestés estiment qu'après que ledit sieur du Plessis-Besançon l'aura bien assuré de leur bienveillance et de leur protection en tout ce où il pourroit en avoir besoin pour se maintenir en crédit au lieu où il est, il doit l'assurer et lui faire valoir qu'il a ordre exprès de ne rien faire ni dire qu'après l'avoir concerté avec lui et avoir demandé son avis, Leurs Majestés s'étant promis de son affection et des bons sentiments qu'on ne doute pas que sa naissance ne lui inspire, qu'il sera très aise de donner audit sieur du Plessis toutes les lumières qui lui seront nécessaires pour négocier heureusement; et, à la vérité, comme Leurs Majestés ne désirent rien que les avantages de M. le duc de Parme et qu'elles sont très disposées à les lui procurer par tous les moyens qu'il pourra souhaiter, ledit sieur Gauffridi doit attribuer à grand honneur de trouver occasion de servir utilement son maître et de satisfaire en même temps aux devoirs de bon François sans que Leurs Majestés recherchent jamais rien de lui qui puisse le mettre en méfiance dans la cour où il est ni diminuer son crédit, mais plutôt lui fournissent les moyens de l'augmenter par la gloire et le profit qu'il fera acquérir à Son Altesse des résolutions où il la portera.

Ledit sieur du Plessis témoignera aussi audit sieur Gauffridi que Leurs Majestés ont toutes les bonnes intentions pour lui qu'il peut désirer et qu'il ne tiendra qu'à lui d'en recevoir des marques effectives en la manière qui lui sera la plus agréable, n'ayant pas voulu le charger de rien de particulier là-dessus parce qu'elles désirent auparavant savoir de lui-même ce qu'il souhaitera et par quel biais.

Le sujet que Sa Majesté a eu de jeter les yeux sur le sieur du Plessis pour faire ce voyage n'a pas été un simple compliment de condoléance à M. de Parme, dont un autre de moindre suffisance que lui eût pu s'acquitter, mais le principal but a été que, si la guerre continue, il peut négocier avec ledit duc et d'autres princes d'Italie pour les porter à mettre à effet les bonnes dispositions qu'ils témoignent tous de vouloir se déclarer pour profiter en leur particulier de la dépouille des Espagnols.

Ledit sieur du Plessis saura que M. de Modène est celui de tous qui a le plus de passion pour cela et dont on pourra se servir avec plus de fruit pour échauffer les autres, n'ayant tenu qu'à Sa Majesté, depuis quelque temps, qu'il ne rompit contre l'Espagne, dont lui-même nous presse et en témoigne impatience. Le marquis Calcagnini, qui a la principale part dans sa confiance, introduisit aussi, il y a trois mois, une négociation secrète avec M. le grand-duc sur ce même sujet et trouva une entière disposition en ce prince-ci d'être de la partie dès qu'il verroit les armes de France assez fortes en Italie pour faire le coup avec sûreté.

Mme de Mantoue, qui témoigne maintenant grand désir de marier son fils en France, ce qui l'attachera de plus en plus d'affection et d'intérêt à cette couronne, a fait assurer depuis peu Leurs Majestés qu'elle lui feroit prendre toutes les résolutions qui seroient de leur service sans excepter aucune et qu'elles pouvoient absolument disposer de sa personne, de ses forces et de tout ce qui est en son pouvoir.

De sorte que jamais la conjoncture ne peut être meilleure pour mettre sur les bras des ennemis la plus grande part des princes d'Italie, c'est-à-dire pour ruiner indubitablement les affaires des Espagnols dans cette province-là.

On donne au sieur du Plessis des lettres de créance pour chacun d'eux, afin qu'il puisse s'en servir selon les occasions, s'entendant particulièrement avec M. le duc de Modène, qui dirigera sa conduite à l'égard des autres, parce que, dans la passion qu'il a de se signaler en quelque chose de grand où il trouve ses avantages avec ceux de la France et dans la connoissance particulière qu'il aura des intérêts et de la disposition des autres princes, il ne fera commettre le nom du roi que bien à propos et autant qu'il y verra de l'utilité, et ne laissera pas néanmoins échapper le moindre moment favorable pour avancer les résolutions que Leurs Majestés peuvent souhaiter. Mais, depuis ce mémoire achevé, on a reçu avis de Gênes que le chevalier [de la] Guette, qui a servi dix ans le feu duc de Parme en qualité de colonel du régiment des gardes à cheval, y avoit passé, se retirant en France, et qu'il avoit assuré les sieurs Gianettin Giustiniani et du Mesnil que la France ne devoit rien attendre du nouveau duc, qui fait paroître évidemment que ses affections et son inclination sont toutes tournées vers l'Espagne, que la duchesse sa mère et le cardinal son oncle contribuent tout ce qu'ils peuvent à lui donner ces sentiments, que Gauffridi, voyant la propension de son maître, l'y fortifie encore plus que les deux autres par la crainte qu'il a que sa naissance ne lui fasse préjudice et que, pour faire paroître qu'il n'a et ne veut aucun attachement de ce côté-ci, il prend à tâche de faire maltraiter tous les François. On doit faire d'autant plus de cas de cet avis que ledit chevalier de la Guette est connu pour homme discret et fort avisé qui, ayant un bel établissement dans ce pays-là et fort peu de bien en France, n'auroit jamais pris la résolution de se désemparer s'il ne s'y étoit vu forcé par les dégoûts qu'on lui a donnés pour s'en défaire. Le sieur du Plessis-Besançon profitera de la connoissance qu'on lui en donne, sur laquelle il réglera sa conduite, pour faire ou ne faire pas certaines choses qu'il lui est ordonné ci-dessus par Sa Majesté, laquelle les remet à sa prudence et lui recommande seulement de bien ménager sa dignité et de ne pas prodiguer ses grâces sans être très certain de la reconnoissance qu'on en aura et qu'il y ait lieu de s'assurer de l'esprit et de l'affection du duc de Parme pour cette couronne.

Ledit sieur du Plessis, après avoir négocié à Parme tout ce que dessus, prendra occasion d'aller à Modène pour y voir le duc et conférer de toutes choses avec lui, et, afin de ne point donner d'ombrage aux Espagnols contre ce prince, il pourra publier à Parme qu'il prend ce chemin-là pour aller à Piombino et Porto-Longone que Leurs Majestés l'ont chargé de visiter avant que revenir par deçà.

De tout ce qu'il fera près de M. de Parme et de M. de Modène, il en donnera ponctuellement avis au sieur abbé de Saint-Nicolas[1], afin qu'il le communique à MM. les cardinaux d'Este et Grimaldi et que ceux-ci puissent lui faire savoir leurs sentiments par le moyen dudit abbé, Sa Majesté voulant que la direction principale de toutes les négociations susdites dépende desdits sieurs cardi-

---

1. Henri Arnauld, abbé de Saint-Nicolas, puis évêque d'Angers, né en 1597, mort en 1692. Il prit part à diverses négociations, qui ont été relatées dans cinq volumes publiés en 1748 par l'abbé de Pomponne, son petit-neveu.

naux et que ledit sieur du Plessis agisse ou n'agisse pas, se transporte ou demeure suivant qu'ils lui feront savoir de le trouver à propos pour le service de Sa Majesté.

(Original. — Affaires étrangères, Naples, IV, 89.)

71. *Addition à l'instruction du sieur du Plessis-Besançon.*

Extrait. Paris, le 25 mars 1647.

(*Mémoire du comte de Brienne.*)

Il sera du devoir du sieur de Besançon, étant arrivé à Mantoue, de faire particulièrement entendre au duc et à la duchesse les bonnes intentions que Leurs Majestés ont pour eux et que leur repos et leur grandeur les touchent très sensiblement, et, pour leur en donner une marque, elles se sont résolues de faire faire les ouvertures dont ils les avoient fait requérir. Il se tiendra très serré à ne point répondre s'il lui étoit fait ouverture de donner quelque atteinte au traité de Quérasque, et, s'excusant de parler d'une affaire dont il n'a nulle charge ni autre connoissance que celle qui est commune à plusieurs, ne laissera de dire ce qui suit :

Que, ledit traité ayant été conclu par l'entremise des deux rois et sous l'intervention de l'empereur, le fief du Montferrat fut divisé pour donner satisfaction au duc de Savoie et pour conserver à la France le moyen d'aller au secours de Casal, ce qui n'a pas été inutile, ainsi que l'événement l'a justifié, ayant été secouru jusques à trois fois, mais que c'est une question qui a été agitée à Münster, où elle doit être résolue. L'une de ses plus grandes applications, étant à Mantoue, sera de pénétrer si ce que la duchesse a fait dire par le secrétaire Pori est appuyé de quelque vraisemblance, savoir : est-ce qu'elle est devenue françoise et qu'elle nourrit son fils en cette disposition ? afin que, sur ce qu'il en mandera, on puisse se fier ou méfier de ladite duchesse. Il est assuré que les choses qui ont été faites en faveur de sa maison, même d'avoir oublié ce qu'elle a voulu entreprendre pour nous ravir Casal, sont des raisons solides qui la devroient porter à nous aimer; mais, pour l'ordinaire, quand les femmes haïssent sans autre raison que pour satisfaire leurs passions ou leurs inclinations, elles ne changent pas aisément, et c'est en quoi on leur voit plus de fermeté qu'en aucune autre de leurs actions, ce qui donne sujet à Sa Majesté de désirer que ledit sieur du Plessis s'applique solidement à pénétrer autant qu'il sera possible le fond de sa pensée. L'on en pourra juger de la nourriture qu'elle donne à son fils, et son âge peu avancé, qui le rend moins suspect de feinte, donnera lieu de connoître les sentiments de la mère. Il sera de l'adresse dudit sieur de Besançon de s'insinuer dans sa familiarité, et, ayant grande connoissance des arts libéraux et particulièrement des mathématiques auxquelles ledit prince prend grand soin de s'instruire, ce lui sera un moyen de s'approcher de plus près et même adroitement, lui jetant divers propos pour reconnoître son sentiment. Et, bien que ce doive être sa première et principale application, si est-ce qu'il ne tentera rien qui puisse donner jalousie à la mère; mais il essaiera de pénétrer si, le fils étant parvenu à l'âge de majorité et même à celui porté par le testament de son aïeul pour gouverner ses états, il seroit capable d'éloigner de la conduite d'iceux et même sa mère de sa confiance. Car, bien que Sa Majesté n'y voulût rien contribuer, si est-ce qu'il est toujours important de savoir ce qu'il pourroit penser sur ce sujet.

Étant à Mantoue, il fera connoître au sieur comte de Bonzi[1] que Sa Majesté est satisfaite de son service, lui témoignera avoir ordre de prendre conduite de ce qu'il lui pourra dire et le conviera de lui faire des ouvertures; mais il se gardera bien de s'ouvrir qu'autant que par son propre jugement et par la connoissance qu'il aura prise des affaires il jugera le devoir faire et en pouvoir tirer des avantages: étant très établi que les lumières dudit Bonzi sont assez médiocres et qu'on le tient à cette résidence en considération des services rendus à cette couronne par le cardinal son oncle plutôt que par en espérer de grands de sa propre industrie.

L'intention de Sa Majesté étant de faire demeurer ledit sieur de Besançon en Italie jusqu'à ce qu'il ait été pénétré si les Espagnols veulent la paix, ainsi que leurs affaires semblent les y obliger, ou bien si, sur des chimères dont ils se nourrissent, ils veulent en reculer la conclusion, pour, en ce dernier cas, se prévaloir de l'adresse dudit sieur de Besançon et se servir de lui soit à Florence ou à Parme, pour disposer les ducs à faire la guerre et à profiter de la continuation de celle d'entre les rois; ce sera donc à lui de ménager les petits emplois qui lui sont baillés et de prendre sujet d'aller à Modène, où, sous divers prétextes, il pourra faire quelque séjour si le différend d'entre Parme et Mantoue étoit terminé. Envers ce prince, il tiendra tout autre langage qu'il n'aura pas fait à Parme; c'est un génie haut, et son ambi-

---

1. Résident de France à Mantoue : il appartenait à une famille originaire de Florence.

tion n'est pas médiocre ; il le mettra en discours des moyens de faire quelque chose de signalé et qui donnât lieu à la France, agrandissant ses états, de faire connoître l'estime qu'elle fait de sa personne. Pourtant, il lui fera connoître qu'on n'a pas changé de maxime et qu'on ne veut pas l'embarquer que quand il y aura lieu d'espérer d'y pouvoir réussir; mais, comme ces grands desseins ont besoin d'être examinés par reprise, et que, pour préparer les choses nécessaires pour les exécuter, il faut du temps, qu'il est bon de songer à ce qu'il seroit bon de faire selon l'occasion que la France recherchera toujours pour sa propre gloire et pour la grandeur de ses amis. Et, bien que l'on soit persuadé de l'affection et de la suffisance de ce prince, que la grandeur de son courage soit connue, si est-ce qu'il est bon de pénétrer autant que l'on pourra si la renommée ne l'a point rendu tout autre qu'il n'est pas, ou si des envieux n'ont point diminué quelque chose de sa réputation. Ce sera une des applications du sieur du Plessis-Besançon, qui a tant de lumières de ce qui est faisable dans l'exécution de quelque dessein et des parties essentielles à un homme de guerre qu'il seroit mal aisé qu'il s'y pût surprendre, auquel néanmoins on a bien voulu donner cet avertissement, afin que ce lui fût un sujet de méditer plus attentivement, Sa Majesté ne désirant pas se porter à entreprendre quelque chose de haut relief sur l'espérance d'être favorisée en ses desseins par divers princes, sans avoir connu le talent d'un chacun et les forces dont elle pourroit faire état.

(Original. Affaires étrangères, Naples, IV, 38.)

72. *Seconde addition à l'instruction du sieur du Plessis-Besançon.*

Paris, le 19 avril 1647.

Les ministres de M. le duc de Mantoue ayant ici fait paroître que leur maître a quelque jalousie du mariage qui s'est fait depuis peu du duc de Guastalle[1] avec une des sœurs de M. le duc de Modène, le sieur du Plessis-Besançon assurera M. et Mme de Mantoue que Leurs Majestés sont incapables d'avoir la moindre pensée qui aille contre les intérêts de leur maison, dont elles veulent toujours prendre la même protection qu'elles ont fait jusques ici, et que M. le duc de Modène n'a jamais aussi songé à les engager à rien qui y fût contraire. Et, bien loin de là, le marquis Calca-

---

1. Ferdinand de Gonzague, duc de Guastalla, IIIe du nom. Il épousa, en 1647, Marguerite d'Este, fille du duc Alphonse III de Modène.

gnini, qui est depuis peu arrivé ici de sa part, a témoigné que, si Leurs Majestés avoient la bonté de s'entremettre pour établir une sincère amitié entre les deux maisons de Modène et de Mantoue, son maitre y contribueroit volontiers ce qui pourroit dépendre de lui, et qu'étant une fois établie, il la cultiveroit soigneusement.

L'ombrage que M. de Mantoue peut avoir eu de ce mariage est qu'on ne lui en a rien fait dire, ni de la part du duc de Guastalle, qui est de la maison de Mantoue, ni de celle du duc de Modène; mais cela n'a procédé ni faute d'amitié ni à dessein de le désobliger en manquant à une civilité que l'on a coutume de se rendre entre proches, mais de ce que, les Espagnols ayant fait tous leurs efforts pour traverser cette alliance, jusques à envoyer don Vincent Gonzague[1] en Espagne pour cet effet, on a été contraint, pour la faire réussir, de conduire l'affaire fort secrètement.

Le sieur du Plessis-Besançon connoîtra assez combien il importe au service de Leurs Majestés d'établir une bonne union entre ces deux maisons qui sont dans le parti et les intérêts de la France pour n'y rien oublier; et, à la vérité, il peut arriver de telles conjonctures d'affaires dans l'Italie que, ces deux princes agissant de concert, il en résulteroit des avantages très considérables à cette couronne aussi bien qu'à eux-mêmes.

Et, sur ce sujet, ledit sieur du Plessis-Besançon saura que M. et Mme de Mantoue ont fait représenter ici que, comme ils supportent avec grande peine le démembrement qu'on fit par le traité de Quérasque dans le Montferrat, ils seroient ravis de pouvoir s'en dédommager par quelque acquisition dans l'état de Milan. De sorte que, si Dieu dans sa bonté ne fait cesser bientôt les maux dont la chrétienté est affligée et que Sa Majesté se résolve de faire un grand effort dans l'Italie, l'union de ces deux princes pourroit beaucoup contribuer à y ruiner les affaires des Espagnols, et il seroit facile à Sa Majesté de récompenser avantageusement la maison de Mantoue du démembrement qu'elle a souffert dans le Montferrat.

(Original. Affaires étrangères, Naples, IV, 103.)

---

1. Don Vincent Gonzague, fils de Ferdinand II, duc de Guastalla et de Victoire Doria, était oncle du duc Ferdinand III. Il était attaché au parti du roi d'Espagne qui le nomma vice-roi de Sicile.

73. *Du Plessis-Besançon à Mazarin.*

Bologne, le 23 mai 1647.

La maladie de M. le cardinal Farnèse et le temps qu'il m'a fallu prendre pour pénétrer la disposition des esprits de la cour de Parme, avant que m'engager à rien, ont été cause que je n'ai pu en faire aucun jugement probable que je n'en aie été entièrement expédié. J'ai pris ensuite le chemin de Modène, comme étant celui que je devois tenir pour aller vers Piombino, ainsi que le dernier article de mon instruction m'ordonne de le publier, et, de l'avis de cette Altesse, je suis venu passer à Mantoue, suivant la dépêche du roi sur le sujet du mariage de M. le duc de Guastalle et des contestations arrivées entre Parme et Mantoue à cause des limites de leurs frontières, après avoir communiqué avec M. le duc de Modène, suivant les ordres que j'en ai; et, comme j'ai cru que je ne pouvois rendre sûrement compte à Votre Éminence de ce premier succès de mon voyage auprès de ces trois princes que par l'envoi d'un homme exprès à M. l'archevêque d'Aix, votre frère[1], j'ai différé de l'expédier jusques ici, afin de comprendre le tout dans une même dépêche.

Ainsi, commençant par ce qui s'est passé à la cour de Parme, je dirai à Votre Éminence que j'y ai été reçu et traité avec tout l'honneur et le bon accueil qui se peuvent désirer, et qu'après m'être ouvert à diverses fois au sieur Gauffridi touchant les brevets de pension de Leurs Majestés et les lettres de Votre Éminence pour prendre lumière de quelle sorte j'aurois à me conduire sur ces deux points particulièrement, il me fit connoître que le tout seroit reçu de très bonne sorte et que mon voyage produiroit l'effet que j'en pouvois désirer, ayant été attendu avec impatience et les résolutions de la maison Farnèse ayant été suspendues jusques à mon arrivée. Je fis connoître audit Gauffridi l'ordre que j'avois de suivre ses avis et ne manquai pas de faire valoir cette confiance, tâchant au reste de n'oublier rien pour le prévenir, ce qu'il reçut avec grand témoignage de reconnoissance et de soumission, très disposé de contribuer de sa part tout ce qui pouvoit aider au bon succès de mon voyage dans les avantages de son maître et la gloire de Leurs Majestés. Mais, quant au reste, je l'ai trouvé tout à fait inaccessible aux tentations des

---

1. Michel Mazarin, archevêque d'Aix (1605-1648). Il fut promu au cardinalat en octobre 1647 et nommé peu après vice-roi de Catalogne.

choses qui le pouvoient regarder, par-dessus lesquelles aussi j'ai passé non moins doucement que j'ai tâché de faire effort sur son esprit pour lui persuader les autres. Il m'a témoigné grande passion pour la gloire de Votre Éminence et grande joie que j'eusse porté de quoi lui donner moyen d'agir pour une réconciliation qu'il souhaitoit au dernier point. Sur de si belles apparences, j'ai suivi ses sentiments, et, pour abréger, voici ce qui en est arrivé. La réponse de M. le duc de Parme sur les offices de condoléance a été telle que je la pouvois désirer de la reconnoissance qui leur étoit due, et, pour le surplus, n'ayant eu rien de particulier à traiter avec ce prince, il m'a répondu en termes généraux et en substance tout à fait semblables à ceux de mon autre voyage de Plaisance, y ajoutant de plus que, pour tout ce qui pouvoit regarder les services qui dépendroient de lui et de toute la maison de Farnèse, Leurs Majestés n'avoient qu'à commander absolument sans faire aucune réflexion sur ses intérêts..... Je lui donnai ensuite le brevet de sa pension, qu'il reçut de même avec grand respect, mais sans expression de parole, qu'aux audiences ensuivantes qu'il me donna satisfaction tout entière. Et, sur ce point, le sieur Gauffridi m'a fait connoître que, si Votre Éminence avoit agréable de lui donner celle de lui faire payer une année des cinq qui étoient dues au feu duc son père, dont l'ordonnance avoit été autrefois expédiée et le fonds donné, ce seroit une grâce qui achèveroit de gagner entièrement ce prince en lui faisant voir le cas que l'on fait de la mémoire de ceux dont l'affection a bien mérité de la France. Les réponses de la mère et de l'oncle ont été conformes à celle dudit sieur duc à la différence du sexe et des personnes seulement. Pour ce qui est du brevet de pension de M. le cardinal Farnèse, je ne lui donnai point à la première audience par avis dudit sieur Gauffridi, lequel me fit connoître que Son Éminence étoit entièrement disposée à l'accepter de quelque somme qu'il fût, puisque même il avoit résolu de servir la France et Leurs Majestés sans aucune condition, mais qu'ayant à prendre pension et ne cédant à personne en affection pour le service et la gloire de Leursdites Majestés, il espéroit qu'elles ne voudroient pas le tenir différemment ou moins favorablement que l'étoient ceux de sa volée, dénotant par ces paroles qu'il entendoit parler de M. le cardinal d'Este, à qui l'on donnoit trente mille écus, ajoutant que, ledit sieur cardinal Farnèse se portant au service du roi plus par honneur et par inclination que par aucun intérêt, il ne prétendoit point en ce rencontre faire commerce de celui dont il étoit capable, puisqu'en quelque façon que ce fût il avoit résolu de se déclarer hautement serviteur de cette couronne, mais que c'étoit seulement pour la satisfaction de faire voir le cas que Sa Majesté faisoit de lui, espérant même que cette répugnance qu'il avoit par émulation et par-dessus laquelle il passoit seroit si favorablement expliquée de Leurs Majestés qu'il en tireroit avantage auprès d'elles. Sur quoi, je répartis sérieusement au sieur Gauffridi qu'une grâce si considérable en faveur dudit sieur cardinal n'ayant été résolue que sur la créance qu'elle seroit reçue comme elle devoit et sur les avances qu'il avoit faites pour l'obtenir, il n'étoit pas raisonnable qu'il se contraignît pour l'accepter; et que je n'avois ordre d'en présenter le brevet qu'après m'être bien éclairci qu'il seroit reçu de la bonne sorte. Mais ledit sieur Gauffridi releva cette répartie avec tant de chaleur, pour m'empêcher de prendre en mauvaise part ce qu'il m'avoit dit, que je fus obligé d'en demeurer là. Aussi puis-je assurer Votre Éminence que je ne saurois assez lui exagérer les soumissions dudit sieur cardinal Farnèse quand je lui présentai ledit brevet, les assurances extraordinaires qu'il me donna de son affection pour Votre Éminence et les termes obligeants avec lesquels il s'expliqua sur ce sujet, jusques à me dire qu'elle connoîtroit par les fréquentes importunités et par le recours qu'il auroit souvent à elle à quel point il en vouloit dépendre, ne souhaitant désormais la vie par aucun mouvement plus violent que pour l'employer au service de Leurs Majestés et au vôtre. Le sieur Gauffridi m'a dit qu'il projetoit déjà plusieurs choses pour cet effet, étant à Rome, et qu'il se proposoit d'aller en France aussitôt qu'il s'y seroit signalé par quelque service de considération, ajoutant qu'il avoit conseillé audit sieur cardinal de se remettre et lier absolument à Votre Éminence et de n'oublier rien pour gagner et mériter l'honneur de vos bonnes grâces. Quant aux lettres que j'ai rendues de votre part à toutes ces Altesses, elles ont été si bien reçues qu'il m'a été facile de connoître qu'elles étoient fort désirées, surtout de la mère et de l'oncle, comme les instruments d'une réconciliation qui n'avoit été retardée que par l'imprudence et peut-être la conduite mal intentionnée de ceux qui s'en sont mêlés; de toutes lesquelles choses, les réponses que j'ai tirées des lettres de Leurs Majestés et des vôtres pourront encore donner plus de preuve. Du surplus, ayant fait connoître au sieur Gauffridi combien Leurs Majestés désiroient que M. le duc de Parme fît justice et donnât contentement à M. le cardinal Grimaldi touchant l'abbaye qu'il a dans ses états, j'en ai aussi parlé fortement à Leurs Altesses aux termes qu'il m'étoit ordonné, en sorte qu'il m'a été répondu que je pouvois écrire audit sieur cardinal qu'il n'avoit que d'envoyer quelqu'un de sa part à Parme et qu'il en remporteroit telle satisfaction qu'il auroit sujet d'être content et de remercier le roi de l'effet et du pouvoir de sa recommandation ; de quoi ledit sieur Gauffridi se rend particulièrement garant, ordonnant au sieur de Villeré d'en assurer Leurs Majestés et Votre Éminence de la part de son maître et de fréquenter dorénavant tous les jours votre garde-robe et votre antichambre. Passant à Gênes, le sieur Franco Maria Pallavicini m'avoit dit que ledit sieur Gauffridi avoit bien diminué de posture ; mais c'est de quoi je ne me suis point aperçu, vu qu'il agit à son ordinaire, et que même c'est lui qui a minuté généralement toutes les dépêches que j'en ai retirées pour Leurs Majestés et pour Votre Éminence, lesquelles il m'a fait voir auparavant ; et, véritablement, il semble que je ne puis rendre que de bons témoignages de son affection et de sa franchise sur la confiance que j'ai eu ordre de prendre en lui pour ma conduite en cette cour-là, ou il faut que ce soit le plus méchant et le plus artificieux de tous les hommes, ce que j'aurois grande peine à croire, ne voyant pas à quelle fin ni l'avantage qui en peut revenir à son maître ni à lui. A ma seconde audience de M. le duc de Parme et de madame sa mère, je pris occasion de leur parler du différend qui est entre cette maison et celle de Mantoue à cause des confins de leurs états, mais, voyant qu'on s'efforçoit de me vouloir persuader que c'étoit une affaire qui s'accommoderoit entre eux sans autre suite et qui ne méritoit pas l'entremise du roi, puisqu'elle n'avoit produit aucune altération, la correspondance étant toujours très bonne, je ne pressai pas davantage et n'ai pas cru le devoir faire depuis, ayant appris les nouveaux désordres arrivés sur ce sujet, tant pour ne commettre pas l'autorité ni le nom de Leurs Majestés en une conjoncture où les choses sont trop aigries, que pour ne les avoir plus trouvées en l'état qu'elles étoient lorsque le sieur Priandi a fait instance pour que j'eusse ordre d'y intervenir de la part du roi..... Cette affaire prend un mauvais chemin et peut servir de cause ou de prétexte à plusieurs événements très préjudiciables au repos de ces princes et aux intérêts de Leurs Majestés en Italie. M. Gauffridi m'a dit que son maître envoiera au premier jour une personne de condition en France pour leur rendre ses devoirs. M. le cardinal Farnèse fera peut-être le semblable ; mais, certes, il est bien à craindre que le mal inconnu dont il est presque accablé n'empêche l'effet des bonnes intentions qu'il fait paroître. Son équipage pour Rome est du tout magnifique, et, nonobstant son mal, il espère toujours de s'y rendre avant l'automne, ou du moins à Caprarolle. Monsieur son neveu et lui m'ont fait chacun un présent, lesquels j'ai plutôt acceptés comme des signes de leur bonne volonté envers la France que pour être d'ailleurs fort considérables par leur prix. Quant au reste, je ne sais si le changement et le train de vie que mène ce jeune prince, depuis mon premier voyage auprès de lui, en doit faire beaucoup espérer à l'égard de sa vertu personnelle, vu qu'elle répond assez mal à sa dignité : il est fort brusque, actif, spirituel, et m'a répondu par sa bouche; ses serviteurs attribuent tout ce qu'il fait à sa grande jeunesse et ses courses continuelles à la crainte qu'il a de grossir comme son père; mais, en vérité, l'accès qu'il donne auprès de lui à des gens de très petite étoffe ne semble point excusable à ceux qui en peuvent juger librement. C'est le compte que je puis rendre à Votre Éminence de mon voyage en cette cour, si ce n'est qu'il n'y a que les négociations particulières, le détail et les effets de ce qu'on en peut désirer qui puissent découvrir le fond du sac, un étranger sans confident et toujours observé ne pouvant pas pénétrer aussi avant qu'il seroit à désirer pour être mieux illuminé. Partant de Parme, le sieur de Gauffridi m'a dit pour conclusion que, quand l'occasion viendroit, il se trouveroit encore de vieilles écharpes blanches dans la garde-robe de son maître, dont la couleur ne s'étoit point altérée par le temps, non plus que la volonté de les déplier et de s'en servir. Les troupes qu'il peut y avoir présentement sur pied dans cet État sont en petit nombre, notamment l'infanterie, n'ayant que les garnisons ordinaires de Parme et Plaisance; mais il peut bien encore y avoir cinq à six cents chevaux effectifs de cavalerie payée, compris les dragons de la garde.

Ayant passé ensuite vers M. le duc de Modène, j'ai trouvé un prince de grand sens, mais froid en sa manière d'agir, quoiqu'en effet il témoigne beaucoup de chaleur pour le service du roi. Je lui ai fait part des bonnes dispositions où j'ai laissé la cour de Parme et, en général, de tout ce que j'y ai traité, sans me laisser trop entendre touchant le particulier du cardinal Farnèse, à cause de M. le cardinal d'Este, son frère, bien que je connusse qu'il avoit envie de le savoir, tâchant d'éluder avec adresse la curiosité qu'il en témoignoit. Puis, étant tombé sur le chapitre de l'intention où peut être maintenant M. le grand-duc et les autres princes d'Italie, je connus en son cours que le voyage de M. le prince en Catalogne et l'opinion que le principal effort sera de ce côté-là n'y apportoit pas un petit refroidissement, à quoi l'état des ennemis dans le Milanois et leur sortie en campagne pour entreprendre quelque chose a aussi beaucoup contribué ; témoignant au reste que, dans le fond, il croyoit que leurs volontés fussent toujours égales, puisqu'à moins d'avoir perdu le sens, il n'y en avoit pas un qui ne voulût profiter de l'occasion pour son agrandissement, lorsqu'ils y verroient les armes du roi en l'état qu'il étoit à souhaiter pour cela. Je ne demeurai pas muet là-dessus, employant diverses raisons qui pouvoient servir à lui persuader une meilleure créance et aux autres par son organe. Il continue doucement ses levées d'infanterie, même d'un régiment françois de dix compagnies, dont il a tous les officiers, et deux à trois cents soldats et dont il a envoyé le lieutenant-colonel, nommé Perussis, à Insprück vers le baron d'Ekenfort, pour y recouvrer des hommes par son moyen et l'engager dans son service, ainsi qu'il a fait pour le colonel Varnier qui servoit les Espagnols l'année dernière et lequel est allé à Milan pour en ramener sa femme. Ledit sieur duc attend avec impatience les résolutions de la cour par le retour du sieur marquis Calcagnini et m'a fait connoître que le temps commençoit à presser. Il peut avoir présentement trois à quatre mille hommes de pied et trois à quatre cents chevaux en état de servir, à ce que j'ai pu apprendre. Son avis touchant mon voyage de Mantoue fut que je le fisse sous les deux prétextes du mariage du duc de Guastalle et des brouilleries survenues à raison des confins du Parmesan et du Mantouan, sans m'ouvrir de rien davantage que fort généralement, témoignant qu'il n'y avoit pas lieu d'espérer de grandes aides des forces et des intentions de la duchesse, si elle n'étoit bien changée ; mais que, néanmoins, ayant beaucoup d'argent comptant, elle pourroit faire quelque levée considérable si elle vouloit mettre la main à sa bourse et agir tout de bon. Étant venus ensuite à parler de la princesse de la Mirandole[1], en faveur de laquelle il m'a dit avoir obtenu la protection de Leurs Majestés, ce n'a pas été sans se plaindre de son mauvais procédé envers lui, dont il auroit assez d'occasions et de moyens de se ressentir et la mortifier, s'il vouloit et s'il n'espéroit que le roi lui fera connoître la gratitude qu'elle en doit avoir et de quelle sorte elle doit vivre à l'avenir avec lui, ce que ledit sieur duc m'a prié de faire savoir à Votre Éminence afin qu'elle ait agréable de prendre soin de cet article.

1. Marie Cibo, fille de Charles, prince de Massa, et de Brigitte Spinola. Elle était alors veuve de Galeotti Pic de la Mirandole et fut mère d'Alexandre Pic, duc de la Mirandole, qui épousa, en 1656, Anne-Béatrix d'Este.

Étant arrivé à Mantoue, on m'y a reçu et traité comme les autres envoyés de ma volée. Ma première audience a été de madame la duchesse et de M. son fils conjointement, et ne fut que de compliments ordinaires et réciproques de part et d'autre. A la seconde, je vis la mère en particulier et lui exposai le sujet de mon voyage, tant sur ce que j'avois fait à Parme touchant le différend de leurs confins, en suite des instances qu'elle en avoit fait faire à la cour, que pour le mécontentement et les jalousies qu'elle a fait témoigner du mariage de M. le duc de Guastalle avec la sœur de M. le duc de Modène. Quant au premier point, elle me dit que cette affaire n'étoit plus en état d'accommodement à cause des nouvelles violences et des entreprises de M. le duc de Parme qui avoient trop blessé l'honneur et la réputation de sa maison, qu'il falloit les réparer et réduire auparavant les choses dans l'égalité, qu'elle en avoit passé beaucoup sous silence pour ne point s'engager, mais qu'en étant venue si avant, elle ne pouvoit pas s'empêcher de faire quelque démonstration de ressentiment, que, pour cet effet, elle alloit faire quelques levées et appeler quelques forces du Montferrat, joint que, la garnison des Vénitiens dans Mantoue n'étant pas de cent cinquante soldats effectifs, elle estimoit du tout nécessaire, dans la conjoncture présente, de mettre cette place et la frontière du Parmesan hors de surprise, dont elle avoit déjà fait donner part à la république. Et, pour ce qui étoit du second point, que M. le duc de Modène ayant si longtemps refusé de faire le mariage susdit, elle ne pouvoit croire qu'il n'eût de grands desseins à son préjudice, surtout l'ayant fait de la sorte sans lui en donner aucune part, et d'autant plus que c'étoit avec une personne auteur de tous les malheurs de sa maison et son ennemi particulier; que, néanmoins, elle dissimuleroit toutes choses et vivroit avec eux comme il étoit à désirer pour le service de Leurs Majestés, auxquelles, cependant, elle rendoit très humbles grâces de la continuation et des offres de leur protection et de la bonté qu'elles avoient eue de vouloir entremettre leur autorité pour rétablir entre eux une bonne intelligence, mais qu'enfin elle ni son fils ne pouvoient prendre aucune confidence avec M. le duc de Modène et son nouveau beau-frère ; qu'elle souhaitoit que Leurs Majestés en retirassent les services qu'on s'en promettoit, mais qu'il étoit expédient de considérer qu'ils avoient été longtemps Espagnols, qu'ils ne se montroient maintenant François que par crainte dans l'abaissement de la maison d'Autriche et qu'elle étoit très assurée que le prince faisoit faire à Vienne et à Madrid, par les sieurs de Montecuculli qu'il y avoit envoyés, les mêmes offres de troupes et les mêmes propositions qu'en France; que les Espagnols lui avoient baillé passeport pour quelques Suisses par l'État de Milan et qu'enfin elle savoit fort bien qu'il trompoit les uns ou les autres : lesquelles choses m'ont aussi été confirmées par un certain baron de Cochet, françois, son écuyer, qui se dit très partial de la France, venu de Mantoue avec le feu duc Carlo. Bref, sa jalousie et son aigreur parurent telles qu'il ne s'y peut rien ajouter, concluant que Charles-Emmanuel de Savoie qui avoit eu les reins plus forts et aussi bon esprit que lui s'étoit à la fin mal trouvé d'une semblable conduite ; qu'elle me disoit toutes ces choses par avis, sans passion et seulement pour donner occasion à Leurs Majestés d'y faire les réflexions nécessaires. J'écoutai tout sans y répartir que par des raisons d'adoucissement à tant de fiel et des assurances non seulement de l'entière protection de Leurs Majestés, mais encore de l'intention qu'elles ont d'avantager sa maison, notamment si la guerre continue, pour peu qu'elle veuille s'aider de son côté, pour lui ôter de plus en plus l'ombrage qu'elle prend de tout, sans m'engager néanmoins ni entrer fort avant en matière. A quoi elle répartit, en termes généraux, aussi favorablement qu'on le peut désirer et que son fils seroit bientôt en état de le confirmer en personne par tous les services dont on le jugeroit capable. A ma dernière audience, après plusieurs autres discours, elle tomba ensuite sur de grandes doléances du mauvais traitement que recevoit le Montferrat, tant par les troupes du roi et de Madame Royale, que par certains gouverneurs de places, que c'étoit un pays comme abandonné à la haine et à la discrétion de la maison de Savoie, qu'il faudroit donner plus d'autorité aux gouverneurs de Casal pour le conserver et que, la sienne ayant tant souffert pour la France, il étoit bien raisonnable qu'on en prît plus de soin et qu'elle ne devînt pas la victime qu'on sacrifie à l'intérêt de tous les autres, — si ce ne sont les mêmes paroles, vu qu'elle parloit italien, à tout le moins en est-ce le sens ; — que M. le grand-duc et MM. de Modène et de Parme armoient et s'étoient liés pour avantager leurs affaires sous l'appui et à la faveur des armes du roi, qu'il n'y avoit que le duc de Mantoue qui pâtît de cette guerre. Jusque-là j'avois demeuré dans les termes que Votre Éminence a vus ci-dessus; mais tant de plaintes réitérées, d'un style qui sembloit les rejeter sur la France et sur ses ministres, m'obligèrent de changer le mien en lui faisant connoître les obligations extraordinaires dont la maison de Mantoue leur étoit redevable, la dépense qui avoit été faite et le sang que les François avoient répandu pour la conserver, ce que j'exagérai discrètement, mais le plus fortement qu'il me fut possible, et, selon mon opinion, d'autant plus à propos que c'étoit en présence de M. son fils, prenant là-dessus occasion de dire beaucoup de choses qu'elle n'entendoit pas bien, pour être un peu sourde, afin de persuader mieux à ce jeune prince tout ce que le feu roi et Leurs Majestés avoient fait pour le maintenir, en quel état il seroit sans les effets de leur protection, les outrages et les cruautés que les impériaux et les Espagnols avoient exercés contre ses prédécesseurs et contre ses états, et que sa gratitude envers la France et son ressentiment contre de si cruels ennemis étoient également nécessaires à son honneur, à sa conservation et à son agrandissement. Tous ces discours furent écoutés de lui avec beaucoup d'attention, et je m'assure qu'ils auront fait impression sur son esprit, puisque la mère même en revint de sorte, soit en apparence ou tout de bon, que je n'eus après cela que sujet de satisfaction de toutes ses paroles et du reste de son procédé, ce qui m'a confirmé l'avis qu'on m'avoit donné qu'elle descendoit aisément de son humeur hautaine, quand on la traitoit avec vigueur et fermeté. Ce n'est pas que, selon d'autres avis et les lumières que j'ai pu prendre, on puisse fort s'assurer aux bonnes inclinations de cette dame ni même aux ouvertures qu'elle fait faire de vouloir marier son fils en France, vu que ledit sieur Cochet, à qui elle en parle quelquefois, m'a fait connoître qu'elle a les mêmes sentiments de s'allier à la maison d'Inspruck; mais, cette princesse étant femme d'un esprit au-dessus de son sexe et voyant l'empereur et les Espagnols en la décadence où ils sont, se laissera vraisemblablement plutôt emporter à la force de l'intérêt qu'aux mouvements de son inclination, qu'on croit jusqu'ici n'avoir jamais été pour la France. C'est pourquoi il semble qu'il est temps de se servir de l'occasion pour nouer entièrement avec elle et la gagner par les engagements que Votre Éminence estimera les plus convenables pour cet effet. Elle me dit, à la dernière audience, qu'il étoit maintenant plus à propos que jamais de pousser les affaires du Milanois, que le côté du lac de Côme étoit le plus faible et tout ouvert, de sorte que le coup de partie seroit d'y faire entrer des troupes de ce côté-là, comme pourroient être celles du maréchal du Turenne, à quoi le traité de Bavière et les affaires d'Allemagne apportoient une grande facilité; que les conquêtes de la côte de Toscane n'auroient fait qu'alarmer les Espagnols et les obliger à de grands efforts dans le royaume de Naples et dans l'État de Milan, qui pourroient refroidir les princes d'Italie et les faire appréhender, si on ne poussoit vivement les affaires après cela.

Votre Éminence jugera si ce discours a été fait pour me faire parler ou s'il procède d'une meilleure cause. Pour moi, je ne sais qu'en dire, mais je sais bien qu'il ne m'a rien fait dire, ayant demeuré continuellement en garde sans m'être relâché de quoi que ce soit au delà de mes ordres. Quant au reste, le sieur comte de Bonzi, résident pour Leurs Majestés à Mantoue, m'a dit que le sujet qu'il a toujours eu de juger sinistrement les intentions de cette princesse a été, en général, de n'en avoir jamais pu obtenir aucune des choses qu'il a eu à négocier avec elle pour les intérêts de France et d'avoir continuellement observé qu'elle ne favorise quasi que des personnes suspectes, opprimant et maltraitant tous ceux qui passent pour affectionnés au parti de la couronne, faisant insinuer à son fils tout ce qui peut lui donner de l'aversion pour les François. Il m'a dit de plus que ladite dame, parlant depuis fort peu de jours de Casal et du Montferrat au résident de Venise, lui avoit témoigné que nous traitions mal les Montferrins et les strapassions, mais que, si nous n'y prenions garde, ils pourroient bien nous faire une bourde. Ledit sieur résident étant assez mal avec ladite dame, Votre Éminence donnera telle foi qu'elle estimera convenable à son rapport. On ajoute qu'il est arrivé, depuis quelques jours, une certaine comtesse à Mantoue, femme du trésorier de Casal, qui a souvent de très longues et très étroites conférences avec elle, lui faisant des honneurs qui ne sont pas imaginables, même contre le style de la maison et au préjudice de sa première dame d'honneur, ce qui donne de grands ombrages à tous les bons serviteurs du duc, plusieurs soupçonnant que cette princesse, voyant la fin de sa tutelle approcher, cherche des expédients de se perpétuer dans l'autorité de quelque façon que ce soit, connoissant que l'humeur et les inclinations de son fils sont absolument françoises. Mais, la crainte qu'il a de sa mère ou sa propre foiblesse sont telles pour ce regard, qu'il n'ose souffler ni ouvrir la bouche devant elle, ce que j'ai reconnu visiblement en ce que, lui ayant souvent adressé la parole en deux très longues audiences, il ne m'a pas dit un seul mot ni fait le moindre compliment pour Leurs Majestés ni sur quoi que ce soit. C'est d'ailleurs un prince tout formé, de belle taille et qui passe pour avoir de l'esprit. Un certain jeune marquis Octavio Gonzague[1], et Gaillart, valet de chambre fran-

---

1. Octavio Gonzague (1622-1663), grand écuyer du duc de Mantoue.

çois, qui me sont venus voir, sont ceux-là qui ont le plus de part en sa confiance et qui l'approchent le plus. Ils m'ont tous deux parlé confidemment de la contrainte et de l'abaissement de vie et d'esprit dans lequel on le tient, et que sa timidité à l'égard de madame sa mère n'est pas imaginable, jusque-là même que plusieurs croient qu'elle provient de quelque cause qui n'est point naturelle, ce qui peut néanmoins aussitôt venir de la petitesse de son génie et de la manière dont on l'a fait nourrir, pour établir mieux sur lui la crainte de sa mère. Ledit Gaillart, qui est celui de tous ceux qui le servent qui le voit le plus souvent dans son vrai naturel et qui ne manque pas de connoissance, comme aussi le sieur Cochet m'ont assuré pourtant que ce jeune prince paroît fort judicieux et spirituel, lorsqu'il se trouve en état d'agir et de parler librement.

J'ai cru que Votre Éminence auroit agréable la relation que je lui fais de toutes ces particularités, puisqu'elles peuvent servir à lui faire prendre les résolutions que demande l'état des choses en une occasion et sur une matière si importante et si délicate. Il y en a qui croient du tout nécessaire d'établir un François pour général des armes dans Mantoue, afin d'assurer cette place et l'État de ce jeune prince autant aimé de ses sujets que leurs affections sont aliénées à l'égard de madame sa mère, particulièrement celles de la noblesse, à ce que plusieurs m'ont assuré, sans toutesfois que je me sois ouvert à personne ou que j'aie écouté ce qu'on m'a dit qu'en passant. J'ai reçu toutes les apparences que je pouvois attendre de la satisfaction de cette cour-là, même un présent de la part de madame la duchesse, mais tel à la vérité qu'il n'y a que les bonnes intentions de celle qui le donne qui le rendent considérable. La créance que le roi me bailloit par sa lettre auprès du fils a fait qu'elle a trouvé bon que je ne le visse qu'en sa présence; aussi n'ai-je témoigné désirer de le voir séparément qu'autant que c'étoit la coutume et pour lui rendre plus d'honneur par une visite particulière, prévoyant qu'on pourroit prendre ombrage si j'en faisois plus d'insistance.

Comme j'étois prêt à finir cette longue lettre, M. le marquis Calcagnini est arrivé en cette ville; M. le duc de Modène m'avoit, dès hier, donné avis qu'il y devoit envoyer quelqu'un. Il m'a rendu la lettre dont il plaît à Votre Éminence de m'honorer et m'a fait voir le mémoire original qu'elle lui a donné.

(Minute. Affaires étrangères, Naples, IV, 151.)

74. *Du Plessis-Besançon à Mazarin.*

La Spezzia, le 10 juin 1647.

Par ma dépêche du 23 mai, Votre Éminence aura vu le succès de mon voyage..... Comme on m'avoit fait connoître à Modène qu'il n'étoit pas encore temps que je m'y arrêtasse, je pensai que je ne pouvois prendre un séjour en lieu plus commode pour les affaires que Bologne, en attendant de nouveaux ordres pour agir... Mais il se trouva que M. le cardinal Grimaldi étoit à Sarzane ou la Spezzia, auprès duquel le secrétaire Gratiani avoit été envoyé par M. de Modène pour ajuster ses intérêts avec Son Éminence. Ainsi, j'estimai nécessaire en toutes façons de m'y rendre aussi, et je partis, pour cet effet, de Florence après avoir salué M. le grand-duc comme particulier, et, rencontrant M. d'Estrades à Pise, nous sommes venus ensemble et y avons demeuré jusques ici. Les ordres que j'ai reçus de Son Éminence sont de m'en retourner vers mondit sieur de Modène... afin de l'éclaircir sur les divers points proposés à Son Éminence par ledit secrétaire Gratiani, ajuster ensuite la route et le temps de la marche des troupes qui doivent partir de Piombino pour le joindre et tâcher de reconnoître si les explications qu'il a demandées à mondit sieur le cardinal Grimaldi ne sont point des signes de quelque changement en l'esprit de ce prince, ne jugeant peut-être pas que la conjoncture soit assez favorable pour se déclarer avec sûreté, voyant l'état des Espagnols tel dans le Milanois qu'ils ont entrepris sur nous, au lieu d'être sur la défensive, et que les forces qu'il doit commander soient bastantes pour faire quelque chose de considérable du côté de sa frontière.....

Dans la visite que je rendis à Florence à M. le grand-duc[1], où il me tint fort longtemps, je fus tourné de divers côtés par ce prince, avec lequel je me tins très couvert des choses de l'avenir et assez libre de celles du passé qui pouvoient l'échauffer ou dont il pouvoit avoir connoissance. Votre Éminence est si bien informée des dispositions où il est pour nous et de son humeur naturelle, que je ne saurois rien ajouter à ce qu'elle en sait, si ce n'est qu'il me semble en être venu trop avant pour ne faire pas comme les autres aussitôt que les armes du roi paroîtront assez fortes en Italie pour l'obliger à parler net, soit par les considérations de la crainte, soit par celles de son intérêt et de ses avantages, lors-

---

1. Ferdinand II de Médicis, grand-duc de Toscane.

qu'il y verra de la sûreté. Jusque-là, ce ne sera que tiédeur et ambiguïté.

(Minute. Affaires étrangères, Naples, IV, 198.)

75. *Mazarin à du Plessis-Besançon.*

Amiens, le 13 juin 1647.

J'ai vu par votre dépêche du 23 mai tout ce que vous aviez négocié à Parme, à Modène et à Mantoue : en quoi vous vous êtes conduit avec toute la prudence et l'habileté qui se pouvoient désirer.

On profitera ici fort volontiers de l'avis que vous a donné le sieur Gauffridi pour le paiement d'une année des arrérages de la pension de feu le duc de Parme, puisque cette marque d'estime, envers la mémoire du père est pour toucher le cœur du fils au point qu'on vous l'a fait espérer, quoique nous soyons assez pressés d'ailleurs par les grandes dépenses que Sa Majesté étoit obligée de faire de toutes parts.

On est mal informé en cette cour-là des appointements que le roi donne à M. le cardinal d'Este, qui ne vont pas à trente mille écus, comme l'on vous a voulu dire, mais à douze mille écus seulement, et, s'il a une abbaye, M. le cardinal Farnèse en peut bien aussi espérer une de la bonne volonté de Leurs Majestés. Je vous prie de lui faire de ma part toute sorte de civilités et de protestations de service et de l'assurer que, quand il aura agréable de venir en France, il aura sujet d'être content de la bonne réception qui lui sera faite.

Je suis bien aise de la favorable réponse que vous avez eue touchant l'abbaye de M. le cardinal Grimaldi. Je m'assure que vous n'aurez pas manqué de lui rendre compte de tout ce qui s'est passé en cette affaire, afin qu'il en remerciât lui-même M. de Parme, auquel l'on ne manquera pas aussi de deçà de témoigner le gré que Sa Majesté lui en sait.

Il sera bon de le presser et le sieur Gauffridi aussi de se souvenir ce qu'il vous a dit des vieilles écharpes blanches qui sont encore dans la garde-robe de son maître, lorsque nous serons en état d'agir contre le Milanois des deux côtés.

Je n'ai rien à répliquer à ce que vous me mandez touchant M. le duc de Modène, si ce n'est qu'on fera ici tout ce qu'il souhaitera à l'égard de La Mirandole, et M. le cardinal Grimaldi et vous-même pouvez agir de concert là-dessus avec ledit sieur duc.

Il faut continuer toujours à faire votre possible pour bien réunir les esprits et, particulièrement, pour accommoder la querelle d'entre Mantoue et Parme; que si madame de Mantoue a dessein, comme elle dit, de déférer au roi et de contribuer à son service, elle doit d'autant plus volontiers assister M. le duc de Modène, lorsqu'il sera déclaré pour nous, qu'elle assistera en ce faisant Sa Majesté même et que, d'ailleurs, cette assistance tournera à l'avantage de M. son fils, puisqu'il participera aux progrès que feront les armes du roi. Il ne faut pas s'arrêter à ce qu'elle vous a dit touchant M. le duc de Modène. C'est l'aigreur qui l'a fait parler de la sorte et l'on a meilleure opinion ici de la sincérité de ce prince. Au reste, vous avez fort bien fait de répartir vigoureusement aux plaintes de madame de Mantoue, et ce fut très à propos que vous prîtes l'occasion de vous étendre, en présence de M. son fils, sur les obligations signalées que sa maison a à cette couronne, afin de l'en rendre informé et d'échauffer d'autant plus les bons sentiments qu'il a déjà pour la France.

Il n'y a point de doute que cette princesse ne devroit rien tant souhaiter, dans la constitution présente des affaires, que de s'attacher tout à fait à nous. Mais, comme on a expérimenté jusqu'ici que la passion qu'elle a pour la maison d'Autriche l'a toujours emporté dans son esprit par-dessus la raison d'État et l'intérêt de M. son fils, il faut se méfier de tout ce qu'elle a avancé en notre faveur et traiter pourtant comme si on étoit entièrement assuré d'elle.

Il eût été bon de vérifier ce qu'on vous a dit de son dessein pour se perpétuer dans l'autorité au delà de sa tutelle et de lui en parler à elle-même pour voir sa contenance. Quant au discours qu'on lui impute touchant Casal et les Montferrins, après ce qu'elle nous a fait une fois, nous ne devons pas faire grand scrupule de nous en méfier toujours.

Vous m'avez fait beaucoup de plaisir de m'écrire si particulièrement que vous avez fait de toutes choses. Je vous remercie très affectueusement du soin que vous en avez pris, lequel vous m'obligerez de continuer quand vous en aurez matière, vous priant de me mander aussi, à la première occasion, ce que vous jugez de la personne de M. de Bonzi et si vous croyez qu'il soit à propos de le retirer de Mantoue.

Continuez, s'il vous plait, à agir avec le même zèle et la même application, vous conformant entièrement aux sentiments de M. le cardinal Grimaldi, et soyez assuré que j'ai pour vous autant d'estime et d'amitié que vous en pouvez désirer.

(Original. Affaires étrangères, Naples, IV, 115.)

76. *Brienne à du Plessis-Besançon.*

Extrait. Amiens, le 14 juin 1647.

Le pouvoir du cardinal Grimaldi est de faire contracter alliance offensive et défensive avec les princes qui la voudront avec cette couronne et d'en ajuster toutes les conditions. S'il disposoit Florence d'imiter Modène, il seroit surpris lui-même et, sans que M. le grand-duc voie une armée en Italie capable d'en chasser les Espagnols, il ne se déclarera jamais contre eux. Il s'est fait des règles de politique et il a une prudence consommée qui le fait marcher avec tant de circonspection que les belles apparences ni les espérances de l'avenir n'en détruisent point les craintes..... La connoissance que vous avez prise des dispositions de la cour de Parme est si entière qu'on peut désormais faire fondement de leur amitié, et, quand ce ne seroit pas jusques à s'embarquer dans la guerre, il y a d'autres occasions où elle seroit utile..... Je considère beaucoup ce que vous m'avez mandé au sujet de madame de Mantoue, et c'est une chose à être examinée de près de la voir armée, car, outre qu'il y a lieu d'en prendre de la jalousie, quand bien même on seroit éclairci de ses intentions, la crainte qu'en doit avoir Parme l'empêcheroit d'entrer dans la ligue et feroit voir aux Espagnols qu'ils n'ont point occasion de le craindre, ayant sujet de tenir des forces pour sa propre défense..... Le jugement avantageux que vous faites de M. le duc de Modène me confirme en la bonne opinion que j'en ai toujours eue.....

Puisque vous n'avez pas jugé devoir offrir la médiation du roi pour assoupir les différends qui sont entre la maison de Mantoue et celle de Parme, nous attendrons que l'une et l'autre nous en prient. Mais pourtant, si M. le cardinal Grimaldi jugeoit qu'il y auroit lieu de le faire et que leur division pourroit être dommageable aux affaires de la dernière importance, en ce cas, sans attendre de nouvel ordre, vous vous y emploierez, ayant concerté avec M. le cardinal Grimaldi ce qui se devra faire et dire.....

(Original. Affaires étrangères, Naples, IV, 206.)

77. *Du Plessis-Besançon à Brienne.*

Florence, le 14 juin 1647.

A mon retour de la Spezzia, où je suis allé voir M. le cardinal Grimaldi pour lui rendre compte de toutes choses et recevoir ses ordres pour l'avenir, j'ai été obligé de passer par Lucques, non seulement parce que c'étoit mon chemin, mais encore par curiosité de voir une place de cette réputation. Il y a déjà quelque temps que l'alarme y est grande. Ils travaillent à leurs dehors, mais non pas de sorte ni avec tant d'avance pour les travaux qu'elle en soit beaucoup meilleure de quelques mois; à la vérité, le corps de cette place est de onze beaux bastions. J'y ai reçu mille civilités et régals de la part de la république, ce qui m'a obligé de visiter le gonfalonier et les anciens qui l'accompagnent d'ordinaire dans le palais, où ils m'ont fait très grand honneur, bien que ce ne fût que comme particulier. J'ai reconnu qu'ils sont en disposition d'accorder à Leurs Majestés toutes les choses qu'on en peut désirer pour l'avantage des affaires présentes, et que peut-être on en pourroit obtenir beaucoup plus, si on vouloit se servir de l'appréhension où ils sont et les presser. Il y avoit longtemps que j'étois convié d'y aller, mais je ne l'ai pas voulu faire sans l'avis de M. le cardinal Grimaldi, qui me fit connoître qu'il seroit bon que je leur dise par occasion, comme de moi-même, que les armes de Leurs Majestés ne devoient donner terreur qu'à leurs ennemis, sans leur ôter toutefois celle qu'ils peuvent prendre de l'armement des autres princes. A quoi j'ajoutai quelques autres discours équivoques tendant à leur faire voir que la protection d'Espagne étoit maintenant un mauvais appui pour s'y fier, et, à ce que j'apprends, si on pressoit un peu ces gens-là, lorsque nous serons plus en état d'augmenter leur crainte, il y a beaucoup d'apparence qu'on les pourroit porter à des résolutions bien différentes du parti qu'ils ont tenu jusques ici. Mais ce n'est pas là seulement le fruit que les armes du roi tireront d'être fortes en Italie, puisque je n'y vois quasi rien qui ne plie ni aucun prince qui ne veuille profiter de la conjoncture et des intérêts de la France, dès que nous serons assez forts pour leur persuader qu'ils le peuvent sans péril. Je m'en retourne du côté de Bologne pour la suite des choses commencées, M. le cardinal Grimaldi ne m'ayant rien ordonné de nouveau ni de plus particulier. S'il y avoit quelque changement ou du retardement, je m'en irais voir Piombino et Porto-Longone et, de là, me rendrais à Gênes près de mondit sieur le cardinal Grimaldi, pour y attendre les ordres de la cour ou y recevoir les siens, ainsi qu'il m'a dit qu'il étoit à propos que je le fisse[1]..... La prise

---

1. Tous ces voyages de du Plessis-Besançon causèrent une vive émotion dans les diverses cours d'Italie. Voici ce qu'écrivait de Rome l'abbé de Saint-Nicolas à Bernard de Besançon, le 8 juillet 1647 : « Toutes vos

de Nice de la Paille, le siège d'Armentières et le mauvais bruit qui court d'un grand accident survenu en la personne de M. le Prince ont fort refroidi les esprits et font un méchant effet pour les affaires. Dieu veuille que le dernier point soit faux, comme d'ailleurs il est mal fondé par la diversité qui paroît dans les avis de cette nouvelle.

(Copie. Bibliothèque nationale, manuscrits, fonds français, 16100.)

78. *Brienne à du Plessis-Besançon.*

Extrait.   Amiens, le 4 juillet 1647.

Votre lettre du 14 juin m'a appris que vous aviez été à Lucques et le jugement que vous faites des fortifications de cette place, les discours que vous avez tenus à ses seigneurs et que, sans faire paroître avoir nul ordre de les intimider ni de leur faire appréhender les armes de leurs voisins, vous leur aviez bien fait connoître que la protection d'Espagne n'est pas un remède assuré contre divers accidents dont ils sont menacés. Au voyage ni aux discours, rien ne peut être condamné et, l'ayant entrepris avec le consentement du cardinal Grimaldi, vous ne devez point douter qu'il ne soit approuvé. Mais je crains que, quand les diverses nouvelles dont je veux vous faire part seront divulguées en Italie, tel qui méprisoit les armes d'Espagne et tel aussi qui considéroit beaucoup les nôtres seroit également pour changer d'opinion, puisque nous sommes de deçà sur la défensive et qu'en Catalogne, sans que les ennemis se soient fait voir, M. le Prince a été conseillé de lever le siège de Lérida.....

(Original. Affaires étrangères, Naples, IV, 254.)

79. *Du Plessis-Besançon à Brienne.*

Extrait.   Gênes, le 29 juillet 1647.

Il y a huit jours que je suis auprès de M. le cardinal Grimaldi, lequel m'a voulu loger et me traiter au reste avec des civilités qui me confondent. Vous avez grand raison de l'honorer et de l'estimer comme vous faites, non seulement parce que sa vertu et son grand mérite sont recommandables partout, mais encore pour l'amitié singulière que Son Éminence a pour vous, ne se

allées et venues ont mis à bout tous nos spéculatifs qui ont entièrement perdu leur tramontane; ils ne savent plus que dire..... » (Affaires étrangères, Naples, IV, 264.)

passant pas de jour que nous ne soyons des quarts d'heure entiers sur votre chapitre. Pour moi, j'en reçois des satisfactions qui ne sont pas imaginables, reconnoissant de plus en plus qu'il assemble en sa personne toute l'adresse et la capacité d'un habile mondain, avec la franchise et la probité d'un grand homme de bien, avec un zèle et une fermeté pour la France dont je ne crois pas que jamais Italien ait été capable ; et j'ose dire qu'il y a peu de François qui l'égalent..... Si je vous dis que le succès de Lérida ne m'a point surpris, je ne sais si vous me croirez ; mais je sais bien par les connoissances que j'avois de cette place que la moindre de son attaque m'en a fait craindre l'événement avec beaucoup de raison, et ce qui me surprend en ce rencontre est seulement la prudence et la modération de M. le Prince. En quoi il montre qu'il étoit véritablement au-dessus de la sotte vanité de ceux qui donnent le nom de constance à l'opiniâtreté, confondant les vertus avec les vices qui en sont les plus proches.

(Copie. Bibliothèque nationale, manuscrits, fonds français, 16100.)

80. *Du Plessis-Besançon à Mazarin.*

Gênes, le 29 juillet 1647.

Depuis le retour du courrier de Modène, cette Altesse a envoyé ici le marquis Calcagnini avec apparence de vouloir traiter et renouer quelque chose. Mais tout s'est réduit à ce point que, si M. le duc de Parme veut bailler les étapes et les passages nécessaires pour entrer dans le Milanois par ses états et qu'on puisse s'assurer qu'il ne favorisera point les Espagnols au préjudice de M. de Modène, il espère que son maître passera outre à l'exécution des choses proposées. Mais, comme il dit en même temps qu'il a passé à Parme, venant en cette ville, pour voir ce qu'on en pouvoit obtenir, et qu'il n'y a trouvé aucune disposition convenable, Votre Éminence jugera de ce qu'on peut attendre de tout ceci.

M. le cardinal Grimaldi avoit trouvé bon que je partisse aussitôt pour Parme, afin de gagner de la main les Altesses malintentionnées, mais ledit sieur marquis a persisté qu'il falloit avoir la réponse de son maître auparavant, laquelle il attend ici.

Ce qu'on peut juger de cette procédure est que, quand M. de Modène aura vu qu'on ne pouvoit pas lui donner le fonds qu'il s'étoit promis et qu'il aura su l'état de nos affaires, que les artifices des ennemis publient très mauvais pour nous de tous côtés, ou qu'il s'exécutera nettement de passer outre ou qu'il en rejettera la cause sur la froideur et les refus de M. le duc de Parme. Cependant, le sieur marquis Calcagnini demeure en cette ville pour profiter des avis qu'on reçoit, lesquels sont pour l'ordinaire à notre désavantage. Il y voit l'ambassade d'Espagne, après avoir donné part à M. le cardinal Grimaldi qu'il ne pouvoit pas s'en défendre en cette conjoncture d'affaires, en suite des voyages qu'il a faits vers le gouverneur de l'État de Milan.

Ledit sieur marquis Calcagnini a aussi touché quelque chose concernant la jonction de partie des troupes de son maître avec les nôtres, mais, comme ses prétentions là-dessus sont grandes et qu'on n'a pas ici de quoi lui répondre positivement sur cet article, on a passé légèrement par-dessus. Enfin, ce prince connoît bien le tort qu'il se fait après en être venu si avant, mais son irrésolution est telle qu'il ne sait à quel parti s'attacher...... Peu de jours éclairciront tous ces doutes, mais il y a grande apparence qu'il est déjà disposé à bailler aux Vénitiens la plupart de ses troupes et à garder le reste pour sa sûreté, croyant par ce moyen se conserver avec tout le monde, ayant peine à croire qu'il voulût prendre une résolution plus contraire à nos intérêts.....

Le sieur secrétaire Pozi, ayant passé par ici à son retour d'auprès de madame de Mantoue, m'a rendu une lettre de cette princesse créance sur lui, et m'a assuré qu'elle étoit toujours en même dessein de s'unir absolument avec nous pour agir et faire tout ce qui peut dépendre d'elle, me témoignant qu'elle avoit cru que je ne m'étois pas entièrement ouvert, lorsque j'eus l'honneur de la voir, qui est bien différent des avis que l'on a d'ailleurs de ses intentions et de sa conduite. Mais, peut-être que, dans l'aigreur où elle est pour M. le duc de Modène, l'état où elle voit les choses à l'égard de ce prince est la plus puissante cause qui la pousse aux avances qu'elle fait maintenant.

Si le retour du courrier du marquis Calcagnini m'oblige d'aller à Parme et que M. le cardinal Grimaldi me l'ordonne ainsi, on pourra pénétrer plus à fond les véritables motifs qui portent madame de Mantoue aux nouvelles avances qu'elle fait.

(Minute. Affaires étrangères, Naples, IV, 339.)

81. *Du Plessis-Besançon au prince de Condé.*

Gênes, le 6 août 1647.

Les ordres que j'ai eus jusques à présent ne m'ayant donné lieu de négocier rien de concluant avec les princes auprès desquels j'ai été envoyé, mais seulement d'y établir les dispositions générales qui étoient à désirer pour servir de fondements à des traités particuliers touchant la guerre d'Italie et les desseins dont Votre Altesse a eu connoissance avant que partir de la cour, je lui en ai ponctuellement rendu compte de Bologne et de Venise..... Par où Votre Altesse aura vu que toutes mes tentatives avoient réussi au point qu'il étoit à souhaiter. Mais, comme la crainte de hasarder et l'intérêt d'avancer sa condition sont ici les plus puissantes raisons qui servent à persuader, aussitôt que les moyens de les insinuer fortement manquent à un négociateur, il n'y a point de logique assez forte ni d'arguments assez concluants pour réussir en ce pays. Il y a déjà quelque temps que j'avois connoissance de ces maximes et que je savois qu'une mission armée est le meilleur article d'une instruction pour porter à la guerre des esprits timides ou intéressés, mais la nouvelle expérience que j'en ai prise par le mauvais effet qu'a produit cette campagne, la foiblesse des armes de Leurs Majestés et les petits avantages que les ennemis en ont remportés sur nous m'ont pleinement confirmé dans l'opinion qu'on doit avoir de la bonne volonté des princes d'Italie et du biais qu'il faut tenir pour les porter à une ferme résolution de s'aider à sortir de servitude. Pour cela, une sûreté morale ne leur suffit pas; il faut des démonstrations plus convaincantes et encore ne sont-elles recevables que parmi ceux qui ne sont pas contents de leur condition; car, pour les autres, il n'y a que la peur du mal présent qui puisse gagner rien sur eux : c'est à quoi nous en sommes maintenant. Mais les artifices des Espagnols ont tellement prévalu sur la créance publique, particulièrement en ce pays (où ils sont encore moins appréhendés que nous), qu'on y croit les affaires de France bien avant dans le déclin, et, jusques à ce que d'autres événements relèvent la réputation, je serai bien trompé si nous y faisons rien de bon. Néanmoins, comme on commence à s'assurer que Votre Altesse vit, après tant de faux bruits qu'on a publiés de sa mort et qu'elle se remet en état d'entreprendre de nouveau quelque chose digne d'elle, les ennemis ne parlent plus si haut et nous pourrions bien reprendre les premières erres : à quoi la sortie de M. le prince Thomas en campagne et le rétablissement de l'armée de Flandre n'apporteront pas une petite facilité. Mais, pour dire le vrai, ce qui peut y contribuer le plus sera la continuation des révoltes et soulèvements formés des royaumes de Naples et de Sicile qui s'augmentent de jour à autre, lesquels, comme plus proches, persuadent plus efficacement les Italiens que les nouvelles plus éloignées de leur connoissance et de leur opinion. Ce sont, à la vérité, des coups bien pesants pour les ennemis et dont nous pouvons tirer de grands avantages, pourvu qu'on s'applique avec diligence et jugement à bien ménager de si belles occasions.

(Minute originale. Affaires étrangères, Naples, IV, 353, 354.)

82. *Du Plessis-Besançon à Mazarin.*

Extrait. Gênes, le 6 août 1647.

..... Le marquis Calcagnini est toujours en cette ville et, apparemment, avec désir que son maître agisse et se résolve; il en attend la réponse, mais, selon mon sens, elle est trop longue à venir depuis huit jours entiers que le courrier est parti, ce qui me fait juger qu'il séjourne ici pour prendre ses mesures selon l'air du bureau.

Ce qu'il y a de fâcheux, c'est que le temps d'agir et les occasions se perdent, que nos troupes de Piombino dépérissent et que, quand ce prince aura pris une bonne résolution, non seulement le fonds qui avoit été mis à la direction de M. d'Estrades se sera consommé pour faire subsister les troupes et laisser les places pourvues, mais encore celui qui étoit destiné pour payer la pension de cette Altesse qui, d'ailleurs, s'est incommodée pour l'entretien et la levée des siennes.....

(Minute originale. Affaires étrangères, Naples, IV, 351.)

83. *Du Plessis-Besançon à Brienne.*

Extrait. Gênes, le 13 août 1647.

Enfin, le cardinal Grimaldi a reçu ce matin des nouvelles de Modène; elles ne sont pas entièrement concluantes, en sorte que l'on puisse tout à fait s'assurer dessus, mais elles sont telles qu'il y a beaucoup à espérer. Pour cet effet, je suis obligé de partir présentement pour m'en aller à Modène et peut-être à Mantoue, selon que les choses iront en avant ou en arrière; mais, comme il y a des conditions sans l'effet desquelles il n'y a pas grand chose à espérer, selon mon opinion, cette affaire peut aussitôt manquer que réussir.

(Copie. Bibliothèque nationale, manuscrits, fonds français, 16100.)

84. *Mazarin à du Plessis-Besançon.*

Paris, le 20 août 1647.

J'ai reçu votre lettre du 29 juillet; vous aurez vu que je me suis rencontré dans les mêmes sentiments que vous me marquez touchant la conduite que nous devons tenir à l'égard des affaires de Naples. Comme j'écris au long à M. le cardinal Grimaldi sur toutes celles d'Italie et que je sais que Son Éminence est bien aise d'en conférer avec vous, je n'en ajouterai rien ici[1].

Il faut cultiver la bonne volonté que madame de Mantoue témoigne d'avoir pour la France, quoiqu'on me confirme tous les jours que les Espagnols ne sont pas moins satisfaits d'elle pour tout cela.

Quant à M. le duc de Modène, quelque résolution qu'il prenne, il faut bien vivre avec lui et le tenir toujours dans cette confiance que Sa Majesté a la même estime pour sa personne et la même affection pour sa maison.

Il y a longtemps que je suis persuadé que la plus forte, ou plutôt l'unique raison pour obliger les princes d'Italie à se déclarer contre les Espagnols, étoit de voir les affaires des mêmes Espagnols en mauvais état de ce côté-là et, au contraire, les nôtres florissantes de toutes parts et les François avec des forces un peu considérables en Italie.

Or, il me semble que nous sommes maintenant dans ce cas-là, car les ennemis sont très foibles dans le Milanois ; ils n'ont aucunes forces dans le royaume de Naples ni en Sicile, y recevant la loi de leurs sujets. Les princes d'Italie ne sont aucunement armés, la France y est plus puissante par mer et par terre qu'elle n'a été depuis plusieurs années; elle ne désire que de s'employer pour l'agrandissement desdits princes, et cependant aucun d'eux ne parle. Il faut attendre et peut-être rompront-ils leur silence, puisqu'ils auront déjà vu que le changement de théâtre dont nos ennemis ont fait tant de bruit, pour quelque apparence de bonheur qu'ils ont eu au commencement de cette campagne, n'a abouti qu'à faire voir qu'en effet ils n'ont jamais été en pire état, ainsi que les avis de tous les endroits vous l'auront appris, car il faut enfin que la vérité des événements efface tout ce que l'artifice des ennemis, et particulièrement de l'ambassadeur d'Espagne qui est à Gênes, publie au contraire.

Tantôt ils disent que le cardinal Mazarini est mort, tantôt qu'il s'en est fui à Cambrai, une autre fois que tous les grands sont

---

1. Voir, au sujet de ces négociations, diverses lettres de Mazarin au cardinal Grimaldi, en date des 26 juillet, 14, 22 et 29 août, et des 6 et 9 septembre 1647, publiées ou analysées par Chéruel dans le tome II des *Lettres de Mazarin*.

déclarés contre lui et que particulièrement M. le Prince lui veut du mal. Mais je vous puis assurer que Son Éminence se porte fort bien, Dieu merci, qu'elle est à Paris où elle jouit paisiblement des bonnes grâces de Leurs Majestés, qu'elle est aimée de toute la maison royale et en parfaite intelligence avec M. le Prince. Et, au reste, laissons dire les Espagnols et leurs adhérents qui se chatouillent pour se faire rire et se flattent par des chimères qu'ils se forment à leur fantaisie.

Nous n'avons pas perdu un pouce de terre en Catalogne, quoique nous y ayons arrêté longtemps leur armée navale, et nous faisons construire des forts auprès de Lérida et de Tarragone tels qu'ils auront peine à paroître dans la plaine d'Urgel et dans le champ de Tarragone; ce qui n'empêchera pas, la guerre continuant, que nous n'essayons de les chasser hors des places.

En Flandre, ils ont pris Landrecies, qui se peut appeler place, et nous l'offrent déjà pour Dixmunde, qui n'est rien au prix de la Bassée, et cependant la campagne n'est pas encore achevée.

En Allemagne, Wrangel a pris Eger et cherche l'occasion de combattre l'armée impériale. D'autre part, Kœnigsmark a pris trois places dans la Westphalie, madame la landgrave fait des progrès et agit sans aucun obstacle de son côté ; le duc de Bavière a une armée plus belle que jamais il n'a eue et est plus irrité que je ne vous saurais dire contre la maison d'Autriche, qui n'a rien oublié pour lui ôter l'armée et la réputation.

Pour ce qui est de l'Italie, vous en savez la constitution, et cependant les Espagnols se réjouissent. Il faut avoir patience et prier Dieu qu'ils aient toujours de semblables joies.

Vous donnerez part de ce que dessus à M. le cardinal Grimaldi et pourrez vous entretenir de ce que je vous marque de l'état des affaires avec ceux que vous jugerez à propos. Sur quoi, vous assurant qu'on est ici fort satisfait de votre zèle et de vos soins, je ne m'étendrai pas davantage que pour vous prier de faire toujours état de l'affection que je vous ai promise.

(Original. Affaires étrangères, Naples, IV, 395.)

85. *Du Plessis-Besançon au cardinal Grimaldi.*

Parme, le 20 août 1647.

Pour ne laisser pas davantage Votre Éminence en doute de la diligence et du succès de mon voyage, elle saura par celle-ci que je me rendis en deux jours auprès de M. le duc de Modène à Guattieri. Aussitôt nous commençâmes à travailler au projet d'un traité entre le roi et cette Altesse, dans lequel il y a trois points qu je n'ai passés que conditionnellement et selon que vous l'approuverez ou non, à savoir celui qui regarde le pape, suivant ce que vous en avez dit au marquis Calcagnini; le second, de la mettre dans la première place qui se prendra jusqu'à ce qu'on soit maitre du Crémonois, ainsi que M. le prince Thomas lui a fait offrir par le comte Solar; et le troisième, de lui assurer Correggio par le traité de la paix générale, après que les François en auront mis dehors une petite garnison espagnole qui est dedans pour la forme.

Cette Altesse insiste toujours fortement pour les dix mille pistoles outre la pension, pour les ajustements de sa dignité avec M. le prince Thomas touchant le mot et la préséance et pour la réformation du titre de son pouvoir. Quant au premier point, je le laisse indécis sans lui promettre rien, ni lui ôter l'espérance; pour le second, ils pourront s'en accommoder civilement M. le prince Thomas et lui, et, pour le troisième, il désire que le titre de sondit pouvoir soit réformé en ces termes : « lieutenant géné-
« ral représentant notre personne en l'une de nos armées d'Italie,
« pour servir en Lombardie, pays confinants les états de notredit
« cousin le duc de Modène, et autres lieux où nous estimerons à
« propos de l'employer pour notre service, etc. »

Comme nous travaillions au projet susdit, on eut avis que M. le duc et Mme la duchesse de Parme en devoient partir le lendemain pour Lorette. Sur quoi je quittai tout et m'en vins aussitôt ici, où j'ai obtenu les passages, assistances de vivres et fourrages, en payant, dont nous avons besoin pour les troupes, tant à l'aller qu'au retour. Mais, comme le passage du Pô sous Plaisance fait appréhender un séjour dans le pays ou donne quelque ombrage, on ne s'y peut résoudre, outre l'extrême difficulté d'y pouvoir faire un pont. Je presse toujours par de bonnes raisons et ne me rends point sur cet article, mais je doute de l'événement.

Pour ce qui est de l'assurance que M. le duc de Modène demande pour ses états pendant son absence, elle est indubitable; mais on trouve ridicule de la demander par écrit comme le reste, vu que c'est un intérêt réciproque et que, quand même mondit sieur le duc de Modène attaqueroit ceux du pape, Sa Sainteté n'a pas de quoi obliger M. le duc de Parme de lui faire rien entreprendre au préjudice de la bonne intelligence qui est entre ces deux maisons; néanmoins, mondit sieur le duc de Modène envoyant ici quelqu'un de sa part, on le satisfera pleinement. Ayant voulu régler la dépense des vivres et de l'artillerie à tant par mois, Son Altesse s'en est excusée, désirant que cela se fasse par le soin des officiers du roi, à quoi elle aidera de toute son autorité, comme pour une armée qu'elle doit commander. Cependant, elle fera fournir les outils et munitions de guerre au prix qu'ils valent, avec les canons nécessaires et le pain de munition aux troupes de Sa Majesté, au même prix que pour les siennes, en attendant qu'on ait pris un autre expédient et trouvé mieux.

Quant au reste, j'ai de plus en plus sujet non seulement de ne douter pas de la fermeté de cette maison pour la France, mais de croire qu'elle ne marchandera pas à se déclarer aussitôt que les premiers événements de la guerre lui en donneront un peu d'occasion et de sûreté, faisant même espérer de se mettre en si bonne posture en ce rencontre que les ennemis ne seront pas sans sujet d'en prendre jalousie et nous d'en tirer beaucoup d'avantage. Enfin, j'y trouve beaucoup de franchise et d'affection pour nous et non moins au sieur marquis Gauffridi dans les véritables intérêts de son maître.....

Comme il importera que je passe nécessairement vers M. le prince Thomas, pour ajuster toutes choses selon le concert qui sera pris de deçà, je me rendrai le plus tôt qu'il me sera possible à Gênes, pour vous rendre compte de tout ce que j'aurai fait, afin de passer outre ensuite ; et, si je suis obligé d'aller auparavant à Mantoue, ainsi qu'il semble nécessaire, je ne manquerai de vous donner encore de mes nouvelles après avoir conclu avec mondit sieur le duc de Modène, pour peu qu'il en soit besoin ou que votre présence soit utile en Lombardie.

J'ai positivement assuré les Altesses de cette cour qu'en France on avoit accordé les cent mille livres de la pension du feu duc Odoardo et que le paiement s'en feroit dans le mois qui vient ; en suite de quoi on a traité ici fort noblement cette affaire. Je crois que Votre Éminence ne manquera pas de faire connoître à M. le cardinal combien il importe que l'effet s'en ensuive et que cette maison soit caressée, surtout madame la duchesse, vu les bonnes dispositions où elle est et les grands avantages qui en peuvent revenir. Ils doivent tous partir pour Lorette dans peu de jours.

(Minute. Affaires étrangères, Naples, IV, 392.)

86. *Du Plessis-Besançon à Mazarin.*

Gênes, le 26 août 1647.

La copie de la lettre que j'écrivis de Parme à M. le cardinal Grimaldi vous ayant été envoyée, elle aura informé Votre Éminence du succès de mon voyage en cette cour-là..... J'ai trouvé le marquis Gauffridi toujours très bien et très puissant, quoique ce ne soit pas avec cette entière faveur et autorité qu'il avoit autrefois, et autant affectionné pour la France qu'il reconnoît lui-même que les intérêts de son maître y sont conjoints. Il continuera de faire tout ce qui pourra dépendre de lui, mais il m'a dit qu'il falloit l'aider en caressant et régalant cette maison qu'il a tenue jusqu'ici dans l'assiette qu'il est à désirer, empêchant que les propositions des Espagnols n'y fissent impression. Je lui ai dit que, sur l'avis qu'il m'avoit donné, que le paiement d'une année de la pension du feu duc Odoardo obligeroit entièrement le fils, Votre Éminence y faisant considération, l'avoit fait accorder par la reine, et lui ai proposé même d'en faire payer une partie comptant et que M. le cardinal Grimaldi resteroit cependant caution de tout le reste, ainsi que Son Éminence m'en avoit donné l'ordre. Après cela, le sieur Gauffridi m'a témoigné qu'il seroit très à propos en son temps, c'est-à-dire peu après le terme échu, de satisfaire aussi ledit sieur duc de Parme touchant la sienne, et d'en dire, en attendant, quelque chose à son résident. Toute cette cour-là est allée à Lorette incognito et ne sera de retour à Parme que le 10 septembre. Ceux qui croient connaître les moyens de faire quelque chose de grand en Lombardie demeurent d'accord qu'il n'y en a pas un meilleur pour y parvenir que la déclaration et les assistances qu'on peut retirer de ce prince, attendu la situation de ses états à l'égard du Milanois. Sur quoi Votre Éminence aura, s'il lui plait, agréable que je lui dise que les régals et autres témoignages d'estime de la reine envers la mère sont du tout nécessaires. On tient pour assuré que M. le duc de Modène va épouser la princesse Victoria Farnèse, sœur de sa défunte femme.

Ayant pris occasion de ce dernier voyage de faire une seconde tentative pour le raccommodement de la maison de Mantoue et de Parme, j'ai tiré parole de celle-ci qu'elle y entreroit volontiers, par voie de députés de part et d'autre, avec l'intervention du roi. Je ferai la diligence nécessaire de l'autre côté, à mon premier voyage en Lombardie, au retour de celui que je vais faire avec M. le cardinal Grimaldi pour l'abouchement proposé où se trouvera aussi M. le marquis Calcagnini, que j'ai ramené de Sassuolo ici auprès de Son Éminence pour y conclure toutes choses ensemble ayant une plénipotence de son maître à cette fin ; et mondit sieur le cardinal m'a fait l'honneur de me témoigner satisfaction de tout ce que j'ai fait pour rapprocher des résolutions qui sembloient fort éloignées. Sur quoi, je suis obligé de dire à Votre Éminence que M. le marquis Calcagnini a très efficacement contribué ce qui a pu dépendre de lui.....

Je n'ai point mandé à Votre Éminence la prise de possession de l'abbaye de Chiaravalle[1] au nom de M. le cardinal Grimaldi, ne doutant pas qu'elle n'en fût informée de Son Éminence même.

Les séditions et soulèvement de Naples et de Sicile ne s'apaisent point, ce peuple ayant chaque jour quelque nouvelle prétention et la noblesse commençant à faire mettre en campagne pour entamer une guerre civile. Mais quoique cette affaire ait une belle montre pour nous, si est-ce qu'à moins d'y être utilement et solidement appelés, il semble que le meilleur fruit et plus assuré qu'on en puisse tirer, c'est d'appliquer puissamment la bonne fortune de cette conjoncture pour chasser les Espagnols du Milanois.

(Minute. Affaires étrangères, Naples, IV, 403.)

87. *Du Plessis-Besançon à Mazarin.*

Extrait. Gênes, le 3 septembre 1647.

..... M. le marquis Calcagnini s'en retourna dès hier au soir trouver M. le duc de Modène, auprès duquel il a si efficacement agi que son entremise, jointe à la mauvaise satisfaction qu'il avoit rapportée de Milan et le mauvais état des affaires d'Espagne, qui vont tous les jours de pis en pis, ont enfin produit la conclusion qui étoit à désirer. Le temps fera connoître à Votre Éminence, par d'autres témoignages que les miens, ce que j'y puis avoir contribué de ma part, et je lui dirai seulement par occasion que, si j'eusse pu voir Son Altesse pendant que j'étois à Bologne, ainsi qu'on me l'avoit écrit, les moyens dont je me suis servi pour persuader non moins le ministre que le maître n'auroient peut-être pas été moins heureux en ce temps-là qu'en celui-ci, et nous n'en serions si pressés qu'à présent, ce qui est, selon mon sens, la chose qui nous manque le plus. Mais j'espère que la beauté de l'automne récompensera par sa longueur tout ce que nous avons perdu pendant l'été.....

Je dois partir ce soir pour m'en aller à Mantoue, chargé des sentiments de M. le cardinal Grimaldi, et je trouverai en passant à Parme ceux de Son Altesse de Modène, estimant qu'il n'est pas convenable que je la voie pour cela, afin que les cours

---

1. Chiaravalle, abbaye située dans le duché de Parme, près de Borgo-San-Donnino.

où je vais ne croient pas que ce soit plutôt les mouvements et les intérêts de celle-là qui me mènent que ceux de Leurs Majestés ou de leurs principaux ministres. Je tâcherai de réunir toutes choses audit Parme, Modène et Guastalle, puisque leur union est si nécessaire pour convenir à un bien qui leur doit être commun à tous, et, comme j'ai déjà le consentement de tous et que le sieur comte de Bonzi m'écrit qu'il y a beaucoup moins d'aigreur dans l'esprit de Mme de Mantoue que par le passé, on peut espérer que je serai peut-être plus heureux auprès d'elle cette fois-ci que l'autre.....

(Minute. Affaires étrangères, Naples, IV, 422.)

88. *Du Plessis-Besançon au prince de Condé.*

Mantoue, le 9 septembre 1647.

Je crois que Votre Altesse aura reçu les lettres que je me suis donné l'honneur de lui écrire, par où je lui ai rendu compte de l'état des affaires de deçà : maintenant elles ont changé de face, car, soit que M. le duc de Modène ait vu ses intérêts d'un autre œil qu'il n'avoit fait jusques ici, soit que la malheureuse disposition de celles des ennemis en Italie, où tout est désespéré pour eux dans les royaumes de Sicile et de Naples, ou que les dernières raisons dont on s'est servi pour le persuader aient été plus efficaces que les autres, en lui faisant connoître que Leurs Majestés ne vouloient autre avantage de la prospérité de leurs armes en ce pays que l'agrandissement de leurs amis et l'abaissement des Espagnols, enfin, ce prince s'est résolu d'unir ses forces à celles que le roi a fait passer de Toscane dans ses états, sous la charge de M. d'Estrades, pour attaquer le Milanois par la partie la plus foible.

Parme et Mantoue ne sont pas de la partie, car, comme ils sont plus exposés que lui aux attaques des ennemis, ils veulent voir clair à leur sûreté, joint qu'il est raisonnable qu'ils se préparent de plus longue main à de semblables résolutions; mais nous avons grand sujet d'espérer qu'ils ne seront pas si mal conseillés que de vouloir perdre les avantages de la conjoncture qui se présente, lorsqu'elle leur paroîtra un peu plus favorable. Cependant, nous en pouvons tirer les assistances des passages, vivres et fourrages dont on aura besoin. Il n'y a que les Vénitiens qui en font mauvaise mine sous cape et ne peuvent digérer la jalousie qu'ils en ont; néanmoins, comme ils sont prudents et grands politiques, ils seront obligés de faire comme les autres et de nous aider passivement, puisqu'ils ne sont pas en posture de nous suivre.

D'autre côté, M. le grand-duc est aux écoutes des ennemis, nageant entre la crainte de l'avenir et les belles espérances du présent, sans se déterminer pour encore qu'à l'étroite observation de la neutralité. C'est la nature de son esprit chancelant qui a peine à se résoudre à ce qu'il doit vouloir, pour s'y vouloir trop précautionner, sans considérer qu'il faut faire les choses à temps pour mériter la reconnoissance et la protection des plus forts.

Quant à MM. de Gênes, ils sont presque tous Espagnols, non moins par intérêt que par inclination; mais, leur conduite s'accommodant au temps, ils feront pour nous par nécessité ce qu'ils ne feroient jamais par élection.

Pour moi, je m'en retourne présentement à Modène et à Parme, et peut-être que le mois ne se passera pas que je ne retourne à Venise. Que si Votre Altesse me demande ce que je crois de tout ceci, je lui dirai que, hors le chapitre des accidents et l'injure des saisons, la partie est assez bien faite pour s'en promettre un très favorable succès, l'armée que commande mondit sieur le duc de Modène étant de huit mille hommes de pied et de trois mille chevaux effectifs; celle de Piémont est plus foible d'infanterie du tiers et plus forte de cavalerie en même proportion. Pour ce qui est des ennemis, ils n'ont pas sept mille hommes en tout, leurs places médiocrement garnies; car, pour ce qui est de leurs milices, je ne vois pas qu'ils aient sujet de s'y fier pour toute sorte de raisons. Voilà véritablement l'état des choses, et je crains seulement que la continuation des pluies ne traverse les effets du jugement qu'on peut faire d'une si belle disposition.

(Minute originale. Affaires étrangères, Naples, IV, 431.)

89. *Du Plessis-Besançon à Mazarin.*

[Chiaravalle,] le 28 septembre 1647.

J'ai vu M. le duc de Modène à Reggio avant que d'aller à Mantoue, ainsi qu'il me témoigna le désirer, et je me rendis le même jour dans cette dernière ville, d'où j'ai rapporté par écrit les assurances convenables sur la plupart des choses, que nous en pouvions souhaiter, ... de sorte qu'il y a sujet de s'en contenter, si le cœur de Mme de Mantoue répond à l'extérieur et les effets aux paroles. Mais, c'est de quoi ceux qui croient la bien connoître doutent toujours. Elle parle néanmoins comme si elle étoit la plus Françoise du monde, témoignant souhaiter avec passion que les armes du roi réussissent dans le Milanois, qu'on attaque maintenant par le bon endroit, selon son sens, et craignant seulement qu'on ne pousse pas l'affaire jusques au bout. A ce que j'ai pu comprendre de ses discours, sa plus forte prétention seroit de voir rentrer son fils dans les deux terres du Mantouan, dont le duc de Guastalle a été pourvu par les traités de Ratisbonne et de Querasco, moyennant lesquelles il semble qu'elle ne prétende rien aux conquêtes de l'état de Milan et que toutes ses aversions cesseroient contre lesdits ducs de Guastalle et de Modène, auxquels elle en cède sa part pour toutes les assistances qu'elle est capable de nous y donner, mais que, sans cela, elle ne peut jamais se réconcilier cordialement avec eux, surtout avec ledit sieur duc de Guastalle; sur quoi j'ai biaisé, sans lui ôter l'espérance ni m'engager à rien. Enfin, soit par artifice ou autrement, elle s'est fort ouverte à moi, me donnant plusieurs instructions et lumières apparemment utiles au service du roi et me déclarant nettement, sur le sujet du comte de Bonzi, que, si les choses ont à passer plus avant à son égard, c'étoit une personne de qui elle ne pouvoit se confier pour plusieurs raisons, vu les adhérences qu'il avoit avec MM. le grand-duc de Florence et de Modène, outre qu'il étoit très désagréable à elle et à son fils, tant à cause de sa conduite que de sa vie; ce qu'ainsi elle supplioit très humblement Leurs Majestés de faire commettre quelqu'autre sujet pour faire leurs affaires à Mantoue, quand ce ne seroit qu'un secrétaire en attendant, ne voulant avoir rien de considérable à traiter avec ledit sieur de Bonzi..... Les émotions de Vérone et de Brescia, où les peuples et la noblesse désirent quelque nouveauté, lui donnent espérance de pouvoir agrandir sa maison du côté de la première de ces villes, vu l'inclination favorable qu'il y a pour cela. Il semble que c'est où elle butte, de quoi elle s'est expliquée avec moi, me témoignant une entière confiance; mais, comme c'est un chapitre délicat et que je suis toujours en garde avec ceux de l'affection desquels je n'ai pas bonne opinion, je me suis contenté d'écouter, sans donner aucun signe de répugnance ni d'approbation sur cette matière. Pour ce qui est du dessein qu'elle peut avoir de se perpétuer dans l'autorité, je crois qu'elle n'en démordra que le plus tard qu'elle pourra, mais qu'elle prétend plutôt en venir à bout par la foiblesse de son fils et par sa déclaration pour le gouvernement en sa faveur que par autre voie, et que les trois cents hommes de pied qu'elle fait lever dans le Montferrat et qu'elle veut faire venir pour la garde de Mantoue sont destinés pour lui donner moyen d'arriver plus facilement à ses fins. C'est aussi l'opinion du baron de Cochet, lequel, quoique fort bien avec elle, étant non moins François d'affection que de naissance, m'a donné divers avis touchant le peu d'assurance que nous devons avoir en elle, bien qu'il y reconnoisse un peu de changement à notre avantage depuis mon dernier voyage. Ainsi, je ne sais que dire des avances qu'elle fait, ne pouvant, en ce rencontre, distinguer la franchise d'avec la dissimulation..... Elle m'a aussi parlé de Mme de la Mirandole, se faisant forte de la détacher des liaisons qu'elle peut avoir avec l'Espagne en faveur de la France; mais, vu les termes où la dernière en est avec M. le duc de Modène et celui-ci avec nous, M. le cardinal Grimaldi, auquel je rends ponctuellement compte de toutes choses, n'est pas d'avis d'entamer aucune négociation avec elle sans la participation de Son Altesse.

Maintenant, pour ce qui est du différend d'entre Parme et Mantoue, quoique j'aie parole du premier de mettre la chose en accommodement par voie de députés avec l'intervention du roi, si est-ce que son procédé avec l'autre a tellement été pris de haut en bas, qu'à moins que le premier fasse remettre sur le lieu quelque partie des bois coupés dans l'île contentieuse (d'où ils ont été enlevés la force à la main) pour rapprocher un peu les sentiments par cette apparence de satisfaction, Mme de Mantoue ne se peut résoudre à l'ajustement qui est à désirer pour rétablir entièrement la bonne correspondance entre ces deux maisons..... Mondit sieur le cardinal, estimant avec raison que ce seroit un contretemps en cette conjoncture de faire une semblable proposition à M. le duc de Parme, juge qu'il faudra la différer à une autre occasion plus favorable.

Par ma dernière dépêche à Votre Éminence, elle aura vu le succès de mon second voyage auprès de cette Altesse. Je puis ajouter qu'il y a lieu d'en pouvoir espérer davantage, pour peu que la fortune favorise les desseins de nos armées ce reste de campagne, et que tous ces princes puissent être bien persuadés qu'on se veut appliquer comme il faut à celui de chasser les Espagnols du Milanois. Cependant, les mille chevaux qui devoient passer sur cet état pour s'aller joindre à M. le duc de Modène y ont été reçus et s'y sont gouvernés avec satisfaction réciproque; de quoi M. de Navailles est extrêmement à louer. Et, comme on croyoit que M. le prince Thomas auroit fait avancer un grand corps jusques au deçà de Voghere[1], pour assurer leur marche, je m'étois porté à Castel-Saint-Jean[2] pour prendre occasion d'aller entretenir cette

---

1. Voghera, ville de Lombardie, située entre Alexandrie et Plaisance.
2. Castello San Giovanni, petite ville du duché de Parme, située près de Plaisance, sur les confins du Milanais.

Altesse des sentiments de M. le cardinal Grimaldi et de M. le duc de Modène sur les choses qui sont à faire ensemble ou séparément, et des moyens qui sont à tenir pour cela. Mais, mondit sieur le prince Thomas s'en étant bien fié à la valeur des troupes détachées pour Son Altesse de Modène, je fus obligé de m'en revenir sans passer outre. Depuis, le comte Cesi étant arrivé audit Castel-Saint-Jean avec cent maîtres, sans aucun avis précédent, pour m'escorter à Castelnuovo d'Escrivia, quoique le nombre fût restreint pour une si longue et périlleuse traverse, je ne laissai de m'y rendre aussitôt. Mais, parce qu'il y a trente milles d'ici là, le séjour de cette troupe en un lieu de confins ayant donné temps aux ennemis de prendre leurs mesures, ils vinrent à la pointe du jour du 23, avec un parti de six à sept cents chevaux, tellement à l'improviste, sous couleur d'être des nôtres, comme nous étions en marche dans un défilé proche des murailles dudit Castel-Saint-Jean, qu'ayant chargé la queue pendant que j'étois à la tête, d'où j'avois envoyé quelques coureurs pour reconnoître, la surprise et la confusion furent telles qu'il n'y eut pas moyen de se mettre en posture de bonne défense, lesdits ennemis qui s'étoient séparés en trois corps se montrant de tous côtés en même temps; si bien que ledit sieur de Cesi ayant été tué d'abord sous son cheval au premier tourne et deux officiers pris et blessés auprès de lui, après deux autres tournes qui furent faits avec beaucoup de vigueur et qui arrêtèrent les ennemis, tandis que nous les obligeâmes de faire bride en main du côté de la tête, à la faveur du corps de garde de la porte, leurs dragons ayant gagné les champs voisins d'où ils nous tiroient en flanc, ce fut lorsque chacun prit son parti le mieux qu'il put; et, le gouverneur me voyant en cette extrémité de dessus le pont-levis, pendant que lesdits ennemis prenoient un autre chemin pour venir à nous, ce petit intervalle me donna moyen de me jeter dans la place, et à soixante des nôtres, qui s'étoient ralliés, de se retirer vers Plaisance. En cette occasion, si les ennemis fussent arrivés plus tôt ou plus tard d'un quart d'heure, il étoit impossible qu'un seul de tout ce que nous étions pût s'empêcher d'être pris ou tué, vu la grande inégalité qu'il y avoit d'eux à nous et les postes où ils s'étoient logés pour nous couper de tous côtés. Néanmoins, toute la perte est réduite à douze ou quinze morts ou blessés, peu de prisonniers et vingt-cinq démontés en tout; pouvant assurer Votre Éminence que ce petit combat coûte beaucoup plus cher aux ennemis qu'à nous, ce peu de troupes qui étoient du corps du marquis Ville ayant fait tout ce qu'on en pouvoit attendre.

A mon retour près de M. le cardinal Grimaldi, j'ai appris que M. le duc de Modène avoit passé le Pô sans aucune perte, et, comme M. de Besmaux[1], qui en vient, a vu tout ce qui s'est passé depuis, je dirai seulement à Votre Éminence qu'il semble que les affaires de deçà sont en termes d'en espérer de grandes choses, pourvu que le beau temps continue, le Milanois étant dans une épouvante si grande et les Espagnols dans une telle consternation que l'une et l'autre ne sont pas imaginables. Après cela, pour répondre à Votre Éminence sur l'étonnement où il paroît qu'elle soit de voir que les princes d'Italie demeurent si longtemps à parler dans une si favorable conjoncture, je lui dirai, avec cette fidélité ponctuelle qui m'oblige de ne vous rien céler, qu'outre leur vieille maxime de contrebalancer tant qu'ils pourront la puissance des couronnes, afin de ne tomber pas d'une servitude dans une autre et de posséder plus heureusement ce qu'ils ont, sans hasarder le repos de leur condition présente pour des agrandissements qui ne sont pas fondés en démonstrations géométriques, il m'a paru manifestement dans toutes les choses que j'ai eues à traiter avec eux qu'il y a trois points qui retiennent les plus affectionnés et les plus ambitieux. Le premier que, n'ayant pas vu deçà les monts des forces capables d'accabler les Espagnols, ils ont toujours appréhendé que ce ne fût pas tout de bon, puisque la France n'employoit pas des moyens assez considérables pour y parvenir, et que sa fin étoit peut-être de conclure plus avantageusement la paix par l'entremise de leurs déclarations; de quoi j'excepte néanmoins M. le duc de Modène, ayant eu des motifs qui ont différencié sa conduite de celle des autres. Le second que, quand nous le voudrions, nous ne saurions faire un effort capable d'achever un semblable dessein, à cause des engagements que nous avons ailleurs, en suite du mauvais succès du commencement de cette campagne et des artifices dont les ennemis se sont servis pour leur persuader que les intrigues de la cour étoient à la veille de brouiller les affaires et de mettre Votre Éminence même hors d'état de s'y pouvoir maintenir. Le troisième que, tant que les armes du roi seront commandées en Piémont par M. le prince Thomas, jamais elles ne produiront rien d'effectif, tant ils ont mauvaise opinion de ses intentions, de sa fortune et de sa conduite; de quoi il n'y en a pas un qui ne se soit assez nettement expliqué avec moi par la bouche de leurs ministres, et M. le duc de Modène

---

1. Besmaux devint dans la suite capitaine des gardes du cardinal Mazarin, puis gouverneur de la Bastille en 1658, et mourut en 1697.

aussi bien que les autres. Pour ce qui est du premier et second point, il me semble qu'ils en doivent être guéris maintenant par ce qu'ils voient; et, pour le dernier, quoiqu'il y ait peu de vigueur et beaucoup d'insipidité en la manière d'agir de ce prince pour les choses de la guerre, jusques ici je ne vois rien d'absolument positif contre lui, et, pour l'avenir, je ne doute point que Votre Éminence n'y fasse les considérations et n'y donne l'ordre nécessaire.

Or, comme les dispositions de Parme et de Mantoue paroissent assez favorables pour s'en promettre une bonne résolution et que l'attentat des ennemis sur nos troupes dans les états du premier le doit avoir extrêmement piqué, à quoi j'ai tâché de contribuer, en ayant fait voir adroitement et sans émotion toutes les conséquences au sieur marquis Gauffridi, tout cela, dis-je, ajouté à l'exemple de M. le duc de Modène et à l'émulation d'honneur et des grands avantages qu'il est sur le point d'en retirer, à la continuation des désordres de Naples et de Sicile et à la consternation et foiblesse de nos ennemis, sont des raisons puissantes pour croire qu'ils voudront avoir part à leur dépouille, et qu'enfin ils se porteront à toutes les déclarations convenables pour cela.

Reste donc à savoir de Votre Éminence de quelle sorte elle trouvera plus à propos que l'on s'y gouverne, puisqu'il peut n'être pas moins dangereux pour y parvenir heureusement de manquer aux soins et sollicitations qu'il faut employer auprès d'eux, que d'en faire qui puissent blesser la bienséance ou la dignité du roi envers des gens qui croient toujours que ce que nous en faisons est plutôt pour en profiter que pour les agrandir; ne pouvant s'imaginer que la France soit assez charitable ou désintéressée pour consommer tant d'hommes et d'argent à la ruine des Espagnols en ce pays, sans avoir dessein de leur succéder, jugeant ainsi d'autrui par eux-mêmes, et sachant d'ailleurs le droit que nous avons sur l'état de Milan. C'est pourquoi il importe au dernier point que les effets les détrompent sur cet article, et Votre Éminence saura bien prendre les tempéraments convenables pour y réussir.....

J'arrive présentement, pour la troisième fois, des confins du Pavese, où MM. le prince Thomas et le maréchal du Plessis se sont rendus pour me bailler moyen de leur porter les sentiments de deçà, sur ce qu'on désire d'eux pour favoriser l'action de l'armée de mondit sieur le duc de Modène; de quoi j'ai remporté toute satisfaction pour ce qui regarde la parfaite disposition de leurs volontés. Et voici à quoi toutes ces résolutions se sont réduites. Dans le 1er d'octobre, ils viendront prendre des quartiers au deçà de Voghere; et, dans celui qui sera le plus proche de la rivière, ils assembleront pour leurs subsistances le plus grand nombre de grains et de farines qui leur sera possible, pour la passer ensuite au dessous de la bouche du Tessin, ou du moins faire effort pour cela, moyennant que nous leur fournissions des bateaux pour la cavalerie, qu'on espère de tirer des états de M. le duc de Parme, et que nous en ayons eu la liberté d'établir dans Plaisance, ou autres lieux sûrs et commodes, le magasin de nos vivres; sans laquelle précaution, ils ne jugent pas devoir ni pouvoir s'engager au delà du Pô. Quant au premier point qui regarde les bateaux, il y a beaucoup d'apparence que nous en viendrons à bout[1] et, pour l'autre, je vois la chose assez douteuse. Si M. le duc de Modène est obligé d'employer un temps considérable pour la prise de Crémone ou qu'il ne puisse s'avancer vers la rivière d'Adda pour y faire la jonction, ce qui paroît fort incertain, MM. les généraux de l'armée de Piémont nous laisseront tous les grains qu'ils auront amassés et s'en retourneront du côté de Casal, pour aller faire diversion et tâcher de prendre poste dans l'autre extrémité du Milanois sur ledit Tessin ou sur le Navile, ce qu'ils auroient bien voulu faire dès à présent, vu le temps qu'il faut hasarder pour ladite jonction et pour un passage de rivière telle que le Pô, à cause de l'opposition que les ennemis se sont préparés d'y faire et des moyens qui leur manquent pour les surmonter; joint qu'ils estiment que, plus leur action sera éloignée des lieux où M. le duc de Modène est occupé, d'autant plus lui sera-t-elle favorable. Néanmoins, comme celui-ci fait de grandes instances au contraire et que M. le cardinal Grimaldi m'a commandé d'y concourir, ces messieurs s'y sont facilement rendus et même à l'aider encore de cinq cents chevaux, s'il continue de le souhaiter avec nécessité, pour la prise de Crémone....

Demain, je dois partir pour aller joindre M. le duc de Modène afin de l'informer de toutes choses. Je retournerai aussitôt vers MM. le prince Thomas et le maréchal du Plessis pour y fondre la cloche sur ce qu'ils auront à faire suivant les résolutions qui auront été prises de deçà. Je crois qu'après cela, je n'aurai pas mal exercé la charge de nonce volant dont Votre Éminence qualifia mon emploi quelques jours auparavant mon départ.

(Minute d'une main étrangère avec corrections de du Plessis-Besançon. Affaires étrangères, Naples, IV, 486.)

---

1. Ce passage du Pô au moyen de bateaux fut effectué la nuit. Le récit de cette opération se trouve dans les *Mémoires du marquis de Chouppes*. Paris, 1753, tome I, p. 234-235.

90. *Du Plessis-Besançon à Mazarin.*

Chiaravalle, le 10 octobre 1647.

Le seul inconvénient qui pouvoit arriver en ce pays contre les progrès de l'armée du roi, qui étoit celui des pluies, est survenu si abondamment depuis le 1ᵉʳ de ce mois, et particulièrement un déluge de trente heures, qu'il a fallu que M. le duc de Modène se soit retiré des environs de Crémone, sur le point de prendre ses quartiers pour l'attaque de cette ville, après y avoir demeuré cinq ou six jours. A quoi les difficultés d'avoir le pain, par je ne sais quel défaut, n'ont pas moins contribué que le mauvais temps, nonobstant la prévoyance et la grande application de M. le cardinal Grimaldi pour prévenir une si importante nécessité, sur quoi, je suis obligé de dire à Votre Éminence que madame de Mantoue et M. le duc de Parme ont marché de si bon pied, que nous avons sujet de nous en louer, et le dernier par l'entremise du marquis Gauffridi. Maintenant, les affaires sont réduites à ce point que mondit sieur le duc de Modène devoit arriver ce soir à Casal-Major[1] avec toutes les troupes, non moins fatiguées de l'injure de la saison que diminuées de nombre. On avoit pensé que, le beau temps étant revenu, comme il est, on pouvoit faire le siège de Sabionnette[2]; mais, par une lettre que j'ai reçue ce matin de M. d'Estrades qui en a fait la reconnoissance, le pays marécageux où cette place est située ne le peut nullement permettre. Aujourd'hui, mondit sieur le cardinal m'a commandé d'écrire à M. d'Estrades, sur les choses qu'il juge être à faire présentement, qui vont à établir le quartier général à Casal-Major et en prendre trois autres plus avant dans le pays, nommés Castel-Pouzon, Saint-Jean-in-Cruce et Piadene[3], par le moyen desquels on assureroit pour nous tout celui qui est derrière, faisant contribuer une bonne partie de ce qui est au-devant. L'avis de Son Éminence a été aussi qu'on aille reconnoitre lesdits lieux, en attendant un abouchement que M. le duc de Modène désire avec elle, afin de pouvoir prendre une résolution mieux fondée, puisqu'il semble, en cette conjoncture, qu'il n'y a rien à faire de plus important, pour la réputation et pour l'utilité, que de pouvoir maintenir des quartiers dans le Crémonois, tant pour soulager la bourse du roi, pour faire subsister un corps de troupes qu'il faut conserver par deçà cet hiver à quelque prix que ce

---

1. Casalmaggiore, sur le Pô, entre Crémone et Guastalla.
2. Sabbionnetta, petite ville non loin de Casalmaggiore.
3. Piadena, petite ville de Lombardie, entre Crémone et Mantoue.

soit, vu la dépense et la peine qu'il y a d'y en faire venir, que pour n'avoir pas à recommencer la campagne prochaine un passage de rivière comme le Pô, qui a si heureusement réussi celle-ci par la bravoure des nôtres et le peu de résistance des ennemis. L'effroi qu'ils ont eu dans le Milanois a été tel qu'ils ont tenu Crémone, Lodi et Pizigthon[1] pour perdus, résolus au parti de se réduire dans le château de Milan, Novare, Pavie et les autres places qui assurent la communication de la marine; pouvant assurer Votre Éminence que cette bonne fortune qu'ils ont eue, sans l'assistance ni la pratique d'aucune autre vertu que la patience, les a beaucoup plus surpris que nous, qui savions à peu près, par la connoissance des manquements que nous avions, que raisonnablement nos espérances ne pouvoient pas aller si loin. Hier, je vis le sieur Gauffridi en un rendez-vous que nous avions pris, auquel je fis connoître qu'il seroit bien à propos, pour les intérêts de son maître, que je ne m'en retournasse pas à la cour sans y porter quelque résolution déterminée de sa part sur celle qu'il a dessein de prendre selon la diverse face des affaires. De quoi je dois avoir réponse dans peu de jours et jusques ici les apparences en sont assez bonnes. Cependant, M. le cardinal Grimaldi se doit rendre après-demain proche de Casal-Major, où l'on résoudra plus particulièrement ce qu'il conviendra faire pour l'établissement de l'armée et la posture où elle se doit mettre pour le mieux. De là, je dois passer à Mantoue, suivant la pensée de Son Éminence et le désir qu'on lui témoigne avoir que je m'y rende. Madame de la Mirandole s'y doit trouver aussi, bien intentionnée à ce qu'on dit, mais on ne fera rien avec elle que de concert et du consentement de M. le duc de Modène.

(Minute. Affaires étrangères, Naples, IV, 518.)

91. *Mazarin à du Plessis-Besançon.*

Fontainebleau, le 16 octobre 1647[2].

J'ai reçu votre lettre du 28 du passé et, comme j'écris amplement de diverses choses à M. le cardinal Grimaldi, que je sais qu'il vous communiquera, et que, d'ailleurs, votre dépêche ne contient que la nue relation de ce que vous aviez avancé pour le service du roi à Mantoue et ailleurs, à peine ai-je d'autre matière

---

1. Pizzighettone.
2. Une analyse succincte de cette lettre a été donnée par Chéruel dans les *Lettres de Mazarin*, tome II, p. 961.

d'y répondre que celle de vous donner les louanges qui vous sont dues et de vous assurer que Sa Majesté, que j'ai pris soin d'informer particulièrement de tout, est très satisfaite de vos services et sait combien vos soins et votre adresse ont contribué à mettre les affaires de cette couronne dans la Lombardie au bon état où nous les voyons.

Et, certainement, il y a tout lieu d'espérer de grands succès, pourvu qu'on sache profiter comme il faut des forces que nous avons, de la foiblesse des ennemis et de leur étonnement. Il y avoit des années entières que je méditois les moyens de faire attaquer l'état de Milan par le côté où l'on vient d'y entrer, sans que j'aie pu en venir plus tôt à bout. J'ai toujours jugé que c'étoit par cet endroit-là seul que l'on pouvoit porter la cognée à la racine pour abattre l'arbre. Si la fortune nous en dit, nous serons bientôt éclaircis de ce que nous en pouvons espérer, et ne puis cependant que m'en promettre beaucoup, nous voyant avec des forces si considérables dans un pays gras et abondant de tout, n'y ayant point eu de guerre depuis plus d'un siècle et tellement ouvert qu'il y a toute facilité d'y faire des progrès.

Aussi, loin d'avoir trouvé à redire, comme il semble par votre lettre que vous le croyez, à l'élection qu'on a faite d'employer les troupes de Toscane dans l'état de Milan, ç'a toujours été ma pensée qu'on devoit choisir ce parti préférablement à tout autre, et vous aurez su combien je désapprouvai l'opinion de ceux qui estimoient qu'on les dût envoyer vers Naples.

Il est bien vrai que, voyant l'incertitude de M. de Modène à se déclarer et que cependant la belle saison se passoit, et même quand ledit sieur duc fût résolu de le faire, ayant appris qu'il désiroit que les troupes de Toscane allassent en Piémont avant que de le venir joindre, je crus que l'hiver nous auroit surpris avant qu'on pût seulement avoir commencé d'agir et j'écrivis alors qu'il eût bien mieux valu prendre la conjoncture de s'emparer de Porto-Ercole et essayer de nettoyer les côtes de Toscane. Mais ce n'est pas que je ne préférasse toujours le dessein du Milanois à celui-ci, pourvu qu'il s'exécutât assez tôt, et, en effet, vous savez quel préjudice nous avons reçu de l'irrésolution de M. de Modène, qui nous a coûté quatre mille bons hommes et deux mois de perte de temps.

Il a fait ici de beaux jours cet automne. Je souhaite passionnément qu'il en ait été de même aux quartiers où vous êtes. En tout cas, on pourra réparer, pendant le mois de novembre, ce que l'on aura manqué à faire celui-ci; et je vous prie de bien considérer et de le représenter souvent à MM. les généraux que, quelques obstacles que nous puissions rencontrer dans l'hiver, ils ne seront pas tels que ceux que nous trouverons au printemps, nos forces s'étant affoiblies et les ennemis ayant eu le temps de se mieux préparer et les peuples de se remettre de leur consternation. Enfin, il faut battre le fer tandis qu'il est chaud, et il y a des conjonctures dans la guerre où l'on avance plus en quinze jours qu'on ne fait en d'autres en quinze mois, quoiqu'avec les mêmes forces.

Si nos affaires vont bien, comme il y a tout sujet de se le promettre, je m'assure que non seulement madame de Mantoue, qui vous a si bien parlé, mais les autres princes aussi, qui étoient le plus éloignés de s'unir avec cette couronne, nous rechercheront.

J'ai vu les trois considérations que vous marquez, qui ont jusqu'ici retenu les plus affectionnés et les plus ambitieux.

Pour la première, qui est la croyance qu'ils avoient que la France ne s'appliquoit pas tout de bon aux affaires d'Italie, ils en seront maintenant assez détrompés, aussi bien que de la seconde qu'il doive arriver des brouilleries en le royaume et que le gouvernement présent ne puisse durer. Il est superflu de vous suggérer ce que vous pouvez leur dire là-dessus, si l'occasion s'en offre.

Mais, sur la troisième qui se fonde sur la mauvaise opinion qu'ils ont des intentions et de la conduite de M. le prince Thomas, je vous dirai que personne ne peut ôter à ce prince qu'il n'ait de grandes parties et nommément celles qui sont nécessaires à un général d'armée, de la prudence et de la valeur. Pour ses intentions, il agit certainement avec M. le maréchal du Plessis de la façon que sauroit faire le plus zélé sujet du roi, allant au-devant de tout ce qu'on peut désirer de lui et voulant même, quand il opine, que les avis de M. le maréchal du Plessis soient toujours préférés aux siens, lorsqu'ils ne se trouvent pas conformes. Ainsi, on peut dire que ce n'est pas tant lui qui commande comme ledit sieur maréchal. Voilà ce que vous pouvez représenter à ceux qui vous en parleront, et je vous prie même de le communiquer à M. le cardinal Grimaldi, afin qu'il s'en serve de même aux occasions.

Il y a après, pour nous-mêmes, d'autres respects si pressants, qui obligent à se servir de ce prince, qu'on ne peut s'en dispenser sans tomber en des inconvénients beaucoup plus grands que ceux qu'on avoit voulu éviter. Il est certain qu'on ne sauroit le laisser oisif sans le porter à chercher ailleurs de l'emploi et sa subsistance. Je vous laisse à juger quel bouleversement cela causeroit dans les affaires de M. le duc de Savoie et si, au lieu de songer à attaquer l'état de Milan, nous ne serions pas réduits, comme nous l'avons été cinq ans durant, à employer nos armes dans le Piémont.

Pour ce qui est de la balance, que vous dites que les princes d'Italie veulent tenir juste entre les couronnes autant qu'il est en leur pouvoir, cela est bon pour la république de Venise ou pour les papes. Ils veulent jouir du repos et ne songent point à étendre la domination temporelle de l'Église ; mais, pour les autres princes, ils ne peuvent pas ajouter un tel poids à cette balance qu'ils la puissent hausser ou faire trébucher, et le seul parti qu'ils ont à prendre, c'est de s'agrandir aux dépens du malheureux et profiter de ses dépouilles.

Quant au scrupule qu'ils témoignent avoir de la sincérité de cette couronne dans les offres libérales qu'elle leur fait d'un partage si avantageux pour elle et qu'elle pourroit s'attribuer, outre qu'il n'est pas absolument vrai qu'elle peut se l'approprier, au moins de longtemps, sans leurs assistances, ils doivent considérer que la France trouve assez son compte dans la ruine des Espagnols pour être très satisfaite de quelque façon qu'elle arrive et quelque autre prince qui en profite, parce qu'il ne seroit jamais en état de lui donner jalousie comme la maison d'Autriche et qu'elle ne le seroit plus elle-même après cette diminution. Il y auroit là-dessus des raisons démonstratives à dire que je passe sous silence, ne doutant point qu'elles ne vous viennent dans l'esprit.

J'ai vu ce que vous me mandez des résolutions qui ont été prises pour la manière d'agir de nos deux corps d'armée. Il est malaisé de discourir de loin avec un fondement certain ; néanmoins, autant que l'on en peut parler sur les choses générales, je vous avoue que je ne sais pas si M. le duc de Modène avoit tant de raisons d'insister que M. le prince Thomas passât le Pô, à moins d'avoir dessein de se joindre tous ensemble pour quelque grande entreprise, comme droit à Milan. Je vois qu'il est assez incertain que M. le duc de Parme veuille prêter Plaisance pour le magasin de nos vivres, ce qui est pourtant absolument nécessaire, et je considère même que, quand il nous l'auroit prêté, à moins qu'il se déclare ouvertement contre les Espagnols, il n'est pas de la prudence de se mettre en état que la subsistance ou le dépérissement d'une armée dépende entièrement de la volonté d'un autre prince.

Je considère en outre qu'il étoit plus favorable à M. le duc de Modène que l'action de l'autre corps fût plus éloignée de lui et que M. le prince Thomas allât essayer de prendre quelque autre poste à l'autre extrémité du Milanois, parce que les ennemis, par ce moyen, n'auroient su, en peu de jours, unir leurs forces pour faire un effort et combattre l'un des deux. La raison de la guerre enseigne que les diversions qui se font en plus grande distance sont les plus utiles, et on l'a pratiqué en Flandre avec l'utilité que l'on a vue quand les Hollandois agissoient de l'autre côté. M. le prince Thomas pouvoit, en ce cas, laisser audit sieur duc encore cinq cents chevaux, voire un plus grand corps de cavalerie, s'il l'eût désiré, et fût toujours demeuré assez fort pour combattre les ennemis avec avantage. Néanmoins, comme l'on peut avoir remédié à l'assurance des vivres, qui est le point principal, il se pourra faire que, toutes les forces étant unies, ils marchent tous ensemble dans l'état de Milan et viennent à bout de quelque dessein plus considérable et plus glorieux qu'ils n'auroient pu faire séparément.

Il ne se peut rien ajouter à la sagesse de votre conduite dans vos négociations de Mantoue ; surtout vous avez fort bien fait de ne vous ouvrir point et d'avoir été en garde sur la confiance que madame de Mantoue vous a faite des desseins qu'elle dit avoir de s'agrandir aux dépens de la République du côté de Vérone. Il est même fâcheux d'être obligé d'écouter certaines matières, parce qu'on peut après faire parler et dire des choses où l'on n'a point songé. Néanmoins, ce sont accidents inévitables. La proposition que ladite dame vous a faite touchant Guastalle seroit plus praticable, parce qu'on pourroit dédommager ce duc avantageusement de nos conquêtes, si nos affaires prospèrent dans l'état de Milan ; vous pourrez en conférer avec M. le cardinal Grimaldi, pour en faire après l'ouverture à M. le duc de Modène, et je ne doute point que, voyant jour d'assurer à son beau-frère quelque chose de mieux que ce qu'il a présentement, il ne lui conseille de profiter de la conjoncture, d'autant plus que, par ce moyen, il engageroit la maison de Mantoue à se déclarer contre les Espagnols, ce qui seroit d'un grand avantage à la cause commune et, par conséquent, pour lui.

J'ai fait résoudre que l'on révoqueroit dès à présent le comte Bonzi. On en adresse les ordres à M. le cardinal Grimaldi, à qui j'écris de les envoyer par quelqu'un des siens capable de demeurer en cette cour-là et y faire les affaires, suivant les ordres qu'il lui envoyera continuellement, jusques à ce que le nouveau résident, que Sa Majesté fera partir bientôt, y soit arrivé. Il faudra faire valoir extrêmement à madame de Mantoue cette satisfaction qu'on lui donne, qui étoit une de celles, quoique peu importante, qu'elle souhaitoit le plus ardemment. On pourra lui dire aussi qu'elle a moyen maintenant de réparer tout le passé et de faire connoître à l'avenir par sa conduite que, lorsqu'on s'est plaint d'elle, ç'à été plutôt par les relations que ledit comte, qui ne l'aimoit pas, envoyoit ici à son désavantage, que pour la vérité de la chose.

Je suis de l'avis de M. le cardinal Grimaldi qu'il ne faut jamais entamer de négociation avec la princesse de la Mirandole que de la participation de M. le duc de Modène, vu les termes où ils sont ensemble. Mais il me semble aussi que, quelque sujet de plainte qu'il ait de ladite princesse, s'il y a lieu de tirer quelque avantage de son attachement à cette couronne, et qu'on puisse le moyenner par l'entremise de madame de Mantoue qui s'y est offerte, il y donnera volontiers les mains, puisque, dorénavant, toutes les adhérences nouvelles que nous pouvons acquérir, et surtout si près de lui, ne rejaillissent pas moins à son bien particulier qu'au service du roi.

Je ne vous dirai rien sur l'accommodement de Mantoue et de Parme, laissant à M. le cardinal Grimaldi, qui est sur les lieux, de prendre les conjonctures qu'il estimera propres pour avancer cette bonne œuvre.

Au reste, je me réjouis de tout mon cœur que vous ayez échappé heureusement du grand péril que vous avez couru près de Castel-Saint-Jean. J'ai été bien touché du malheur de M. de Cesi qui étoit un gentil cavalier. Nous avons ici son pauvre père qui est inconsolable et avec raison.

Votre présence est trop utile de delà pour croire que, quand on vous donneroit la permission de revenir, vous voulussiez vous en servir et abandonner les affaires, après avoir tant contribué à les si bien acheminer. Sa Majesté désire donc que vous ne bougiez sans son ordre, et je m'assure que vous y déférerez avec beaucoup de joie sur l'assurance que je vous donne de prendre un soin particulier de vos intérêts.....

(Original. Affaires étrangères, Naples, IV, 526.)

92. *Du Plessis-Besançon à Mazarin.*

[Sans indication de lieu.] 14 novembre 1647.

Étant parti de Reggio, par ordre exprès de M. le cardinal Grimaldi, pour me rendre au plus tôt près de Votre Éminence, non par aucune inquiétude ou démangeaison de m'en retourner (encore que mes affaires particulières m'en donnent assez de sujet), mais par la seule bienséance et nécessité de lui rendre compte de diverses choses très importantes, auxquelles il n'y a que la voix qui puisse suffire, j'ai rencontré le sieur de Besmaux entre Parme et Gênes; duquel ayant reçu celle que vous me faites l'honneur de m'écrire du 16 du passé, le dernier article d'icelle m'a fait juger à propos de ne passer pas outre sans nouveau commandement dudit sieur cardinal, voyant que Votre Éminence me remet à lui...... J'ai donc dépêché audit Reggio pour apprendre de mondit sieur le cardinal ce qu'il trouvera bon que je fasse, et cependant je travaille ici à suppléer par cette lettre au défaut de mon voyage.....

Je dirai à Votre Éminence que ce que mondit sieur le cardinal Grimaldi lui mande à l'égard de M. le duc de Parme comme pour assuré, touchant la disposition des forces que ce prince veut mettre sur pied pour la fin de mars, ne doit pas être pris au pied de la lettre, mais seulement qu'elles seront employées en façon, par ses ministres et officiers de guerre, qu'elles favoriseront les desseins du roi par les jalousies qu'en pourront prendre les ennemis. Maintenant, pour ce qui est d'une déclaration ouverte, en un temps qu'elle puisse nous être fort utile, ainsi qu'il arriveroit s'il la faisoit au commencement de la campagne, c'est à quoi l'on ne doit point s'attendre à mon avis; mais, il y a grand lieu d'espérer que, si nous ouvrons et assurons la communication du Montferrat avec ses états par la prise d'une des trois places qui sont en deçà du Pô pour le secours qu'il peut recevoir de France, il fera lors ce qui sera jugé plus utile aux avantages de la cause commune et de l'expulsion des Espagnols du Milanois. Et, quant au reste des assistances que nous en pouvons désirer et des connivences qu'il doit garder avec nous, hors de nous donner des blés, il est certain que j'en ai parole nette et positive du sieur Gauffridi (qui est en étroite confidence avec Son Altesse et auquel elle m'a remis), que nous en aurons les effets au besoin, ce qui suffit pour aller à nos fins. A propos de quoi, Votre Éminence aura, s'il lui plaît, agréable que je lui dise que le prompt paiement d'une année de la pension de feu son père, dont on l'a tant de fois assuré, celui de la sienne en son temps, et la démonstration qu'on lui fera de se vouloir effectivement appliquer en faveur du raccommodement de don Camille Panfilo[1] avec son oncle, sont trois points capables de l'obliger entièrement. Pour ce qui est des dispositions intérieures de cette cour-là, ce que j'en ai pu reconnoître est que le sieur Gauffridi

---

1. Don Camillo Panfilo était parent du duc de Parme et cherchait alors à mettre fin à un différend qu'il avait eu avec son oncle le pape Innocent X.

s'y maintient toujours puissant, mais plus par la secrète confiance du fils que par celle de la mère, auprès de laquelle un tel Serafino, le Moresqui et le Monguidi[1], qui sont d'inclination espagnole, ont la principale part, quoiqu'il n'y soit pas mal aussi. Et celle-ci, soit par prudence ou autrement, a plutôt des sentiments de froideur, pour ne pas dire d'aversion, que de bonne volonté pour nous, bien que d'ailleurs elle soit bonne et que les caresses de la reine soient des moyens très efficaces pour nous la gagner. Sur quoi, j'ai traité avec elle d'une manière qu'on m'assure n'avoir pas été désagréable à cette princesse, réglant ma conduite par les avis dudit sieur Gauffridi ; et souvenez-vous, s'il vous plaît, que les adhérences publiques ou couvertes de cette maison nous seront tellement nécessaires qu'il nous est comme impossible de rien faire de grand sans cela, ainsi que l'expérience l'a fait voir, à moins d'y employer des forces et du temps que l'état où sont les affaires du roi et les ennemis ne nous donneront pas. Cependant, nous tirons beaucoup de commodités et d'avantages du Parmesan et du Plaisantin, lesquels sont si considérables que, sans eux et dans le débordement extraordinaire des eaux, à peine pouvoit-on subsister dans l'armée, ni même trouver le chemin d'y aller seulement.

Après cela, pour passer de Parme à Mantoue, Votre Éminence aura déjà su qu'outre la satisfaction que j'en remportai, sur les premières instances que j'y fis avant le passage du Pô, nous en tirerons encore pour l'avenir, en suite des secondes que j'y ai faites à mon dernier voyage, la fourniture et sûreté du pain de munition et de la plus grande partie des fourrages dont nous avions besoin pour l'armée jusques au dernier d'avril, par un marché fait avec un munitionnaire à cette fin ; à quoi madame nous a très utilement donné la main. Elle m'a aussi accordé une levée de galiots de *buona voglia* dans le Montferrat et tous les condamnés aux galères dudit pays pour celles du roi, ne l'ayant pu obtenir du Mantouan, parce que de longtemps on y est en obligation de les bailler à la république de Venise.

Maintenant, pour passer à des choses plus importantes, ayant pris l'occasion de mon départ pour engager cette princesse à me donner de quoi faire à la cour une expression plus nette et singulière des sentiments où elle est de prendre plus de part aux occur-

---

1. Dans une autre lettre, du Plessis-Besançon mentionne ces mêmes personnages et les appelle : « Le comte Serafino, le président Morusse et « le sieur Monguido. »

rences présentes de son voisinage que des paroles générales qui ne concluent rien de particulier, elle m'a dit positivement que je pouvois assurer de sa part la reine et Votre Éminence qu'ayant envoyé l'ordre au comte de Merli de se rendre de Münster à Paris, avec un pouvoir authentique de vendre une partie des biens de la maison de Nevers pour en acquitter les dettes, elle avoit résolu de lui ordonner de porter ladite vente si avant qu'il pût, outre cela, rester une somme notable qu'elle emploieroit volontiers à une levée pour le service du roi, soit en France ou ailleurs, ou à tel autre usage qui seroit jugé plus à propos; et qu'en l'âge où étoit son fils, et dans la désolation et pauvreté du Montferrat et du Mantouan, c'étoit tout ce qu'elle pouvoit faire pour témoigner son affection envers la France, outre les secours de vivres et autres commodités que les troupes et ministres de Leurs Majestés en pouvoient retirer : ce qu'elle m'a dit devant son fils, qui a été présent à toutes mes audiences, me priant de ne confier cette résolution à qui que ce fût en Italie qu'à M. le cardinal Grimaldi, la même condition m'ayant été imposée par le sieur Gauffridi sur celle de son maître. En suite de quoi, ladite dame ajouta que, si le duc étoit marié si heureusement qu'elle pût lui voir un successeur, elle seroit ravie que le roi le voulût mettre à la tête d'une armée pour son service; qu'on lui avoit tourné les cartes dans la main et que, quand Mademoiselle verroit l'empereur et le roi d'Espagne mariés, peut-être descendroit-elle à d'autres sentiments. A cela, je ne répondis que généralement, ne jugeant pas que je dusse toucher cette corde sans ordre; joint qu'elle ne me fit aucune mention de Mademoiselle de Longueville. Du surplus, elle témoigne appréhension que la guerre ne continue pas vigoureusement du côté du Crémonois, disant que c'est la seule porte par où l'on peut faire quelque chose de considérable dans le Milanois, mais qu'il faut se hâter et se mettre en posture de lui empêcher les secours d'Allemagne, dont elle est menacée des ennemis à cause des assistances qu'elle nous a données en ces dernières occasions.

Il faudroit plusieurs chapitres pour vous dire seulement la substance des entretiens que j'ai eus avec elle. Ainsi, comme il est impossible d'y satisfaire par une lettre, non plus que vous rendre compte de mes autres négociations, surtout avec le Gauffridi, M. le cardinal Grimaldi avoit jugé mon voyage à la cour et mon prompt retour par deçà, bien informé de vos intentions, non moins utiles que nécessaires. Joint que le fruit principal de tout ce que j'ai fait étant fondé sur ce prétexte, il est à craindre que ma demeure sans sujet apparent ne fasse un méchant effet auprès des princes et ministres que j'ai vus, et que, le prenant pour un artifice inventé pour les faire parler, je ne perde auprès d'eux pour l'avenir le crédit et la confiance que la franchise de mon procédé m'y avoit acquis, bien qu'à mon égard je ne sois pas si simple que d'asseoir aucun fondement sur une arme si mouvante et que je sois bien persuadé qu'il n'y a que la force de leurs intérêts capable de les persuader ; et, sur cette maxime, je ne crois pas qu'on en doive faire aucun de tout ce qui m'a été promis qu'autant que nos propres forces et la conjoncture les y obligeront ; c'est pourquoi nous ne devons rien oublier pour nous mettre en cet état.

J'ai vu les ordres qui ont été envoyés pour le rappel de M. le comte de Bonzi, et, quoique son affection et son zèle pour le service le rendent recommandable, si est-ce qu'en cette rencontre il faut que sa conduite ou son malheur lui aient rendu de mauvais offices, puisqu'ils l'ont mis dans une si étrange aversion et méfiance où il est auprès du fils et de la mère qu'il n'étoit pas possible qu'il y demeurât davantage sans un notable préjudice des affaires du roi. Aussi, comme Sa Majesté se doit non moins rendre justice qu'aux autres, la résolution qui a été prise sur ce sujet sera sans doute très utile ; et, selon ce que j'ai pu comprendre des discours que cette princesse m'a tenus, il semble qu'elle aimeroit mieux un François qu'un étranger dans cette résidence, si ce n'est par intérim seulement, et je serois bien de son avis pour toutes celles d'Italie.

Pour ce qui est du gouvernement, c'est toujours la même chose, car, bien que M. le duc de Mantoue soit majeur depuis quelques jours, si est-ce qu'il ne s'est point encore déclaré tel, laissant agir madame sa mère à son ordinaire.

Votre Éminence verra les sentiments de M. le cardinal Grimaldi sur ce qui se passe à Naples ; il y a longtemps que je me suis offert de m'y employer, et, comme je n'ai point changé de volonté pour y contribuer mes petits talents et services, lorsque la conjoncture en sera bonne et que l'affaire sera mûre, je supplie très humblement Votre Éminence de ne m'épargner point et de croire qu'il n'y a ni tendresse domestique ni considération d'intérêt ou de péril capables de m'en détourner.

(Minute. Affaires étrangères, Naples, IV, 565.)

APPENDICE IX.

Expédition de Naples (1648) [1].

93. *Mazarin à du Plessis-Besançon.*

Paris, le 1er avril 1648.

Je me suis réjoui d'apprendre, par la lettre que vous avez écrite à de Lionne, votre passage à Lyon en bonne santé et le pressentiment que vous aviez de devoir faire un voyage heureux. J'en prie Dieu de tout mon cœur, et vous puis assurer que l'intérêt de la gloire d'une personne que j'aime comme vous n'est pas le moindre motif qui me fait faire ce souhait. Le chevalier Garnier vous suivoit de bien près et vous aura joint peut-être avant votre arrivée à Toulon.

Cependant, je vous dirai que, depuis votre départ, Sa Majesté a enfin résolu ce dont nous avons discouru souvent ensemble, d'envoyer aussi à Naples M. le cardinal Grimaldi; en quoi, parmi plusieurs raisons qui nous y ont obligés et que vous jugerez assez sans que je vous les exprime ici, on a beaucoup considéré le désir que vous en avez toujours témoigné et la croyance que vous aviez aussi qu'on ne pourroit rien faire de plus utile pour le service du roi.

On a dépêché, il y a six jours, un courrier exprès à Son Éminence à Rome, par lequel on lui mande que, toutes choses laissées, il se rende en diligence à Piombino ou à Longone où une escadre de vaisseaux, sur laquelle vous serez embarqué, l'ira prendre pour le porter à Naples. Je lui ai écrit, par la même voie du courrier, beaucoup d'autres choses regardant cette affaire, que je ne réplique point, parce que je suis assuré qu'il vous les communiquera, comme je lui mande que vous lui ferez part de tout ce que vous avez eu d'ici d'instructions et de connoissance des sentiments et des intentions du roi.

Je vous en dirai seulement une particularité, qui est qu'il prendra comptant, à son départ de Rome, du sieur Philippe Valenti, les cent mille livres en dix mille pistoles d'Espagne effectives, de

---

[1]. Les instructions données à du Plessis-Besançon pour cette mission figurent dans le *Recueil des instructions aux ministres de France à Naples et à Parme*, par M. Joseph Reinach, Paris, Alcan, 1 vol., 1892, pages 8 et suivantes.

la lettre de crédit que je vous avois donnée, afin que l'on ait cet argent plus à la main pour s'en servir selon les besoins, et dans les cas seulement que je vous ai marqués, sans être obligé de l'envoyer quérir à Rome avec hasard même dans le transport.

Je demande au chevalier Garnier de faire tout ce que vous lui direz pour la route qu'il aura à tenir, qui devra être à Longone et Piombino, pour prendre ledit sieur cardinal, dont vous ne vous expliquerez cependant à qui que ce soit, et on pourra faire semblant qu'il va à Longone porter quelque dépêche ou y laisser des troupes qu'on y envoie. Je lui adresse des dépêches du roi, tant pour Rome, où l'on n'aura rien su de la cause véritable de son départ, que pour M. de Guise et pour le peuple. On a fait aussi expédier audit sieur cardinal deux nouveaux pleins pouvoirs, l'un pour traiter avec le peuple et l'autre avec la noblesse. Présentement, vous agirez de concert sous ses ordres et, en cas que par quelque accident il se retirât, vous continuerez à le faire en vertu de votre plein pouvoir.

Vous ne manquerez pas de faire valoir à M. le duc de Guise le choix qu'on a fait de M. le cardinal Grimaldi comme d'une personne avec qui on sait qu'il est en parfaite intelligence et en qui il a et peut prendre avec raison confiance entière.

Comme l'on fait état de faire passer quelque corps de cavalerie à Naples, en même temps que les troupes d'infanterie, et qu'il est impossible d'envoyer les cavaliers montés, il sera bon de songer de bonne heure aux moyens de leur donner des chevaux à l'instant qu'ils mettront pied à terre. Je ne sais pas si je vous ai parlé là-dessus, mais, en tout cas, il ne sauroit être que bon de vous en faire ressouvenir. Peut-être que le peuple pourra donner quelque ordre pour vous faire recouvrer une quantité de chevaux pour cet effet. Il se pourra faire aussi que quelqu'un de ceux qui commandent des troupes à la campagne sous le nom du peuple, en étant recherché, sera bien aise de rendre ce service, ce que j'avance avec d'autant plus de fondement, que je me souviens que le chevalier Garnier m'a dit que, lorsque l'armée navale alla à Naples et que l'on proposa d'attaquer Castellamare, un chef qui commandoit trois ou quatre mille hommes pour le peuple offrit de venir nous assister avec ses troupes dans cette entreprise, et il me semble qu'il offrit encore de trouver, en cas de besoin, cinq ou six cents chevaux pour monter des cavaliers, si nous en avions. Enfin, je vous prie de conférer de tout ceci avec M. le cardinal Grimaldi et d'exécuter ce qu'on jugera à propos pour cet effet. Et, en cas que, pour assembler une bonne quantité de chevaux, comme il est dit ci-dessus, il soit nécessaire de dépenser quelque chose, il le faudra faire, m'assurant qu'il ne sera rien oublié pour ne le faire pas, s'il y a lieu d'en avoir sans rien débourser, ou que ce sera avec tout le ménage et l'épargne possibles. Les cavaliers que l'on enverra auront pistolets, bottes et épées, mais, pour les chevaux et les selles, il faudra qu'ils les trouvent de delà.

(Original. Affaires étrangères, Naples, VIII, 128.)

94. Mazarin à du Plessis-Besançon.

Analyse.   Paris, le 6 avril 1648.

Avis sur les forces des Espagnols. On hâte les préparatifs de la flotte française. Mazarin recommande à du Plessis-Besançon de se rendre à Naples sans retard. On enverra successivement deux escadres françaises. Dans le cas où les Napolitains s'obstineraient à garder le gouvernement républicain, il faudra céder[1].

(Original. Affaires étrangères, Naples, VIII, 134.)

95. Mazarin à du Plessis-Besançon.

Analyse.   Paris, le 8 avril 1648.

Mazarin communique à du Plessis-Besançon une lettre qu'il écrit, en date du 8 avril, au duc de Guise et par laquelle il promet à ce prince des secours considérables[2]. Du Plessis-Besançon devra disposer le duc à bien accueillir le cardinal Grimaldi. Mazarin lui recommande de partir, deux heures après avoir reçu cette lettre, pour Piombino, où il pourra conférer avec le cardinal Grimaldi. On devra envoyer le plus de blé possible à Naples.

(Original. Affaires étrangères, Naples, VIII, 138.)

96. Du Plessis-Besançon à Mazarin.

Toulon, le 20 avril 1648.

J'ai reçu le soir la dépêche de Votre Éminence du 8. Je partis

---

1. Cette dépêche, ainsi qu'une autre, en date du 16 avril, sur le même sujet, a été analysée par Chéruel, dans la correspondance de Mazarin. Elle a été imprimée in extenso dans les *Mémoires du comte de Modène sur l'insurrection de Naples en* 1647 (Paris, 1827, 2 vol. in-8°), et dans le *Recueil des instructions aux ministres de France à Naples et à Parme*, par M. Joseph Reinach, page 21.

2. Ces deux lettres au duc de Guise et à du Plessis-Besançon ont été imprimées dans les *Mémoires du comte de Modène* et analysées par Chéruel.

le lendemain pour me rendre à Piombino, ainsi qu'elle m'ordonnoit, avec toute la diligence possible, quoique le temps fût mal disposé pour ce voyage, ainsi qu'il a bien paru, puisqu'après nous être opiniâtrés à la mer pendant deux jours, enfin il a fallu relâcher ici.

Le même jour de mon retour, j'y ai reçu par M. de Gauville un mémoire de Votre Éminence du 6, par où je vois son soin extraordinaire et son application pour cette affaire, le bon avis qu'elle a de tous côtés et la part qu'il lui plait de me donner de tout ce qui me peut servir pour réussir heureusement dans mon emploi ; aussi n'en ai-je point encore eu où j'aie espéré de pouvoir servir plus utilement que dans celui-ci, pourvu que le champ et la matière ne me manquent point avant que d'y entrer.....

Les nouvelles que j'ai trouvées en cette ville, en mettant pied à terre, des désordres arrivés à Naples et de la prison de M. de Guise, ne laissent pas de m'inquiéter, d'autant plus qu'il y avoit lieu d'appréhender semblables choses de sa division avec Gennaro Annese, et de la nécessité des blés pour le soutien du menu peuple, qui est ordinairement celui qui commence les nouveautés de cette nature. Néanmoins, tous ces bruits ne venant que des lieux partiaux pour les Espagnols, et de mains suspectes, j'estime qu'il n'y faut ajouter aucune créance, qu'ils ne soient confirmés par les ministres serviteurs du roi qui sont à Rome.

C'est pourquoi l'on ne change rien de deçà ; au contraire, on y hâte de plus en plus l'exécution des choses résolues. Ainsi, je fais état de partir dans après-demain 22 pour me rendre à Piombino, sur le vaisseau du chevalier Paul qui sera le premier prêt, où M. Garnier et le reste de l'escadre nous viendront joindre peu de jours après, s'il ne leur vient entre ci et là d'autres ordres de Votre Éminence, en suite de ce qu'on dit s'être passé à Naples, auquel cas je ne doute point que je n'en reçoive aussi de ce que je dois devenir.

Cependant, soit pour en donner connoissance à M. le cardinal Grimaldi, soit pour le délivrer d'inquiétude dans l'attente où il est de notre arrivée à Piombino, si l'effet de tous ces mauvais bruits ne l'ont point empêché de s'y rendre, et soit encore pour être informé de ce qui se passe lorsque nous y arriverons, j'ai jugé qu'il étoit nécessaire d'y dépêcher exprès un des miens, lequel même j'ai chargé de passer outre jusques à Rome, afin que nous soyons avisés de tout par son retour et que nous ayons gagné tout ce temps-là pour l'employer à ce que Votre Éminence aura jugé bon que nous fassions d'ailleurs, si cette affaire avoit changé de face avec tant de contrariété en une conjoncture si importante, et lorsque, par toutes sortes de raisons humaines et de belles apparences, il y avoit lieu d'en espérer tant d'utilité pour l'état et de gloire pour Votre Éminence. Pour moi, j'en recevrois un déplaisir si sensible que je ne crois pas qu'il y eût rien capable de m'en consoler..... J'ai retenu les dépêches que Votre Éminence m'a fait tenir pour mondit sieur le cardinal Grimaldi, n'ayant pas jugé à propos de les hasarder par cette voie, d'autant moins que je dois suivre de près et qu'elles regardent particulièrement les affaires de Naples; joint que je pourrai toujours le faire de Piombino.

Revenant d'Aix, M. Garnier a reçu à Marseille le sieur de la Petitière, et j'en reçois présentement une lettre où il m'offre de mener, quinze jours après le premier avis, jusques à vingt-cinq officiers d'artillerie de toutes sortes, mais qu'il faudroit au moins leur donner deux mois d'avance, qui ne monteroit pas à moins de deux mille écus. Je vois, par votre mémoire du 6 de ce mois, que Votre Éminence a quelque espoir que l'armée navale du roi pourra être prête à la fin de ce mois; sur quoi, je ne doute point que M. de Valençay ne lui écrive ce qui en peut être. Mais, selon ce que je vois et que j'entends des experts sur les lieux, la diligence sera grande, et il faut que tout le fonds nécessaire arrive bientôt, si cela pouvoit être pour la fin de mai, puisque ce sera tout ce que l'on pourra faire, que de mettre à la voile toute la première escadre le dernier jour de celui-ci, et l'argent est tellement rare par deçà que c'est la pierre d'achoppement qui arrête toutes choses.

(Minute originale. Affaires étrangères, Naples, VIII, 175.)

97. *Du Plessis-Besançon à Mazarin.*

Toulon, le 21 avril 1648.

De la lettre de M. le cardinal Grimaldi à M. le bailli de Valençay du 13, écrite de Rome, j'infère que les ennemis s'étant saisis de tous les postes que le peuple tenoit dans la ville de Naples, ils sont maintenant les maîtres, quoique celui-ci exclame encore et demeure toujours armé. Cet accident, néanmoins, n'empêchera pas qu'on ne puisse tirer encore un grand avantage de cette affaire, puisque le soulèvement subsiste toujours dans la plupart des provinces du royaume, notamment du côté de Salerne et autres lieux voisins dudit Naples, où il y a plusieurs chefs et un bon nombre de troupes qui s'y maintiennent au nom du peuple.

Mais il semble que, dans la nécessité qu'il souffre et dans la confusion où sont toutes choses, on n'en peut plus espérer aucun bon effet que par une seule voie, qui est celle d'y envoyer au plus tôt toute l'armée navale, avec des forces assez considérables pour exciter un dernier soulèvement dans Naples et resserrer ensuite les Espagnols dans les châteaux, ou, se joignant à ceux qui tiennent la campagne, attaquer quelques places qui nous donnent un pied fixe dans la côte, avec une retraite à nos vaisseaux et galères; et, pour y avoir de la cavalerie, faire que les ministres du roi qui sont à Rome fassent les diligences nécessaires pour enlever et recouvrer les chevaux pour monter les cavaliers qu'on y pourroit mener démontés, ce qui feroit un très bon effet pour Naples et pour ranger la noblesse de notre côté, qui seroit d'une conséquence merveilleuse pour tout le reste du royaume.

Il y en a qui partiroient d'abord à Gaëte; mais mon opinion seroit plutôt de prendre Baïes ou Pouzzoles, tant à cause du voisinage de Naples, où vraisemblablement le peuple reprendroit hardiesse et vigueur, que, du commencement, il ne faut rien entreprendre de difficile ou qui puisse tirer en longueur, que pour donner une retraite à notre armée de mer et s'assurer une communication avec elle pour l'attaque desdits châteaux, dont la prise seroit la consommation de l'œuvre, tandis que les partisans de France et les soulevés des provinces agiroient aussi de leur côté.

Cependant, on pourra toujours s'avancer avec la première escadre, sonder le gué, disposer les choses et préparer les voies au reste de l'entreprise. Que si Votre Éminence ne voit pas assez de solidité dans ce dessein, l'armée navale étant sur les lieux, pour en faire les tentatives raisonnables, on pourroit tomber sur Porto-Ercole ou porter tout l'effort dans le Milanois..... ou tomber à l'improviste sur la Catalogne, pour y faire un coup de partie, si, pour l'un et pour les autres, il n'étoit également à craindre que les Napolitains, désespérés de se voir abandonnés, ne se portassent à quelque grand effort contre nous en faveur des Espagnols, pensant par là se rétablir mieux en grâce. Pour toutes ces choses, une prompte résolution est entièrement nécessaire et surtout des fonds présents et des officiers d'artillerie pour la faire réussir, Votre Éminence connoissant mieux que personne qu'avec des moyens petits ou tardifs, on ne sauroit faire de grandes choses, si un concours de bonne fortune et d'occasions favorables n'y intervient, comme dans l'affaire de Naples, s'il s'y fût rencontré quelqu'un qui eût eu l'intention et la conduite convenables pour s'en prévaloir.

— Je fais toujours état de partir après-demain pour me rendre à Piombino sur le vaisseau du chevalier Paul, où je trouverai des nouveaux avis de Rome et où nous pourrons avoir les ordres de Votre Éminence sur les occurrences présentes, avant que d'en partir pour passer outre avec le reste de l'escadre. Peut-être que, délivrés de l'embarras de M. de Guise, les choses pourront se renouer avec plus de succès qu'auparavant.....

(Minute. Affaires étrangères, Naples, VIII, 177.)

98. Du Plessis-Besançon au cardinal Grimaldi.

Piombino, le 1er mai 1648.

En conformité de ce que je me suis donné l'honneur d'écrire à Votre Éminence par le sieur de Grancour, je suis arrivé ici ce matin sur un vaisseau de guerre de M. le chevalier Paul, et une recrue de cinq cents hommes pour le régiment de Villeroy, avec une flûte qui doit ramener M. de Refuge en France..... La première escadre des vaisseaux, au nombre qu'on vous l'a mandé de la cour, ne sauroit être de deçà devant le 8 ou 10 du courant, avec les blés, armes et munitions qu'on a destinés pour Naples, supposé même que le temps et la mer leur soient favorables; mais je crois certainement que, dans deux fois vingt-quatre heures, nous y aurons les dix galères de la première escadre. Ainsi, je n'attends que le retour dudit sieur de Grancour, avec ordres et avis sur ce que j'aurai à faire, pour avoir l'honneur de m'aboucher avec Votre Éminence et M. l'ambassadeur[1] aux lieux que vous me marquez par vos dernières; ensuite de quoi je vous renvoierai le sieur Thévenard bien informé des résolutions que j'aurai prises, soit de quelqu'autre lieu de la côte ou d'ici. Je ne sais encore quelles troupes s'embarqueront avec lesdites premières escadres, parce que celles qu'on avoit destinées n'étoient pas encore armées à mon départ, mais il est certain que, si les choses vont en avant, le nombre n'en est pas moindre que de quatre à cinq mille hommes de cheval ou de pied. Pour ce qui est du reste de l'armée navale qui les doit porter, les matelots ponantois sont en chemin pour se rendre à Toulon, où, à la réserve de cinq ou six vaisseaux, le radoub de tout le reste est achevé, de sorte qu'elle pourra mettre à la voile dans la fin du courant.

Votre dépêche du 13 avril, adressée à Toulon pour la faire pas-

---

1. Le marquis de Fontenay-Mareuil, ambassadeur de France à Rome.

ser à la cour, en est partie d'ici le 22, mais la nouvelle des dernières révolutions de Naples y aura été beaucoup plus tôt par un courrier qu'y a dépêché M. le cardinal Antoine [1]; ainsi, je ne doute point qu'à la confirmation que le courrier de M. le bailli de Valençay en aura porté à Leurs Majestés et à Son Éminence avec votredite dépêche du 13, la résolution de ce qu'il faudra faire en cette occurrence n'ait été prise aussitôt, et que M. Garnier ne nous l'apporte ici au premier jour. Cependant, si je puis m'être abouché avec Votre Éminence entre ci là, ayant reçu l'honneur de vos sentiments et de vos ordres, je pourrai lors, sans perdre de temps, passer à l'exécution des choses qui seront à faire pour le mieux, mais j'appréhende bien fort que, si les ennemis ont plus tôt que nous de quoi assouvir la faim des Napolitains, cette grande affaire n'aboutisse enfin à peu de chose.

Les vents qui ont régné durant vingt-cinq jours contraires à ceux dont nous avions besoin avoient, jusques à mon départ de Toulon, empêché nos blés d'y arriver sur grand nombre de barques qui étoient depuis longtemps toutes chargées à Narbonne ou en Arles; mais, du temps qu'il fait, tout y doit être maintenant.

Le régiment de Chouppes et les recrues de Chémeraut sont à présent débarqués à Lérici, lesquels auront été suivis de plus de trois mille hommes effectifs que j'ai laissés audit Toulon, prêts à faire voile pour l'armée de Lombardie, sans y compter ce qui suivoit. Cette première escadre de vaisseaux et celle des galères aussi ont ordre de faire ce que Votre Éminence ordonnera; c'est pourquoi, soit après l'avoir vue, soit auparavant, elle leur peut envoyer ici, d'où elles ne bougeront en attendant; et, si j'étois parti pour vous aller voir auparavant, j'y laisserois des lettres pour MM. de Chastellux et Garnier à cet effet, par où je leur ferai part de la route que j'aurai prise.

Pour moi, dans les nouveautés qui sont survenues, je ne doute point qu'il ne faille que j'aie l'honneur de vous voir et que nous n'ayons de nouveau les ordres et intentions de la cour avant que d'entreprendre autre chose, et je crois que M. l'ambassadeur et vous serez aussi de cette opinion, la confusion de l'état des affaires de Naples étant telle que tout y est en l'air, sans qu'on voie avec qui pouvoir traiter ni ou mettre pied à terre, à moins d'y aller avec des forces capables de s'y pouvoir soutenir de soi-même.

(Minute. Affaires étrangères, Naples, VIII, 195.)

---

1. Le cardinal Antoine Barberini.

99. *Mazarin à du Plessis-Besançon.*

Analyse. Paris, le 5 mai 1648[1].

On a désigné le prince Thomas de Savoie pour commander en chef l'armée navale et l'armée de terre en cas de descente. Mazarin pense que les affaires de Naples sont en meilleur état que quand le duc de Guise les dirigeait. Du Plessis-Besançon devra insister pour que le cardinal Grimaldi veuille bien entreprendre le voyage de Naples.

(Original. Affaires étrangères, Naples, VIII, 197.)

100. *Du Plessis-Besançon à Mazarin.*

Piombino, le 11 mai 1648.

Par le retour du père Tho. de Juliis[2], de Toulon, j'ai reçu en ce lieu le dernier billet de Votre Éminence du 22 avril; mais, comme il n'a porté aucune lettre de delà pour M. le cardinal Grimaldi ni pour moi, nous ne savons que par la relation dudit père l'état auquel il a laissé les vaisseaux et galères touchant leur partance; de quoi ne voyant aucun effet, bien que le temps nous paroisse ici fort beau, il est à juger de là que ceux qui ont la direction de l'armée navale ou le commandement des escadres qui doivent faire voile les premières, ainsi que les autres choses destinées pour le secours des Napolitains, attendent les dernières résolutions qui auront été prises à la cour depuis la prison de M. de Guise et les autres révolutions de Naples.

Cependant, Votre Éminence aura déjà su comme M. le cardinal Grimaldi est ici depuis quelques jours..... S'il y avoit moins de retenue à Toulon, ou que l'on n'y fût pas si chiche de lettres ou du secret dont il semble qu'il falloit nous donner part, toutes choses en iroient mieux, et, en mon particulier, j'aurois pu prendre des mesures plus accommodées à l'état des affaires et à la délicatesse de la conjoncture.

Depuis que mondit sieur le cardinal Grimaldi est arrivé, je lui ai fait voir tous les ordres et les dépêches que j'avois et que j'ai reçus de temps en temps.....

Jusqu'à présent, M. le cardinal Grimaldi ni moi n'avons point

---

1. Pièce imprimée dans les *Mémoires du comte de Modène* et analysée par Chéruel.
2. Jean-Thomas de Juliis, moine, avait été envoyé par les Napolitains en mission à la cour de France.

de connoissance de la manière dont Votre Éminence a résolu de faire subsister les troupes que l'armée navale doit porter avec elle pour mettre en terre, tant pour leur nourriture, c'est-à-dire pour le pain, que pour le paiement, lequel semble du tout nécessaire pour vivre avec ordre, surtout dans le commencement, et jusques à ce qu'on ait pris racine dans le pays et donné quelque forme aux affaires. Quant au reste, Votre Éminence peut s'assurer que, hors le ménage qui leur seroit préjudiciable, il n'y aura point d'économie qu'on ne pratique non seulement pour employer utilement l'argent du roi, mais pour n'en faire dépense qu'à des choses absolument nécessaires.

Aussitôt que les vaisseaux et galères seront ici avec les derniers ordres de la cour, on prendra sur-le-champ les résolutions qui paroitront le plus convenables, dont on renvoiera le résultat à Votre Éminence, et à Parme les lettres qu'elle estime à propos que M. le cardinal Grimaldi et moi écrivions de ce côté-là, selon qu'il faudra passer outre de celui de Naples ou porter l'effort en quelque autre lieu. Son Éminence déjà fait diverses diligences vers les amis et correspondants de Rome et des environs, afin de pouvoir recouvrer à bon compte et pour rien, s'il se peut, une bonne quantité de chevaux pour monter les cavaliers démontés qui doivent passer avec l'armée navale.

(Minute. Affaires étrangères, Naples, VIII, 206.)

101. *Mazarin à du Plessis-Besançon.*

Paris, le 20 mai 1648.

...... Je ne vois pas de fondement certain à faire sur l'état des affaires de Naples; mais, étant d'une si grande conséquence et pouvant avoir des suites qui bouleverseroient entièrement la monarchie d'Espagne, je suis persuadé que la prudence veut que Leurs Majestés s'y appliquent à bon escient, puisque, quand même les efforts qu'on fera pour cela ne produiroient aucun effet, on ne pourra au moins nous taxer de peu de connoissance des choses pour n'avoir pas fait ce qui peut dépendre de nous afin de profiter de celles-là. Cependant, je vous puis répondre que l'on ne perd pas un moment de temps pour presser nuit et jour le départ de l'armée navale avec des blés, des troupes, des munitions et tout ce qui peut être nécessaire pour faire une puissante guerre dans ce royaume-là, et qu'enfin on est bien résolu à ne rien omettre sur ce point.

Il y a grande apparence que nous pourrons agir quelque temps avant que l'armée d'Espagne se présente de ce côté-là, ayant eu aujourd'hui avis de Hollande que les ennemis y font faire beaucoup de diligences pour y avoir des matelots et fretter des vaisseaux, et, quand tout cela seroit ajusté, il leur faudroit plus de deux mois avant qu'ils s'en pussent servir. Souvenez-vous, je vous prie, que vous devez agir en toutes les choses où vous connoîtrez que le service du roi en puisse recevoir de l'avantage, et surtout pour maintenir en union les chefs, puisque, sans cela, quelque effort que l'on fasse et quelque belle apparence qu'il y ait, on ne doit attendre aucun bon succès.

(Original: Affaires étrangères, Naples, VIII, 221.)

102. *Du Plessis-Besançon à Mazarin.*

Piombino, le 25 mai 1648.

L'escadre de vaisseaux de M. Garnier est arrivée à Piombino le 23, composée de six vaisseaux de guerre, compris celui du chevalier Paul, avec des vivres pour les équipages, simplement pour trois mois moins six jours, à compter d'aujourd'hui.

Le lendemain 24, sont arrivées audit Piombino dix-neuf galères et M. le duc de Richelieu, avec le régiment de Perrault de sept à huit cents hommes, compris les officiers qui sont embarqués sur lesdites galères, et des vivres pour deux mois, dont il faut déduire la nourriture dudit régiment, outre ceux qui sont nécessaires pour le retour, que ces Messieurs qui commandent font aller à quinze ou vingt jours. Tout cela est arrivé sans apporter une seule charge de blé, bien que ce soit la chose la plus nécessaire de toutes en l'état où sont présentement les affaires de Naples.

Depuis cinq jours, ayant eu la rencontre de cinq barques chargées d'environ dix-huit cents charges de blé, qui s'en alloient vraisemblablement pour les ennemis, mais en apparence pour Civita-Vecchia et Rome, on a estimé à propos de les arrêter, dans le besoin pressant, et de les mener avec nous, sauf à les payer si elles ne sont pas de bonne prise.

N'y ayant que sept cents hommes en état de servir dans Longone, et quelque peu moins dans Piombino, outre la difficulté d'en rien tirer sans ordre exprès de la cour, il n'a pas été jugé à propos de presser davantage les gouverneurs là-dessus, après leur en avoir fait diverses instances ; joint que les Suisses, qui font presque les deux tiers de la garnison de Piombino, demandent des ordres du roi et prétendent encore, outre cela, que tout embarquement sur mer (hors que ce soit absolument pour passer d'une garnison à une autre) est directement contre leurs capitulations, et par conséquent qu'ils ne la peuvent faire en façon du monde.

Les forces que les ennemis ont envoyées dans l'Abruzzo ayant obligé M. Fabie Palavicino de se retirer dans Civita-Ducale, le manquement de pain l'a forcé d'en sortir avec capitulation honorable, qui ne lui a été gardée qu'en partie, et, comme les provinces d'entre Naples et l'État ecclésiastique sont apparemment soumises, il est à croire que ces mêmes troupes des ennemis se rapprocheront de Naples, dans le bruit de l'arrivée des galères du roi, où, selon les avis les plus confirmés, il y a déjà trois à quatre mille hommes, la plupart Espagnols.

Nonosbtant tout cela, voyant par les dernières nouvelles de Naples que le peuple y est toujours armé, dans la même haine contre les Espagnols et la même bonne volonté pour nous, bien qu'en apparence toutes choses y soient assez tranquilles (hors les murmures qui s'y font de temps à autre pour l'extrême disette et chèreté de pain), et considérant d'ailleurs combien tout retardement est préjudiciable à cette affaire, la misère dudit peuple croissant tous les jours, et l'autorité des ennemis, qui n'oublient aucune adresse ni violence pour l'assurer, croissant de plus en plus, on fait état de partir ce soir pour s'aller montrer de ce côté-là et profiter des occasions qui se présenteront à proportion de nos forces ou de l'état des choses, sans s'engager à rien qu'on ne puisse vraisemblablement soutenir, empêchant les vivres aux ennemis, afin de pouvoir assister le peuple et le parti qui nous favorisera des prises qui seront faites, attendant de plus grands secours de toute espèce ou d'autres ordres de France.

Il semble toutefois, les ennemis pouvant tenir en campagne un nombre assez considérable de cavalerie et d'infanterie, les postes de Naples bien garnis, qu'à moins d'un soulèvement qui réduise les choses en l'état où elles étoient avant la prison de M. de Guise, ou de voir un parti formé avec un port assuré pour l'armée navale dans quelque province du règne et, de notre côté, des forces capables de mettre pied à terre et d'entreprendre sans un risque manifeste de l'événement, il y a très peu d'apparence de pouvoir faire aucun progrès de considération, ni qui valût la peine d'y engager avec ladite armée navale un petit nombre de troupes qu'on croiroit pouvoir servir plus utilement ailleurs : à qui les moyens de subsister, la difficulté de recouvrer des chevaux pour les cavaliers démontés et de former un train d'artillerie n'apporteront pas un petit empêchement.....

Pour ce qui est de ce qu'on doit attendre de Toulon,..... selon le rapport des principaux chefs des galères, qui en sont partis les derniers, l'amiral et les autres plus grands vaisseaux ne sauroient être à la voile avant la fin du mois de juin. Cependant, on laissera ordre en partant pour faire suivre les vaisseaux qui arriveront après notre départ, afin qu'ils sachent où nous trouver.

Le vaisseau du chevalier Paul nous rejoignit hier, avec le reste de la famille de M. le cardinal Grimaldi et plusieurs Napolitains de ceux qu'on a jugés les plus à propos de mener, et l'on dépêche présentement une felouque à M. l'ambassadeur, afin que l'on en puisse prendre encore quelques autres, en passant, et lui donner avis de tout.

(Minute. Affaires étrangères, Naples, VIII, 241.)

103. *Fontenay-Mareuil à du Plessis-Besançon.*

Rome, le 31 mai 1648, à 3 heures de nuit.

Je vous dépêche ce porteur pour vous assurer que, demain matin, sur les treize à quatorze heures, je ne manquerai point d'être à Sainte-Marinelle[1], où je vous prie de vous trouver. C'est le lieu le plus commode pour les galères; c'est pourquoi je l'ai jugé propre pour notre entrevue.

(Original. Affaires étrangères, Naples, VIII, 432.)

104. *Du Plessis-Besançon à Mazarin.*

De la rade de Posilippo, le 7 juin 1648[2].

Votre Éminence aura vu, de la dernière dépêche de Piombino, du 25 de mai, la résolution qui fut prise de se venir présenter à la vue de Naples, avec les dix-neuf galères du roi, les six vaisseaux commandés par le chevalier Garnier et le blé dont on s'étoit pourvu, au nombre d'environ deux mille six cents charges, pendant le séjour de M. le cardinal Grimaldi audit Piombino.

Ensuite de quoi, lesdits vaisseaux firent voile prenant le large, et les galères terre à terre, jusques à Civita-Vecchia, sur lesquelles le sieur du Plessis-Besançon s'embarqua, pour avoir moyen de s'aboucher, comme il fit, à Sainte-Marinelle, avec M. le marquis de Fontenay et y prendre le reste des Napolitains qui étoient demeurés à Rome, lesquels sont bien soixante-dix, compris ceux

---

1. Santa-Marinella, petit port situé non loin de Civita-Vecchia.
2. Cette date est celle du jour où du Plessis-Besançon commença la rédaction de cette lettre, qui ne fut expédiée que le 12 juin.

qui étoient déjà venus de Civita-Vecchia à Piombino sur le vaisseau du chevalier Paul, et, entre eux, les sieurs Marc-Antoine Brancaccio et Philippo Prignano.

Le mardi 2, lesdites galères se rendirent à l'île de Ponze, où tout se devoit rejoindre, et les vaisseaux le lendemain sur le soir, sans prendre port, si bien que, le jeudi 4, sur les cinq heures après midi, lesdites galères passant entre l'île de Procida et la terre ferme et les vaisseaux par dehors, tout se fit voir à Naples, et mouilla ensuite assez proche de Chiaja, vis-à-vis de la côte de Posilippo.

Dès la nuit même, on envoya, sans perdre de temps, diverses chaloupes pour mettre en terre ceux qui avoient quelque intelligence, pour y donner et recevoir des nouvelles ; celle du lendemain, on a fait diverses diligences à même fin, mais la plupart sans effet, ou pour le péril qui s'y rencontre effectivement, ou pour la crainte de ceux-là qu'on avoit destinés à cet effet ; de sorte que, jusques à présent, on ne voit aucun mouvement en ce peuple, sur lequel on puisse fonder une espérance bien solide de quelque soulèvement général et tel qu'il est à désirer.

Tous les avis que l'on a pu avoir encore de l'état des choses et des ennemis sont qu'il n'y a rien plus certain que le peuple de Naples et de la plus grande partie des provinces du royaume est entièrement aliéné des Espagnols et plein de bonne volonté pour nous ; mais, comme ils n'ont quasi plus de chefs, et qu'il n'y a personne assez hardi pour commencer, les esprits et les affaires, quoique l'un et l'autre fort émus, demeurent néanmoins sans agir et sans résolution.

Quant aux forces des ennemis, on assure que celles du Poderique sont encore dans l'Abruzzo, et que, dans Naples, Baya et Castellamare et autres places circonvoisines, ils peuvent bien avoir quatre à cinq mille hommes, la plupart Espagnols, et le reste Allemands et Italiens, entre lesquels il y a peu de cavalerie.

Le soir que nous arrivâmes, toutes les boutiques furent fermées dans Naples avec émotion et tumulte, et n'ont point ouvert du depuis, et, hors une fois que le comte d'Ognate s'est fait voir par les rues avec peu de gens, il a été toujours depuis retiré dans les postes de sûreté avec don Juan d'Austria.

Si l'on en croit aux rapports qui nous ont été faits, on se pouvoit saisir d'abord d'une tour qui est à Nisita, et mettre pied à terre à Posilippo, mais, l'un n'étant pas jugé nécessaire, et l'autre de peu de fruit et trop difficile à s'y maintenir si près de Naples avec si peu de gens, il n'a pas été jugé à propos de s'y engager, joint qu'à moins d'être assez forts pour se soutenir de soi-même, ou que le peuple se remette en l'état qu'il étoit du temps de M. de Guise, on ne croit pas qu'il y ait rien à faire dont l'issue ne fût visiblement mauvaise.

Quant au premier point, il faut avoir de quoi faire la guerre de soi-même, mais non pas si puissamment qu'ailleurs, parce qu'on aura vraisemblablement le peuple et le pays favorables, ce qui ne peut être qu'après l'arrivée de toutes les troupes et de l'armée navale ; pour l'autre, il faut l'attendre du temps avec beaucoup d'incertitude, et d'autant plus que l'effet dépendoit des premiers mouvements du peuple, le premier jour que nous avons paru ; mais on croit que nous sommes venus trop faibles et trop tard pour cela, les ennemis ayant eu le loisir de se défaire ou s'assurer des personnes suspectes, et de se pourvoir en quelque façon des choses dont ils avoient le plus de besoin.

Il est venu deux nuits de suite une felouque du petit môle pour donner divers avis, et, la dernière fois, avec une personne assez raisonnable de la part des principaux chefs qui sont restés au peuple, lesquels nous exhortent d'attendre, et nous font espérer que toutes choses se vont disposant pour engager les autres quartiers de la ville et faire le soulèvement général, nous reprochant néanmoins notre retardement et notre foiblesse, au préjudice des espérances que M. l'ambassadeur leur a souvent données d'un beaucoup plus grand et plus prompt secours de toutes choses, et nous convient cependant d'avoir patience et de ne faire pas comme fit l'armée navale, au mois de janvier, à quoi l'on a répondu tout ce qu'on a cru qui pouvoit servir à l'affaire.

Tous demeurent d'accord que la nécessité du pain est extraordinaire, étant au moins trois fois plus cher que de coutume, ce qui fait croire, ou que le peuple est fort abattu ou bien dominé des Espagnols, puisque lui ayant fait savoir par toutes voies que nous avons du blé pour lui et toutes sortes de munitions, nous ne le voyons point se soulever ni venir à nous. La nuit du 5 au 6, le nommé Jacomo, libraire, qui partit avec M. Zamet, a été mis à terre pour entrer dans la ville ; le capitaine des gardes de M. de Guise, qui est ici avec nous et duquel M. l'ambassadeur a bonne opinion, y a aussi envoyé à même fin ; il se doit faire encore d'autres diligences pour la ville et pour la campagne et lieux circonvoisins de Naples, ce qu'on fait plutôt pour ne rien négliger que pour en espérer un grand fruit, jusques à ce que l'on puisse mettre pied à terre au moins avec cinq à six mille hommes de pied, quatre ou cinq cents chevaux montés, et ce qui appartient au service d'un siège et de l'artillerie, comme outils, officiers et mineurs, parce qu'en ce cas, il est à croire que les peuples prendront les armes pour nous seconder, ou que ceux de Naples nous appelleront après les avoir prises.

Ayant donné avis à Votre Éminence du temps que peuvent durer les vivres des vaisseaux et galères, dont il faut encore diminuer quelques jours pour l'affluence des Napolitains qui s'y viennent rendre, on ne lui en dira rien davantage ici, mais seulement qu'il y a déjà le quart du régiment de Perrault malade, et qu'il est à craindre que, quand le reste de l'armée navale arrivera, ce qui est ici ne soit plus en état d'y demeurer, s'il n'est pourvu d'ailleurs à leurs victuailles. Quant au reste, Votre Éminence peut croire qu'on prend toujours à l'avenir les résolutions les plus conformes à l'état des choses, mais, comme ce seroit une dérision qu'on demeureroit longtemps en cette posture, sans en retirer autre fruit, après avoir encore attendu quelques jours celles que pourront prendre les Napolitains, il est à croire que l'arrivée de la seconde escadre de vaisseaux nous apportera des ordres ou des connoissances de la cour qui nous donneront moyen et lieu d'entreprendre quelque chose de plus par deçà, ou de porter les forces ailleurs, si ce n'étoit qu'ayant confirmation des avis et du prompt retour de l'armée navale des ennemis en ces mers, nous fussions obligés de ne l'attendre pas ici. Il nous a été proposé, avec quelque apparence de succès, de prendre Castellamare; mais, outre qu'il y a six cents Espagnols dedans, qu'il faudroit peut-être mettre du canon à terre où avoir des mineurs pour cet effet, on ne juge pas à propos de s'y engager qu'on ne voie un soulèvement solide du pays circonvoisin; c'est à quoi l'on travaille puissamment par diverses voies trop longues à déduire, en attendant la seconde escadre de vaisseaux, les blés et les trouppes qu'elle doit mener avec elle.

Pour ce qui est des postes que les vaisseaux et galères peuvent prendre, en cas de mauvais temps, pour leur sûreté, il s'en trouve plusieurs pour les premiers en cette saison, outre qu'à moins d'être bien surpris d'un coup de vent, ils peuvent demeurer sur les bords à l'entrée du golfe, et, pour les autres, les pilotes croient qu'ils n'en manqueront pas autour des îles circonvoisines. Néanmoins, c'est ce que l'on voit assez incertain, si nous n'avons la terre à faveur, ce qui fait que, même où elles sont aujourd'hui, il n'y a rien d'assuré, parce que les ennemis les en peuvent chasser à toutes heures avec des pièces de six livres de balles seulement, qu'il leur est fort aisé d'y conduire; de sorte que, cela arrivant ou quelque gros temps, lesdites galères se trouveroient en danger de se perdre ou de courre bien loin, ainsi que MM. de Vincheguerre et de Ballibâut l'ont représenté à M. le cardinal Grimaldi, après lui avoir dit qu'ils n'avoient des vivres que pour demeurer encore vingt jours ici pour le plus, sans compter ce qu'il leur faut pour leur retour.

La nuit dernière, on a mis en terre la plus grande partie des Napolitains, entre le pont de la Madeleine et la tour del Greco ; mais, après y avoir demeuré quelque temps, ils sont revenus aux galères, rapportant que tout le pays étoit pour nous, et que, lorsque le peuple de Naples prendroit les armes et que les François se seroient désembarqués, ils ne manqueroient pas de faire de leur côté ce qu'il faut et se mettroient de la partie. D'où l'on voit assez clairement, et par le discours de celui qui est venu sur la felouque du petit môle, qu'ils prétendent que c'est à nous à commencer, et qu'aussitôt qu'ils nous verront pied à terre, ils feront ce qu'ils doivent, ce qui est si hasardeux avec le peu de forces que nous avons, qu'il ne semble pas à propos de prendre une telle résolution sans voir plus clair à l'événement, pour les divers accidents qui en pourroient arriver, ainsi que Votre Éminence le peut assez juger d'elle-même, sans qu'il soit besoin de s'en expliquer davantage et conclure, du contenu de cette lettre, que le bon succès de cette affaire dépendoit entièrement d'y être venus plus forts ou beaucoup plus tôt.

Postscript. du 11. De la rade de Castellamare.

Le dimanche 7, le sieur de Vieux-Marchais vint joindre l'armée dans le golfe de Naples avec quatre vaisseaux ou frégates, et deux brûlots, où l'on avoit embarqué environ trois cents hommes, tant officiers que soldats du vieux corps de Montpezat. Le 8, au matin, il parut encore deux vaisseaux à l'entrée du golfe, lesquels n'étant jugés des nôtres, le sieur chevalier Paul fut commandé pour les aller reconnoitre et leur donner chasse avec quelques autres navires, qui furent suivis de toute l'armée, à la réserve des galères, auxquelles le gros temps qu'il avoit fait toute la nuit et qui duroit encore ne permit pas de serper.

Lesdits vaisseaux, qui étoient zélandois et venoient vent arrière, nous ayant reconnus et se trouvant chargés de six mille charges de blé qu'ils avoient pris à Gênes pour Naples, tâchèrent de gagner Baïes ou Pouzzoles, mais, le vaisseau dudit chevalier Paul ayant fait force de voiles et doublé Nisita, et ensuite les deux frégates des sieurs Vieux-Marchais et d'Aspremont, l'un desdits vaisseaux s'alla ranger près de terre assez proche dudit Nisita, où la chaloupe dudit sieur d'Aspremont l'alla prendre, les matelots s'étant presque tous sauvés à terre.

Cependant, ledit sieur Paul ayant quasi gagné le vent à l'autre desdits vaisseaux, il fut contraint d'aller mouiller sous le canon de Pouzzoles, où plusieurs chaloupes des ennemis, chargées de soldats, le vinrent joindre pour le défendre de la barque longue dudit sieur chevalier Paul, lequel ayant plié ses voiles et s'étant aussi mouillé proche dudit vaisseau, tous abandonnèrent excepté le maître et trois ou quatre matelots; de sorte qu'il fut pris aussi bien que l'autre, nonobstant le canon dudit Pouzzoles et celui d'une batterie de trois pièces qu'on avoit amenées de Naples, et qui tirèrent incessamment, durant plus de deux heures, à la portée du mousquet, tant sur les vaisseaux desdits chevalier Paul et Vieux-Marchais, qui avoient mouillé plus bas sous le vent, que sur la prise, avec perte de neuf à dix hommes sur celui dudit sieur Paul, morts ou jambes et cuisses emportées, compris le sieur Philippo Prignano, dangereusement blessé aux deux jambes de la seconde volée de canon. Les ennemis parurent lors à terre, au nombre d'environ mille ou douze cents hommes venus de Naples ou sortis de Pouzzoles avec quelque cavalerie.

On ne sauroit taire, en cet endroit, que le bon marinage, la vigilance et la résolution dudit sieur Paul n'aient été cause de cette prise, chargée à compte des Espagnols, ainsi qu'il se voit des lettres de l'ambassadeur Ronchillo au comte d'Ognate, laquelle auroit autrement eu temps de se mettre en lieux qui l'auroient ou sauvée pour les ennemis ou du moins perdue pour nous.

Le soir du même jour, les galères ayant couru fortune la nuit précédente sous la côte de Posilippo vinrent donner fond entre Pouzzoles et Nisita, dont étant revenues le 9 au matin à leur premier poste, le canon que les ennemis y avoient logé les obligea de s'en retirer plus loin et de souffrir, comme elles firent, tout le jour et la nuit ensuivant jusques à la pointe du jour du 10, un gros temps de ponant et le [   ] qui les força de donner fond entre les vaisseaux, à plus de soixante brasses d'eau, non sans y courre quelque fortune; de sorte que, le vent s'étant un peu calmé, elles sont aussitôt allées prendre l'abri vers le cap de Misène et tâcher de faire de l'eau à Procida, les vaisseaux ayant fait voile en même temps pour les suivre, autant que la grosse mer et le vent le purent permettre; mais enfin, après avoir demeuré longtemps sur les bords sans pouvoir doubler Nisita, et le ponant s'étant renforcé, il a fallu venir mouiller, sur le soir, près de Castellamare.

Maintenant, voyant, par divers avis assez vraisemblables, que les peuples de Naples et des lieux circonvoisins persistent dans la bonne volonté pour nous et les Espagnols à les aigrir de plus en plus par leur conduite, bien que ce soit en les mettant hors d'état de pouvoir commencer (quoiqu'ils nous en donnent encore espérance), et connoissant d'ailleurs combien il est important de n'abandonner pas entièrement cette affaire pour tant de raisons que Votre Éminence sait mieux que personne, jusques à ce qu'on voie d'autres ordres de la cour pour agir d'un autre côté, il a été jugé à propos de demeurer en ces mers, tout autant que les galères auront de quoi vivre, ce qui ne sauroit aller qu'au 25 du courant pour le plus loin; et l'on s'est porté d'autant plus volontiers à cette résolution qu'on apprend de tous ceux qui viennent de Toulon qu'avant la fin de ce mois ou les premiers jours de l'autre, M. le prince Thomas et le reste des forces de terre et de mer destinées pour cette entreprise ne sauroient effectivement faire voile.

Cependant, s'il y a lieu de se pouvoir saisir de Procida durant notre séjour, et que ce soit une entreprise proportionnée au peu de troupes et de moyens que nous avons, on le fera, parce que ce seroit un levain et une préparation non moins nécessaire qu'utile pour Ischia, les desseins de Baïes et de Pouzzoles, quoique d'ailleurs assez faciles par la nature et situation de ces places, pouvant recevoir de grandes difficultés dans l'exécution, faute de cavalerie, surtout étant si proches de Naples, ainsi que tous ceux de terre ferme, à la réserve de Castellamare.

On donne présentement part en substance à M. le prince Thomas de la disposition des choses, et l'on ne doute point qu'il ne soit parti d'auprès de Votre Éminence bien informé de toutes les intentions de la cour, sur ce qu'il faudra faire d'une façon ou d'autre.

Nous espérons de pouvoir aller cette nuit, du 11 au 12, joindre les galères, et, en cas que, faute de vivres, elles soient contraintes de retourner en arrière, pour en aller prendre jusqu'à Toulon, et nous de les suivre avant l'arrivée de mondit sieur le prince Thomas, on fera toutes les diligences convenables pour faire savoir à ces peuples qu'on ne s'en va que pour revenir assez forts pour les délivrer, n'étant venus en l'état que nous sommes que sur les avis que les leurs ont donnés qu'un semblable secours étoit suffisant, puisqu'ils n'avoient besoin que de munitions de guerre et de blé et de quelques troupes, chefs et officiers pour se mettre à leur tête.

Ici, l'on ne met point en considération à Votre Éminence combien il est vraisemblable qu'en même temps que nous aurons assemblé toutes nos forces de terre et de mer pour être en état d'agir par deçà; les ennemis y seront aussi de s'y opposer avec leur armée navale, parce qu'encore que de Gênes, de Livourne et d'ailleurs, nous puissions avoir quelques avis du temps qu'elle pourra se mettre à la mer, ceux que Votre Éminence peut recevoir, par des voies plus assurées et peut-être plus promptes, lui donneront lieu de faire toutes les réflexions convenables sur cette matière et de nous faire part, ensuite ou par avance, de ses sentiments et ordres là-dessus.

Supposé que, pour les raisons qui ne nous sont pas connues ou pour d'autres que nous pouvons connoître, on voulût différer jusques à la fin de l'automne ou en autre temps d'entreprendre solidement quelque chose par deçà, on tâchera, devant que de s'éloigner d'ici, de profiter en sorte du séjour qu'on y fera, qu'avec plus de connoissance on puisse dresser des mémoires particuliers de ce qui s'y pourra faire, et de les envoyer assez à temps à Votre Éminence pour qu'elle y puisse pourvoir ou nous en donner le moyen, ce qu'on fera par courrier exprès.

(Minute. Affaires étrangères, Naples, VIII, 251.)

105. *Du Plessis-Besançon à Mazarin.*

Rio, dans l'île d'Elbe, le 30 juin 1648.

Les mauvais temps et les autres empêchements qui se sont opposés à l'aiguade des galères les ayant obligées de rebrousser jusques à l'île de Ponze, après avoir essayé deux fois d'en faire de fort mauvaise et en assez petite quantité dans celle d'Ischia, l'on n'a pu faire par leur moyen aucune des choses qu'on se proposoit de faire avec elles, ainsi qu'il est mentionné dans le dernier article du dernier mémoire envoyé du golfe de Naples à Votre Éminence, touchant certaines reconnoissances.

Dans le même temps qu'elles partirent pour Ponze, qui fut le 18, celle de la Pillère vint rejoindre les vaisseaux, n'ayant pu suivre les autres, pour avoir perdu plusieurs de ses rames dans la bourrasque de la nuit précédente; et, comme la garde du *Brézé* donna dans ce même instant connoissance d'avoir découvert un vaisseau vers l'île de Capri venant de côté de Levant, on jugea qu'il pouvoit être chargé de blé, ce qui fait que la plupart des nôtres mirent à la voile, en sorte que celui du sieur chevalier Paul et la *Vierge*, qui le suivoit de près, s'en étant approchés à la portée du canon, et l'ayant vraisemblablement réduit à ne pouvoir échapper, le calme, qui survint tout d'un coup, et puis le vent contraire ensuite, donnèrent moyen à quatre galères des ennemis de lui venir donner le cap et de le remorquer à Naples, d'où il étoit aussi sorti quatre vaisseaux pour favoriser leur retraite, qu'ils firent tous ensemble à l'entrée de la nuit, sans qu'il fût possible de l'empêcher ni de les combattre; et cependant, M. le cardinal Grimaldi monta sur la galère dudit sieur de la Pillère, pour aller joindre les autres à Ponze, afin de ne pas empêcher le *Brézé*, par le respect de sa personne, d'aller combattre les ennemis, s'ils fussent sortis de Naples en plus grand nombre, ainsi qu'il y avoit apparence.

On a ci-devant donné avis à Votre Éminence comme on avoit chargé une assez grande polacre, d'environ mille ou onze cents charges de blé, de celui qui avoit été arrêté dans le canal de Piombino, laquelle, ayant pris occasion de demeurer derrière dans le golfe de Naples d'où tout avoit levé l'ancre, pour s'approcher de Procida, elle prit ensuite la route de Naples, quoiqu'il y eût dessus quelques matelots françois et un homme pour y commander, qui avoit été donné des galères, ce qu'on avoit omis de mander à Votre Éminence par la dernière dépêche; outre le blé dont elle étoit chargée, nous y avons aussi perdu un avant-train, un affût de canon et une partie des outils que nous avions pris à Piombino.

Le vendredi 19, la grande eau que faisoit le vaisseau nommé la *Vierge*, commandé par le chevalier de la Lande, obligea M. Garnier de l'envoyer à Longone ou jusques à Toulon même, pour caréner de nouveau, et fit voile une heure après, avec tout le reste de son escadre, pour se rapprocher de Naples, ainsi qu'il fit à port de canon, où tous les vaisseaux mirent en panne, pour voir s'il ne prendroit point envie aux ennemis de sortir pour le combattre; mais, voyant que la nuit s'approchoit et que le vent manquoit, il reprit la route de l'embouchure du golfe de Naples, entre Ischia et Capri, pour y demeurer sur les bords, en attendant les ordres de M. le cardinal Grimaldi, où M. le duc de Richelieu revint avec douze galères pour voir ce qu'il y auroit à faire. Mais, comme on n'en prévoyoit aucune occasion, ayant appris que tout ce qui venoit à Naples avoit rebroussé à Messine et à Palerme, il fut résolu que tout reprendroit la route de Ponze, où M. du Plessis-Besançon, qui étoit demeuré sur le vaisseau dudit chevalier Paul, alla rejoindre Son Éminence avec lesdites galères. De là, on a pris celle de Longone, les vaisseaux aussi bien que les galères se trouvant dans une extrême nécessité d'eau, celle dudit Ponze commençant à se faire mauvaise et d'être presqu'épuisée des aiguades précédentes, joint que, n'ayant aucune nouvelle de la cour, de Toulon ni de Rome, on jugea qu'il étoit à propos de s'approcher des lieux où l'on en pouvoit recevoir et remédier aux besoins les plus pressants.

Du contenu de la précédente dépêche et de celle-ci, Votre Éminence pourra voir qu'on a demeuré dans le golfe de Naples ou aux environs des îles circonvoisines, vaisseaux et galères, depuis le 4 jusqu'au 20 juin, nonobstant trois ou quatre grosses bourrasques qui ont donné beaucoup à souffrir aux dernières, n'ayant aucun port ni abri contre le mauvais temps où elles ne trouvâssent le canon ou la mousqueterie des ennemis pour les en chasser, de sorte qu'entre la fortune que pouvoient courre lesdites galères, le manque d'eau, et celui où elles prévoyoient de tomber pour les vivres, n'en pouvant demeurer à moins de vingt jours pour leur retraite, sans aucun avis ni certitude qu'il leur en pût venir, ainsi qu'elles en ont souvent fait et fait faire diverses remontrances à M. le cardinal Grimaldi, de la part de la charge, et voyant d'ailleurs que les peuples de Naples ni des environs ne prétendoient en façon du monde de prendre les armes, ni faire le moindre mouvement que nous n'eussions mis pied à terre et commencé les premiers; le peu de force que nous avions pour cela ne permettant pas de tenter une chose si hasardeuse, en un temps où les galères étoient à la veille de nous quitter, ni même d'attaquer Procida, laquelle, ayant été reconnue, se trouve meilleure qu'on ne pensoit, on a cru qu'il étoit mieux de venir au-devant des vivres et du reste de l'armée, pour voir tous ensemble ce qu'il y auroit à faire, que de demeurer inutilement avec neuf vaisseaux et deux brûlots dans le golfe de Naples, où il en pouvoit arriver d'autres, sans compter ce qu'il y a déjà audit Naples. Ainsi, nous nous sommes tous rendus audit Longone, le samedi 27, sur le soir.

Maintenant, ayant vu, par les dépêches de Votre Éminence du 9 et 10 et par celles qu'elle a faites à M. le duc de Richelieu, comme elle a donné ses ordres précis pour faire venir les vivres nécessaires auxdites galères et à l'escadre de M. Garnier, sans qu'il soit besoin de retourner en Provence, et néanmoins ne trouvant ici aucun avis là-dessus de Marseille ni de Toulon, quoiqu'il en soit arrivé une flûte chargée de seigle depuis deux ou trois jours, on ne sauroit pas comment lesdites galères pourront hasarder de demeurer ici davantage, n'en ayant plus que pour quinze en tout, cet article étant important et délicat au point que le peut juger Votre Éminence. C'est pourquoi, passé le premier de juillet, elles pourront bien reprendre la route de Provence par celle où le plus vraisemblablement elles pourront faire rencontre de leurs vivres, ou en apprendre des nouvelles, n'y ayant personne assez hardi pour les retenir dans une semblable nécessité, d'autant moins que nous voyons les ordres et la grande prévoyance de Votre Éminence le plus souvent inutiles, pour ce qui regarde la ponctualité de l'exécution.

Quoique nous ne sachions point encore si M. le prince Thomas est arrivé à Toulon, ni quand il peut être parti de la cour, on lui dépêche maintenant une felouque pour l'informer en substance de l'état des affaires du royaume de Naples, de celui auquel nous sommes ici, et du succès du voyage que nous y venons de faire, afin qu'il puisse prendre mieux ses mesures et les résolutions qu'il estimera les plus convenables là-dessus, pour l'emploi des forces qui doivent agir sous sa charge; cependant, nous l'attendrons ici et sera fait, quant au reste, toutes les diligences qui se pourront, tant pour faire faire à Livourne quelque quantité de biscuits, que pour y faire vendre, ou à Gênes, une partie du blé des prises dont le prix a si fort diminué, que même quelques barques qui étoient venues chargées de France n'y en ont pu trouver le débit; mais peut-être qu'en faisant un peu meilleur marché, on trouvera plus de moyen de s'en défaire.

Que si les galères n'avoient aucune nouvelle de leurs vivres entre ci et demain au soir, qu'il ne leur en restera plus que pour quatorze jours, et qu'elles fussent, par cette raison, obligées de prendre la route de Provence, en ce cas, on se servira de l'occasion de leur retour, comme la plus prompte et la plus assurée, pour donner toutes nouvelles à mondit sieur le prince Thomas, et peut-être, comme les lettres ont souvent besoin d'explication et de réplique pour l'éclaircissement des affaires, que M. du Plessis-Besançon pourroit bien lui-même faire le voyage avec elles, encore que sa santé soit fort altérée depuis quinze ou vingt jours, afin de pouvoir mieux informer Son Altesse de toutes choses.

Des Napolitains qu'on avoit envoyés de Rome, et s'étoient embarqués sur les galères et vaisseaux pour le voyage de Naples, on en a désembarqué vingt-trois dans la plage romaine aux lieux qu'ils ont désirés; le reste, au nombre d'environ cinquante, est revenu jusques ici, dont quelques-uns pourront bien se retirer aussi; et, du reste, on se propose, ou d'en faire une compagnie, sous la charge de quelqu'un d'entre eux, ou de leur bailler quelque subsistance, à tant chacun par jour, en attendant l'occasion de s'en servir de nouveau; mais, jusques à présent, depuis leur embarquement, ils coûtent au roi à raison de vingt sols chacun par repas. Pour ce qui est des officiers des troupes embarquées sur lesdits vaisseaux et galères, on a fait même dépense, ainsi que

M. Garnier nous a dit que c'étoit l'ordinaire ; et, quant aux sergents et soldats, ou leur nourriture passera en consommation des vivres desdits vaisseaux, ou bien on les remplacera partie en blé, partie en argent, afin que les capitaines aient de quoi pousser le temps de leurs victuailles, jusques au bout de celui de leur armement. Et, par là, Votre Éminence saura que le fonds des cinq mille pistoles, qui ont été apportées comptant de Rome, a reçu une diminution considérable, dont on lui envoyera une note aussitôt qu'il se pourra, afin qu'elle voie à quoi l'argent aura été employé, tant pour cela que pour les autres dépenses extraordinaires.

Et, pour revenir à ce qu'il y a de plus important et de plus essentiel touchant ce qu'on pourra faire du côté de Naples, et ne perdre point le temps, ou embrouiller les matières sur la diversité des choses et des desseins, Votre Éminence saura que l'entreprise sur l'île de Procida est vraisemblablement celle par où il faut commencer, tant à cause qu'étant détachée de la terre ferme et fertile, située entre Baïes et Ischia, on s'y peut attacher sans risque et avec succès, que parce qu'elle se pourra garder, donner abri et retraite aux galères en tout temps, et mouillage pour les vaisseaux ; et, selon la reconnoissance qui en a été faite, ce ne sera pas une affaire de longue haleine, laquelle est d'ailleurs de telle conséquence qu'elle donnera grand acheminement et facilité pour se rendre maître de ladite île d'Ischia et de tout le golfe de Baïes et de Pouzzoles, lorsqu'on sera plus fort d'infanterie et qu'on aura monté le régiment colonel et les cavaliers de M. le prince Thomas. Cette première expédition ayant réussi, les ennemis tirant de là conséquence qu'on en veut à Baïes, on pourra tomber avec toutes les forces sur Castellamare, qui est le seul lieu de terre ferme dont l'on peut se saisir avec moins de difficulté, tant pour n'être pas fort bon de lui-même, que pour être situé presqu'au milieu de tous les environs de Naples où les peuples ont le plus de bonne volonté pour nous, ou, pour mieux dire, où ils sont les plus aliénés des Espagnols ; outre que c'est un pays où la cavalerie des ennemis nous peut donner le moins d'empêchement, et à la faveur duquel nous pouvons remonter la nôtre, qui est la chose qui nous pressera le plus pour faire progrès en campagne et marcher dans les provinces voisines, en cas que tout cela n'ait point fait prendre les armes aux Napolitains, ce qui est assez incertain vu l'abattement où ils sont.

Par dessus les avantages déjà mentionnés qu'on peut tirer de la prise de Castellamare, il y a très bon mouillage pour les vaisseaux, port pour quelques galères, grand logement, quantité de moulins, et, par conséquent, commodité d'y établir le magasin de l'armée et faire place d'armes pour tout le voisinage, comme Nocera, la Cave, San-Severino et Salerne, et même de la province de Pouille, qui est le grenier de la ville de Naples, mais dont les grains n'y peuvent venir qu'à la fin de septembre, vivant cependant de ceux des environs d'Averse et Capoue, que l'on commençoit déjà à couper, lorsque nous sommes venus de deçà. Et, pour peu que ceux de Naples aient dessein de remuer, il sera aisé de leur donner la main par terre et par mer et de se saisir des lieux qui sont entre deux, nommés les tours del Greco et de l'Annonciate.

Voilà, ce semble, le plus solide dessein auquel on se puisse attacher présentement, tant pour s'établir que pour bloquer Naples du côté de la mer, et, quoi que l'on puisse dire ou mander d'ailleurs à Votre Éminence que les peuples et la noblesse feront, il ne se faut attendre ni se fier qu'aux forces que nous mènerons avec nous, jusques à ce que nous ayons pris racine et fait quelque progrès considérable, se proposant d'agir en cette entreprise avec les mêmes moyens et précautions d'une nouvelle guerre, surtout dans le commencement, si le peuple de Naples ne fait quelque mouvement qui donne exemple au reste.

Si la grosse mer, que nous avons eue au retour pendant quatre jours, eût pu permettre de s'approcher de Gaëte, on en auroit fait quelque proposition à Votre Éminence; mais, selon l'information et les lumières qu'on en a pu prendre, c'est une place qui ne se prendra qu'avec toutes les formes et des forces beaucoup plus considérables que celles qui sont destinées pour cette première action, surtout de cavalerie, qui sera toujours ce que nous aurons de plus difficile à faire, jusques à ce que nous ayons pris pied dans le pays en terre ferme.

Selon l'état présent des affaires et le sens de quelqu'une des dépêches de Votre Éminence à M. le cardinal Grimaldi, touchant l'arbitre qui lui étoit laissé de s'embarquer ou non et d'attendre de nouveaux ordres, dans l'île d'Elbe ou quelqu'autre lieu de bon air, sur les intentions de la cour, Son Éminence a jugé à propos de prendre son séjour ici, tant pour y être plus à commodité d'agir selon l'occurrence que pour y attendre M. le prince Thomas ou nouvelles des résolutions qu'il aura prises, mondit sieur le cardinal, considérant que tout ce qu'il y aura à faire de quelque temps du côté de Naples consistant plutôt en actions militaires que politiques, tant sur terre que sur mer, il ne voit pas à quoi il y pourroit être propre ni où il pourroit trouver son siège en une pareille conjoncture, tant pour le service de Leurs Majestés que pour la bienséance de sa dignité, se soumettant néanmoins, ainsi que Son Éminence a toujours fait, à tout ce qui lui sera ordonné de leur part; de quoi il attendra les ordres en ce lieu, si par l'arrivée de mondit sieur le prince Thomas il n'a sujet d'en user autrement.

N'y ayant rien de plus positif ou pressant à mander de Votre Éminence, on n'a pas jugé nécessaire de lui dépêcher aucun exprès, ainsi qu'on se l'étoit proposé et qu'elle aura pu le voir par le précédent mémoire.

On ajoute encore à celui-ci qu'on fit hier mettre pied à terre aux régiments de Perrault et de Montpezat pour voir l'état où ils sont; mais, le temps ayant été court et assez mauvais pour cela, tout ce qu'on en peut dire à Votre Éminence par une estimation assez raisonnable, c'est qu'il peut bien y avoir dans le premier, sans comprendre les officiers et sergents, jusques au nombre de sept cents soldats, si on doit compter pour tels plus d'un tiers de petits garçons malingres et désarmés. Pour ce qui est de l'autre, il peut être de deux cent cinquante soldats assez raisonnables, la moitié désarmés; ce n'est, à ce qu'on dit, que le vieux corps, tous les capitaines, à la réserve de deux ou trois, étant avec les recrues. Quant au reste, il y a beaucoup d'apparence que, toutes les forces étant jointes ensemble, on pourra faire quelque chose de bon du côté de Naples, et peut-être plus qu'on ne croit, si les peuples font une partie de ce qu'ils doivent. Mais c'est à quoi l'on ne doit point s'attendre, et aller en cette entreprise bien muni de toutes les choses nécessaires pour agir et subsister comme si l'on ne devoit être assisté d'aucune chose du pays.....

(Minute. Affaires étrangères, Naples, VIII, 270.)

106. *Du Plessis-Besançon à Lyonne.*

Rio, île d'Elbe, le 3 juillet 1648.

..... Bien que j'aie déjà touché quelque chose à Son Éminence du contenu de cette lettre, si est-ce que je ne puis laisser partir cet ordinaire sans y ajouter ces lignes, pour satisfaire de tout point au doute où je suis de l'événement du dessein de Naples, voyant le grand retardement de notre armée navale et le temps qu'elle donne à celle des Espagnols de le traverser par sa présence. Je considère encore les foibles moyens qu'on y peut employer présentement pour agir en terre ferme, que ce que l'on peut faire ailleurs n'en vaudra pas la peine, outre la difficulté qu'il y aura de le conserver dans un si grand éloignement de la cour, les accidents et incertitudes de la mer en une si longue distance et, par dessus tout, le changement de cette affaire en un état quasi contraire, les ennemis ayant entièrement repris le dessus et les peuples abattus n'étant plus en pouvoir ni peut-être en humeur de remuer, quelques assurances que l'on en donne, qu'ils ne voient des progrès avantageux de notre part, et plus grand nombre de troupes pour s'y maintenir et les délivrer d'oppression, notamment après avoir perdu les chefs qui donnoient chaleur et branle à tout le reste.

De sorte que, la tentative que nous venons de faire (et qu'on devoit non moins à l'opinion publique qu'à la réputation de cette couronne) n'ayant pas réussi, je ne sais s'il n'auroit pas été plus à propos de porter ces forces ici contre l'état de Milan, soit de Lombardie, ou à Final, conjointement avec celles de Piémont, se contentant de la domination de la mer et d'empêcher les secours du Milanois pour cette année, plutôt, dis-je, que de se diviser foiblement en tant de lieux avec hasard de ne réussir en pas un, et s'engager sans une puissance convenable dans une nouvelle guerre, d'autant plus à considérer qu'il semble presque impossible de la pouvoir soutenir, ayant à pourvoir en même temps aux nécessités et au renfort de plusieurs armées qui, pour être dans l'action, sont à préférer à celle-ci.

Et, bien que, par le dernier mémoire italien que j'ai souscrit, et dont on a envoyé le double à M. le prince Thomas, il semble que j'aie concouru à l'avis de M. le cardinal Grimaldi, je vous prie de croire que je m'y suis plutôt laissé aller par déférence à l'autorité d'un personnage de cette condition que par mon propre sentiment, surtout quand il affirme que les forces de l'armée navale se peuvent plus utilement employer du côté de Naples qu'en aucun autre lieu, ainsi qu'il se peut inférer du sens et des inductions de mes précédentes, en ayant fait dès lors un pronostic assez juste, considérant sur quelle espèce de gens et de fausses raisons les espérances de notre voyage étoient fondées, et combien on avoit été avide à Rome de mordre à l'appât d'un hameçon si trompeur.

Mais, par celle de Monseigneur le cardinal du 20 mai, je vois la cour si résolue à la poursuite et à l'application de cette entreprise et à n'en désister point qu'on ne connoisse qu'il y ait sujet d'en désespérer, que je n'ai pas cru qu'il fût de la prudence ordinaire ni même de la discrétion d'un inférieur de l'en dissuader que de biais, et c'est ce qui arrivera souvent lorsque les suffrages ne seront pas libres, qui est la posture où je suis ici et dans laquelle je tomberai de plus en plus quand M. le prince Thomas nous aura joints, les termes de la bienséance et de la subordination ne voulant pas que le subalterne porte les siens jusques au bout avec des personnes de cette qualité, joint qu'il est quelquefois dangereux de les appuyer trop en des matières délicates, vu le peu de sûreté qu'il y a dans les événements. Après cela, vous me permettrez, s'il vous plaît, de vous dire qu'aux choses de la considération de celle-ci, et qui portent tant de conséquences en croupe, un des plus puissants ennemis que l'on puisse rencontrer sera toujours le désir trop violent qu'on aura pour elles, parce qu'il fait voir des facilités qui n'y sont pas et ferme les yeux à des difficultés essentielles : ce que je vois néanmoins arriver en ce rencontre, où ceux qui se sont laissés préoccuper des premières erreurs et impressions qu'ils ont reçues et données n'en veulent point démordre, soit par honte, par foiblesse ou par opiniâtreté.

Vous me demanderez peut-être d'où vient que je suis aujourd'hui si différent de ce que j'étois par le passé dans le jugement que je fais de cette affaire. Sur quoi je n'ai rien à vous répondre, sinon que, bien loin d'être en cela de l'humeur des autres, je change avec les nouvelles connoissances que je prends, et que les affaires de Naples, que je sais présentement par moi-même et pour avoir vu, me font toucher, comme on dit, au doigt et à l'œil ce que je ne savois alors que par des relations passionnées, ignorantes ou intéressées, qui sont les plus mauvaises lunettes dont on se puisse servir pour voir distinctement ce qui est trouble et confus de sa nature.

Mais, afin de ne vous laisser pas dans l'obscurité sur une mer qui veut être mieux éclairée avant que de s'y embarquer, je crois que je vous puis assurer avec fondement qu'il y a plus que de l'apparence que le royaume de Naples est en très grande disposition de se perdre pour les Espagnols, puisqu'ils ne s'y peuvent maintenir que par la continuation des violences qui leur ont déjà concité la haine universelle de la noblesse, aussi bien que des peuples, et qu'ils s'y conduisent à présent plus mal que jamais pour y remédier. Mais, pour en profiter et conquérir une si belle pièce, il y faut aller mieux accompagné que des seules troupes et moyens que peuvent porter nos vaisseaux et nos galères, je veux dire avec dix mille hommes effectifs, le quart de bonne cavalerie, une somme notable d'argent comptant, les autres suites ordinaires pour les vivres et pour l'artillerie, et un général de réputation, bien intentionné, procédant, quant au reste, par un chemin plus certain et plus solide, de quoi je puis donner quelques lumières assez utiles en temps et lieu. Avec cela, tout le monde sera pour nous; mais, autrement, on éprouvera toujours que l'occasion d'y agir plus foiblement est passée, ce qui suffisoit il y a quatre mois n'étant plus de saison et ne pouvant servir maintenant qu'à montrer aux ennemis ce qu'ils doivent craindre, tant de nos adhérents que de nous, et leur donner des leçons de s'en défendre lorsque nous serons en état d'y appliquer tout de bon.

Je sais que l'effort qui se fait est même au delà de ce qui se peut en cette conjoncture et dans tous ces divers manquements que je ne sais quelle fatalité nous a suscités. Mais, après tout, ce n'est pas assez pour en tirer avantage; nos armes sont trop courtes, et l'objet où nous visons est trop élevé pour y arriver; c'est-à-dire que, sans un nouveau soulèvement de la capitale ou de quelque province et des faveurs extraordinaires de la fortune, à quoi je n'estime pas qu'on se doive attendre ni fier, je ne conçois pas qu'il y ait rien à espérer de tout ceci qui mérite que l'on s'expose aux inconvénients que j'en prévois dans l'exécution, par des contre-temps et des besoins qui ne paroîtront qu'en ce temps-là. C'est pourquoi j'ajoute qu'outre toutes ces raisons il y en a une générale et nécessaire qui veut que, pour prendre mieux ses mesures, on remette la partie à une autre fois et qu'on ne hasarde pas avec peu le succès d'une affaire dont on est presque assuré, quand on s'y prendra comme il faut; joint que nous serons vraisemblablement dans le mois d'août avant qu'on puisse mettre la main à l'œuvre, encore que le chapitre des accidents ne fût point contre nous entre ci et là.

Que si, par d'autres considérations comme seroit celle de porter plus facilement les Espagnols à la paix, dans l'appréhension qu'ils pourront avoir de perdre un état qui leur est si utile pour la conservation des autres, ou de s'y voir troublés en sorte qu'ils ne pussent jouir de la plupart des avantages qu'ils en tirent, on est résolu de continuer cette entreprise; en ce cas, il est assez probable qu'avec ce que Son Éminence y a destiné, qu'on dit être un corps de quatre à cinq mille hommes, compris les cavaliers démontés, l'on pourra faire ce qui est proposé par le mémoire qui lui a été envoyé depuis notre retour, pourvu que la flotte ennemie n'arrive pas la première, ou aussi tôt que la nôtre, où nous devons aller. Mais la difficulté sera de s'y maintenir cet hiver, si les secours convenables de toute espèce n'y concourent ponctuellement, à proportion des besoins, et qu'il ne reste sur les lieux une bonne escadre de vaisseaux pour cet effet.

Si j'avois moins de passion pour Son Éminence, je serois plus retenu à m'expliquer; mais celle que j'ai pour ses intérêts et pour sa gloire me défend de me taire en une occasion si importante, où il s'agit de commencer une conquête par des descentes et des sièges, en un pays éloigné de six ou sept cent lieues du nôtre, sans ports ni retraite, sans aucun parti formé qui nous tende la main, inférieurs de force et quasi sans cavalerie, vu ce qu'il faut faire avant que de pouvoir mettre nos démontés à cheval. Je laisse à votre jugement de faire valoir ou de supprimer les sentiments de cette lettre, selon que vous les jugerez plus à propos pour le bien du service ou pour les avantages de celui qui en est l'auteur.

(Minute. Affaires étrangères, Naples, VIII, 281.)

107. *Mazarin à du Plessis-Besançon.*

Analyse. Paris, le 16 juillet 1648.

Mazarin se félicite de ce que du Plessis-Besançon, d'accord avec le cardinal Grimaldi, est d'avis de faire un nouvel effort pour s'emparer de Naples[1].

(Original. Affaires étrangères, Naples, VIII, 295.)

108. *Du Plessis-Besançon à Mazarin.*

Rio, le 19 juillet 1648.

M. le prince Thomas est arrivé à la rade de Rio le 14, avec dix-neuf vaisseaux, et, deux jours après, ceux qui étoient allés porter à la Spezzia les régiments de Navailles et du Plessis-Praslin, de sorte qu'à la réserve de six vaisseaux de guerre, compris la *Vierge* et quatre brûlots, tout est maintenant ici; mais une partie des chevaux et la plupart des fourrages embarqués pour ceux qui sont venus avec Son Altesse sont demeurés derrière, et l'on n'est pas assuré que le biscuit destiné pour l'infanterie ne soit aussi demeuré avec les vaisseaux et brûlots qui sont à venir, lesquels on attend néanmoins de jour à autre, et mondit sieur le prince Thomas est en quelque volonté de ne point partir que tout cela ne soit venu. Sur quoi M. d'Andilly nous a dit qu'il s'en éclairciroit dans demain matin. Cependant, on travaille à trouver d'autres fourrages dans les terres de la principauté, ce qu'on espère de pouvoir faire, et à prendre et charger les outils

---

1. Cette pièce a été imprimée dans les *Mémoires du comte de Modène* et analysée par Chéruel.

et affûts qui se trouveront en ces places sans les dégarnir, comme aussi quelqu'avoine de celle de Piombino, pour trois sacs de laquelle on en donnera un sac du froment des prises à M. Imbert.

On croit que tout cela sera fait dans deux ou trois jours, si le temps ne s'y oppose, et que le blé des deux vaisseaux pris dans le golfe de Naples sera vendu et l'argent qui en proviendra reçu ou assuré entre ci et là, de quoi on envoyera au plus tôt une information plus particulière à Votre Éminence.

MM. Garnier et d'Andilly viennent d'arriver de Livourne, où ils ont trouvé moyen de faire aller les vivres de l'escadre du premier aussi avant que ceux des autres vaisseaux.

Les galères sont arrivées d'hier à Longone, ayant reçu de France des victuailles pour un mois, qui est tout ce qu'elles ont présentement, à ce que disent ceux qui en croient savoir plus que M. le duc de Richelieu, lequel nous avoit assuré, en présence de M. le prince Thomas, qu'il croyoit en avoir pour jusques à la fin d'août.

Le sieur Gravier, mondit sieur le prince Thomas partant de Toulon, assura Son Altesse qu'il partiroit de France avant la fin du mois où nous sommes avec une seconde voiture de vivres pour lesdites galères, pour les faire aller jusques au 15 octobre ; mais M. de Sainte-Maure assure qu'il n'en doit venir que pour un mois, et il a été résolu d'envoyer dès demain un courrier exprès en Provence, qui sera l'un des sieurs de Champ-Renaud ou Launay, non seulement pour les hâter et augmenter s'il se peut, mais pour bien assurer leur passage ; et, pour cet effet, il est jugé à propos que la *Vierge* et l'un des vaisseaux qui sont à venir demeurent.

Ayant fait ici les diligences nécessaires, à quoi l'on travaille présentement, l'on n'en oubliera aucune pour engager M. le prince Thomas à partir incontinent après, soit pour aller d'un côté ou d'autre, la saison de la mer étant si fort avancée qu'on ne sauroit plus retarder sans se jeter dans l'impuissance de faire autre chose que de chercher l'armée navale des ennemis pour la combattre, outre que la dépense des soldats, officiers et autres gens embarqués va si loin qu'il n'y a point de fonds d'argent ni de vivres des vaisseaux et galères qui ne s'épuise en peu de temps.

Il doit partir cette nuit une galère pour aller prendre à Civita-Vecchia le marquis de la Caya et autres Napolitains, avant la venue desquels M. le prince Thomas ne croit pas se pouvoir porter avec fondement à aucune résolution définitive, non seulement pour ce qui regarde les desseins particuliers du royaume de Naples, mais, en général, si l'on doit aller de ce côté-là ; il persiste à croire que celui du golfe de Policastre est le meilleur à cause des conséquences de la Sicile, quoiqu'il y ait beaucoup d'apparence que celui de Salerne seroit à préférer, estimant en gros qu'il ne faut point agir proche de Naples, en donnant par conséquent l'exclusion aux attaques de Procida et de Castellamare, qui ont pourtant des raisons et des avantages, non seulement de grande considération, mais qui sont comme nécessaires pour faire quelque chose qui se puisse conserver.

Le nombre de notre infanterie ne sauroit passer deux mille cinq cents hommes effectifs ou peu plus, compris les officiers, et, pour ce qui est de la cavalerie, elle ira bien à six ou sept cents chevaux quand le régiment colonel sera remonté, ce qui n'est pas assez pour pouvoir tenir la campagne, si les peuples de quelques provinces ne se déclarent.

M. le cardinal Grimaldi fait état d'aller voir demain M. le prince Thomas sur l'*Amiral*, où l'on tâchera de n'oublier rien de ce qui pourra persuader Son Altesse de prendre promptement une résolution dernière, sans attendre autre chose de Rome ni de Provence, puisqu'à l'égard de la mer nous sommes assez forts, que l'arrivée de ceux qu'on attend de Rome ne nous instruira pas mieux que nous le sommes des affaires de Naples, et que trente ou quarante chevaux de plus ou de moins ne sont pas à considérer dans une conjoncture comme celle-ci, où rien n'empêche plus que l'on ne se puisse déterminer à ce qu'il est question de faire et d'entreprendre pour le mieux. C'est tout ce que l'on sauroit dire à Votre Éminence par cette dépêche, si ce n'est qu'à la vérité nos forces sont petites à proportion du dessein, si l'on ne considère les grandes apparences qu'il y a d'en bien espérer pour quelque renfort très considérable. On envoie à Votre Éminence le double des derniers avis que l'on a reçus de Rome, dont la gazette dit que les troupes embarquées à Naples pour le Milanois sur sept ou huit galères et quelques vaisseaux qui étoient déjà sortis du port ont été désembarquées, d'où l'on peut croire que c'est sur l'avis que notre armée étoit effectivement prête à faire voile pour venir en ces mers ; quant à celle des ennemis, il n'y en a point d'assuré qu'elle y doive si tôt être.

(Minute. Affaires étrangères, Naples, VIII, 303.)

109. *Du Plessis-Besançon à Mazarin.*

Rio, le 20 juillet 1648.

Votre Éminence pourra voir, par le mémoire ci-joint[1], à quoi nous en sommes jusques à présent et comme on n'oublie aucune diligence pour avancer les choses du côté de l'exécution; mais j'y vois tant d'embarras et de longueurs, et la dernière partance qui a été faite de Toulon avec si peu d'ordre et de prévoyance qu'outre la foiblesse des moyens destinés pour une si grande entreprise et les incertitudes de la mer, la saison en est si avancée et les desseins si peu fondés de la façon qu'on s'y veut prendre, les vivres des galères, dont il est impossible de se passer, sont d'ailleurs si mal assurés que c'est avec une confiance assez en l'air qu'on peut bien espérer de tout ceci. Sur quoi, tout ce que je puis dire à Votre Éminence en ce rencontre, c'est que je serai toujours de l'opinion d'un homme d'honneur qui désire l'avancement du service du roi et votre satisfaction particulière. Si l'on résout d'aller du côté de Naples, comme il y a beaucoup plus de disposition et d'apparence, je crois que M. le cardinal Grimaldi s'embarquera sur l'*Amiral*, où j'aurai l'honneur de le suivre (quoique ma santé y répugne entièrement), et j'ai déjà fait les tentatives nécessaires pour en ajuster les moyens; mais il me semble que l'esprit de Son Éminence n'est pas bien persuadé que M. le prince Thomas désire qu'il fasse le voyage, encore que je n'y aie reconnu aucune aversion de la part de celui-ci et que je butte continuellement à l'assurer du contraire et à les tenir, non seulement dans l'union, mais dans les sentiments qu'il est à désirer qu'ils aient l'un pour l'autre. Après avoir fermé cette dépêche, mondit sieur le cardinal doit aller revoir Son Altesse pour presser de nouveau tout ce qui peut servir au départ et à déterminer les résolutions qui sont à prendre, les entreprises qui dépendent des vivres, n'ayant que trop de longueurs sans y en ajouter d'autres. Cependant, je vous supplie très humblement de croire que tout ce qui peut dépendre de mes soins, de mon peu d'intelligence et de mon affection n'y sera pas épargné; mais, à ne rien céler à Votre Éminence, les affaires du Milanois nous font si beau jeu que je crois qu'il y faudroit porter tout ce que nous avons ici pour les pousser plus certainement à bout et profiter tout de bon d'une occasion qui se montre si belle, se contentant de la domi-

---

1. Le mémoire qui précède.

nation de la mer et d'y battre les ennemis pour cette année, sans s'éloigner de ce qu'il faudra faire pour empêcher les secours qu'ils voudroient porter à l'état de Milan, qui en est le chemin le plus assuré; car, de penser à quoi que ce soit le long de la côte, nous n'avons pas de quoi le faire présentement sans y occuper ce qui est vraisemblablement engagé ailleurs pour agir de concert en autre chose. Voilà quels sont mes sentiments, que je porterai néanmoins avec toute la modération et la retenue que je croirai convenables pour n'en détourner pas de meilleurs.

(Minute. Affaires étrangères, Naples, VIII, 305.)

110. *Mémoire pour la cour.*

A bord de l'*Amiral*, en rade de Porto-Longone, le 23 juillet 1648.

Le 21 du courant, sur le soir, une barque longue, qui avoit été envoyée pour prendre langue de l'armée navale des ennemis, ayant fait heureusement voyage en peu de jours et ramené deux prisonniers de Minorque, pris assez près du Port-Mahon, a rapporté qu'il y avoit dedans vingt-six vaisseaux de guerre tous prêts à faire voile, compris quatre dunquerquois venus de Cadix (?)[1], lesquels, ayant reçu leur argent par le moyen de deux galères nouvellement arrivées d'Espagne, étoient aussi en état de suivre les autres.

On ne sauroit dire certainement où va cette flotte; néanmoins, comme Tortose n'est pas une place à secourir par mer et que les galères de l'escadre d'Espagne peuvent être demeurées pour les services de la côte, la plus commune opinion est ou que lesdits vaisseaux viendront se joindre à Naples à ce que les ennemis y ont ou que les uns et les autres se joindront en Cagliari pour faire après tous ensemble ce qu'ils estimeront le plus nécessaire au service de leur maître. Et l'on ne voit pas que ce puisse être autre chose que de s'employer à défendre le royaume de Naples, à secourir l'état de Milan ou à nous combattre.

En même temps, le reste des chevaux, biscuits et autres provisions qu'on attendoit de Toulon étant arrivés à Porto-Longone, et les autres diligences qu'il y avoit à faire de deçà devant s'achever dans aujourd'hui, MM. le cardinal Grimaldi et le prince Thomas s'étant vus, et Son Éminence ayant connu des discours obligeants de Son Altesse que, les résolutions définitives ne se

---

1. Le manuscrit porte *Calis*.

pouvant prendre qu'ensemble, après avoir fait voile et reçu les derniers avis de Rome et de ceux qui en doivent venir, la personne de mondit sieur le cardinal y étoit absolument nécessaire, Son Éminence y a aussitôt donné les mains et résolu de s'embarquer sur l'*Amiral*, le lendemain de leur conférence, qui fut hier, et le sieur du Plessis-Besançon aussi.

Cependant, pour ne demeurer pas sans dessein en attendant qu'il y ait occasion ou nécessité de se déterminer plus affirmativement, ce qu'il étoit plus expédient à faire en cette conjoncture ayant été mis en délibération, il est jugé qu'avec deux mille cinq cents hommes de pied et environ cent soixante-dix chevaux, que nous pouvons avoir d'assurés sans les démontés du régiment colonel, on ne doit pas se hasarder de rien entreprendre au delà de Naples ni en terre ferme qu'on ne soit certain de ce que deviendra l'armée navale des ennemis, de quelque soulèvement considérable ou d'un parti formé dans le pays qui nous tendît la main, mais de se contenter en attendant de l'attaque de Procida.

Les raisons qu'on a eues de projeter cette résolution sont que c'est avec assez de fondement qu'on espère d'emporter l'île et la place, pourvu qu'on ait seulement quatre ou cinq jours de temps pour faire la descente des troupes et y mettre en magasin les vivres, munitions et autres choses et provisions nécessaires, tant pour leur subsistance que pour faire le siège, avant que ladite armée navale des Espagnols puisse arriver; parce qu'outre qu'on demeureroit apparemment en posture d'empêcher leur jonction et de les combattre séparés, sans se divertir de cette entreprise, on se donneroit des mouillages et des abris assurés pour les vaisseaux et galères du roi en y réussissant, et l'on ne voit pas que le succès en puisse être troublé par les forces qu'ils ont à Naples et aux environs, qui ne sont pas moindres de six à sept mille hommes payés, compris leur cavalerie. Mais, au contraire, il semble qu'à moins d'avoir plus de certitude et de connoissance de ce que feront les Napolitains, auxquels il ne faut s'attendre que de bonne sorte, il seroit trop périlleux de se jeter en terre ferme et de s'éloigner au delà de Naples avec si peu de forces et de cavalerie pour tenir la campagne, d'autant qu'on s'y trouveroit sans postes et sans aucune sûreté pour ce qui seroit descendu; joint que la flotte ennemie pouvant paroître pendant le terme qui est nécessaire pour les premières actions, celle du roi se trouveroit embarrassée dans une pareille surprise, ayant à combattre et à pourvoir aux nécessités de tout ce qu'on auroit désembarqué presqu'en même temps, ce qui ne peut pas arriver

au dessein de Procida, parce que c'est une ile, et qu'étant beaucoup plus proche de nous et pouvant y agir plus tôt qu'en des lieux plus éloignés, on aura vraisemblablement plus de loisir de se mettre en état de ne recevoir pas un déplaisir, sauf à pousser les affaires plus avant après cela, soit à Naples ou dans les provinces, selon les occasions et la raison qu'il y aura de le faire.....
Et, comme il peut arriver ou que la présence de ladite armée navale des ennemis, soit sur les lieux ou par rencontre dans le voyage, empêchera qu'on puisse entreprendre autre chose que de la combattre, et qu'encore qu'on remportât l'avantage sur elle, on restera néanmoins tellement affoibli de troupes et de munitions qu'on ne sera plus en état de pouvoir agir, ou qu'on la trouvera en telle posture que, par des empêchements essentiels, on ne la pourra joindre ni attaquer sans un trop grand et manifeste désavantage, et qu'en troisième lieu, les calmes ou les vents contraires peuvent de telle sorte retarder la fin de notre voyage qu'on ne pourra s'y opiniâtrer sans ruiner et consommer les moyens de faire quelque chose d'ailleurs; au premier cas, les dommages qu'on auroit reçus ne pouvant être réparés que de la cour ou par ses ordres, ni prendre autre parti que de se rapprocher pour cet effet des côtes de France, on a jugé à propos de lui en donner avis à l'avance, non seulement pour lui faire part de nos pensées, mais afin de lui bailler temps d'y pourvoir et de nous faire connoître ce qu'elle jugera plus expédient de faire ensuite dans un pareil rencontre. Quant aux deux autres points touchés ci-dessus, d'autant que nous y pouvons remédier de deçà et prendre les résolutions de nous-mêmes pour l'un des autres desseins de Final ou de Minorque, il n'en est fait mention dans ce mémoire que pour faire voir la nécessité qu'on aura des renforts qui ont été promis ou pour avoir plus tôt les intentions de Leurs Majestés sur ce qu'on fera des troupes que nous avons ici, supposé qu'on fût réduit à ne s'en pouvoir servir en terre.

Voilà ce qu'on peut dire présentement des dispositions où l'on est de deçà, si ce n'est que le manquement des vivres des galères (qui n'en ont que pour jusques au 25 août pour le plus), le peu de sûreté qu'il y a qu'elles en puissent assez tôt recevoir, nonobstant les précautions que l'on prend pour cet effet, et l'apparence que l'on voit que les vaisseaux de Port-Mahon peuvent être à peu près en même temps que nous où nous devons aller sont les inconvénients qui sont les plus à craindre, et qu'étant d'ailleurs chargés de troupes, d'officiers, de chevaux et de Napolitains, qui coûtent beaucoup et consomment les victuailles de nos vaisseaux et galères, il faut nécessairement s'en défaire au plus tôt et les employer à quelque chose, pour éviter les ruines et le mauvais effet d'un long embarquement.....

(Minute. Affaires étrangères, Naples, VIII, 311.)

111. *Mémoire pour la cour.*

Procida, le 7 août 1648.

Les calmes ou le peu de vent ayant empêché que l'armée navale du roi soit arrivée dans le golfe de Naples avant le 5, et tous les ordres nécessaires ayant été donnés le jour et la nuit précédents pour faire la descente projetée dans l'île de Procida, on jugea qu'il étoit à propos auparavant de faire sommer la place, pour éviter les désordres que les gens de guerre pourroient y faire, si le débarquement avoit été défendu, ayant appris qu'il n'y avoit que les habitants, au nombre de huit à neuf cents hommes, sans aucune garnison étrangère, et qu'ainsi la crainte de perdre tous leurs fruits, et de voir saccager leurs cassines pouvoit les obliger à quelque résolution qui nous feroit gagner beaucoup de temps.

Pour cet effet, on envoya une galère avec le marquis de la Caya, qui connoissoit le capitaine qui commandoit dans ladite place pour le marquis del Vast, et une chaloupe avec un trompette pour faire la chamade, à laquelle il fut aussitôt répondu par lesdits habitants que nous étions les bienvenus; de sorte qu'après quelqu'opposition de la part de cinq ou six familles d'inclination espagnole et l'ajustement des capitulations accordées par M. le prince Thomas, la chose fut entièrement résolue, et, le lendemain matin 6, M. de Quincé, qui étoit de jour, y fit entrer la garnison, bien que le prince de Montesechio y fût arrivé la nuit précédente, avec promesse d'un prompt secours d'hommes et de toutes les autres choses nécessaires pour la défense de la place et dissuader les habitants d'exécuter l'ajustement déjà résolu.

Le même jour, M. le cardinal Grimaldi et Son Altesse, avec les principaux chefs de l'armée, furent visiter la place, laquelle, hors une des extrémités qui regarde la terre ferme du cap de Misène, fut trouvée assez bonne, n'ayant qu'une tête à garder, qui est défendue par un bastion et deux demis, et telle, quant au reste, qui est gardé du précipice et de la mer, qu'elle eût pu nous occuper quelque temps, mais beaucoup plus s'il y avoit eu seulement deux ou trois cents hommes de guerre pour la défendre, étant de fort petite garde et capable d'être mise en très bon état avec peu de dépenses, par le grand avantage qu'en donne sa situation naturelle et ce que l'art y a déjà contribué..... Se trouvant posée entre la terre ferme et l'île d'Ischia et séparée de l'une et de l'autre par deux canaux d'environ deux milles de large, elle donne des mouillages et des abris très assurés pour grand nombre de vaisseaux et de galères contre toute sorte de vents, rendant par ce moyen ce poste l'un des plus considérables de toutes les côtes d'Italie.....

Après avoir fait cette visite et ordonné tout ce qu'il falloit pour la munir et réparer, Son Altesse y a établi pour commandant le sieur de Valernault, capitaine au régiment de Sault et personne de mérite et d'expérience, avec trois cents hommes, dont il y en a cent d'Allemands, et s'est montrée ensuite à la vue de Naples avec toute l'armée navale du roi, composée d'environ soixante-dix voiles, tout compris, mais sans aucun effet, de façon que, les vents s'étant mis à l'est dès le soir, on a été contraint de se venir remettre sous Procida.

Pendant cette promenade, messieurs des galères représentèrent à mondit sieur le prince Thomas et à M. le cardinal Grimaldi que la plus grande partie n'avoient des vivres que pour aller au 23 du courant..... Il est à craindre que cette nécessité ne mette l'armée du roi hors d'état de pouvoir agir ni faire chose de considération dans ces côtes, outre que le grand nombre de malades que produit la canicule et les incommodités d'un si long embarquement ont notablement diminué celui de notre infanterie.

Néanmoins, on est comme résolu, si quelqu'autre accident ne s'y oppose, de passer dans le golfe de Salerne, pour examiner de dessus les lieux, s'y faisant voir avec toutes les forces, le sujet qu'il y aura d'obtenir quelque fruit de ce que tout le canton de ce pays-là, jusques vers Castellamare, fait espérer au sieur Polito Pastino à la vue de notre armée. Mais, comme c'est une mer fâcheuse et sans ports, où l'on ne sauroit séjourner qu'avec péril, notamment pour les galères, la tentative n'y sauroit tirer de longueur, à moins d'y voir de fortes apparences d'une grande utilité.....

(Minute. Affaires étrangères, Naples, VIII, 321.)

112. *Mazarin à du Plessis-Besançon.*

Analyse.   Paris, le 12 août 1648 [1].

Mazarin a appris par les lettres du cardinal Grimaldi que du

---

1. Cette lettre a été imprimée dans les *Mémoires du comte de Modène* et analysée par Chéruel. Dans ces deux ouvrages, elle est datée du mois de juillet, sans indication de jour.

Plessis-Besançon n'est pas satisfait de sa mission. Elle est cependant de la plus haute importance.

(Original. Affaires étrangères, Naples, VIII, 335.)

113. *Mémoire du cardinal Mazarin à MM. le cardinal Grimaldi, le prince Thomas et du Plessis-Besançon.*

Analyse.   Le 15 août 1648 [1].

Dans le cas où l'entreprise de Naples ne réussirait pas, il faudra se porter en Catalogne avec toutes les forces qui composent l'expédition. En passant, on essaiera de surprendre Port-Mahon.

(Copie. Affaires étrangères, Naples, VIII, 237.)

114. *Mémoire pour la cour.*

De la rade sous Procida, le 16 août 1648.

Le 8, sur le soir, tous les vaisseaux firent voile vers Salerne, à la réserve de deux qu'on envoya du côté de Ponze pour y donner de nos nouvelles à ce qui viendroit de Provence et plus de sûreté aux vivres qu'on en attendoit pour les galères, lesquelles demeurèrent jusques au lendemain sous Procida, pour prendre le biscuit dont on les faisoit assister.

Le 9, avant la nuit, lesdits vaisseaux arrivèrent près de Salerne, où ils mouillèrent hors de la portée du canon, et, à l'instant même, on envoya reconnoître la descente de Vietri et des côtes voisines, dont l'on trouva toutes les tours garnies d'hommes et de canon qui tirèrent sur les nôtres.

Le lundi 10, les galères étant arrivées avant le jour, tous les officiers et chefs principaux montèrent sur la *Capitane* pour aller faire une nouvelle reconnoissance des descentes de la plage deux ou trois milles au levant de Salerne, sur laquelle ayant paru quelques centaines d'hommes armés de la faction de Polito Pastino, avec la marque des signes ajustés, ils se saisirent d'une assez bonne tour proche de la mer, et, ledit Polito Pastino s'étant aussitôt désembarqué, ils se reconnurent; ensuite de quoi, les ordres ayant été déjà donnés à l'avance, MM. de Lambert, de Quincé, de Montpezat et de la Trinité descendirent avec les trois régiments d'infanterie, composés d'environ quatorze à quinze

---

1. Ce document a été imprimé in extenso dans le *Recueil des instructions aux ministres de France à Naples et à Parme,* par M. Joseph Reinach, page 28.

cents hommes sans les officiers et malades, encore qu'il se fût présenté jusques à cent cinquante chevaux en deux troupes au-dessus et au-dessous pour s'y opposer. Après cela, on prit les postes qui furent jugés à propos, avec perte de quelques cavaliers des ennemis, lesquels, s'étant rejoints, se retirèrent tous ensemble vers la ville; et le vent se rafraichit de sorte qu'on ne put faire autre diligence de ce jour-là.

Le lendemain matin 11, M. de Montade, avec quatorze capitaines commandés et quatorze à quinze cents hommes, et MM. de Sainte-Maure et de Vins, avec quatre cents des galères, firent leur descente du côté de Vietri à la faveur de la proue desdites galères et de quelques vaisseaux qu'elles avaient remorqués qui leur prêtèrent le côté, tandis que le reste de l'armée navale qui s'étoit approché de la ville la canonnoit du côté de la mer. Les sieurs de Luceret, capitaine d'un vaisseau du roi, et de la Brosse, enseigne des gardes de la reine, furent tués à cette descente, qui fut faite avec vigueur et résolution; et, les ennemis ayant lâché le pied après les premières décharges, ceux des vaisseaux les suivirent jusques à trois cents pas de la ville par un grand chemin qui va de Naples à Salerne, taillé dans la pente des montagnes qui aboutissent à la mer et qui est la seule avenue pour l'aborder de ce côté-là, où les nôtres se logèrent en divers postes avantageux, et les ennemis à une abbaye qui est sur ledit chemin presque en même distance, tandis que les hommes commandés des galères se barricadoient sur l'avenue qui vient de la Cava audit Vietri où ils prirent leur poste; mais chacun commençoit à s'établir dans le sien, comme une partie des hommes commandés des navires du roi fut chargée par la cavalerie espagnole dans ledit chemin avec quelque désordre, où le chevalier de Mégrigny fut blessé d'un coup de pistolet à la main par un capitaine de cavalerie, après l'avoir attendu de pied ferme et tiré le sien sur lui à bout portant. Entre le lieu où étoit M. de Lambert et la ville, environ une bonne demi-portée de canon sur le bord de la plage, il se trouve une petite butte de rocher, sous laquelle il faut passer, assez élevée, sur laquelle les ennemis gardoient un petit fortin de maçonnerie, où ils avoient logé cent hommes et une pièce, lequel ne se pouvant prendre sans canon et ne devant pas être laissé derrière, vu qu'il y avoit déjà près de cent hommes dans la place, compris la cavalerie, et, les deux quartiers de nos troupes ne pouvant avoir de communication, à cause de la difficulté du pays et qu'elle étoit entre deux, M. le prince Thomas jugea qu'il étoit à propos de les réunir, afin qu'elles pussent agir conjointement et s'opposer au secours qui pourroit venir de Naples, dont on étoit déjà menacé, le vieux Tuttaville et le prince d'Avellino étant allés au devant vers la Cava. Pour cet effet, dès la nuit dudit jour 11 au 12, les galères rembarquèrent lesdits trois régiments de Sault, Perrault et Montpezat, à la réserve de soixante hommes qu'on trouva bon de laisser dans la tour de leur débarquement, et furent portés à Vietri par lesdites galères, M. de Quincé, maréchal de camp, et quelques autres officiers ayant été légèrement blessés de coups de pierres en une reconnoissance que M. de Lambert avoit faite la nuit précédente, pour voir si l'on se pourroit loger entre la ville et le fortin susdit; mais il ne fut pas estimé raisonnable de l'entreprendre.

Le 13 au matin, M. de Montade fut blessé d'une mousquetade à travers de la cuisse, mais sans danger, si sa mauvaise constitution et les accidents n'en apportent à sa blessure; et, presqu'en même temps, on vit entrer un secours de quatre à cinq cents hommes dans la place, du côté des montages et du château, quelques-uns desquels ayant fait sortie, un enseigne espagnol blessé à mort fut pris par les nôtres, lequel dit, avant de mourir, que la garnison de Salerne étoit de quinze cents hommes et qu'un plus grand secours s'assembloit à la Cava, où l'on savoit déjà que les ennemis tenoient sept à huit cents Espagnols pour s'assurer du lieu. Cependant, on avoit mis le même jour deux canons de vingt-quatre à terre pour s'en servir contre la place et auparavant pour gagner l'abbaye dont il est parlé ci-dessus, laquelle eût été trop difficile et longue à forcer à coup de main, quoique, par le moyen d'une traverse que le sieur Blondel avoit commencée dans le chemin, l'on s'en fût approché tout autant qu'il falloit pour l'entreprendre, bien que ce fût un peu à découvert. Le matin même dudit jour 13, le sieur du Plessis-Besançon ayant mis pied à terre pour voir l'état des choses, M. de Lambert et lui furent visiter tous les postes dont messieurs de la marine devoient être relevés par les troupes des trois régiments susdits et continuer alternativement leurs gardes pour cette attaque, dans laquelle ceux des vaisseaux et des galères s'étoient résolus de ne reconnoître que M. de Lambert seulement, prétendant que leurs chefs d'escadre leur devoient tenir lieu de maréchaux de camp, ce qui peut bien avoir aidé au désordre du rembarquement de ce côté-là, faute d'officiers expérimentés à semblables choses.

Ce nouveau secours entré dans la ville, ceux qui pouvoient y entrer d'heure à autre sans qu'on le pût empêcher, et les avis que M. le prince Thomas avoit reçus de l'amas qui se faisoit à la

Cava, joint au peu d'apparence qu'il y avoit de venir de sept ou huit jours à bout de cette place, quand il n'y auroit eu dedans que ce qu'on y trouva d'abord, furent cause que Son Altesse prit résolution d'ordonner aux troupes de se rembarquer, de quoi chacun demeura d'autant plus volontiers d'accord, qu'ayant à les nourrir de ce qu'on tiroit des vaisseaux du jour à la journée, le moindre mauvais temps qui pût arriver (à quoi le golfe de Salerne est fort sujet) pouvoit, non seulement les réduire à la faim, mais en empêcher le rembarquement et faire courre grande fortune aux galères; outre que, dans cette retraite, la moindre sortie de ceux de la ville ou l'approche des ennemis qui étoient à la Cava, y auroit sans doute apporté telle confusion qu'on laisse à juger à ceux qui ont l'expérience de pareilles occasions du malheur qui en seroit arrivé. Sur le soir dudit jour 13, mondit sieur le prince Thomas étant allé à terre en personne pour y donner les ordres nécessaires, il y reçut divers avis réitérés que ceux de la Cava lui faisoient donner, que le mestre de camp général, don Dionisio Gusman, le Poderique, et Vincenzo Tuttavilla y venoient d'arriver avec plus de trois mille hommes de pied, trois cents chevaux et quatre pièces de canon, à dessein d'attaquer les nôtres au lever de la lune ou à l'aube du jour, par la montagne et par le grand chemin, et que ceux de la ville devoient sortir sur eux en même temps, ce qui confirma Son Altesse dans la première résolution de se retirer, étant trop dangereux d'attendre à vérifier par l'effet la vérité de semblables avis; à quoi la blessure du sieur de Montade, celles du sieur de Sallenove et de M. de Bassompierre[1], qui venoit de recevoir une mousquetade à la tête au-dessus de l'œil droit, dont les chirurgiens ne croient pas qu'il puisse échapper, avoient beaucoup contribué, aussi bien que la nécessité des galères qui n'avoient plus que pour seize jours de vivres en tout, et la froideur des peuples de Naples et du pays circonvoisin, où l'on ne voyoit ni émotion, ni soulèvement qui pût donner espérance de faire rien de considérable, ni pour eux, ni pour la réputation des armes du roi, si ce n'est que ceux de la Cava, Nocera, Eboli et San-Severino envoyèrent assurer de leur affection. Néanmoins, comme c'étoit dans le temps même qu'ils avoient les ennemis chez eux, il y a grand lieu de douter que ce ne fût aussitôt

---

1. François de la Tour de Bassompierre, né d'une union secrète du maréchal de Bassompierre avec la princesse de Conti. Voir, dans la Collection de la Société de l'Histoire de France, les *Mémoires de Bassompierre*, Introduction, p. xxi, et, t. IV, p. 363-364.

un artifice des Espagnols pour nous amuser qu'un véritable effet de leur bonne volonté. Ainsi, tous les ordres ayant été donnés aux chefs par Sadite Altesse, le rembarquement se fit avec si peu de bruit que, longtemps auparavant le lever de la lune, hors quelques paresseux ou endormis, il n'y avoit plus personne à terre; mais, comme il est difficile qu'en pareilles rencontres tous les ordres qui se donnent s'exécutent ponctuellement, les deux canons qu'on avoit débarqués sont demeurés au pouvoir des ennemis, mais sans perte pour le roi, puisqu'on en reprend deux autres à Procida qui les valent bien.

Le 14, une partie du jour fut employée à redistribuer les troupes sur les galères et vaisseaux comme auparavant, et à rendre et recevoir les prisonniers qui avoient été faits de part et d'autre, les ennemis ayant envoyé un trompette dès le matin pour en proposer l'échange, incontinent après que les généraux furent entrés dans Salerne avec le dernier secours; ensuite de quoi, ceux qui nous ont été renvoyés ont confirmé les avis qu'on avoit reçus des forces, de la marche et du dessein des Espagnols.

Le 15, le vaisseau nommé la *Vierge* nous rejoignit, et, le soir même, tout arriva aux environs de Procida, où nous trouvâmes la quatrième galère de l'escadre de Mourgues, mais sans aucune nouvelle de nos vivres.

Le 16, M. le cardinal Grimaldi et M. le prince Thomas ayant fait appeler le sieur du Plessis-Besançon, il a été mis en délibération trois choses : la première, si on devoit s'en retourner ou demeurer plus longtemps en ces mers; la seconde, si on devoit entreprendre de conserver le poste de Procida ou l'abandonner, et la troisième, si on devoit démolir la place ou la laisser en l'état qu'elle est en l'abandonnant. Quant à la première, l'on n'a point hésité sur la retraite, tant à cause que c'est une nécessité absolue à l'égard des galères que pour avoir perdu toute espérance de rien faire par deçà qui vaille la peine de s'y amuser encore..... Pour ce qui est de Procida, les inconvénients de la conservation et les raisons qu'il y a de la quitter en l'état où nous sommes ayant prévalu, on en a pris la résolution, pour suivre d'autant plus l'intention des dépêches de la cour et ne s'arrêter pas davantage de deçà. Et, quant au troisième point, qui regarde les motifs de la laisser comme elle est ou de la démolir, ayant considéré qu'on ne pouvoit faire le dernier des deux en moins de huit ou dix jours, qu'il y falloit la présence des vaisseaux ou d'une bonne partie, qu'on n'en pouvoit ruiner la situation, que c'étoit désespérer entièrement les habitants de l'île, et que ce seroit donner occasion aux Espagnols de rétablir le poste plus fort qu'auparavant, par le cas que ce procédé leur feroit voir que nous en faisons, il a été jugé plus à propos de la laisser de la sorte que nous l'avons trouvée, afin de justifier d'autant mieux à tout le monde ce qu'on a toujours publié du sujet des voyages de l'armée navale de Leurs Majestés en ce pays, qui ont été seulement pour aider des peuples opprimés qui ont imploré leur assistance à se tirer d'oppression, et non pour venir faire aucune conquête sur eux.....

On travaille maintenant à retirer de la place toutes les munitions et provisions qu'on y avoit mises, et, cela fait, qui peut être achevé dans demain, on fera voile vers Longone, aussitôt que le temps le pourra permettre.....

(Minute. Affaires étrangères, Naples, VIII, 339.)

115. « *Réponse du cardinal Mazarin au mémoire du sieur du Plessis-Besançon du 16 août.* »

Analyse. Paris, le 4 septembre 1648[1].

Mazarin regrette la descente faite à Salerne sans chance de succès. Il approuve l'abandon de Procida, puisqu'il ne s'est produit aucun mouvement à Naples. Il confirme les instructions relatives à la Catalogne contenues dans son mémoire du 15 août.

(Original. Affaires étrangères, Naples, VIII, 351.)

APPENDICE X.

Mission en Italie (1653).

Les négociations de du Plessis-Besançon en Italie pendant l'année 1653 remplissent à elles seules le volume LXXVI du fonds Venise aux archives des Affaires étrangères et presque tout le tome 16100 du fonds français à la Bibliothèque nationale. Donner des extraits détaillés de cette volumineuse correspondance nous feroit sortir du cadre limité qu'il nous est permis d'attribuer à un appendice. Nous nous contenterons de publier

---

1. Ce document a été imprimé dans les *Mémoires du comte de Modène* et analysé par Chéruel. Il a été réimprimé par M. Joseph Reinach, dans le *Recueil des instructions aux Ministres de France à Naples et à Parme*, page 32.

ici le texte des instructions remises avant son départ à l'agent de Mazarin, en y ajoutant un résumé sommaire du voyage de du Plessis-Besançon et quelques lettres présentant un aperçu d'ensemble sur les résultats de cette mission diplomatique.

La situation de l'Italie au moment où du Plessis-Besançon fut chargé de ces négociations se trouve brièvement exposée au commencement de ce volume, pages xxxv et xxxvi de l'Introduction.

116. *Instruction au sieur du Plessis-Besançon, que Sa Majesté envoie vers les princes et potentats d'Italie.*

Paris, le 27 janvier 1653.

L'expérience qu'il s'est acquise par les divers emplois qu'il a exercés, particulièrement en Italie, à la gloire et honneur de cette couronne, donne espérance à Sa Majesté qu'il n'aura pas moins de succès en celui-ci qu'il en a eu aux autres et avec d'autant plus de fondement que Sa Majesté ne fait rechercher lesdits princes et potentats que pour assurer leur liberté et garantir leur patrie de la honteuse captivité sous laquelle les Espagnols la voudroient tenir assujetie.

Le premier d'entre eux qu'il verra sera M. le duc de Savoie, non seulement parce que son chemin se rencontre par les États de cette Altesse, mais pour être en première considération à Sa Majesté qui l'estime, tant par la grandeur de ses provinces que par la proximité de laquelle il la touche et pour avoir fait paroître, depuis qu'il a pris en main la conduite des affaires, qu'il n'a en rien diminué du zèle dont ses aïeul et père avoient donné des marques pour le bien du public et pour s'opposer à l'effrénée grandeur de laquelle les Espagnols s'étoient de longtemps flattés. Ledit sieur du Plessis, ayant accompli cet office envers cette Altesse, fera aussi entendre à Madame Royale les mêmes choses, desquelles il se sera expliqué avec son fils, ajoutant à tous deux qu'il a ordre très particulier de leur communiquer les points de son instruction, pour sur iceux recevoir leurs bons avis et s'y conformer, Sa Majesté ayant parfaite connoissance qu'il n'y a point de prince delà les monts qui l'ait si entière des solides intérêts de tous ceux qui règnent en chrétienté, et particulièrement en Italie, qui, depuis plusieurs siècles, est considérée au delà de toutes les autres provinces situées dans l'Europe. Le sieur du Plessis assurera Leurs Altesses que Sa Majesté a fait partir le sieur de Vautorte pour se rendre à Ratisbonne, chargé de soutenir leurs intérêts avec autant de force que les siens propres et ne point céler que, si la maison de Savoie étoit attaquée par le duc de Mantoue pour, à force d'armes, retirer la partie du Montferrat qui lui a été cédée par le traité de Quérasque et depuis confirmée par celui de Münster, Sa Majesté emploiera les siennes et toute la puissance que Dieu lui a donnée pour l'entière observance et exécution desdits traités et sera toujours prête de payer à l'acquit de Son Altesse les sommes dont elle s'est chargée pour le dédommagement de Mantoue, ainsi qu'elle les en a souvent assurées, et, en conformité de ce qu'elle a aussi offert à Mantoue, qui, jusques à présent, n'a voulu recevoir l'argent qui lui pourroit être dû, s'étant figuré que le temps pouvoit améliorer sa condition et, au lieu d'argent, lui faire avoir des terres. Et, comme il sait que le marquis de Pianesse a l'entière confiance de Leurs Altesses et beaucoup de part à l'administration des affaires, il lui insinuera qu'il a un ordre très particulier de déférer aux choses qu'il lui pourra proposer et le conviera, par les intérêts de cette couronne comme par ceux du duc, de le vouloir éclaircir des choses qui sont venues à sa connoissance, desquelles il se pourroit prévaloir à l'avantage commun des princes. Et, d'autant que Sa Majesté a grand sujet de se louer des bons offices que lui a rendus le sieur Servien, son ambassadeur en Piémont, et qu'il continue chaque jour, il lui donnera entière part du contenu du présent mémoire et conservera avec lui une parfaite intelligence, se servant de son adresse pour faire concourir aux fins que Sa Majesté se propose aucuns princes d'Italie sur lesquels ledit duc de Savoie peut avoir quelque crédit; et, comme il est porté au premier article de la présente instruction, il s'ouvrira entièrement avec le prince de ce qu'il est chargé de négocier avec Mantoue et lui dira, si ledit duc de Mantoue continuoit à déférer aux pernicieux conseils qu'il a suivis, ce que Sa Majesté a résolu de faire pour ne pas laisser impunie l'offense qu'elle en a reçue, s'étant oublié de toutes les grâces et faveurs dont il lui étoit redevable. Et, selon le mémoire particulier qui lui a été baillé des forces dont l'armée d'Italie doit être composée, il déclarera ensuite les résolutions que Sa Majesté a prises d'y faire la guerre si la nécessité l'y contraint et le dessein de Sa Majesté d'employer ailleurs sesdites forces si elles y étoient inutiles. Cela, néanmoins, devra être dit avec telle délicatesse que ledit duc ne conçoive pas que nous fussions pour consentir qu'il entrât à une neutralité, si ce n'étoit sous les conditions dont souvent on s'est ouvert, mais qu'il demeure persuadé qu'il n'y a rien que Sa Majesté ne voulût faire pour avancer le repos dans la chrétienté et particulièrement dans l'Italie.

Ledit sieur s'acheminera ensuite à Gênes et rendra à la république les lettres de créance dont Sa Majesté l'a chargé, et lui expliquera ses bonnes intentions pour la liberté de l'Italie, pourvu qu'elle soit secondée par les princes qui ont plus d'intérêt que jamais de s'y appliquer, vu la puissance dont sont accrus les Espagnols et le dessein qu'ils font paroitre plus que jamais, par l'oppression de cette noble province, de parvenir à la monarchie universelle.

Il est remis à sa discrétion d'aller à Parme et à Modène et de donner telle part qu'il jugera à propos auxdits ducs du sujet de son voyage, se servant des lettres de créance qui lui sont données pour eux, en cas qu'il juge y devoir aller. Et il doit être averti que, depuis peu, Sa Majesté a donné entière satisfaction aux prétentions dudit duc de Modène, et a si bien traité le cardinal son frère qu'elle peut faire fondement de leur affection et service en toutes sortes de rencontres.

Et, sans perte de temps, il s'avancera à Mantoue et à Venise, pour ensuite se rendre à Florence. Arrivé à la cour de Mantoue et ayant pris audience du duc, il lui dira que, nonobstant le procédé qu'il a tenu par le mauvais conseil de ses ministres en s'emparant de Casal, qui pourroit vraisemblablement obliger Sa Majesté de se porter aux dernières extrémités sans autre éclaircissement, néanmoins, Sa Majesté, se ressouvenant des grands efforts qui sont sans exemple, des trésors immenses qui ont été consommés et des armées employées par cette couronne pour les intérêts d'un prince abandonné, retiré à Ferrare, spolié de tous ses biens, avec tant de fermeté et tant de succès, pour le garantir de l'oppression de toute la maison d'Autriche unie, et que Dieu avoit favorisé les desseins du feu roi, n'ayant ledit duc contribué de son côté que de la volonté d'être assisté et secouru, Sa Majesté a voulu, par un surcroît de bonté, différer les résolutions qu'elle devoit prendre pour la juste indignation que lui a causée son procédé accompagné de si peu de reconnoissance, lui auroit commandé à lui, du Plessis, de savoir quelles sont les intentions dudit duc, d'autant plus qu'il y a une contrariété tout entière dans les manifestes qu'il a mis au jour, ayant en l'un publié la passion qu'il avoit de demeurer dans le service de cette couronne, et en l'autre témoigné en être entièrement éloigné. Diverses raisons doivent faire espérer que ledit duc s'enquerra de ce qui pourroit satisfaire Sa Majesté après s'être excusé du moins mal qu'il lui sera possible de ce qu'il a exécuté. Sur quoi, il lui sera dit que la satisfaction de Sa Majesté consiste que Casal lui soit remis et les affaires du

Montferrat rétablies comme elles étoient par le passé. Sur la difficulté que pourroit faire ledit duc d'y consentir, l'obliger de s'expliquer sur ce qu'il prétend faire pour satisfaire le public et donner contentement à Sa Majesté, qui n'a jamais eu autre intérêt, sinon que Casal lui fût conservé et que les Espagnols ne s'en pussent rendre maîtres, en quoi M. de Mantoue et les princes d'Italie ont le principal intérêt....., ce qui a paru par les ouvertures et articles donnés de la part de Sa Majesté à Münster, lorsqu'on espéroit de conclure la paix avec les Espagnols. Et il est aisé de voir par lesdits articles que Sa Majesté n'a pas seulement fait tous les efforts que l'on avoit déjà faits par le passé pour empêcher que ladite place ne tombe entre les mains des Espagnols, mais aussi lorsqu'il a été question de la lui remettre, et faire en sorte que la jouissance lui en fût assurée pour toujours à sa postérité.

La seconde plainte que ledit sieur aura à faire, c'est que ledit duc, non content de ce qu'il a fait de concert avec les Espagnols à Casal, a encore, de leur avis et par leur instigation, mis en compromis trois traités solennellement faits sur les différends de Savoie, dont les deux premiers ont été poursuivis et conclus par les Impériaux et Espagnols favorisant la prétention de Savoie, celle de Mantoue étant protégée par la France, et le troisième autorisant les deux premiers, confirmé d'ailleurs par celui de Münster, où tous les princes de l'empire sont intervenus et se sont obligés à la manutention d'icelui, ratifié solennellement par l'empereur et lesdits états, se souvenant qu'en exécution des premiers toutes les investitures ont été données à Savoie, et à lui celles qu'on lui refusoit, et qu'en exécution d'iceux il a été rétabli dans ses États, desquels il avoit été spolié et dont le malheur ne peut être imputé à la France, un chacun sachant comme Mantoue fut perdu.

La conclusion du discours sera que le roi tiendra M. de Mantoue pour ennemi, s'il ne lui donne satisfaction au sujet de Casal, non seulement en s'obligeant de ne le point céder aux Espagnols, mais de l'avoir mis en état qu'il ne puisse être pris par eux, et apportant toutes les facilités qu'il doit à l'exécution desdits traités, Sa Majesté étant toujours prête, comme elle l'a souvent fait déclarer, de payer les sommes stipulées au profit de cette Altesse par le traité de Quérasque, l'ayant souvent fait sommer de les prendre, comme elle est prête de le faire à l'instant qu'elles lui seront demandées. Si ledit duc se plaint des traités et met en fait qu'il a toujours réclamé à l'encontre et n'y a jamais donné son consentement, le faire souvenir que la France lui a fait diminuer les sommes auxquelles il avoit été condamné par celui de Ratisbonne, qui portoit qu'en revenus anciens il seroit assigné à Savoie dix-huit mille écus de rente, qu'on fit contenter de quinze. En outre, il est plus nécessaire de s'y affermir que ç'a été le seul moyen de faire cesser les différends d'entre leurs maisons et assurer le repos de l'Italie souvent troublé par leurs divisions.

S'acheminera ensuite à Venise, et, ayant conféré avec le sieur d'Argenson, ambassadeur pour Sa Majesté vers cette république, en demandera l'audience, en laquelle il sera introduit par ledit ambassadeur, exposera au sénat tout ce qu'il aura négocié à Mantoue, et, au cas qu'il n'en eût pas rapporté la satisfaction qu'on s'en doit promettre, demandera au sénat ses offices pour disposer le duc à ce qui est à faire pour son propre bien et la tranquillité de l'Italie. Ne pas oublier de flatter le sénat de la bonne conduite qu'il a tenue au passé, et leur insinuer que, Sa Majesté s'étant expliquée qu'elle pourroit consentir à une neutralité négative, c'est-à-dire que les forces de France ni d'Espagne ne pourroient point passer sur les États de Savoie, d'où il résulte quel est le dessein de Sa Majesté pour avancer le repos de l'Italie. Se contenter de leur avoir ainsi expliqué sans les presser de s'en entremettre, et seulement leur faire entendre ce qui avoit été consenti, dont leur ambassadeur les aura avertis, comme a fait depuis sans doute celui de Sa Majesté.

Ledit sieur du Plessis, s'étant expédié du sénat, s'acheminera à Florence, fera entendre au grand-duc que Sa Majesté n'a pas voulu croire tout ce qui lui a été dit sur son sujet et qu'elle a si bonne opinion de sa prudence qu'il aura les sentiments que ses prédécesseurs ont eus pour cette couronne et le repos de l'Italie ; et il est remis à sa prudence de lui donner plus ou moins de part de ce qu'il aura négocié ès diverses cours ès quelles il aura été.

A Florence et à Mantoue, remplira envers la grande-duchesse et les frères du prince, comme à Mantoue envers l'archiduchesse et la princesse, les offices que la bienséance requiert, rendant aux uns et aux autres, s'il les voit, ce qui est remis à sa discrétion, les lettres dont Sa Majesté l'a chargé pour elles. Examinera soigneusement si le marquis della Val[1] s'est entièrement donné aux Espagnols, comme il a souvent et par diverses personnes été mandé, s'il a la principale confiance de son maître et s'il ne pour-

1. Premier ministre du duc de Mantoue.

roit pas être ménagé, y ayant lieu de s'en flatter, puisqu'on peut espérer toutes choses bonnes et avantageuses d'un montferrin qui a eu ses premiers engagements vers cette couronne ; quels autres du conseil du duc sont en considération et jusqu'où s'étend le pouvoir de sa femme et de sa mère sur son esprit; flatter, si l'occasion se présente, sa femme de l'opinion qu'on a conservée d'elle qu'elle a oublié les intérêts de la maison de laquelle elle est sortie pour embrasser, selon ses obligations, celles du duc son seigneur, et, la trouvant accréditée et peu satisfaite, comme il est à croire, de sa belle-mère, reconnue de tout temps partiale pour l'Espagne, faire comprendre à l'archiduchesse que, voulant être Françoise, comme autrefois elle s'en étoit laissée entendre, elle peut espérer, faisant prendre le même parti au duc, que leur maison sera protégée en toutes sortes de rencontres de cette couronne, qui a cet avantage que sa gloire et son travail se bornent à conserver les princes en la souveraineté et grandeur en lesquelles Dieu les a fait naître.

Ne s'oubliera ledit sieur du Plessis de donner part de tout ce qu'il aura ménagé au sieur bailli de Valençay, ambassadeur de Sa Majesté à Rome, et, le plus souvent qu'il pourra, la tiendra soigneusement avertie du progrès de ses négociations et ne s'oubliera aussi, en tous les lieux où les affaires de Sa Majesté l'auront conduit, d'y exposer le bon état présent de nos affaires, que ceux qui se sont soustraits de leur devoir ont déjà prouvé le peu d'assurance qu'on peut prendre aux promesses des Espagnols et que le public, détrompé des prétextes qu'ils avoient mis en avant, déteste leur conduite et leur emportement; et il seroit difficile qu'un chacun n'entrât dans ce sentiment, ayant l'expérience des bénédictions continuelles que Dieu verse sur Sa Majesté, qui ne doit plus être considérée comme une plante naissante, mais qui, ayant pris son accroissement, est prête de donner des fruits d'une saveur tout extraordinaire ; et l'on voit reluire en sa personne toutes les vertus qui ont été souhaitées aux princes et que peu ont possédées. Et adroitement fera entendre aux mêmes que le gouvernement présent est si affermi que c'est se flatter que d'y espérer du changement, Sa Majesté ne se pouvant lasser de donner des témoignages continuels de l'amitié qu'elle a à la reine sa mère et de la reconnoissance qu'elle doit avoir des soins qu'elle a pris du passé et qu'elle continue pour lui conserver, voire accroître, l'État aussi puissant et aussi florissant qu'elle l'avoit reçu de la main du feu roi. Que si, en ces dernières années, la fortune n'a pas secondé nos desseins, un chacun a vu que c'est la France qui s'est déchirée et pourtant restée assez puissante pour se défendre contre ses ennemis.

Ce que ledit sieur du Plessis mettra en avant avec telle délicatesse qu'il l'imprime et persuade ces vérités, ce qu'on se promet de son adresse et de sa suffisance.

(Minute. Bibl. nat., manuscrits, fonds français, 20658.)

En dehors des instructions qui précèdent, du Plessis-Besançon était encore chargé de chercher à réconcilier Venise et Gênes, d'amener le sénat génois à assister les Vénitiens dans leur guerre contre les Turcs et de faire entrer les deux républiques dans une ligue contre les Espagnols.

Bernard de Besançon arriva à Turin le 26 mai. De là, il se rendit à Casal auprès du duc de Mantoue.

117. *Relation de ce qui s'est passé à Casal sur le sujet du voyage que le sieur du Plessis-Besançon y a fait de la part du roi.*

Juin 1653.

Le sieur du Plessis s'étant rendu en Ast, le 5 juin, y trouva ponctuellement la réponse de M. le duc de Mantoue, qui lui marquoit comme tous les ordres avoient été donnés pour son passage à Casal, où il arriva le 6 avec l'escorte nécessaire, et tout le régal, l'honneur et la bonne réception imaginables, tant en allant et pendant son séjour qu'à son retour, jusque sur les confins du Montferrat, ayant été servi et traité partout des officiers de Son Altesse et reçu avec grande acclamation des Montferrins et des Casalasques, qui témoignent toujours d'avoir le cœur françois. Ledit sieur du Plessis fut logé à Casal chez le marquis Mosso, où il n'a reçu visite que de ceux qui en avoient ordre et en petit nombre, à savoir des créatures et confidents du marquis della Val, les autres lui faisant faire des excuses sous main et n'osant pas même demander permission d'y venir.

Pendant le séjour du sieur du Plessis à Casal, il a presque vu tous les jours Son Altesse Sérénissime ou le marquis della Val, auprès desquels ses premières audiences furent employées à l'expression des premiers articles de son instruction, à quoi ledit sieur duc, après les autres excuses qu'il a souvent fait exprimer par ses ministres, n'y en put ajouter de meilleure que l'impossibilité de faire autrement, vu l'abandonnement de la place et le risque inévitable qu'elle couroit de tomber entre les mains des Espagnols, sans la résolution de se servir d'eux pour les empêcher de s'en rendre maîtres, et le devenir lui-même sous la caution des impératrices, sœur et tante de Son Altesse[1]; en quoi il pensoit avoir fait le service du roi. Ledit sieur du Plessis répliqua aux susdites réponses par toutes les raisons et réparties qui pouvoient jeter ce prince dans la confusion et lui faire connoître le sujet qu'il avoit donné à Sa Majesté de se ressentir de sa méconnoissance, et le hasard où il avoit mis toute la fortune de sa maison. Le surplus étant ou de peu d'importance ou déjà compris dans les deux mémoires ci-après avec les deux réponses par écrit de cette Altesse, qui contiennent en substance le succès et l'effet de la négociation de Casal, il seroit superflu de le réitérer ici; c'est pourquoi ledit sieur du Plessis n'y ajoutera que certaines particularités nécessaires et les observations dont la connoissance peut servir au jugement qu'on doit faire des intentions de ce prince, ou, pour mieux dire, du marquis Roland della Val, qui est le seul ministre effectif et le maître absolu de sa conduite et de ses résolutions, et duquel, selon les apparences et la plus commune opinion, les volontés sont non moins favorables aux Espagnols que défavorables pour la France, comme les événements le justifient en toutes sortes de rencontres. Et, pour commencer par la description dudit marquis della Val, il est constant qu'il passe pour désintéressé, mais pour superbe, vain, jaloux de son autorité, méfiant et fort ambitieux, voulant tout faire de son propre sens, ne prenant conseil de personne, éloignant tout ce qui lui fait ombrage, d'une politique sévère, et, par toutes ces raisons, généralement mal voulu des autres et particulièrement de la duchesse mère, qu'il a entièrement éloignée du maniement des affaires, comme il en avoit été éloigné par elle durant la minorité de son fils; du reste, c'est un homme de petite mine et bossu, de tempérament chaud et par conséquent violent, âgé de plus de soixante ans et de condition assez commune en son origine, un certain Roland della Val ayant commencé de s'élever il y a environ quatre-vingts ans.

Le jugement moins sinistre qu'on peut faire des desseins et sentiments dudit marquis della Val contre la France en faveur des Espagnols, c'est que, connoissant l'esprit et les inclinations de son maître et qu'il est entièrement François dans le cœur, sa fin est

---

1. Éléonore de Gonzague, sœur de Charles III, duc de Mantoue, épousa le 30 avril 1651 l'empereur Ferdinand III, et mourut le 6 décembre 1686. Éléonore de Gonzague, grand'tante du duc Charles III, était fille de Vincent Ier de Gonzague, duc de Mantoue. Elle épousa, le 4 février 1622, l'empereur Ferdinand II, dont elle devint veuve le 8 février 1637. Elle mourut le 27 juin 1655.

de le changer adroitement et, par des occasions qu'il attend de notre conduite ou qu'il fera naître dans la suite des choses, le porter à des sentiments contraires, non pour le faire absolument déclarer partisan des premiers, mais pour le rendre considérable de tous côtés, s'étant servi pour cet effet des espérances qu'il lui donne que le parti contraire le rétablira dans cette autre partie du Montferrat assignée à la maison de Savoie (qui est la pierre de scandale dans l'esprit de ce prince) et lui insinuant d'autre part que, la France ayant fait ce partage, elle veut qu'il ait lieu pour s'en avantager à ses dépens; et ç'a été par là que ledit sieur duc a été porté à la résolution de se servir des Espagnols pour rentrer dans Casal, procédure qui n'étoit point approuvée de la jeune duchesse de Mantoue ni de l'archiduc son frère. Et, comme on ne croit pas que la simple considération de mettre les François hors de Casal ait été capable de porter les Espagnols à l'y rétablir, plusieurs croient que cette Altesse a d'autres engagements avec eux qu'on ne connoit pas......; ce que ledit sieur duc de Mantoue et ledit marquis della Val nient absolument, le dernier ayant dit, comme par forme de confiance, audit sieur du Plessis qu'il pouvoit assurer le roi et Son Éminence qu'il n'y avoit autre chose que ce qui paroissoit, que tout avoit été fait pour le mieux et qu'avec le temps on seroit éclairci de cette vérité.

Pour ce qui est de l'archiduchesse, elle paroit bonne princesse, d'inclination françoise et attachée (autant qu'elle les peut connoitre) aux intérêts du duc son mari; sur quoi ledit sieur du Plessis l'a fort familièrement entretenue; mais il n'a pu nouer rien de plus précis avec elle, en ayant été fort civilement traité dans ses audiences qu'il a eues, assis et couvert, après s'en être défendu par le respect qu'on doit aux dames, autant que la bienséance l'a pu permettre.

A la seconde audience que ledit sieur du Plessis eut de M. le duc de Mantoue, en laquelle il reçut la seconde réponse, Son Altesse lui proposa que, s'il vouloit, le conseiller impérial, secrétaire de l'impératrice veuve, l'iroit trouver pour lui confirmer le tout; mais, comme on savoit bien qu'il n'étoit venu là et n'avoit été dépêché qu'à la sollicitation et par l'entremise des Espagnols, qui l'avoient fait accompagner d'un député du marquis de Caracène avec de l'argent, ledit sieur du Plessis jugea plus à propos de s'en excuser, n'ayant pas laissé néanmoins d'assister au Te Deum qui fut chanté à la grande église pour la nomination du roi des Romains, en ayant été prié de la part de Leurs Altesses.

Ledit sieur du Plessis ayant eu plusieurs fois conversation avec mondit sieur le duc de Mantoue, Son Altesse lui a souvent fait connoître que la plus forte passion qu'elle eût étoit d'aller faire un voyage en France pour y rendre ses devoirs au roi, madame l'archiduchesse lui ayant dit aussi qu'elle y vouloit accompagner monsieur son mari. Ils sont tous deux et leur cour ajustés à la françoise, et, jusques aux moindres choses, le duc fait tout venir de Paris, n'approuvant rien de ce que font les Espagnols ; ses deux valets de chambre, nommés Charles et Gaillard, sont François et ont grand crédit auprès de lui. Dans les visites qu'ils ont faites audit sieur du Plessis, il n'a été rien oublié de ce qu'on a cru leur devoir dire pour entretenir leur maître dans l'affection et les intérêts de France ; ils l'aiment, et il y a lieu de croire qu'ils feront ce qu'ils doivent aux occasions.

Le sieur du Plessis ayant été dans la citadelle et vu plusieurs fois les postes sous les armes, il y a remarqué bon nombre de François, sergents, caporaux et soldats, et même quelques officiers, sans compter les artisans et marchands qui s'y sont habitués ; et le marquis della Val en a pris argument de lui prouver par cette confiance combien les François y étoient mieux vus ou traités que les Espagnols ou leurs adhérents, qui n'y sont point soufferts parmi les troupes. La garnison de Casal, tout compris, peut être de quinze à seize cents hommes de pied effectifs, dont le tiers est fixe dans ladite citadelle, et trois compagnies de cuirasses, faisant environ cent quarante cavaliers mal payés, avec deux de carabins des milices du pays, de trente-cinq chacune, qu'on retire de quinze en quinze jours. Toute ladite garnison est composée de Montferrins et Mantouans, dont le quart est de rebut, mais il attend du Tyrol une levée que M. l'archiduc lui fait de ses sujets ; quant aux fortifications, il ne s'y est rien fait de nouveau que les réparations des brèches de la citadelle.

Cette place s'est perdue par plusieurs manquements, mais le plus grand a été de n'y avoir pas eu un homme capable d'empêcher les ordres du prince d'y entrer pour mettre les habitants, qui d'ailleurs étoient bien intentionnés, hors de prétexte d'y obéir et d'en mettre dehors cinq ou six personnes suspectes qui en favorisoient l'intrigue, ainsi que les avis en étoient donnés. A quoi l'on peut ajouter, comme causes principales et formelles, la trahison de ceux qui ont vendu le château, la mauvaise volonté du marquis della Val pour la France et l'opinion que l'on avoit que de longtemps elle ne pouvoit se délivrer de la guerre civile qui paroissoit y être allumée en tant de lieux. Et, véritablement, c'est une espèce de miracle que les ennemis ne se soient pas rendus maîtres de tout, de quoi le marquis de Caracène n'ait pas à se repentir, et l'on assure même qu'il en a reçu de grandes mortifications d'Espagne. En ce rencontre, on doit beaucoup à la résolution de don Camillo de Gonzague, qui le menaça de se joindre aux nôtres avec les Montferrins, s'ils entreprenoient de passer outre; d'où l'on peut assez raisonnablement inférer qu'à moins d'une surprise ou violence extraordinaire, il seroit très difficile au duc de Mantoue même de les rendre maîtres de Casal, tant il y a d'aversion pour eux dans l'universel et d'inclination pour les François.

Cependant, il est certain que cette modération, volontaire ou contrainte, a beaucoup servi aux Espagnols auprès des princes et potentats d'Italie pour apaiser la chaleur de la jalousie avec laquelle ils avoient pris l'événement de Casal; à quoi les diligences dudit marquis de Caracène, du conseil impérial et les adresses du marquis della Val pour faire cesser les soupçons, ont beaucoup contribué : ce qui fait croire que le voyage qu'y doit faire ledit sieur du Plessis sera de peu d'effet, si ce n'est que les froides et vagues réponses et le nouveau procédé de mondit sieur le duc de Mantoue les réveille; et ç'a été principalement pour cette raison que ledit sieur du Plessis a voulu les avoir par écrit, comme aussi pour justifier les suites que pourroient avoir les ressentiments du roi d'une conduite si désobligeante, après tant d'avances faites de sa part, et pouvoir retirer en bonne forme un refus aux offres que lui a fait faire Sa Majesté du paiement de la somme portée par le traité de Quérasco pour s'en servir auprès de l'empereur, comme il avoit été recommandé surtout audit sieur du Plessis en partant de Turin, dont il est assez heureusement venu à bout; autrement, il se fût contenté de parler et d'entendre, à moins de voir jour à quelque chose de plus satisfaisant et avantageux.

(Minute. Affaires étrangères, Venise, LXXVI, 36.)

118. *Premier mémoire remis par le sieur du Plessis-Besançon au duc de Mantoue.*

Casal, le 10 juin 1653.

Le roi, par une modération exemplaire, voulant suspendre les résolutions qu'il auroit à prendre sur celles où M. le duc de Mantoue fut porté l'année dernière, 1652, au sujet de Casal, au préjudice du respect et de la reconnoissance qui étoient dus à la puissante protection de ses armes victorieuses, si souvent éprouvée au profit de Son Altesse, pour le rétablir et conserver dans la juste possession de ses États, après y avoir consommé tant de millions et employé glorieusement plusieurs armées, à la confusion de ceux qui avoient des desseins contraires, ainsi qu'il est manifeste à toute la chrétienté, jusqu'à ce qu'il eût été pleinement informé de toutes choses; Sa Majesté, par un excès de bonté tout extraordinaire, a dépêché, pour cet effet, le sieur du Plessis-Besançon, conseiller en ses conseils et lieutenant général de sesdites armées, vers mondit sieur le duc de Mantoue, pour être éclairé des particularités d'un si étrange procédé, afin de pouvoir ensuite, avec plus de fondement et de raison, régler ses ressentiments selon les réponses et la satisfaction que Son Altesse jugeroit à propos de lui donner en une pareille rencontre. Après lui avoir fait connoitre que Sadite Majesté désiroit sur toutes choses, comme une marque essentielle de son affection envers la France, que Sadite Altesse ne permit pas plus longtemps aux Espagnols de se servir de son nom pour troubler M. le duc de Savoie dans la jouissance de cette partie du Montferrat, qui lui est assignée par tant de traités si solennellement faits, de l'observance desquels l'empereur et la plupart des princes de l'Europe sont demeurés garants, et d'autant plus que c'est en conséquence et à la faveur d'iceux que mondit sieur le duc de Mantoue a été remis et maintenu dans sesdits États et qu'on en a obtenu les investitures, et auxquels le roi n'a engagé sa parole royale que pour le bénéfice particulier de Sadite Altesse et le repos général de l'Italie, tant de fois troublé par les intérêts de ces deux maisons; après lui avoir fait offrir, ainsi que ledit sieur du Plessis offre encore présentement à Sadite Altesse, le paiement effectif des sommes mentionnées auxdits traités, à la décharge de Son Altesse Royale de Savoie, sur lesquels deux principaux points contenus au présent discours, le premier concernant la satisfaction de Sadite Majesté sur le sujet de Casal, en façon que cette place soit mise en état de ne pouvoir tomber, soit par surprise, échange ou autrement, entre les mains des Espagnols, et la cessation des prétextes que les ministres d'Espagne prennent sous le nom de mondit sieur le duc de Mantoue, et le second touchant le Montferrat, Son Altesse aura, s'il lui plait, agréable de faire donner sa réponse par écrit audit sieur du Plessis, laissant à sa prudence de juger comment il est possible qu'une semblable intelligence avec eux puisse compatir avec l'attachement qu'elle témoigne vouloir conserver pour la France, et la gratitude dont elle se confesse redevable à Sa Majesté.

(Copie. Affaires étrangères, Venise, LXXVI, 55.)

119. *Réponse du duc de Mantoue
au premier mémoire du sieur du Plessis-Besançon.*

Analyse. Casal, le 11 juin 1653.

On sait la nécessité qui a porté le duc de Mantoue à prendre, l'an dernier, la résolution de s'introduire dans ses places, à l'exclusion de tout autre. Son Altesse a fait connaître les motifs de cette détermination à Sa Majesté. Comme elles se trouvaient dans un extrême besoin de secours d'hommes et d'argent, le duc de Mantoue a été obligé de s'imposer la charge de reprendre ces mêmes places, que le Sérénissime duc Charles Ier, son aïeul paternel, avait confiées au roi. Il serait superflu de rappeler toutes ces choses qui sont si connues; cependant, Son Altesse de Mantoue ne veut pas laisser de répéter qu'aucun événement ne pourra altérer la dévotion qu'elle a envers Sa Majesté, pour une infinité de titres. Son Altesse considère l'envoi du sieur du Plessis-Besançon comme une preuve de la bienveillance de Sa Majesté envers elle. Celui-ci voudra bien assurer le roi qu'au risque même de sa vie et de celle de ses fidèles sujets, Son Altesse de Mantoue saura se conserver unique possesseur de ses places, sans y introduire les Espagnols ni aucun autre. Elle pourra assez facilement arriver à ce résultat, grâce à la protection des deux impératrices, sous la parole et l'autorité desquelles l'arrangement a été fait. Quant au territoire de son État, que le duc de Savoie occupe injustement, c'est au préjudice des intérêts de Mantoue et en vertu de traités contre lesquels cette dernière maison n'a jamais cessé de protester. Aussi n'y a-t-il pas lieu, pour le duc de Mantoue, d'accepter les sommes qui lui sont offertes.

(Original. Affaires étrangères, Venise, LXXVI, 55, 56.)

120. *Second mémoire remis par le sieur du Plessis-Besançon
au duc de Mantoue.*

Casal, le 12 juin 1653.

Outre le discours qui a été fait de la part du roi à M. le Sérénissime duc de Mantoue par le sieur du Plessis-Besançon, lequel lui a été depuis donné par écrit, et auquel Son Altesse a fait répondre de même, ayant aussi voulu savoir en quoi pouvoit consister la satisfaction de Sa Majesté, ledit sieur du Plessis a répondu qu'il n'y avoit rien qui pût convenablement la satisfaire, ensuite d'une entreprise si contraire à la réputation et protection de ses armes, que de remettre les choses de Casal et de Montferrat en l'état qu'elles étoient, avant que Sadite Altesse se servit des Espagnols pour en faire sortir les François ; et, comme cette réponse a semblé non faisable et qu'on a cru qu'il pouvoit suffire à Sadite Majesté, vu l'importance de la place, qu'elle fût bien munie et pourvue d'une garnison ordinaire si considérable pour la sûreté de la défense, et de telle nation que ce fût, à la commune satisfaction de tous ceux qui ont intérêt d'empêcher les armes d'Espagne de s'y introduire par quelque voie et sous quelque prétexte que ce soit, ledit sieur du Plessis se laissa entendre que, pour parvenir à cette fin, le nombre d'hommes qui seroit jugé suffisant pour composer la susdite garnison pouvoit être pris, moitié des sujets de mondit sieur le duc de Mantoue, et l'autre moitié des Suisses des cantons catholiques, sous le commandement et autorité de Son Altesse, afin de lever les soupçons et jalousies qui pouvoient arriver si on y procédoit d'une autre sorte, et appuyer d'autant mieux la conservation et sûreté de ladite place contre les desseins perpétuels de ceux qui ont tant de fois entrepris de s'en rendre maîtres, et même avant qu'elle fût sous la protection du roi ou qu'il y eût des François dedans. Et, parce que les affaires de Sadite Altesse sont hors d'état de pouvoir fournir du sien à toute la dépense et entretien d'une garnison si considérable, qu'on estime devoir être de deux mille à deux mille cinq cents hommes de pied et trois cents chevaux effectifs pour le moins, ledit sieur du Plessis fit connoître qu'il estimoit que, quand Sa Majesté se verroit suffisamment assurée de sa résolution pour ce regard, elle entreroit volontiers en part de la susdite dépense et procureroit que quelques-uns des autres princes et potentats d'Italie, ses alliés, qui ont le plus d'intérêt à la chose, en fissent de même, afin que les finances dudit sieur duc de Mantoue en fussent d'autant plus soulagées, jusques à la paix générale d'entre les couronnes, et sous les conditions raisonnables dont on seroit convenu, après en avoir donné part à la cour, pour tirer Son Altesse de la nécessité de continuer à prendre de l'argent desdits Espagnols, au préjudice de la bienséance qui se doit garder envers ceux qui ont si souvent défendu contre eux ladite place, dont il peut arriver plusieurs inconvénients qui la conduiront insensiblement et inévitablement ensuite, sous diverses espérances et prétextes, à des extrémités ruineuses pour sa maison, et absolument opposées au repos de ses sujets. Et, parce que ce sont toutes considérations de la dernière conséquence, encore que ledit sieur du Plessis les ait déjà fortement et particulièrement touchées, tant à mondit sieur le duc de

Mantoue qu'au sieur marquis della Val, son principal ministre, il a cru néanmoins, vu l'importance de la chose, afin qu'il y soit plus efficacement appliqué par Son Altesse Sérénissime, et pour mieux satisfaire aux obligations de son emploi, qu'il devoit les lui réitérer encore, et même par écrit, pour n'oublier rien de ce qui peut dépendre de lui en une pareille conjoncture; sur quoi Son Altesse est suppliée de vouloir faire une réponse telle qu'on la doit attendre de la prudence, après y avoir fait les réflexions nécessaires.

(Minute. Affaires étrangères, Venise, LXXVI, 67.)

121. *Réponse du duc de Mantoue au second mémoire du sieur du Plessis-Besançon.*

Analyse. Casal, le 13 juin 1653[1].

Dans sa première réponse au sieur du Plessis-Besançon, le duc de Mantoue a protesté de son dévoûment envers Sa Majesté et rappelé la nécessité qui l'a forcé à prendre les résolutions que l'on sait, et a fait connaître sa ferme intention de demeurer seul possesseur des place, citadelle et château de Casal, à l'exclusion de tout autre. Le sieur du Plessis-Besançon a répliqué qu'il y a lieu de douter de la sécurité de ces places avec les forces qui les défendent actuellement; qu'un jour viendra peut-être où le duc, ne pouvant en supporter la dépense, se verra dans la nécessité d'y introduire les Espagnols, et qu'il conviendrait d'y mettre une forte garnison composée, pour la moitié, des sujets du duc, et, pour l'autre, de Suisses des cantons catholiques, à l'entretien de laquelle Sa Majesté contribuerait volontiers avec plusieurs autres princes également intéressés. Le sieur Jean de Coenens, secrétaire de Sa Majesté l'impératrice veuve et conseiller de la chambre aulique impériale, envoyé par Leurs Majestés les impératrices sœur et tante de Son Altesse, sur l'avis parvenu de Paris à la cour impériale de la mission du sieur du Plessis-Besançon, se trouvant en ce moment auprès du duc de Mantoue, afin de présider à la conclusion des traités qu'on pourrait faire, Son Altesse lui a donné connaissance des susdites propositions, qu'elle ne pouvait faire moins que de lui communiquer. Celui-ci a protesté, au nom desdites Majestés, que Son Altesse trouvait toute garantie dans l'engagement pris par Sa Majesté Catholique, qui a promis

---

1. Le texte italien de ce document a été imprimé in extenso dans le *Mercurio di Vittorio Siri*, t. XV. Florence, 1682.

que les places en question seraient tenues en tout temps à la libre disposition du duc de Mantoue. Il a ajouté d'autre part qu'on trouverait l'assistance et les deniers nécessaires quand l'occasion l'exigerait, Leurs mêmes Majestés ayant singulièrement à cœur la conservation de cette sérénissime maison et des États du duc de Mantoue comme de leur bien propre. Sa Majesté très chrétienne ne doit pas, en présence de telles paroles, considérer ces places comme exposées à tomber en d'autres mains que celles de Son Altesse. Le sieur de Coenens fait observer en outre que le duc de Mantoue, qui reçoit de l'empereur l'investiture du Montferrat, ne saurait admettre dans lesdites places des secours d'hommes ou d'argent de princes étrangers quelconques sans la participation et l'assentiment de Sa Majesté impériale. Ces secours sont d'autant moins utiles que, comme on l'a déjà dit, Son Altesse peut, sans l'appui de qui que ce soit, jouir en toute justice de l'entière possession de ses États, dont il lui est facile d'assurer la sécurité.

(Original. Affaires étrangères, Venise, LXXVI, 67, 68.)

Après son voyage à Casal, du Plessis-Besançon passa de nouveau quelques jours à Turin. Le 25 juin, arrivé à Gênes, il apprit que le duc de Mantoue venait de rendre publiques les notes qu'ils avaient échangées à Casal.

122. *Du Plessis-Besançon à Mazarin.*

Extrait. Turin, le 18 juin 1653.

A l'égard de M. le duc de Mantoue, il se peut dire, sans le flatter, que c'est un prince fort bien fait de sa personne et qui a beaucoup d'esprit, s'il vouloit s'appliquer aux choses sérieuses; mais il se décharge absolument de toutes ses affaires sur le marquis della Val, et l'on voit même que cette Altesse y est engagée par serment solennel envers lui, et, comme leurs âges sont fort différents et leurs inclinations contraires, le gouvernement de celui-ci étant d'ailleurs fort violent, on ne croit point qu'il puisse durer. Ainsi, il semble qu'il faut traiter doucement cette affaire et agir par les moyens les plus convenables pour ramener ce ministre, ou que, si Sa Majesté veut porter ses ressentiments plus loin, il se faut mettre solidement en état de tout entreprendre et dissimuler cependant, afin de ne donner pas occasion aux Espagnols de profiter d'une entreprise ou simplement vindicative ou inconsidérée, comme seroit celle d'aller inutilement ravager le Montferrat, dont les commodités et les passages nous seront toujours assurés dans le besoin par la bonne volonté des Montferrins et par le consentement même de Son Altesse, ainsi que je m'en suis expliqué avec elle, pourvu qu'on ne les traite pas hostilement : qui est une conduite que Madame Royale et le marquis de Pianesse ne désapprouvent pas, bien qu'il y en ait d'autres qui n'ont que trop cette démangeaison. Hier, étant à Rivole, on m'y témoigna satisfaction de la manière dont j'ai porté les intérêts de cette maison à Casal.....

(Minute. Affaires étrangères, Venise, LXXVI, 76.)

123. *Du Plessis-Besançon à Mazarin.*

Extrait. Gênes, le 2 juillet 1653.

Depuis que je suis en cette ville, on m'y a fait voir un double de tout ce que j'ai dit à Casal et de ce qu'on m'y a répondu, lequel est venu de là : procédé qui paroît si étrange et inusité en matières de cette conséquence qu'il est condamné de tous, et produit un effet bien différent de la fin qu'en ont espérée ceux qui l'ont envoyé ici, étant certain qu'il justifie pleinement la modération et les sincères intentions de Sa Majesté, aussi bien que sa conduite à venir ; et, certes, il a été pris de la sorte en cette république, même de ceux qui ne sont pas affectionnés à la France, d'où Votre Éminence peut raisonnablement inférer qu'on en fera pareil jugement partout ailleurs.

(Minute. Affaires étrangères, Venise, LXXVI, 106.)

Dans le courant du mois de juillet 1653, du Plessis-Besançon visita successivement les cours de Parme et de Modène. Le 21 juillet, il arriva à Venise ; puis, le 28 août, il se rendit à Florence. De là, passant par Pise, il retourna à Gênes, où il arriva le 17 septembre.

124. *Du Plessis-Besançon à Mazarin.*

Gênes, le 23 septembre 1653.

Du contenu de mes dépêches à Votre Éminence et à M. le comte de Brienne, depuis mon arrivée à Turin jusqu'à présent, elle aura vu le succès de mon envoi auprès des princes et républiques que j'ai eu ordre de voir de la part du roi, où je pense de n'avoir rien oublié de ce qui m'étoit ordonné pour son service, autant que mon affection et mon peu d'habileté s'en sont trouvés capables ; néanmoins, comme ce sont pièces séparées, faites en divers temps, qui n'ont ni liaison ni suite, j'ai cru qu'il ne seroit pas hors de propos, afin que Votre Éminence pût être d'autant mieux informée, de lui en faire ici une brève récapitulation, et qu'elle ne trouveroit point mauvais que je prisse la liberté d'y ajouter le jugement que j'en fais selon mon foible raisonnement.

Mais, après ce que je me suis donné l'honneur d'écrire à Votre Éminence de Turin, tant avant mon départ pour Casal qu'à mon retour, touchant les dispositions de Leurs Altesses Royales de Savoie pour la France et les témoignages qu'elles en ont donnés pendant nos derniers troubles, j'estime n'avoir plus à vous mander pour ce regard, sinon qu'ayant beaucoup espéré de la France, non seulement pour le repos, mais pour l'agrandissement de leur maison, il est néanmoins fort à craindre qu'enfin lassées d'une si longue guerre et de voir que le Piémont se va ruinant de plus en plus d'une année à l'autre, elles n'échappent à nos intérêts pour suivre purement les leurs, si on ne la finit promptement par une paix qui leur soit utile ou qu'on ne la continue avec les avantages effectifs qu'elles se sont toujours promis de la protection de cette couronne, soit contre les ennemis communs par le recouvrement de ce qu'ils occupent ou par quelque conquête équivalente, soit à l'égard de M. le duc de Mantoue, en l'obligeant de donner les mains à l'exécution du traité de Cherasco, ce qu'il ne fera jamais que par force; d'où il est aisé d'inférer qu'à moins de se mettre puissamment sur l'offensive la campagne prochaine dans le Montferrat, ou, pour mieux dire, dans l'État de Milan, qui doit être la base de tous les desseins d'Italie, ce ne sera qu'avec perte d'hommes, d'argent et de réputation qu'on s'y appliquera dorénavant.

C'est pourquoi, sans m'engager plus avant dans une matière dont Votre Éminence connoit mieux que personne les avantages et les préjudices, je passerai outre pour le reste; et, commençant par M. le duc de Mantoue, je dirai à Votre Éminence qu'on peut, ce me semble, attribuer à trois causes principales, premièrement la résolution qu'il prit de mettre les François hors de Casal par l'entremise des Espagnols, en second lieu sa dureté aux expédients de satisfaire la France, et finalement la froideur avec laquelle il a reçu les ouvertures et semonces que je lui ai faites. La première, aux favorables intentions du marquis della Val pour les ennemis et à son aversion pour nous. La seconde, aux espérances qu'il a données à son maître, qu'avec l'assistance des Espagnols et par le crédit des impératrices l'on pourroit empêcher l'effet des traités de Cherasco et de Münster, faisant, sous divers prétextes, refuser par l'empereur les investitures nécessaires à Savoie, et même de le faire rentrer dans la possession de cette partie du Montferrat, qui lui est adjugée par les traités susdits. Et la troisième, à la participation qu'on peut croire qu'il avoit baillée de son dessein à la plupart des princes et potentats que j'ai vus et au consentement que plusieurs jugent qu'ils y avoient donné, dont la conjecture est d'autant plus forte et mieux fondée qu'ils m'ont presque tous fait connoitre qu'il étoit à craindre qu'en voulant trop presser celui-ci on ne le précipitât en quelque résolution pire que la première : tout cela, dis-je, fomenté de l'opinion qu'ils avoient, que les affaires de France étoient en tel désordre au dedans que difficilement pourroit-elle s'en relever de longtemps et que, cependant, celles d'Italie se confirmeroient en sorte que nous n'y pourrions plus revenir. Autrement, il n'est pas imaginable ni même de la prudence commune qu'un duc de Mantoue eût entrepris rien de semblable contre le roi et qu'il eût osé faire les réponses qu'il m'a faites; mais, en tout cas, et quelque dessein que puisse avoir Sa Majesté, il semble que la modération dont elle use est le meilleur parti qu'elle pouvoit prendre en ce rencontre, soit pour ramener ce prince ou pour le pousser avec plus de vigueur, selon l'occasion.

Pour ce qui est de la république de Gênes, il est certain que, comme elle a beaucoup de sujet de souhaiter que Casal ne tombe pas absolument entre les mains des Espagnols, aussi ne souffrira-t-elle qu'avec beaucoup d'impatience et de ressentiment que les choses s'acheminent à un si dangereux événement; mais, d'un côté, ne les jugeant pas en cet état, ni qu'il y ait grand lieu de l'appréhender, voyant le rétablissement de nos affaires, et, de l'autre, le grand nombre de particuliers puissants attachés par tant de liens et d'intérêt avec l'Espagne, je ne vois pas qu'on puisse espérer pour encore qu'elle soit capable de prendre aucune résolution positive ou entrer en union avec nous, quoiqu'en effet elle passe de mauvaise intelligence avec les Espagnols et que le corps de la république en soit fort aliéné par les mortifications piquantes et les mauvais traitements qu'elle en a reçus en divers rencontres; de sorte que, ces mêmes particuliers venant à s'en dégoûter tous les jours de plus en plus par leur propre intérêt et l'universel reconnoissant que son véritable avantage, en toutes façons et surtout pour celui de leur commerce, qui est le fondement et le soutien de sa grandeur, est d'être bien avec la France, on peut vraisemblablement croire que les pas qu'on lui feroit faire, par l'effet du dessein dont je fis l'ouverture à Votre Éminence avant que partir d'ici [1]; et dans l'exécution duquel on ne sauroit avoir plus beau jeu, puisque les ennemis n'y peuvent

---

1. Le dessein de faire occuper Final par les troupes françaises.

apporter aucune opposition considérable ni par mer ni par terre, [les affaires de Catalogne continuant d'aller de bien en mieux], la porteroient en peu de temps au point qui est à désirer et lui feroient sauter le fossé : dont celles de Sa Majesté tireroient de notables avantages de tous côtés, pour les raisons que Votre Éminence connoît mieux que je ne les lui saurois dire.

Quant à la réunion des deux républiques, c'est une chose que je crois très difficile, parce que la mémoire de leurs anciennes guerres a laissé une telle méfiance entre elles qu'elles ne se peuvent assurer l'une de l'autre ; celle-ci, néanmoins, est fort bien disposée, mais elle ne veut pas qu'il soit dit qu'elle ait fait des avances, dont Venise puisse tirer cet avantage de croire qu'elle ait acheté le titre qu'elle en prétend [1] par les assistances qu'elle a fait dessein de lui donner et qu'elle entend qui lui soient demandées avec les termes convenables, ce qu'elle croit qui arriveroit s'ils ne précédoient l'exhibition du décret par lequel ce sénat a résolu de la secourir ; et Venise ne veut pas commencer ce traitement, parce que la nécessité ne la presse pas encore assez, bien qu'elle en ait en quelque sorte convenu, craignant que ceux-ci n'en demeurassent aux simples apparences sans en venir à l'effet, après avoir eu ce qu'ils désirent. L'expédient qu'il y auroit à cela seroit que l'entremise du roi y intervînt pour leur sûreté commune, à quoi l'on croit que Gênes pourroit consentir, et c'étoit aussi le chemin que j'avois essayé de prendre ; mais, ainsi que Votre Éminence l'aura pu voir par mes dépêches de Venise, toutes les tentatives que j'y ai faites sur ce sujet ont été froidement reçues, et, pour conclusion, se sont trouvées de peu de fruit ; en quoi l'on pourroit dire que Gênes y procède plus raisonnablement que Venise, puisque c'est la moindre chose que celle-ci puisse faire, si elle a besoin de secours et qu'elle en désire de l'autre, que de lui demander convenablement, ou, si elle n'en veut pas venir jusque-là, prendre quelque sujet indifférent d'écrire à cette république aux termes déjà convenus : moyennant quoi, je ne désespérerois pas qu'il ne s'en pût bientôt ensuivre une bonne conclusion.

Je ne dirai rien du duc de Parme à Votre Éminence, M. de Brienne m'ayant fait connoître que le roi étoit demeuré satisfait de la réponse que j'ai reçue de madame sa mère et de lui, sinon qu'il en faut attendre l'effet quand le cas y écherra ; et lors, ou il y viendra de bonne volonté, ou il y sera obligé comme les autres

---

1. La république de Gênes prétendait avoir droit aux mêmes titres et aux mêmes honneurs que la république de Venise.

par l'état où Sa Majesté aura mis ses affaires ; mais, comme ils m'ont parlé tous deux avec beaucoup d'ouverture et de franchise, et qu'ils ont d'ailleurs de grands sujets de dégoût des Espagnols, il semble qu'on doit juger favorablement de leurs intentions pour la France.

Quant à M. le duc de Modène et M. le cardinal son frère, il ne se peut rien ajouter aux témoignages qu'ils donnent de leur passion pour l'avancement des desseins du roi, de quelque côté qu'ils se portent, surtout si c'est de celui de Naples, pour lequel il offre sa personne et tout ce qui dépend de lui ; mais, nonobstant les intelligences qu'on y peut avoir et les grandes dispositions où sont les Napolitains d'en venir à une nouvelle révolte, il semble néanmoins qu'on ne le sauroit entreprendre avec apparence d'y pouvoir heureusement réussir sans une bonne armée de terre et une de mer pour la seconder, après s'être ouvert et assuré le passage de l'Alexandrin et du Tortonois par la prise d'Alexandrie et de quelque poste sur la Scrivia proche d'icelle, comme Tortone, si ce n'étoit que le pape fût de la partie, car, en ce cas, on pourroit prendre des mesures plus faciles et plus abrégées.

Pour ce qui est de Venise et de M. le grand-duc [de Toscane], je ne vois pas qu'il y ait lieu d'en rien attendre de positif en faveur du roi que par force ou par un grand intérêt ; la première, à cause de cette longue guerre contre le Turc qui lui sert de raison ou de prétexte pour éluder toutes les propositions et semonces de Sa Majesté, dont l'agrandissement en Italie lui étant toujours suspect, si elle ne peut arrêter la roue de sa fortune, elle jettera secrètement des pierres sur sa route pour en retarder le mouvement ; l'autre, parce qu'ayant plusieurs engagements avec l'Espagne, ce ne sera jamais que par quelque puissant motif et par la force des conjonctures qu'il s'en détachera, ce que j'ai appris, quoiqu'en d'autres termes, de sa bouche même.

Voilà le compte particulier que je puis rendre à Votre Éminence de ce que j'ai reconnu des sentiments de tous les princes et potentats vers lesquels j'ai eu ordre d'aller, et voici plus succinctement et en substance le jugement qu'on en peut faire :

Que le pape ne veut songer qu'à vivre, à maintenir son autorité dans Rome, à enrichir et bien établir sa maison, sans se soucier autrement de tout le reste ;

Que Venise ne peut et ne veut s'appliquer qu'à ce qui la regarde, si elle n'y est contrainte par la peur d'une force majeure ;

Que les princes de Lombardie n'osent, ayant le correctif des armes d'Espagne si proche d'eux et l'État de Milan à dos, et qu'en général ils sont tous jaloux et ennemis de l'avancement et prospérité les uns des autres, croyant que l'agrandissement de leurs voisins est une diminution de leur propre grandeur; de sorte qu'il n'y a que la peur d'un mal présent ou l'appât d'une espérance prochaine qui les puisse engager.

Pour cet effet, il semble nécessaire que le roi fasse passer une puissante armée dans l'État de Milan et s'y établisse du côté qu'il est déjà dit, comme le plus commode et celui auquel il se rencontre moins de difficultés; et, cela étant, toutes les puissances d'Italie suivront le char de son triomphe, les uns volontairement, parce qu'ils croiront d'y profiter, et les autres contraints, parce qu'ils craindront de se perdre s'ils y manquent; autrement, c'est se flatter vainement que de compter sur leur affection; leur conduite, comme leur souhait ordinaire, est de tenir les couronnes dans l'équilibre, afin d'avoir recours à l'une s'ils sont menacés de l'autre, et, quand l'une des deux fait pencher la balance en sa faveur, c'est lorsqu'ils se réveillent pour prendre parti, mais différemment, car Venise très souvent, quelquefois le pape, et Florence rarement ont pris celui du plus foible. Pour les autres, ils suivent presque toujours la fortune du plus fort, notamment si elle est du côté d'Espagne, parce que la connoissance de leur foiblesse et la situation de leurs États leur donnent plus grand sujet de craindre un danger prochain qu'une puissance éloignée.

Du surplus, jamais l'occasion ne fut ni plus belle ni plus favorable; les Espagnols ne savent où donner de la tête, n'ayant ni hommes, ni argent, ni crédit et leurs sujets dans une oppression fort prochaine de la révolte; Rome est à la veille d'un siège vacant, Venise épuisée de forces par la continuation d'une fièvre lente qui la consume, en sorte que la conservation de sa grandeur est sa ruine, et tous les autres princes d'Italie ou dans l'impuissance ou engagés avec nous par affection ou par nécessité, comme Modène et Savoie; car enfin plusieurs estiment qu'il se faut détromper de croire qu'ils agissent jamais volontairement pour la grandeur du roi. Ils connoissent et craignent trop les François, et ne croyent pas tant à la générosité dont ils pourroient user en leur endroit qu'à ce qu'ils peuvent faire, considérant moins ce qui seroit que ce qui pourroit être; si bien que tous nos mouvements sont appréhendés comme des orages capables de troubler leur repos et leur sûreté. Tout ce qu'on leur peut dire là-dessus ne les persuade point, et c'est pourquoi il y en a qui croient qu'il n'est pas seulement inutile et peut-être préjudiciable de les rechercher si ce n'est dans le rencontre de quelque occasion particulière, mais contre la bienséance et la dignité d'un si grand prince que le nôtre, qui doit porter ses affaires en avant et les laisser venir, surtout après les avances et les offres que je leur viens de faire, capables de justifier dans le public les actions de Sa Majesté, en un temps où elle est en guerre ouverte avec les Espagnols et dans la suite d'un si juste ressentiment que celui qu'elle peut avoir des troubles domestiques qu'ils ont excités en France, outre celui du mauvais procédé de M. le duc de Mantoue envers elle.....

La grandeur d'Espagne leur est à charge à tous, notamment dans une conjoncture où ils voient que la proposition du mariage de l'infante avec le roi des Romains s'avance fort, parce que, se ressouvenant de l'état soumis où ils se virent pendant le règne de Charles-Quint, ils appréhendent d'y retomber; mais ils ne veulent rien hasarder pour le prévenir, aimant mieux se tenir à leur condition présente que de se commettre aux incertitudes de l'avenir. Néanmoins, comme chacun d'eux est chatouillé de sa propre ambition, il est assez probable qu'à l'imitation de ces dames, que la honte retient, ils ne seroient pas marris d'être poussés, même avec violence, dans le chemin d'y satisfaire.

Voilà ce que j'ai cru devoir participer à Votre Éminence pour s'en servir selon que l'état présent des choses et la parfaite connoissance qu'elle a des forces et des affaires du roi lui feront juger à propos. Cependant, je suis ici dans l'attente des nouveaux ordres dont il lui plaira m'honorer, et, ne voyant pas qu'il y ait rien davantage à faire en ce lieu par mon ministère, ayant ponctuellement satisfait à tout ce qui me fut ordonné en partant de la cour. J'espère que, par le premier ordinaire, je recevrai la permission de m'en retourner en France.

(Copie. Affaires étrangères, Venise, LXXVI, 233.)

125. *Le bailli de Valençay à du Plessis-Besançon.*

Rome, le 13 octobre 1653.

Si la lettre qu'il vous a plu m'écrire du 5 du courant fût arrivée deux jours plus tôt qu'elle n'a fait, je n'aurois pas manqué de faire au pape l'ouverture que vous me marquez pour l'accommodement des républiques de Venise et de Gênes en mon audience de vendredi 10 du courant; je ne m'en oublierai pas dans la prochaine. Je lui parlai vendredi dernier de Casal et de l'introduction d'une garnison de Suisses dans la citadelle, laissant la souveraineté entière à M. de Mantoue, pourvu qu'il consentît à l'exécution de la paix de Cherasco et de celle de Münster. Et, sans m'assujétir à un plus long discours, je vous dirai qu'à la réserve de vaincre cette paresse naturelle qu'a Sa Sainteté, je l'ai tout à fait gagnée pour persuader M. le duc de Mantoue à prendre cette voie pour s'assurer dans ses États. Je ne perdrai point de temps, quand il sera de retour, à le résoudre de s'appliquer tout de bon à cette affaire ainsi qu'à la réunion de Venise et de Gênes, bien qu'à vous dire le vrai je me promette peu de choses de cet homme, ennemi des négociations et des affaires qui ne touchent pas sa maison.

(Original. Affaires étrangères, fonds France, mémoires et documents, CCCCVI, 308.)

126. Du Plessis-Besançon à Brienne.

Extrait.   Gênes, le 14 octobre 1653.

..... J'appris hier de bonne part que M. le duc de Mantoue faisoit un voyage à Venise et que, de là, il passe à Insprück avec madame l'archiduchesse, d'où il doit ramener une garnison d'Allemands pour Casal; cela étant, il ne faut point douter que, sous prétexte que ce ne sont point des troupes suspectes, cette place ne demeure à la dévotion des Espagnols, et c'est le moindre inconvénient qui en puisse arriver; le marquis della Val en devoit partir au plus tôt pour se rendre à Mantoue. Et, enfin, si le pape et les Vénitiens ne font prendre d'autres résolutions à ce prince dans la présente conjoncture, quelque inclination qu'en son particulier il ait pour la France, c'est se flatter de croire qu'il ne cède aux instances de sa sœur, de sa mère, de sa femme, et à l'autorité que s'est acquise le marquis della Val, qui le flatte d'ailleurs de l'espérance prochaine d'être réintégré dans cette partie du Montferrat adjugée à Savoie, par l'entremise d'une si puissante protection que celle de toute la maison d'Autriche. Par où vous voyez que le jugement que j'en fis, à mon retour d'auprès de cette Altesse, n'étoit pas mal fondé. Je finis en vous disant que, si le temps ne m'est contraire, je fais état de me pouvoir rendre à Marseille dans le 25 du courant.

(Minute. Affaires étrangères, Venise, LXXVI, 288, 289.)

127. Mazarin à du Plessis-Besançon.

Soissons, le 16 octobre 1653.

J'ai reçu votre dépêche du 23 de septembre et vu avec plaisir tout ce qu'elle contient; je n'avois pas besoin des nouvelles preuves que vous avez rendues, en ce dernier voyage, de votre habileté au maniement des grandes affaires pour estimer votre mérite, puisque, dès que j'eus l'honneur de vous proposer au roi pour le servir en cet emploi, je vous considérois déjà comme une personne des plus capables que je connusse de s'en bien acquitter. Mais je vous avoue que, s'il se pouvoit ajouter quelque chose à la bonne opinion que j'ai de vous, la manière dont vous vous êtes conduit en vos négociations avec les princes et républiques dont vous venez présentement, auroit achevé de le faire et très avantageusement pour vous. A la vérité, nous n'attendions pas que toutes vos diligences pussent produire grand effet, mais il étoit absolument nécessaire de les hasarder, et l'on auroit failli sans doute si l'on en eût usé autrement. Au reste, votre plan des affaires d'Italie est un chef-d'œuvre qu'on ne peut assez louer; je l'ai vu et considéré avec toute la satisfaction possible. Je serai bien aise d'avoir au plus tôt celui de Final; cependant, je vous dirai que, s'il y avoit lieu d'ajuster avec la république de Gênes qu'elle assistât secrètement Sa Majesté pour chasser les Espagnols de cette place-là, quand même ce devroit être à la charge de la remettre après au pouvoir de ladite république, le roi entendroit volontiers à cette affaire, et l'on disposeroit, sans perte de temps, les choses nécessaires pour la faire réussir; on leur pourroit même promettre, en ce cas, le traitement qu'ils désirent avec tant de passion.

(Original. Affaires étrangères, Venise, LXXVI, 292.)

APPENDICE XI.

Ambassade a Venise (1655-1658).

La correspondance concernant l'ambassade de du Plessis-Besançon à Venise remplit presque entièrement les tomes LXXVII, LXXVIII et LXXIX du fonds Venise aux Archives des Affaires étrangères et le volume 16101 du fonds français à la Bibliothèque nationale.

Nous ne publions ici qu'un extrait des instructions données pour cette mission à l'agent de Louis XIV. L'Introduction placée en tête de ce volume (pages xj et xij) et les *Mémoires* (pages 88 à 110) font connaître d'une façon qui nous a paru suffisante la manière dont du Plessis-Besançon s'acquitta de ses fonctions à Venise.

128. *Instruction au sieur du Plessis-Besançon, s'en allant ambassadeur à Venise.*

Extrait.   Guise, le 26 juillet 1655.

Sa Majesté pourroit se dispenser, ayant destiné à l'ambassade de Venise le sieur du Plessis-Besançon, de lui donner aucune instruction et de lui représenter l'état présent des affaires de la chrétienté et nommément de l'Italie, parce que, ayant été employé en plusieurs grandes et importantes négociations et dans ses armées, il s'en est acquis une entière et parfaite connoissance. Néanmoins, afin qu'il soit plus ferme en des rencontres, plus hardi en d'autres à se déclarer, Sa Majesté ne laisse de lui donner un mémoire auquel il sera traité des intérêts généraux de Sa Majesté avec tous les princes qui tiennent des ministres auprès de ladite république, et des particuliers de Sa Majesté avec la même, et de ceux de la république, soit tant en la chrétienté qu'en Levant, d'où ledit sieur prendra toutes les lumières nécessaires pour en avancer le bien et les affaires de Sa Majesté et de la république, laquelle ne se sauroit repentir de l'union et dépendance qu'elle a eues à cette couronne, puisque en toutes rencontres elle en a tiré divers avantages. Elle sait qu'il n'a tenu qu'aux Espagnols qu'elle n'ait été assistée pour se défendre de l'empereur ottoman, qui attaque le royaume de Candie et qui ne conçoit pas moins, si il lui avoit réussi, que de s'en impatroniser et d'ôter l'empire de la mer, même du golfe, à la république, laquelle ne peut désormais espérer que des offices de la part du roi, tant que la guerre durera entre cette couronne et celle d'Espagne. Ce sera l'une des plus sérieuses occupations dudit sieur du Plessis, étant à Venise, de faire appréhender au sénat que la monarchie d'Espagne s'accroisse en Italie, et il leur insinuera, selon que les occasions s'en présenteront, de songer à augmenter leurs États de terre ferme et de leur faire remarquer que ce sont eux qui font leur solide grandeur et qui rendent la république considérable au roi, lequel, si il n'a des prétentions sur partie de l'Italie, doit désirer d'en voir les Espagnols chassés.

Ledit sieur du Plessis, étant abordé aux confins des États de la république, fera avertir le sénat, et, étant entré inconnu à Venise, en ressortira pour y être reçu, selon qu'il a de tout temps été pratiqué, et mené au Collège par les mêmes sénateurs qui l'auront caressé; puis, après avoir présenté au doge ses lettres de créance, il leur expliquera ce qui suit :

Que Sa Majesté lui a commandé de venir résider auprès de la république, en la qualité de son ambassadeur ordinaire, à l'état de conserver la parfaite intelligence qui a paru depuis un long temps entre ce royaume et leur Seigneurie, avec ordre d'aider à leurs affaires comme aux siennes, qui ne peuvent désirer de la république, ou qu'elle prenne part à la guerre qui se fait en Italie, qui est le seul et le plus prompt moyen, pour avoir la paix, ou, qu'observant avec l'Espagne celle qui dure entre eux, ne laisse d'aider aux affaires de Sa Majesté, permettant à ceux qui la servent de tirer des États de la république, en payant, ce qui leur sera nécessaire, et, professant une entière neutralité apparente, aider Sa Majesté, qui proteste ne prétendre, de la dépense qu'elle fait, que de réduire les Espagnols à consentir à une paix juste et assurer pour toujours la liberté de l'Italie. En cette première audience, ledit sieur ne s'oubliera pas de dire au sénat qu'il a des ordres très précis d'aider à leur moyenner la paix avec le grand seigneur et de recevoir leurs avis des choses qui seront à faire pour en informer le sieur de la Haye, auquel Sa Majesté même écrit incessamment de profiter des conjonctures et de l'autorité de son nom et celle que la durée de l'alliance entre les deux empires lui peut avoir acquise, à l'effet principalement de disposer le divan à se rendre facile à l'accommodement si nécessaire entre la république et l'empire du Turc. Il seroit superflu d'avertir ledit sieur ambassadeur de ne se laisser pas surprendre aux réponses, qui tiennent de l'oracle, qui lui seront faites de la part du sénat. Il en connoît de longue main la manière d'agir et le poids qu'on peut donner à leurs écrits; mais, tout autant qu'il pourra, il insinuera au sénat qu'il n'y a point d'alliance qui leur soit sûre ni avantageuse que celle de Sa Majesté et qu'il faut qu'ils se garantissent des artifices des Espagnols en n'ouvrant pas l'oreille aux choses qu'ils pourroient avancer au préjudice de la France, juger des choses par la vérité et donner peu aux apparences.

Avec le ministre de l'empereur, ledit sieur du Plessis passera toutes les civilités accoutumées d'être observées entre les ambassadeurs des rois qui sont en paix, et la liaison de l'empereur et du roi catholique ne l'en empêchera pas; étant d'une même maison et leurs intérêts étant joints, il seroit difficile de ne trouver pas l'ambassadeur de Sa Majesté catholique enclin de promouvoir les avantages de l'autre, et il suffit de s'en garantir, ne l'admettre jamais pour juge ni médiateur des différends qu'on peut avoir et ne laisser de vivre avec lui en une entière civilité; enfin, observer ce qui a été pratiqué jusques à maintenant, à recevoir ou à rendre les visites. Et, à l'égard de celui d'Espagne, tenir une conduite si mesurée qu'elle puisse être admirée; et la guerre qui se continue ne doit pas être sujet de n'observer les civilités, et il faut par celles qu'on rend faire juger le monde des dispositions qu'on y conserve.

Pour aller à Venise, ledit sieur ambassadeur, étant obligé de passer par Gênes, prendra audience du sénat et fera entendre les ordres qui lui ont été donnés d'avancer autant qu'il pourra la paix entre les couronnes, d'aider aux intérêts de leur république, même de travailler à leur accommodement avec celle de Venise, offrira sa médiation si elle leur peut être agréable, et, ayant une parfaite connoissance de ce qu'elle y pourra désirer et l'autre accorder ou rejeter, ménagera en sorte ses paroles que l'une non plus que l'autre ne pourront pas avoir sa personne suspecte ; et, avec la délicatesse de son esprit, de laquelle il a souvent donné des preuves, il leur insinuera que, si la noblesse de Gênes s'attachoit au service de la France, elle trouveroit des moyens d'assurer leurs richesses, qu'ayant transportées en Espagne, elle a fait une république libre esclave d'une monarchie.

Au sortir des États de la république, ceux du duc de Parme se rencontrant, Sa Majesté désire que ledit sieur du Plessis prenne l'occasion de voir cette Altesse et pénètre autant qu'il pourra en quelle disposition il se retrouve, si, lassé de suivre les conseils de la duchesse, qui défère à l'aveugle à tout ce qui lui est mandé par le grand-duc et élève son fils en une entière dépendance de la maison d'Espagne, il seroit pour en revenir et auroit autant d'attachement que ses pères au passé et en nos jours ont eu pour la France, et, le trouvant disposé à s'unir, en découvrir les conditions, et peut-être que, touché d'émulation de la grandeur où Modène est près de s'élever, il seroit pour en suivre l'exemple afin de s'agrandir comme Modène et pour y réussir. Et certes ses États le rendent en sorte considérable que, s'en prévalant, il y auroit des choses à faire qui donneroient à Sa Majesté avec facilité le moyen de l'élever. Et, en l'une des lettres de l'un des secrétaires ayant paru que ce prince se fait présentement entretenir de ses affaires, c'est la conjoncture qui peut être désirée, et pour le dessiller, et pour l'engager à imiter la généreuse conduite de ses aïeux, dont la mémoire dure après leur mort par le souvenir des grandes choses qu'ils ont entreprises et heureusement achevées dans le service de l'une et de l'autre couronne. Soit donc que Parme, avant que de se déclarer, voulût attendre que la fortune eût incliné de notre côté, ou que, dès à présent, il fût pour s'exposer au sort connu de ceux qui sont collègues avec Sa Majesté, à savoir Savoie et Modène, il sera de son service qu'elle en soit promptement avertie, et ce ne seroit pas lui en rendre un léger, au contraire, un très considérable d'avoir ménagé Parme. C'est ce qui est remis à la conduite et à la prudence dudit sieur du Plessis, lequel de Venise pourra même le faire résoudre à ce qu'il n'aura su emporter en son passage, s'il peut ménager ceux de la confidence du prince, et établir entre lui et eux une communication de lettres. Et, comme Mantoue s'est déjà laissé entendre qu'il veut essayer de recouvrer les bonnes grâces de Sa Majesté, faisant ce qui pourra dépendre de lui pour faire oublier la faute en laquelle il est tombé, cette Altesse, à l'exemple de celle-là, peut trouver à s'excuser de diverses choses en prenant une bonne résolution, et profiter de ce qu'il semble assuré que les Espagnols ne pourront défendre le duché de Milan, duquel ils soutiennent que Plaisance meut, et qui a souvent été un sujet de débat entre eux, et qu'il seroit de sa grandeur comme de sa prudence de s'en affranchir : ce qui seroit infaillible si il aidoit à chasser les Espagnols de la Lombardie. Il n'y a rien à être dit audit sieur du Plessis au sujet du duc de Modène : c'est un prince plein d'ambition, très capable de toutes choses, de bien commander son armée comme de régir ses peuples, lié désormais d'intérêt à la France ; de sorte que l'ordre que l'on peut donner audit sieur du Plessis se réduit à aider et favoriser ses entreprises, l'assister de ses conseils lorsqu'il l'en recherchera. Et, comme Sa Majesté est persuadée que la suffisance du sieur du Plessis-Besançon est tout à fait étendue, qu'il a l'expérience des affaires du monde et de commander une armée, la réputation qu'il s'est acquise en divers emplois de guerre l'a fait préférer à plusieurs à l'emploi où il est envoyé, comme y pouvant être très utile et au besoin en être tiré pour aller assister ledit duc, et pour son service et son avantage; sans en attendre des ordres de la cour, il pourra agir à l'endroit du sénat, l'avertira et le cardinal son frère de ceux qui lui ont été donnés.

Tiendra ledit sieur ambassadeur une parfaite correspondance avec celui qui sera à Rome de la part de Sa Majesté, en Piémont et en Suisse, comme avec celui qui résidera à la Porte ottomane, lui donnera ses avis et recevra les leurs, et agiront de concert pour avancer le service de Sa Majesté, à laquelle il sera soigneux d'écrire les choses qui viendront à sa connoissance, qui seront d'importance, sera tout à fait soigneux de ménager l'affection des gentilshommes vénitiens élevés au cardinalat et celle du sénat pour faire qu'en toutes rencontres ils appuient ce qui sera du bien des affaires de Sa Majesté.

(Original. Affaires étrangères, Venise, LXXVI, 375.)

SOMMAIRES

1627. — Du Plessis-Besançon prend part au siège de Groënlo dans les Pays-Bas, puis rejoint l'armée française devant la Rochelle, p. 1.
1628. — Siège de la Rochelle, p. 1, 2. — Du Plessis-Besançon invente des machines flottantes pour barrer le chenal au milieu de la digue, p. 2.
1629. — Campagne de Piémont et secours de Casal, p. 3. — Du Plessis-Besançon fait passer le Var à un corps de troupes, p. 3. — Le pas de Suze est forcé par l'armée française, p. 3. — Charles de Besançon, commissaire général de l'armée du duc de Guise et frère de l'auteur des Mémoires, a une dispute avec le maréchal d'Estrées, p. xiv. — Il est arrêté, p. xiv. — Guerre en France contre les huguenots, p. 4. — Sièges de Montauban et de Privas, p. 4. — Charles de Besançon est condamné à mort, p. xiv. — Sa peine est commuée, et il est enfermé au Fort-l'Évêque, p. xiv. — Du Plessis-Besançon fait une reconnaissance de la frontière d'Espagne, p. 5.
1630. — Siège de Pignerol, p. 5. — Le maréchal de Schomberg prépare le secours de Casal, p. 5. — Entreprise des retranchements d'Avigliana, p. 5. — Du Plessis-Besançon est chargé de reconnaître la route devant l'armée qui doit ravitailler Casal, p. 6, 112, 113, 114, 115. — Les Espagnols abandonnent Casal, p. 7. — Opérations dans les Alpes contre le prince Thomas de Savoie, p. 7, 8. — Toute la Savoie est occupée par l'armée française, p. 8. — Du Plessis-Besançon explore les cols des Alpes, p. 9. — Il est nommé aide-major au régiment des gardes, p. 9, 10.
1631. — Gaston d'Orléans sort du royaume, p. 10. — Craintes d'une nouvelle rupture avec l'Espagne, p. 10. — Du Plessis-Besançon inspecte les places fortes de la frontière du Nord, p. 10. — Charles de Besançon, évadé de prison, passe dans les

Flandres avec Marie de Médicis, p. 11, xv, xvj, xvij, xviij. — Du Plessis-Besançon est enfermé à la Bastille, p. 11, xviij.

1632. — Charles de Besançon prend part à divers complots dirigés contre Richelieu, p. xviij. — Révolte dans le Languedoc, p. xviij. — Le duc de Montmorency est battu et fait prisonnier, p. xviij. — Marie de Médicis projette de faire enlever Mme de Combalet pour forcer Richelieu à mettre le duc de Montmorency en liberté, et confie cette entreprise à Charles de Besançon, p. xviij. — Tentative d'enlèvement de Mme de Combalet; elle échoue, p. xix, xx, xxj, xxij.

1633. — Charles de Besançon s'associe à de nouveaux complots contre Richelieu, p. xxij, xxiij. — Les conjurés projettent d'empoisonner le cardinal, p. xxiij, xxiv. — Une embuscade est tendue à Charles de Besançon, près de Péronne, p. xxiv. — Il négocie une réconciliation avec la cour, p. xxiv, xxv, xxvj.

1634. — Bouthilier intervient dans ces pourparlers, p. xxvj.

1635. — Du Plessis-Besançon est remis en liberté, p. 12. — Charles de Besançon obtient des lettres de grâce, p. xxvj. — Il tente d'enlever un agent de la reine mère sur la frontière des Pays-Bas, p. xxvj, xxvij. — Du Plessis-Besançon est chargé de mettre en état les fortifications de Toulon et des côtes de Provence, p. 12. — Prise par les Espagnols des îles de Sainte-Marguerite et de Saint-Honorat, p. 12.

1636. — L'auteur des Mémoires sert en qualité de maréchal de bataille sous les ordres du maréchal de Vitry, p. 12. — Pourparlers avec le duc de Savoie en vue d'une attaque de Morgues, p. 13.

1637. — Du Plessis-Besançon est envoyé à la cour pour proposer une attaque des îles Sainte-Marguerite et Saint-Honorat, p. 13, 14. — Démêlés du maréchal de Vitry avec l'archevêque de Bordeaux, p. 14. — Le comte d'Harcourt est chargé d'attaquer les îles, p. 15. — Du Plessis-Besançon est blessé à la prise de l'île Sainte-Marguerite, p. 15, 16. — Description de bateaux plats inventés spécialement pour la descente dans les îles, p. 16, 17. — Du Plessis-Besançon épouse Louise d'Amphoux au château de Montmyan, en Provence, p. xj. — Il prend part au siège de Landrecies, p. 17. — Il explore les environs d'Avesnes en compagnie de Fabert, p. 17, 18. — Siège de la Capelle, p. 18.

1638. — Du Plessis-Besançon explore la frontière d'Espagne, p. 18. — Siège de Fontarabie, p. 19. — Déroute de l'armée française, p. 19, 20.

1639? — Campagne de Roussillon, p. 20. — Du Plessis-Besançon s'empare de Rivesaltes et se distingue dans un combat devant Salces, p. 20. — Cette dernière place tombe au pouvoir des Espagnols, p. 20.

1640. — Projet d'attaque de Nice et de Villefranche, p. 21. — Du Plessis-Besançon conduit un corps de troupes de Guyenne en Dauphiné, p. 21, 22. — Il fait une exploration sur les côtes d'Italie, à bord de la flotte, p. 22. — Va trouver la cour à Amiens, p. 22. — Prend part aux opérations du siège d'Arras, p. 22, 23. — Révolte de Catalogne, p. 23. — Instructions remises à du Plessis-Besançon pour traiter avec les Catalans, p. 115, 116, 117, 118. — Du Plessis-Besançon se rend en Catalogne, p. 119. — Il a diverses conférences avec don Aléis de Vileplana, don Raymond de Guimera et don Francisco de Tamarit, députés des Catalans, p. 120, 121. — Propositions des Catalans, p. 121, 122, 123, 124. — Mémoire de du Plessis-Besançon sur la Catalogne, p. 120, 121, 122, 123, 124, 125. — Préparatifs faits en France pour venir en aide aux Catalans, p. 125, 126. — Du Plessis-Besançon arrive à Barcelone, p. 127. — Projets d'articles concernant le Roussillon et la Cerdagne, p. 128, 129. — La France exige des Catalans l'abandon de ports de sûreté, p. 130, 131. — Envoi de députés catalans à Paris, p. 130, 131. — Un traité est signé, le 16 décembre, entre la France et les Catalans, p. 24, 25, 132. — Exposé de la situation en Catalogne, p. 132, 133, 134. — Le comte d'Espenan capitule dans Tarragone, p. 25, 135. — Du Plessis-Besançon reçoit le commandement en chef des troupes françaises en Catalogne, p. 25, 135, 137.

1641. — Les Catalans s'efforcent de défendre la position de Martorell, p. 135, 136. — D'Espenan est obligé de rentrer en France avec ses troupes, en vertu de la capitulation de Tarragone, p. 25, 136, 143, 144. — Désespoir des Catalans, p. 25, 138. — De Noyers annonce à du Plessis-Besançon l'envoi d'importants secours, p. 138, 139, 140. — Les Catalans cèdent le port de Cap-de-Quiers à la France, p. 140. — Les états de Catalogne, convoqués en assemblée générale, proclament la réunion à la France de la Catalogne, du Roussillon et de la Cerdagne, p. 26, 141, 142, 143, 144, 145. — Les Catalans donnent plein pouvoir à du Plessis-Besançon pour la défense de la province, p. 30, 146. — Les troupes espagnoles forcent le poste de Martorell et viennent assiéger Barcelone, p. 25, 147. — Combats devant Barcelone; défaite des Espagnols, p. 25, 26, 27, 147, 148. — Philippe de la Motte-Houdancourt et René d'Argenson sont chargés de continuer les opérations de guerre et les négociations en Catalogne, p. 28, 148. — Mémoire de du Plessis-Besançon sur la situation de la Catalogne au mois de février 1641, p. 149, 150, 151, 152, 153. — Du Plessis-Besançon retourne à la cour, p. 28, 29. — L'armée navale française subit un grave échec devant Tarragone, p. xxvij. — Charles de Besançon fait une enquête sur la conduite de Henri de Sourdis, archevêque de Bordeaux et général des galères, p. xxvij, xxviij. — L'auteur des Mémoires sert en Roussillon en qualité de maréchal de bataille, sous les ordres de M. le Prince, puis auprès du maréchal de Brézé, p. 30, 31.

1642. — Du Plessis-Besançon reçoit l'ordre d'accompagner le roi en Roussillon, p. 31, 32. — Il est chargé de réparer les fortifications de Sainte-Menehould, Vitry-le-François et Saint-Dizier, p. 32. — Charles de Besançon est nommé intendant de Touraine, p. xxviij.

1643. — Du Plessis-Besançon fait restaurer les fortifications de Bayonne, p. 32, 33. — Il négocie un échange général des prisonniers de guerre entre la France et l'Espagne, p. 33, 35. — Mort de Louis XIII, p. 33. — La reine promet à du Plessis-Besançon le gouvernement de Salces, p. 33. — L'auteur des Mémoires signale à Mazarin les complots de la coterie des Vendôme, p. 35. — Le maréchal de Guébriant meurt des suites d'une blessure reçue au siège de Rottweil, p. 35, 153. — Déroute de Tüttlingen, p. 35, 153. — Du Plessis-Besançon est envoyé auprès des chefs du corps weymarien, p. 36, 37. — Instructions qui lui sont données pour cette mission, p. 153, 154, 155, 156.

1644. — Les Weymariens s'engagent à rester au service de la France, p. 37, 38. — Ils font un accueil enthousiaste au maréchal de Turenne, p. 38. — Don Francisco de Mello est menacé de la disgrâce du roi d'Espagne après la bataille de Rocroi, p. 38, 39. — Mazarin charge du Plessis-Besançon d'aller à Bruxelles sonder les dispositions du capitaine général des Pays-Bas, et de voir s'il ne serait pas disposé à se retirer en France, p. 38. — Instructions relatives à cette mission, p. 156, 157, 158, 159, 160, 161. — Du Plessis-Besançon est reçu par don Francisco de Mello et cherche à faire croître la défiance du capitaine général contre la cour de Madrid, p. 161, 162, 163, 164. — Don Francisco de Mello, dans un nouvel entretien, décline les propositions de l'envoyé français, p. 165, 166. — Du Plessis-Besançon rapporte en France des pierreries de grand prix que la reine mère avait engagées dans divers lieux des Pays-Bas, p. 39. — Propositions d'arrangement avec le duc Charles IV de Lorraine, p. 39. — Instructions remises à du Plessis-Besançon pour traiter avec le duc de Lorraine, p. 166, 167, 168, 169, 170. — Voyage de du Plessis-Besançon à Hombourg près de Mme de Cantecroix, p. 40, 41, 42. — L'agent de Mazarin rencontre le duc Charles à Worms, p. 42. — Pourparlers en vue d'un traité, p. 42, 43, 44. — Du Plessis-Besançon revient à la cour dans les premiers jours de juin, p. 170. — Instructions complémentaires qui lui sont remises, p. 170, 171. — L'agent français retourne auprès du duc de Lorraine à Guémine, p. 44. — Le duc Charles et du Plessis-Besançon paraphent les articles d'un traité de paix, p. 44, 171, 172, 173, 174, 175. — L'auteur des Mémoires fait connaître au prince de Condé son impression sur ces négociations, p. 176, 177, 178. — Du Plessis-Besançon revient à Paris prendre les dernières instructions de Mazarin, p. 44, 45. — Il retourne à Metz, p. 45. — Il fait de vains efforts pour revoir le duc Charles ou Mme de Cantecroix, p. 45, 46, 47. — Pourparlers avec des agents du duc de Lorraine, p. 45, 46, 47, 48. — Rupture des négociations, p. 48, 49, 178, 179. — Don Francisco de Mello traverse la France pour retourner en Espagne, p. 49. — Du Plessis-Besançon l'accompagne pendant ce voyage, p. 49, 50. — Entretiens de l'auteur des Mémoires avec le général espagnol, p. 50, 179, 180, 181, 182, 183. — Des députés catalans viennent en France demander un nouveau vice-roi, p. 50. — Ils expriment le désir que du Plessis-Besançon soit envoyé en Catalogne pour préparer l'arrivée du comte d'Harcourt désigné comme vice-roi, p. 50, 51. — L'auteur des Mémoires est envoyé en Catalogne, p. 51. — Instructions concernant cette mission, p. 183, 184, 185, 186, 187, 188. — Avant son départ, du Plessis-Besançon est nommé gouverneur d'Auxonne, p. 51.

1645. — Arrivée de du Plessis-Besançon à Barcelone, p. 188. — Il est reçu avec enthousiasme dans le conseil des Cent, p. 52, 188, 189. — Il fait connaître à la cour son opinion sur l'état des affaires en Catalogne, et suggère divers moyens pour améliorer la situation, p. 189, 190, 191, 192, 193, 194, 195, 196, 197, 198, 199, 200, 201. — Le comte d'Harcourt fait son entrée en Catalogne, p. 51, 202. — Il visite les travaux du siège de Roses, dirigés par le comte du Plessis-Praslin, p. 202, 203, 204. — Le comte d'Harcourt entre en campagne sur la Sègre, p. 204, 205. — Du Plessis-Besançon est nommé maréchal de camp à l'état-major du comte d'Harcourt, p. 205. — Prise de Roses par l'armée française, p. 205. — Mazarin songe à remplacer Marca, visiteur général en Catalogne, par du Plessis-Besançon, p. 206. — Passage de la Sègre par l'armée française, p. 52, 206, 221. — Bataille de Llorens, p. 52, 53, 206, 207, 221. — L'armée française s'établit dans le poste de Termes sur la Sègre, p. 207. — Siège de Balaguer, p. 53, 207, 208, 209, 210, 211. — Flix est perdu puis repris par l'armée française, p. 53, 211, 212. — Capitulation de Balaguer, p. 53, 213. — Conjuration tramée à Barcelone pendant que le comte d'Harcourt conduit les opérations de guerre sur la Sègre, p. 213, 214, 215, 216, 217, 218, 219, 220, 221. — Le comte d'Harcourt, ayant avis du complot, envoie du Plessis-Besançon à Barcelone pour veiller à la sûreté de la ville, p. 222. — Hésitations des conjurés, p. 222, 223. — Ils sont découverts et exécutés, p. 224, 225, 226, 227, 228.

1646. — Du Plessis-Besançon est envoyé en Italie, p. 54. — Instructions relatives à cette mission, p. 228, 229. — L'auteur des Mémoires obtient de la duchesse de Savoie et du marquis de Pianesse, premier ministre à Turin, des assurances d'attachement à la France, p. 54, 230, 231, 232, 233. — Il fait passer un corps de troupes de six mille hommes à Oneglia, p. 54, 55. — Le maréchal du Plessis-Praslin charge du Plessis-Besançon d'obtenir du duc de Parme un droit de passage et des facilités pour l'approvisionnement de nos troupes, p. 55. — Instructions relatives à cette mission, p. 233, 234, 235. — Le duc de Parme fait droit aux demandes de l'agent français, p. 55, 235, 236, 237, 238. — Prise de Porto-Longone, p. 238, 239, 240. — Impression produite en Italie par cette conquête, p. 240. — Du Plessis-Besançon se défend auprès de Mazarin de remplir des fonctions diplomatiques et manifeste sa préférence pour les emplois militaires, p. 56, 57.

1647. — Mazarin se propose de former une ligue des princes italiens contre l'Espagne, p. 57. — Instructions remises à du Plessis-Besançon pour agir auprès de ces princes, p. 240, 241, 242, 243, 244, 245, 246, 247, 248, 249, 250. — L'auteur des Mémoires visite la cour de Parme, p. 58, 251, 252, 253, 254, 255. — Il reçoit des assurances de bon vouloir du duc de Parme et du premier ministre Gauffridy, p. 255. — Entrevues de du Plessis-Besançon avec le duc de Modène et le cardinal d'Este, p. 58, 255, 256. — Séjour de du Plessis-Besançon à Mantoue, p. 58, 257, 258, 259, 260, 261. — Conférences entre le cardinal

Grimaldi et du Plessis-Besançon, p. 59, 262. — Mazarin approuve les diverses démarches de son agent, p. 263, 264. — Du Plessis-Besançon sonde les dispositions du grand-duc de Toscane, p. 262. — Il fait une démarche analogue auprès du Sénat de la république de Lucques, p. 265, 266, 267. — La nouvelle d'un échec du prince de Condé devant Lérida parvient en Italie, p. 267, 268. — Pourparlers entre du Plessis-Besançon, le cardinal Grimaldi et le marquis Calcagnini, premier ministre du duc de Modène, p. 59, 267, 268, 269, 271. — Hésitations des princes italiens, p. 269, 270, 271, 272, 273. — Nouveaux pourparlers avec le duc de Modène, p. 59, 273, 274, 275, 276, 277. — Du Plessis-Besançon obtient du duc de Parme les passages et les assistances de vivres nécessaires aux troupes françaises, p. 60, 274. — Signature d'un traité d'alliance offensive et défensive entre la France et le duc de Modène, p. 59, 277, 278. — Exposé de la situation en Italie, p. 278, 279. — Forces respectives des Français et des Espagnols, p. 279. — Opérations militaires sur le Pô, siège de Crémone, p. 59, 60, 283, 284, 285, 286, 287. — Observations de Mazarin à ce sujet, p. 290, 291. — Entrevues de du Plessis-Besançon avec la duchesse de Mantoue, p. 279, 280, 281. — L'agent français manque d'être enlevé par un corps de cavalerie espagnole près de Castello-San-Giovanni, p. 281, 282. — Insuffisance du prince Thomas de Savoie comme commandant en chef, p. 283, 284, 289. — Appréciations de Mazarin sur les affaires d'Italie, p. 287, 288, 289, 290, 291, 292. — Du Plessis-Besançon rend compte à Mazarin de nouvelles entrevues avec le duc de Parme et avec la duchesse de Mantoue, p. 293, 294, 295, 296. — Troubles à Naples, p. 61, 296. — Le duc de Guise est appelé par les Napolitains, p. 61. — Démonstration navale du duc de Richelieu devant Naples, p. 61. — Préparatifs d'une nouvelle expédition à Naples, p. 61, 62. — Du Plessis-Besançon est désigné pour commander en chef durant cette campagne, p. xxxv, 62.

1648. — L'auteur des Mémoires attend à Toulon que la flotte soit prête pour l'expédition de Naples. Lenteur des préparatifs, p. 62, 297, 298, 299, 300, 301, 302. — Instructions relatives à cette mission, p. 297, 298, 299. — Le cardinal Grimaldi est adjoint à du Plessis-Besançon pour diriger l'expédition projetée, p. 62, 63, 297. — Arrestation du duc de Guise à Naples, p. 62, 300, 301. — Du Plessis-Besançon se rend à Piombino, où il est rejoint par le cardinal Grimaldi, p. 62, 63, 303, 304, 305. — Le prince Thomas de Savoie est désigné pour commander en chef l'armée navale et l'armée de terre en cas de descente, p. 63, 305. — Appréciations de Mazarin sur les affaires de Naples, p. 306, 307. — Arrivée de l'escadre française à Piombino sous les ordres du duc de Richelieu et du chevalier Garnier, p. 63, 307. — Du Plessis-Besançon a une entrevue à Sainte-Marinelle avec le marquis de Fontenay-Mareuil, ambassadeur de France auprès du saint-siège, p. 309. — L'armée navale se présente devant Naples, p. 63, 310. — Pourparlers avec les chefs du parti populaire, p. 311, 312, 313. — Opérations dans le golfe de Naples, p. 313, 314, 315, 316, 317. — L'escadre, à bout de vivres, et ne voyant aucun mouvement se produire parmi les Napolitains, rentre à Porto-Longone dans l'île d'Elbe, p. 63, 318, 319. — Du Plessis-Besançon expose à Mazarin le plan d'une nouvelle expédition sur les côtes de Naples, p. 320, 321. — Il ne dissimule pas à la cour le peu de chance de succès que présente désormais l'intervention de la France, p. 322, 323, 324, 325, 326. — Le prince Thomas, avec une nouvelle escadre, rejoint les forces françaises à Rio dans l'île d'Elbe, p. 326, 327. — Conférences entre le cardinal Grimaldi, le prince Thomas et du Plessis-Besançon, p. 328, 329, 330, 331. — La flotte française retourne dans le golfe de Naples et occupe l'île de Procida, p. 64, 333, 334. — Le cardinal Mazarin fait savoir aux chefs de l'expédition que, dans le cas où l'entreprise de Naples ne réussirait pas, il faudra se porter en Catalogne, p. 335. — Descente des troupes françaises dans le golfe de Salerne, p. 64, 335, 336, 337, 338, 339. — Les chefs de l'expédition examinent la question de savoir si l'on doit garder Procida, p. 64, 65, 339. — L'armée navale abandonne Procida, p. 64, 65, 340. — Désarmement de la flotte à Toulon; désarroi de l'administration de la marine, p. 65, 66.

1649. — La cour quitte Paris, p. 66. — Du Plessis-Besançon est envoyé en mission en Normandie, p. 66, 67. — Le duc de Longueville entre dans Rouen, p. 68. — Opérations militaires en Normandie, p. 68. — Charles de Besançon est arrêté à Paris et reçoit des frondeurs une commission pour commander des troupes de cavalerie, p. xxviij, xxix. — Il passe dans les rangs de l'armée royale, p. xxix. — Nouvelle négociation de du Plessis-Besançon avec le duc Charles de Lorraine, p. 68, 69, 70. — Points desquels on ne pouvait se relâcher dans l'accommodement avec le duc de Lorraine, p. 70, 71. — Conférences de du Plessis-Besançon avec le sieur Rousselot de Hédival, secrétaire d'État du duc Charles, p. 69, 70, 71, 72, 73, 74. —

Rupture des pourparlers, p. 74, 75. — L'auteur des Mémoires revient trouver la cour à Compiègne, p. 75. — Opinion de la reine et du duc d'Orléans sur ces négociations, p. 75. — Mission de Vautorte à Bruxelles, p. 76. — Du Plessis-Besançon se rend dans son gouvernement d'Auxonne, p. 77. — Il reçoit la visite du prince de Condé, p. 77. — Retour de du Plessis-Besançon à Paris, p. 77. — Assemblée de la noblesse à l'hôtel de Sourdis, p. xxix. — Scène faite à Charles et à Bernard de Besançon par le marquis d'Alluye, p. xxix, xxx.

1650. — Arrestation des princes, p. 77. — Du Plessis-Besançon retourne à son gouvernement, p. 77. — Troubles en Bourgogne, p. 78. — Le duc de Vendôme est nommé gouverneur de Bourgogne, p. 79. — Voyage de la cour en Bourgogne, p. 80. — Siège de Bellegarde, p. 80.

1651. — Mise en liberté des princes, p. 81. — Du Plessis-Besançon fait un nouveau voyage à Paris, p. 81. — Départ du cardinal Mazarin pour l'Allemagne, p. 81. — Le prince de Condé change son gouvernement de Bourgogne contre celui de Guyenne, p. 81, 82. — L'auteur des Mémoires abandonne le gouvernement d'Auxonne, p. 82, 83. — Sa fidélité au roi pendant la Fronde, p. 83, 84. — Il est atteint d'une fièvre quarte, p. 84.

1652. — Du Plessis-Besançon demeure malade à Paris, p. 84, 85. — Il ne peut accompagner le comte d'Harcourt qui veut l'emmener en Guyenne en qualité de lieutenant général, p. 85. — Il va aux eaux de Bourbon, p. 85.

1653. — L'auteur des Mémoires est nommé lieutenant général des armées du roi et envoyé auprès des princes d'Italie, p. 85, 86. — Instructions remises à du Plessis-Besançon en vue de pourparlers avec le duc de Savoie, p. 341, 342. — Directions pour régler l'attitude de du Plessis-Besançon pendant les séjours qu'il fera à Gênes, à Parme et à Modène, p. 343, 347. — Instructions en vue de pourparlers avec le duc de Mantoue concernant Casal, p. 343, 344, 345, 346. — Autres instructions pour traiter avec la république de Venise et avec le grand-duc de Toscane, p. 345, 347. — Négociation de du Plessis-Besançon avec le duc de Mantoue, p. 347, 348, 349, 350, 351. — Mémoires échangés entre l'agent français et le duc de Mantoue, p. 351, 352, 353, 354, 355, 356. — Le duc de Mantoue rend publiques les notes qu'il a échangées avec du Plessis-Besançon, p. 356, 357. — Du Plessis-Besançon se rend successivement à Parme, Modène, Venise, Florence, Pise et Gênes, p. 357. — Il fait connaître à Mazarin les dispositions de la cour de Savoie, p. 358; — du duc de Mantoue,

p. 358, 359; — de la république de Gênes, p. 359, 360; — du duc de Parme, p. 360, 361; — du duc de Modène, p. 361; — du sénat de Venise et du grand-duc de Toscane, p. 360, 361. — Il résume ses impressions sur l'état de l'Italie, p. 361, 362, 363. — Le bailli de Valençay s'efforce d'intéresser le souverain pontife dans les négociations relatives à Casal, p. 363, 364. — Mazarin approuve les diverses démarches de du Plessis-Besançon, en Italie, p. 364, 365.

1654. — Préparatifs en vue du siège de Fontarabie, p. 86. — Ce projet est abandonné, p. 86, 87. — Du Plessis-Besançon conduit un corps de troupes de Guyenne en Picardie, p. 87, 88.

1655. — Pourparlers entre Mazarin et du Plessis-Besançon au sujet de l'ambassade de Venise, p. 88, 89, 90. — Des avantages particuliers sont offerts à du Plessis-Besançon, p. 90. — Il est nommé ambassadeur à Venise, p. 90. — Instructions relatives à cette mission, p. 365, 366, 367, 368, 369. — Pendant son séjour à Venise, du Plessis-Besançon devra continuer à diriger l'action politique de la France auprès de tous les états de la haute Italie, p. 92, 368, 369. — Entrée solennelle de du Plessis-Besançon à Venise, p. 90, 91.

1656. — Négociation secrète avec le duc de Mantoue, p. 93. — Ce prince nous témoigne des dispositions favorables pendant le siège de Valence, p. 93. — Du Plessis-Besançon expose aux Vénitiens les motifs pour lesquels la France est obligée de continuer la guerre en Italie, p. 94, 95. — Il proteste auprès du sénat contre l'habitude de la république de Venise d'acheter les déserteurs et les prisonniers français pour les envoyer guerroyer contre les Turcs, p. 95, 96. — Séjour du duc de la Mirandole à Venise, p. 96. — Du Plessis-Besançon obtient de lui qu'il s'attache aux intérêts de la France, p. 96. — L'auteur des Mémoires s'oppose au passage d'un corps de troupes impériales à travers les états de Venise, p. 97, 98, 99.

1657. — Démarches du saint-siège pour faire rentrer les Jésuites dans l'état de Venise, p. 99, 100. — Du Plessis-Besançon intervient auprès du sénat en faveur de ces religieux, p. 100, 101. — Succès de ces négociations, p. 102. — Le duc de Modène fait savoir à du Plessis-Besançon que le duc de Mantoue est sur le point de contracter un engagement avec les Espagnols, p. 102. — L'auteur des Mémoires se rend précipitamment auprès du duc de Mantoue et signe avec ce prince un traité qui le fait entrer dans nos intérêts, p. 103, 104. — Le duc de Mantoue ne tient pas ses engagements, p. 105, 106.

1658. — Menacé par les armées françaises, le duc de Mantoue signe un traité de neutralité, p. 106. — Du Plessis-Besançon calme les appréhensions causées aux Vénitiens par la présence des troupes françaises dans le Mantouan, p. 106. — Il obtient du sénat un droit de passage et d'approvisionnement pour l'armée française dans les états de la république, p. 107. — Difficultés avec le sénat de Venise au sujet de l'exercice du droit d'asile dans les ambassades, p. xj. — Du Plessis-Besançon prie Mazarin de mettre un terme à sa mission, p. 107. — L'auteur des Mémoires quitte Venise, p. 108. — Il traverse les états du duc de Modène, du duc de Parme et du duc de Savoie, p. 108, 109. — A son passage, il signe avec le duc de Parme un traité accordant à la France le droit d'établir des entrepôts de munitions dans la ville de Plaisance, et diverses facilités pour le passage et l'approvisionnement des troupes françaises, p. 109. — Appréciations générales de du Plessis-Besançon sur le caractère de ses missions, p. 110, 111.

1660. — L'auteur des Mémoires reprend le gouvernement d'Auxonne qu'il occupe jusqu'à sa mort, p. xij.

1663-1664. — Démarches tentées par du Plessis-Besançon en vue d'obtenir l'ambassade de Suisse, p. xij.

1665. — Lyonne fait aviser du Plessis-Besançon que le roi se propose de l'envoyer comme ambassadeur dans les Cantons, p. xij. — Cette nomination est ajournée, p. xij.

1670. — Mort de du Plessis-Besançon, p. xij, xiij.

TABLE ALPHABÉTIQUE

DES NOMS.

Abruzzo (l'), 308, 310.
Abzac de Ladouze (François d'), marquis de Vergne, xxxj.
Acqui, ville d'Italie, 231.
Adda (l'), 285.
Agde, 147.
Ager, 186, 207, 209, 210.
Agramunt, 50, 204.
Aguiles ou Aguilo (Onofre), député des états de Catalogne, 215, 216, 219, 220, 222, 223, 226.
Aiguillon (la duchesse d'), xviij. — Voir Mme de Combalet.
Aire, 157.
Aix, 301.
Alais (Louis de Valois, comte d'), 22.
Alais (les gendarmes du comte d'), 140.
Alais (le régiment d'), 204.
Albertville, 8.
Albi (le baron d'), 214.
Albi (dona Ippolyta d'Aragon, baronne d'), 214, 215, 216, 219, 222, 223, 226, 227.
Alexandre VII, pape, 99.
Alexandrie, ville d'Italie, 114, 281, 361.
Alfaques de Tortose (le port des), 133, 134, 151.
Allemagne (l'), 10, 36, 44, 70, 157, 180, 181, 259, 273, 295.
Allemands (les), 18, 35, 37, 96, 107, 334, 364.
Alluye (Paul Escoubleau de Sourdis, marquis d'), xxix.
Alpheston (le père), xxv.
Alsace (l'), 36, 172, 181, 182.

Ambres (les gendarmes d'), 140.
Amelot de la Houssaye (Abraham-Nicolas), 102.
Amiens, 22, 59, 115, 263, 265, 267.
Amigant (le sieur), 222, 225.
Amphoux (Louise d'), xj.
Ampourdan (l'), 136, 149, 196.
Ancise ou Ensisheim, ville d'Alsace, 37.
Ancre (Concino Concini, maréchal d'), 12.
Andilly (Antoine Arnauld d'), capitaine d'infanterie puis abbé de Chaumes, 326, 327.
Angleterre (l'), 160.
Angoulême (Charles de Valois, duc d'), 22.
Angoumois (l'), viij.
Anguien (Louis de Bourbon, prince de Condé, duc d'). — Voir Condé.
Anguien (le régiment d'), 126, 135.
Anjou (le régiment du duc d'), 203.
Anne d'Autriche, reine de France, 33, 42, 43, 44, 82, 83, 153, 160, 181, 238.
Annese (Gennaro), 300.
Annonciate (la tour de l'), 321.
Ansedonia, 237.
Antibes, 3.
Aoste, 8.
Aragon (l'), 122, 130, 133, 136, 149, 151, 152, 207, 208, 210, 214.
Aragonais (les), 150.
Arden (don Joseph d'), 218, 219.

TABLE ALPHABÉTIQUE

Areso (le président), 231.
Argelès, 152.
Argencourt (Pierre Conti, sieur d'), 11, 20.
Argenson (René de Voyer, comte d'), ambassadeur à Venise, xij, 28, 92, 345.
Argenson (René de Voyer, seigneur d'), 28, 148.
Arles, 304.
Armentières, 267.
Arnauld (Henri), abbé de Saint-Nicolas, 246, 266.
Arpajon (les gendarmes d'), 140.
Arras, 22, 23, 87, 126.
Artois, 182.
Aspremont (le sieur d'), 313, 314.
Aubais (le régiment d'), 140.
Auteuil (Charles Combaud, baron d'), xxx.
Autriche (Catherine d'), princesse de Savoie, 232.
Autriche (don Juan d'), 158, 159, 310.
Autriche (la maison d'), 257, 264, 273, 290, 343, 364.
Auxonne, xij, xiij, xxxj, 51, 80, 82, 188, 213.
Avaux (Claude de Mesmes, comte d'), 179.
Avesnes, xvij, 10, 17.
Avellino (le prince d'), 337.
Averse, 321.
Avigliana ou Veillane, 5.

Baïes ou Baya, 302, 310, 313, 315, 320.
Balaguer, 53, 133, 150, 207, 208, 209, 210, 212, 213, 221, 222, 224.
Bâle, 36.
Ballibaut (le sieur de), 313.
Balthasar (Jean), de Simmeren, 185, 186.
Banyuls ou Baignols, 130.
Bar (le duché de), 69, 168, 169, 174.
Bar (Catherine de France, duchesse de), vj.
Bar (Guy de), xxx.
Barberini (le cardinal Antoine), 304.

Barbezières (maison de), ix.
Barcelone, xxxiij, 24, 25, 27, 52, 53, 116, 118, 120, 122, 126, 127, 130, 132, 133, 134, 135, 136, 137, 140, 141, 143, 144, 146, 147, 149, 150, 151, 183, 186, 187, 188, 190, 191, 194, 198, 199, 200, 202, 204, 205, 206, 208, 209, 214, 215, 216, 217, 220, 221, 222, 224, 225, 226.
Baronnière (la), seigneurie, viij.
Barre (la), château, viij.
Barutell (don Laurentio de), chancelier des Etats de Catalogne, 218.
Bascara, 202.
Bassée (la), 157, 273.
Bassompierre (le maréchal de), xiv, xxxiij, 2, 4, 338.
Bassompierre (François de la Tour de), 338.
Baste (la), xx.
Bastille (la), xviij, xix, 11, 12.
Basville, 89.
Bauffremont (Louis-Benigne, marquis de), xxxij.
Bauffremont-Courtenay (maison de), xxxij.
Bavière (Maximilien Ier, duc de), 76, 273.
Bavière (le traité de), 259.
Bayonne, 5, 32, 182.
Beaupoil (maison de), ix.
Beauvais, xvj.
Beck (Jean, baron), 158.
Bellegarde ou Seurre, sur la Saône, 10, 78, 80.
Bellpuig, 133, 205.
Berchère (Pierre Le Goux de la), 208.
Bergamasque (le), 107.
Bernardière (le sieur La), xix, xx, xxij, xxiij.
Bernoin, valet de chambre de Mazarin, 109.
Besançon (les), famille, vj, vij, viij, ix, xxxij, 11, 13. — Voir aussi Plessis-Besançon.
Besançon (Anne-Marguerite de), baronne de Blaignac, xxxj.

Besançon (Carola de), vij.
Besançon (Charles de), gentilhomme de la chambre de Madame Catherine de France, vj, x.
Besançon (Charles, baron de), seigneur de Bazoches, lieutenant général des armées du roi, frère aîné de Bernard du Plessis-Besançon, x, xiij, xiv, xv, xvj, xvij, xviij, xix, xx, xxj, xxiij, xxiv, xxvj, xxvij, xxviij, xxix, xxx, xxxj, 11, 89.
Besançon (Charles de), seigneur de Courcelles, baron de Bazoches, vicomte de Neufchâtel, xxxj.
Besançon (Charlotte - Marie-Thérèse de), marquise de Montmorency-Laval, xxxj.
Besançon (Elisabeth-Jacqueline de), xxxj.
Besançon (Guillaume de), viij.
Besançon (Hugues de), vij.
Besançon (Marie de), marquise d'Abzac de Vergne, xxxj.
Besmaux (le sieur de), 283, 293.
Bethingar (Jeanne van), xxxj.
Blondel (le sieur), 337.
Blancmesnil, seigneurie des Potier, vij.
Blaignac (Gabriel du Mont, baron de), xxxj.
Boissac (André Hateau, seigneur de), 125, 126, 144.
Bologne, 59, 251, 262, 266, 270, 277.
Bonnefoy (le sieur), xxj.
Bonzi (le comte de), résident de France à Mantoue, 248, 260, 264, 278, 280, 291, 296.
Bordeaux, 50.
Borgo-San-Donnino, 277.
Bosagne (le sieur), catalan, 190.
Bosquet (le sieur du), 185, 186.
Bouchemont, fief des Besançon, vj, vij.
Boulay, ville de Lorraine, 45.
Boulou (le), 152.
Bourbon (les eaux de), 85.
Bourdonné (Charles de Cocherel de), xxx.

Bourdonnière (le sieur de la), xvij.
Bourelly (le colonel), ij, 18.
Bourg-la-Reine, 66.
Bourgogne (la), 77, 78, 80, 82, 83.
Bouthilier (Claude), secrétaire d'Etat, xxvj.
Bozzolo (l'Etat de), 60.
Bragance (don Edouard ou Douardo de), 157.
Brancaccio (Marc-Antoine), 310.
Brancas (Charles de), marquis de Maubec, 70.
Brandebourg (l'électeur de), 180.
Brémond d'Ars (les), ix.
Brescia, 280.
Bressan (le), 107.
Bresse (la frontière de), 10.
Breuil (Jean le Brun, seigneur du), xxxij.
Bréval (Achille de Harlay, marquis de), xxx.
Brézé (Urbain de Maillé, marquis de), maréchal de France, 31.
Brézé (le), vaisseau, 316, 317.
Briçonnet (les), vj.
Brienne (Henri-Auguste de Loménie, comte de), 83, 92, 108, 178, 190, 247, 265, 267, 271, 357, 360, 364.
Brienne (les mémoires de), xvj.
Brisach, ville d'Alsace, 36, 37, 38, 153, 154, 155.
Bruxelles, xviij, xix, xxiv, xxv, xxvij, 49, 76, 156, 161.
Bullion (Claude), seigneur de Bonnelles, vj, xiv, 131.
Bussy-Lameth (Antoine-François, comte de), xxx.
Bussy de Vair (le régiment de), 140.

Caderousse (le régiment de), 203.
Cadix, 330.
Cagliari, 330.
Calais, 10.
Calcagnini (Mario, marquis), premier ministre du duc de Modène, 59, 245, 249, 250, 256, 261, 268, 269, 271, 274, 276, 277.

Camarasa, 206.
Cambrai, xxiv, 182, 272.
Candalle (Henri de Nogaret d'Epernon, duc de), 1.
Candie, 95, 366.
Canet, 152.
Cannes, 15, 235.
Cantecroix (Béatrix de Cusance, princesse de), xxxiv, 40, 41, 42, 45, 47.
Cantecroix (Léopold d'Oiselet, prince de), 40.
Cantelme (don André), 53, 158, 160, 163, 204, 210, 212.
Cap-de-Quiers, 137, 140, 141, 142, 149, 150, 151, 152, 203.
Capelle (la), xv, xvj, xvij, 11, 17, 18.
Capoue, 321.
Caprarolle, 255.
Capri (l'île de), 316, 317.
Caraccioli (maison de), 27.
Caracene (le marquis de), gouverneur du Milanais, 90, 349, 351.
Carachie (le sieur), 105.
Caraffa (Carlo), cardinal, 99.
Carces (les gendarmes de), 140.
Cardone, 28.
Cardone (la duchesse de), 136.
Carniole (la), 97.
Carpentras, xxviij.
Carthagène, 134, 140.
Casal, xxxiij, xxxv, 3, 5, 6, 7, 21, 85, 103, 112, 113, 114, 115, 181, 247, 258, 260, 264, 343, 344, 347, 348, 349, 350, 351, 352, 353, 354, 355, 356, 357, 358, 359, 363, 364.
Casalasques (les), 347.
Casalmaggiore, 286, 287.
Castellamare, 298, 310, 312, 313, 314, 315, 320, 328, 334.
Castellon, 134.
Castello-San-Giovanni, 281, 282, 292.
Castelnaudary, xviij.
Castelnuovo d'Escrivia, 282.
Castel-Pouzon, 286.
Castel-Rodrigue (Emmanuel de Moura, marquis de), 159.
Castiglione, 60.

Castillans (les), 119, 150, 151.
Castille (la), 131, 133, 141.
Castro (le duché de), 234, 236, 237.
Catalans (les), xxvij, xxxiij, 23, 24, 25, 26, 28, 29, 30, 50, 119, 125, 133, 134, 143, 145, 147, 150, 151, 192, 226, 227, 228.
Catalogne (la), xxvij, xxxij, xxxiij, xxxiv, xxxv, 23, 25, 26, 27, 28, 29, 31, 33, 51, 56, 115, 120, 121, 124, 125, 126, 127, 128, 129, 130, 131, 132, 133, 134, 135, 136, 137, 139, 141, 142, 143, 144, 147, 148, 149, 150, 151, 153, 181, 183, 184, 185, 186, 187, 188, 189, 190, 191, 192, 193, 194, 195, 196, 197, 199, 200, 201, 202, 204, 205, 206, 209, 213, 214, 215, 217, 218, 220, 226, 228, 255, 267, 273, 302, 335, 340, 360.
Caury (le sieur), xxv.
Cava (la), 321, 336, 337, 338.
Caya (le marquis de la), 327, 333.
Cenis (le mont), 5.
Cerdagne (la), 26, 128, 134, 144, 196.
Céret, en Roussillon, 120, 123.
Cérisante (Marc Duncan de), xxxj.
Cervera, 151, 202, 204.
Cesi (le comte), 282, 292.
Chabot (Philippe de), amiral, 220.
Chabot (Charles de), comte de Sainte-Aulaye, 211, 217, 219, 220, 222, 227.
Chabot (maison de), ix.
Chalon-sur-Saône, 82.
Chamfort (le sieur de), 186.
Champagne (la), 11, 32, 46.
Champagne (le père), xx, xxij.
Champagne (le régiment de), 4, 211, 221.
Champ-Renaud (le sieur de), 327.
Chanteloube (le père), xviij, xx, xxj, xxij, xxiv.

Chantérac (le marquis de), iij.
Chantilly, 89, 127.
Charles, valet de chambre du duc de Mantoue, 350.
Charles-Quint, 363.
Chastellux (César - Philippe, comte de), 304.
Châteauneuf (Charles de l'Aubespine, marquis de), garde des sceaux, xiv.
Châtillon (Gaspard de Coligny, duc de), 23.
Chaunes, 31, 125.
Chaunes (Honoré d'Albert, duc de), 23.
Chavagnac (François de), maréchal de camp, 206.
Chavagnac (Gaspard, comte de), 206.
Chavigny (Léon Bouthilier, comte de), 139.
Chémeraut (le régiment de), 304.
Cherasco ou Quérasque (traité de), 247, 250, 280, 342, 344, 351, 358, 363.
Chevreuse (Marie de Rohan-Montbazon, duchesse de), 160, 164.
Chiaja, 310.
Chiaravalle, abbaye, 277, 279, 286.
Chivas, 112.
Chouppes (Aymar, marquis de), 285.
Chouppes (le régiment de), 304.
Cinca (la), rivière, 134.
Civita-Ducale, 308.
Civita-Vecchia, 307, 309, 310, 327.
Choiseul (maison de), xxxij.
Claris (Paul), chanoine, 24, 128.
Clermont en Argonne, 43, 71, 72, 74, 168, 170, 171, 172.
Cloches, seigneurie, vij.
Cochet (le baron de), 258, 259, 261, 280.
Cœnens (Jean de), 355, 356.
Collioure, 31, 119, 128, 129, 132, 134, 140, 141, 149, 151, 152.
Colmar, 37, 38.

Combalet (Marie-Madeleine de Vignerot de Pont - Courlay, dame de), puis duchesse d'Aiguillon, xviij, xix, xx, xxj, xxiij, xxiv, xxv.
Côme (le lac de), 259.
Compiègne, xv, xvj, xxiv.
Comtat-Venaissin (le), xiv.
Condé (Henri II de Bourbon, prince de), xxxiij, 19, 20, 30, 33, 119, 120, 125, 126, 128, 129, 130, 131, 135, 147, 181, 202.
Condé (Louis de Bourbon, duc d'Anguien, puis prince de), 35, 47, 48, 53, 65, 75, 77, 78, 80, 81, 82, 83, 84, 176, 267, 268, 269, 270, 273, 278, 279.
Conflans, 8.
Contarini (Carlo), doge de Venise, 95.
Conti (Armand de Bourbon-Condé, prince de), 77.
Conti (Louise - Marguerite de Lorraine, princesse de), 338.
Corbie, xxx.
Cordeliers (le couvent des), vj.
Cornaro (François), doge de Venise, 95.
Corregio, 274.
Cossé - Brissac (maison de), xxxij.
Courade (la), seigneurie, viij.
Courtenay (la princesse Hélène de), xxxij.
Courtenay (Hélène du Plessis-Besançon, princesse de), xxxij.
Courtenay (Louis-Charles, prince de), xxxij.
Courtin (le sieur), procureur général au parlement de Normandie, 67.
Crémonais (le), xxxv, 59, 274, 286, 295.
Crémone, 60, 65, 285, 286, 287.
Crescentino ou Cressentin, 112.

Dauphiné (le), 21, 22.
Dijon, 78, 80, 208.
Ditaut (le sieur), gouverneur de Boulay, 45.
Dixmunde, 273.

Doire-Baltéa (la), 112.
Doria (Victoire), 250.
Doron (le), 8.
Douai, 33, 35.
Durance (la), 8.

Eboli, 338.
Ebre (l'), 53, 133.
Effiat (Antoine Ruzé, marquis d'), 4.
Eger, 273.
Ekenfort (le baron d'), 256.
Elbe (l'île d'), xxxv, 316, 321, 322.
Elna ou Elne, 30, 132, 152.
Empourdan (l'). Voir Ampourdan.
Épernon (Bernard de Nogaret, duc de la Valette, puis duc d'), 19, 82.
Épernon (Jean-Louis de Nogaret, duc d'), 17.
Erlach (Jean-Louis, comte d'), 37, 154.
Espagne (l'), xxxiij, xxxiv, xxxv, 3, 5, 18, 21, 24, 27, 35, 38, 49, 52, 61, 71, 90, 115, 119, 124, 136, 140, 141, 157, 158, 159, 160, 161, 167, 179, 180, 182, 191, 196, 203, 204, 207, 213, 214, 216, 217, 219, 221, 222, 232, 239, 241, 245, 246, 250, 266, 267, 277, 281, 297, 306, 307, 330, 345, 346, 351, 352, 359, 361, 362, 363, 366, 367, 368.
Espagnols (les), xxxv, xxxvj, 1, 5, 10, 12, 35, 46, 48, 58, 60, 62, 63, 64, 75, 85, 94, 95, 103, 105, 106, 157, 180, 181, 214, 216, 221, 222, 224, 228, 231, 233, 234, 237, 238, 240, 241, 245, 246, 250, 256, 257, 258, 259, 262, 265, 268, 270, 272, 273, 276, 277, 278, 281, 283, 284, 290, 291, 293, 299, 300, 302, 308, 310, 311, 312, 314, 315, 320, 322, 324, 325, 331, 337, 339, 340, 341, 343, 344, 345, 346, 347, 348, 349, 350, 352, 353, 354, 356, 358, 359, 361, 362, 363, 364, 365, 366, 367, 369.

Espenan (Roger de Bussolts, comte d'), 25, 115, 118, 119, 120, 121, 123, 124, 125, 126, 127, 128, 130, 131, 132, 135, 136, 137, 138, 139, 140, 141, 144.
Estampes (Jacques d'Estampes, marquis de la Ferté-Imbault, maréchal d'), 85.
Este (Anne-Béatrix d'), 96, 256.
Este (le cardinal d'), 90, 246, 252, 255, 263.
Este (maison d'). Voir aussi Modène.
Este (Marguerite d'), 249.
Estrades (Godefroi, comte d'), j, 59, 262, 271, 278, 286.
Estrées (François-Annibal d'), maréchal de France, xiv, xv, xvj, xvij.

Fabert (Abraham), marquis de Larrey, 18, 73.
Farnèse (la maison), 236, 241, 251, 252. Voir aussi Parme.
Farnèse (Victoria), 276.
Farnèse (François-Marie), cardinal, 240, 242, 246, 251, 252, 253, 254, 255, 263.
Ferdinand II, empereur d'Allemagne, 348.
Ferdinand III, empereur d'Allemagne, 157, 348.
Ferrare, 343.
Ferrer (le sieur), catalan, 222, 225.
Ferrières (le régiment de), 211.
Figueras, 134, 137, 202.
Final, 323, 332, 359, 365.
Flandre (la) ou les Flandres, xv, xvj, xviij, xxj, 10, 11, 17, 87, 157, 158, 182, 273, 291.
Flix, 53, 211.
Florence, 182, 248, 265, 343, 345, 357, 362.
Foix (le pays de), 5.
Fontainebleau, 50, 287.
Fontanella (don Joseph), régent de Catalogne, 205, 218.
Fontarabie, xxxiij, 19, 20, 86, 213.
Fontaine-Lévêque, xxv.

Fontenay-Mareuil (François du Val, marquis de), j, xxxiij, xxxv, 303, 309.
Forbin (Louis de), commandeur de Malte, 125.
Force (Jacques Nompar de Caumont, maréchal de la), 6.
Fort-Lévêque, xiv, xix, xx, xxiij.
Fournier (le sieur), 45, 46, 176.
Fraga, ville d'Aragon, 133, 134, 204, 207.
Français (les), 5, 27, 51, 61, 150, 166, 167, 180, 181, 214, 219, 224, 226, 227, 236, 239, 246, 257, 258, 260, 268, 272, 274, 313, 348, 349, 350, 351, 354, 358, 362.
France (la), xij, xxvj, xxvij, xxviij, xxxv, 1, 5, 7, 10, 24, 26, 30, 36, 39, 41, 43, 44, 49, 52, 54, 58, 61, 70, 71, 94, 97, 101, 102, 107, 108, 109, 115, 116, 117, 119, 121, 123, 124, 126, 128, 129, 131, 133, 135, 136, 138, 140, 141, 142, 144, 147, 148, 149, 157, 158, 159, 167, 168, 169, 172, 174, 175, 176, 179, 181, 182, 185, 187, 189, 191, 194, 195, 196, 197, 211, 213, 217, 231, 234, 235, 238, 240, 241, 242, 245, 246, 247, 249, 250, 252, 253, 254, 255, 258, 259, 260, 263, 264, 266, 268, 270, 272, 275, 276, 281, 284, 289, 290, 293, 295, 303, 308, 327, 332, 344, 345, 347, 348, 349, 350, 352, 358, 359, 361, 363, 367, 368, 369.
France (Anne de), viij.
Franche-Comté (la), xij, 169, 172.
Fréard (Renée), 76.
Fréjus, xj.
Frioul (le), 97.
Fronde (la), xxviij, xxix, xxxiv, xxxv.
Fronsac (Armand de Maillé-Brézé, duc de), 228.

Gachedat (le sieur de), 140.
Gaëte, 302, 321.
Gaillart, valet de chambre du duc de Mantoue, 260, 261, 350.
Galères (le régiment des), 139, 149.
Galligans (fra don Gispert Amat y Desboch, abbé de), 214, 216, 222, 223, 226, 227.
Gand, xx, 35.
Garay (don Jehan de), 120.
Garnier (le chevalier), chef d'escadre, 63, 203, 297, 298, 300, 301, 304, 307, 309, 317, 318, 320, 327.
Gauffridi ou Gauffredy (Jacques), conseiller et secrétaire d'État du duc de Parme, 236, 238, 241, 243, 244, 246, 251, 252, 253, 254, 255, 263, 275, 276, 284, 286, 287, 293, 294, 295.
Gauville (le sieur de), 300.
Gênes, 14, 59, 90, 160, 235, 238, 239, 245, 254, 266, 267, 268, 269, 271, 275, 277, 279, 293, 313, 316, 319, 343, 347, 356, 357, 359, 360, 363, 364, 365, 368.
Germiny, 44.
Gerona ou Girone, ville d'Espagne, 122, 149, 202.
Gesvres (les ducs de), vij.
Gié (Pierre de Rohan, seigneur de), maréchal de France, viij.
Giustiniani (Francesco), ambassadeur vénitien à Paris, 98, 101.
Giustiniani (Gianettin), 246.
Gontaut-Biron (maison de), xxxij.
Gonzague (don Camillo), 351.
Gonzague (Éléonore de), 348.
Gonzague (Marie de), duchesse de Mantoue, 58. Voir Mantoue.
Gonzague (le marquis Octavio), grand écuyer du duc de Mantoue), 260.
Gonzague (don Vincent), 250.
Gramont (Antoine II, comte puis duc de), 32.
Grancey (Anne du Plessis-Besançon, comtesse de), xxxij.
Grancey (Jacques Rouxel, com-

te de), maréchal de France, xxxij.
Grancey (Pierre Rouxel, comte de), xxxij.
Grancour (le sieur de), 303.
Granollers, ville de Catalogne, 134.
Gratiani (le sieur), 262.
Grau (le), 152.
Gravelines, 49, 177.
Gravier (le sieur), 327.
Grenoble, 5, 208.
Grignols (le régiment de), 139, 147.
Grimaldi (Girolamo, cardinal), xxxiij, 59, 62, 63, 66, 96, 165, 243, 244, 246, 253, 262, 263, 264, 265, 266, 267, 268, 269, 271, 272, 273, 275, 276, 277, 281, 282, 283, 285, 286, 287, 289, 291, 293, 295, 296, 297, 298, 299, 300, 301, 303, 304, 305, 306, 309, 313, 317, 318, 321, 322, 323, 326, 328, 329, 330, 333, 334, 335, 339.
Gröenlo ou Grosle, ville de Hollande, 1.
Guasco, 158.
Guastalla, 278, 286, 291.
Guastalla (Ferdinand II de Gonzague, duc de), 249, 250, 251, 256, 257, 280.
Guastalla (Marguerite d'Este, duchesse de), 249.
Guattieri, ville d'Italie, 59, 273.
Guébriant (Jean-Baptiste Budes, comte de), maréchal de France, 35, 36, 153, 154.
Gueldre, 1.
Guémine ou Gemingen, 44, 174, 175, 176.
Guette (le chevalier de la), 245, 246.
Guiche (Antoine III de Gramont, comte de), 18.
Guimera (don Ramon de), 115, 120, 121, 123, 124.
Guir, 8.
Guise (Charles de Lorraine, duc de), grand maître de France, xiv, 2.
Guise (Henri de Lorraine, duc de), 61, 62, 298, 299, 300, 303, 305, 308, 311.
Guron. Voir Rechignevoisin.
Gusman (don Dionisio), 338.
Guyenne (la), 82, 87, 88, 116, 119, 126.

Halincourt (le régiment d'), 139.
Hallier (François de l'Hospital, seigneur du), 9. Voir L'Hospital.
Harcourt (Henri de Lorraine, comte d'), xxxiij, 13, 14, 15, 16, 21, 51, 52, 53, 66, 68, 85, 87, 184, 185, 186, 189, 190, 191, 202, 204-213, 217, 218, 219, 221, 222, 223, 224, 225, 226, 227, 228.
Harcourt (le régiment d'), xxxj.
Henri IV, vj, 24.
Hermandad (le traité de la), 128, 132.
Hollandais (les), 157, 180, 181, 182, 291.
Hollande (la), 1, 10, 307.
Hombourg, 40.
Honnecourt (le combat d'), 157.
Horric (les), viij, ix.
Horric (Jean), seigneur de la Barre, ix.
Horric (Louis), seigneur de la Courade, grand prévôt de Guyenne, ix.
Horric (Madeleine), vj, ix, x.
Hospital (François de l'Hospital, comte de Rosnay, seigneur du Hallier, dit le maréchal de l'), xxx. Voir aussi du Hallier.
Houdancourt (Antoine de la Motte, marquis d'), xxx.
Houdinière (Claude de Goyon du Plessis-Renard, seigneur de la), 132.
Hyères (les îles d'), 65.

Ille, 138.
Imbert (le sieur), 185, 186, 327.
Infreville (Louis le Roux, sieur d'), 65.
Innocent X (Jean-Baptiste Pam-

philo), pape, 145, 196, 274, 293, 363, 364.
Inspruck, 256, 259.
Irun, 182.
Ischia (l'île d'), 316, 317, 320, 334.
Isère (l'), 8.
Italie (l'), xxxj, xxxv, xxxvj, 6, 21, 22, 23, 33, 54, 57, 157, 160, 180, 181, 228, 236, 240, 250, 259, 265, 266, 267, 270, 272, 273, 274, 278, 283, 289, 290, 295, 296, 340, 341, 342, 343, 345, 352, 358, 359, 361, 362, 365, 366, 367.
Italiens (les), 270.

Jacomo (le sieur), 311.
Jametz, 43, 71, 72, 74, 168, 170, 171, 172, 174.
Jarnac (le seigneur de), de la maison de Chabot, ix.
Jésuites (les), 99, 102.
Joyeuse (François de), cardinal, 100.
Juliis (Jean-Thomas de), moine, envoyé des Napolitains à la cour de France, 305.

Kœnigsmark (Jean-Christophe, comte de), 273.

La Barde (Jean de), historien, 54, 222.
La Brosse (le sieur de), enseigne des gardes de la reine, 336.
La Chapelle-Ballou (le régiment de), 140.
Ladouze (le régiment de), 139.
La Fontaine (le sieur de), 74.
La Haye (Jean de), seigneur de Vautelet, ambassadeur à Constantinople, 367.
Lainé (Louis), seigneur de la Marguerie, 78.
La Lause (le col de), 8.
La Lys, rivière, 73.
La Mante, 112.
Lambert (Jean de Lambert de Saint-Bris, marquis de), xxx, 335, 336, 337.

Lamoignon (Charles de), conseiller au Parlement, vij.
Lamoignon (famille de), vj.
Lamoignon (Guillaume de), marquis de Basville, vij, xij, 83, 89.
La Motte-Houdancourt (Henri de), évêque de Rennes, 29.
La Motte-Houdancourt (Philippe de), maréchal de France, vice-roi de Catalogne, 28, 29, 50, 148, 199, 205, 209, 212, 217, 218.
La Lande (le chevalier de), 317.
Landrecies, 17, 273.
Languedoc (le), xiv, xviij, 22, 31, 116, 119, 125, 127, 136, 139, 152, 186.
Laon, xvj.
La Petitière (le sieur de), 301.
La Pilère (le sieur de), 316, 317.
La Prugne (le sieur de), 79.
La Rivière (Jean-Alexandre de), xix, xxiv, 11.
La Rivière (Louis Barbier de), xix.
La Rochefoucauld (François III, comte de), ix.
La Rochefoucauld (maison de), ix.
La Rochelle, ix, xxxiij, 1, 2.
La Rochesnard (Marie Hélyes de), ix.
La Tour, 119.
Launay (le sieur), 327.
Laval (Charlotte-Marie-Thérèse de Besançon, marquise de), xxxj.
Laval (Gabriel de Montmorency-Laval, marquis de), xxxj.
La Vrillière (Louis Phélippeaux, seigneur de), secrétaire des commandements du roi, puis secrétaire d'État, xvij, 33, 82.
Le Coigneux (Jacques), président à la cour des comptes de Paris, xxiij.
Le Maitre, famille, vj.
Lens (bataille de), 65.
Léon, province d'Espagne, 180.

Lérida, 28, 50, 127, 133, 134, 149, 204, 207, 211, 212, 213, 221, 267, 268, 273.
Lérici, port du golfe de Gênes, 304.
Lesdiguières (François de Bonne, duc de), connétable de France, xiij.
Lesdiguières (le régiment de), 139.
Lessar (Jean Bouchu, seigneur de), premier président du parlement de Bourgogne, 78.
Le Tellier (Michel), secrétaire d'État de la guerre, x, 56, 89, 188, 191, 206, 235, 239.
Leucate, 152.
Levant (le), 2, 232, 316.
Liège (le pays de), 46.
Linars (le régiment de), 140.
Livourne, 316, 319, 327.
Livron, famille, ix.
Llorens (bataille de), xxxiij, 206, 221, 223.
Lodi, 287.
Lombardie (la), 96, 274, 275, 276, 281, 286, 288, 304, 323, 361, 369.
Longueil de Maisons, famille, vj.
Longueville (Henri II d'Orléans, duc de), 66, 67, 68, 77.
Longueville (Marie d'Orléans, dite Mademoiselle de), 295.
Longwy, 47, 48, 177.
Lorette, 274, 275, 276.
Lorraine (la), 39, 40, 69, 168, 170, 173, 174.
Lorraine (Diane de), 11.
Lorraine (le duc Henri de), 173.
Lorraine (Marguerite de), 69.
Lorraine (Nicole de), 40, 173.
Lorraine (Charles IV, duc de), iv, xxxiv, 39, 40, 41, 42, 43, 44, 45, 46, 47, 48, 49, 68, 69, 70, 71, 72, 73, 74, 75, 76, 166, 168, 169, 170, 171, 172, 173, 174, 175, 176, 177, 178, 181.
Louis XII, viij.
Louis XIII, x, xxij, xxiij, xxiv, xxv, xxvj, xxviij, xxix, xxxiij, 1, 2, 4, 5, 8, 9, 10, 11, 12, 17, 20, 22, 23, 26, 29, 32, 33, 115, 116, 117, 118, 122, 123, 128, 129, 131, 136, 139, 141, 142, 144, 145, 147, 150.
Louis XIV, xij, 57, 59, 67, 71, 72, 74, 91, 94, 95, 100, 103, 107, 153, 154, 155, 156, 166, 167, 168, 169, 170, 171, 172, 173, 174, 175, 183, 184, 185, 186, 187, 188, 197, 215, 228, 229, 236, 240, 241, 242, 243, 245, 246, 247, 248, 250, 253, 263, 264, 272, 275, 288, 291, 292, 296, 297, 341, 342, 343, 344, 345, 346, 348, 351, 352, 353, 354, 355, 356, 357, 359, 360, 361, 363, 365, 366, 367, 368, 369.
Louvat, xxiv.
Luceret (le-sieur de), capitaine de vaisseau, 336.
Lucques, 265, 267.
Luillier, famille, vij.
Luna (don Hieronimo de), 190.
Lusignan, ix, 180.
Luxembourg (le), 46, 48, 159, 172, 177, 182.
Luxembourg (Marie de), 11.
Luynes (Charles d'Albert, duc de), connétable, 23.
Lyon, 105, 297.
Lyonne (Hugues de), xij, 206, 208, 239, 297, 322.
Lyonnais (le régiment de), 139.

Machault (Louis de), maître des requêtes, 139.
Madeleine (le pont de la), 313.
Mademoiselle. Voir Montpensier.
Madrid, 122, 158, 160, 180, 182, 216, 217, 257.
Magarola, 225.
Manresa, ville de Catalogne, 196.
Mantouan (le), 60, 95, 256, 280, 294, 295.
Mantouans (les), 350.
Mantoue, xxxvj, 91, 102, 103, 104, 180, 181, 243, 247, 248, 250, 251, 254, 256, 257, 258, 260, 261, 263, 264, 265, 271,

275, 276, 277, 278, 279, 280, 281, 284, 286, 287, 291, 292, 294, 342, 343, 344, 345, 364, 369.
Mantoue (Charles Ier, duc de), 258, 353.
Mantoue (Charles III de Gonzague, duc de), xxxv, 58, 85, 93, 103, 104, 105, 106, 107, 242, 243, 249, 250, 257, 258, 259, 260, 261, 264, 296, 342, 343, 344, 347, 348, 349, 350, 351, 352, 353, 354, 355, 356, 357, 358, 359, 363, 364.
Mantoue (Isabelle-Claire, archiduchesse d'Autriche, duchesse de), 346, 349.
Mantoue (Marie de Gonzague, duchesse de), 58, 60, 245, 247, 249, 250, 257, 258, 259, 260, 261, 264, 265, 269, 272, 278, 279, 281, 286, 289, 291, 292, 348.
Mantoue (Vincent Ier Gonzague, duc de), 348.
Marca (Pierre de), visiteur général en Catalogne, 184, 186, 187, 188, 190, 206, 208.
Marche en Famène, 48.
Margarit (don Joseph de Brive et de), gouverneur de Barcelone, 50, 187, 217, 218, 220.
Marillac (les), famille, vij.
Marimont, xxv.
Marle (famille de), vij.
Marsal, 72, 74.
Marseille, 15, 125, 148, 301, 318, 364.
Martorell, 135, 136, 138, 147.
Mas Aniello, xxxv.
Massa (Brigitte Spinola, princesse de), 256.
Massa (Charles Cibo, prince de), 256.
Mataro (le bailli de), 221, 224.
Maubeuge, 18.
Maugiron (Claude, comte de), 39, 40, 42, 43, 166, 167, 169.
Maupas (le sieur de), xvij.
Maurier (le sieur du), 42, 166, 167, 169.
Mazarin (le cardinal), iv, v, xj, xxix, xxx, xxxij, xxxiv, xxxv, 5, 32, 33, 34, 35, 38, 39, 40, 49, 50, 51, 52, 53, 54, 56, 57, 61, 62, 63, 65, 66, 68, 69, 75, 76, 78, 79, 80, 81, 83, 84-90, 92, 95, 96, 99, 104, 107, 108, 109, 156, 158, 160, 162, 164, 165, 166, 178, 188, 189, 190, 192, 202, 204, 205, 206, 207, 208, 212, 213, 230, 231, 232, 233, 239, 251, 252, 253, 254, 255, 256, 258, 259, 260, 261, 262, 263, 267, 268, 271, 272, 273, 275, 276, 277, 279, 281, 282, 283, 284, 285, 286, 287, 292, 293, 294, 295, 296, 297, 299, 300-307, 309, 312, 315, 316-321, 323, 325, 326-329, 334, 335, 340, 349, 356, 357-361, 363, 364.
Mazarin (Michel), cardinal de Sainte-Cécile, vice-roi de Catalogne, 251.
Mazerolles (le sieur de), 139, 144.
Mecklembourg (le), 180.
Médicis (Marie de), xv, xvij, xviij, xx, xxij, xxiij, xxiv, xxv, xxvj, 10, 11, 33, 39.
Mégrigny (le chevalier de), 336.
Meilleraye (Charles de la Porte, duc de la), maréchal de France, 18, 23, 55, 238, 240.
Mello (don Francisco de), xxxiv, 35, 38, 39, 45, 49, 156, 158, 159, 160, 161, 162, 163, 164, 165, 179, 180, 182.
Mequinance, 207.
Mergey (Jean de), ix.
Mérinville (le régiment de), 126.
Merli (le comte de), 295.
Mesnil (le sieur du), 246.
Messine, 317.
Metz, 45, 47, 48, 69, 70, 176, 178.
Meuse (la), 49.
Mézières, xxx.
Midorge (les), famille, vij.
Milan, xxxv, 105, 108, 160, 181, 238, 241, 250, 256, 258, 259, 269, 277, 280, 284, 287, 288, 290, 291, 323, 330, 358, 361, 362, 369.

Milanais (le), xxxvj, 9, 60, 97, 105, 157, 255, 259, 262, 263, 268, 272, 276, 277, 278, 279, 281, 283, 285, 287, 288, 291, 293, 295, 302, 323, 328, 329.
Millas, 132, 152.
Millotet (Marc-Antoine), avocat général au parlement de Bourgogne, 79.
Minorque, 330, 332.
Mirandole (Alexandre Pic, duc de la), 96, 256, 263.
Mirandole (Anne-Béatrix d'Este, duchesse de la), 96, 256.
Mirandole (Galeotti Pic de la), 256.
Mirandole (Maria Cibo, princesse de la), 256, 284, 287, 292.
Mirepoix (le régiment de), 211.
Misène (le cap), 314, 333.
Modène, xxxv, xxxvj, 58, 90, 103, 246, 248, 250, 251, 262, 263, 265, 268, 271, 278, 279, 343, 357.
Modène (Alméric d'Este, prince de), 109.
Modène (Alphonse III de), 249.
Modène (Alphonse IV, duc de), 58.
Modène (François Ier d'Este, duc de), 58, 59, 60, 61, 98, 102, 104, 108, 109, 245, 246, 249, 250, 251, 255, 257, 258, 261-265, 268, 269, 271-288, 290, 291, 292, 343, 361, 369.
Modène (Laura Martinozzi, duchesse de), 58, 90.
Modénois (le), 96.
Mole (Léonard de), 132.
Monaco ou Morgues, 13, 181, 339.
Monglat (François de Paule de Clermont, marquis de), xxix, xxx, xxxiij, 8.
Monguido (le sieur), 294.
Mons en Hainaut, 178.
Monserrat, 135.
Monsieur. Voir Orléans (Gaston d').
Montade (M. de), chef d'escadre, 336, 337, 338.

Montagnac (le régiment de), 140.
Montalba, 126.
Montaner (le docteur Joseph), 50.
Montarvaux (Jean-Baptiste Piques, seigneur de), xxxj.
Montauban, 4.
Montblanch, 151.
Montecuculli (les), 257.
Monterey (le comte de), 158.
Monterost, xxv.
Montesechio (le prince de), 333.
Montferrat (le), 3, 113, 114, 181, 229, 247, 250, 257, 258, 260, 280, 293, 294, 295, 342, 344, 347, 349, 352, 354, 356, 358, 364.
Montferrins (les), 260, 264, 347, 350, 351, 356.
Montmédy, 48.
Montmélian, 8.
Montmorency (Charlotte de), 22.
Montmorency (Henri II, duc de), xviij, xix, xxij, xxiij, 4.
Montmorency - Laval (Gabriel de), xxxj.
Montmyan (château de), xj.
Montpellier, 147.
Montpensier (Anne-Marie-Louise d'Orléans, duchesse de), *Mademoiselle*, 180, 295.
Montpeyroux (le régiment de), 139.
Montpezat (M. de), 335.
Montpezat (le régiment de), 313, 322, 337.
Mont-Saint-Michel (le), xxiij.
Moret (Jacqueline de Bueil, comtesse de), xv.
Mortara, 106.
Morusse ou Moresqui (le président), 294.
Moselle (la), 176, 177.
Mosso (le marquis), 347.
Mothe-en-Argonne (la), 40, 43, 46, 167, 168, 170, 171, 174.
Mouy (Henri de Lorraine, marquis de), 176, 177.
Münster, xxxiv, 99, 159, 179, 180, 182, 183, 181, 194, 228, 232, 247, 295, 342, 344, 358, 363.

Nani (Giovanni-Battista), ambassadeur vénitien, 97.
Nancy, 72, 74, 167, 168, 172, 173, 174.
Naples, xxxij, xxxv, 12, 61, 62, 63, 64, 65, 124, 157, 181, 239, 259, 270, 272, 277, 278, 284, 288, 296-324, 326, 327, 328, 329, 330, 331, 332, 333, 334, 335, 336, 337, 340, 361.
Napolitains (les), xxxv, 299, 302, 304, 305, 309, 312, 313, 319, 320, 327, 331, 332, 361.
Narbonne, 119, 126, 138, 143, 147, 152, 186, 202, 304.
Narbonne-Lara, famille, xxxij.
Navarre (la), 18.
Navailles (Philippe de Montaut, duc de), 60, 281.
Navailles (le régiment de), 326.
Navile (le), 285.
Nesmond (les), vij.
Nesmond (Théodore de), maître des requêtes, xvj.
Nettancourt (les), xxxij.
Nevers (Charles de Gonzague-Clèves, duc de), 3.
Nevers (la maison de), 295.
Nice, 3, 21.
Nice de la Paille, 231, 267.
Nisita, 310, 313, 314.
Nocera, 321, 338.
Normandie (la), xxviij, 67, 68.
Nouvelle (la), 147.
Novare, 287.
Novion (les Potier, seigneurs de), vij.
Novion (Nicolas Potier, seigneur de), président au parlement, xxix.
Noyers (François Sublet de), secrétaire d'État, 10, 28, 29, 119, 125, 126, 131, 132, 138, 140, 143, 148.

Œhme (Jean-Bernard), 36.
Ognate (Don Iñigo Velez de Guevara y Tasis, comte d'), vice-roi de Naples, 310, 314.
Olivarès (Gaspar Guzman, comte-duc d'), 179.
Ondedei (Zongo), 89.
Oneglia ou Oneille, 55, 233, 235.
Opouls, 119.
Orange (Frédéric-Henri de Nassau, prince d'), 1.
Orbitello, 54, 55, 233, 236, 237, 238, 239.
Orfeuille (famille d'), ix.
Orléans (Gaston, duc d'), *Monsieur*, xiij, xiv, xv, xvj, xviij, xix, xxiij, xxiv, xxvj, 10, 69, 75, 85.
Orléans (Marguerite de Lorraine, duchesse d'), *Madame*, 69, 75.
Oviédo, 180.
Oysonville (le baron d'), 154, 155, 156.

Palamos, 137, 191.
Palatin (l'électeur), 180.
Palavicino (Fabie), 308.
Pallavicini (Franco-Maria), 254.
Palerme, 317.
Pamplona ou Pampelune, 19.
Panadès (le), 202.
Panfilo (don Camillo), 293.
Panzirolo (le cardinal), 5, 160, 161, 163.
Paris, vj, xviij, xix, xxj, xxij, xxiv, xxviij, 4, 38, 66, 67, 75, 76, 77, 81, 85, 90, 130, 136, 138, 139, 166, 173, 178, 183, 206, 228, 240, 247, 249, 271, 295, 297, 299, 305, 306, 326, 334, 340, 341, 350, 355.
Paris (le traité de), du 29 mars 1641, 40, 167, 168, 169.
Parme, 56, 58, 91, 110, 233, 237, 240, 242, 243, 246, 248, 251, 254, 255, 257, 263, 264, 265, 268, 273, 275-279, 281, 284, 292, 293, 294, 306, 343, 357, 368, 369.
Parme (Marguerite de Médicis, duchesse de), 236, 238, 240, 246, 254, 274.
Parme (Odoardo ou Édouard Farnèse, duc de), 55, 58, 240, 241, 242, 246, 263, 275, 276.
Parme (Ranuce II Farnèse, duc de), 55, 60, 90, 108, 109, 233-236, 237, 238, 240-246, 252-255, 257, 258, 263, 268, 269,

274, 276, 281, 285, 286, 290, 293, 360, 368, 369.
Parmesan (le), 256, 257, 294.
Passage (le), 20.
Pastino (le sieur Polito), 334, 335.
Paul V, pape, 99.
Paul (le chevalier), chef d'escadre, 62, 300, 303, 307, 309, 310, 313, 314, 316, 317.
Pavese (le), 284.
Pavie, 90, 287.
Pays-Bas (les), 1, 10, 33, 124, 157, 158, 159, 161, 163, 180, 181, 182.
Peñaranda ou Pignaranda (le comte de), 76.
Péronne, xxiv, 26, 50.
Perpignan, xxviij, xxxiij, 23, 31, 119, 128, 129, 132, 152, 202.
Perrault (le régiment de), 307, 312, 322, 337.
Persan (François de Vaudetar, baron de), xxx.
Perthus (le) en Roussillon, 120.
Perussis (le lieutenant-colonel), 256.
Pesaro (Jean), doge de Venise, 102.
Pézenas, 130.
Philippe IV, roi d'Espagne, 118, 121, 122, 128, 129, 130, 132, 133, 134, 136, 142, 148, 157, 158, 180, 181, 182, 199, 204, 211, 215, 216, 219, 250.
Piadena, en Lombardie, 286.
Pianesse (Charles-Jean-Baptiste de Simiane, marquis de), 230, 231, 232, 239, 342, 357.
Picardie (la), 2.
Picardie (le régiment de), 4.
Piccolomini, 18, 158, 159.
Piémont (le), 3, 5, 9, 13, 24, 54, 55, 56, 60, 157, 181, 191, 229, 235, 237, 239, 279, 283, 285, 288, 290, 323, 342, 358, 369.
Pierre-Encise, 28.
Pignerol, 5, 22, 181.
Piney (François de Luxembourg, duc de), 11.
Piombino, 60, 62, 63, 246, 251, 262, 266, 271, 297, 298, 299, 300, 301, 303, 305, 307, 309, 310, 317, 327.
Pise, 233, 262.
Pizzighettone, 287.
Plaisance, 90, 237, 255, 274, 281, 282, 285, 290, 369.
Plaisantin (le), 294.
Plessis (le), fief, vij.
Plessis-Besançon (Anne du), xxxij.
Plessis-Besançon (Bernard du), lieutenant général des armées du roi, ambassadeur à Venise, l'auteur des Mémoires, j, ij, iij, iv, v, vj-xij, xvij, xix, xxiij, xxvij, xxviij, xxix, xxx, xxxj-xxxvj, 1, 6, 8, 9, 10, 11, 18-21, 24, 25, 28, 32, 33, 34, 35, 37, 38, 45, 49, 50, 51, 53, 54, 56, 58, 67, 68, 74, 83, 86-90, 92, 94, 95, 97, 107, 108, 109, 112, 116-121, 123-128, 130, 131, 132, 135, 137, 138, 140, 141-144, 146, 147, 148, 149, 153-156, 161-166, 169, 170, 171, 174, 175, 176, 178, 179, 182, 183-188, 190, 191, 192, 202, 203, 205-208, 211, 213, 222, 228-230, 233-236, 238, 239, 240, 242-250, 251, 262, 263, 265, 266, 267, 268, 269, 271, 273, 275, 277, 279, 286, 287, 292, 297, 299, 301, 303, 305, 306, 307, 309, 316, 317, 319, 322, 326, 329, 331, 334, 335, 337, 339, 340, 341, 343, 345, 346, 347, 348, 349-357, 363, 364-369.
Plessis-Besançon (Hélène du), princesse de Courtenay, xxxij.
Plessis-Besançon (Louis-Auxonne du), xxxij, 77.
Plessis-Besançon (Roger, chevalier du), capitaine au régiment d'Harcourt, xxxj.
Plessis-Praslin (César de Choiseul, duc du), maréchal de France, 10, 54, 202, 228, 233, 238, 239, 284, 285, 289.
Plessis-Praslin (le régiment du), 326.

Pô (le), 6, 60, 112, 113, 242, 274, 283, 285, 286, 287, 290, 293, 294.
Poderique (le), 310, 338.
Poitou (le), viij, ix.
Poitou (le régiment de), 203.
Policastre (le golfe de), 328.
Polignac (le régiment de), 139.
Poméranie (la), 180.
Pomponne (Henri-Charles Arnauld, abbé de), 246.
Pont-de-l'Arche (le), 68.
Pont-de-Loup, xxv.
Ponze (l'île de), 310, 316, 317, 335.
Ponzone, 231.
Popoli (le duc de), 53.
Pory ou Pori (le sieur), secrétaire du duc de Mantoue, 247, 269.
Porte Ottomane (la), 369.
Porto-Ercole, 237, 238, 288, 302.
Porto-Longone, xxxj, 55, 56, 57, 63, 64, 238, 239, 246, 266, 297, 298, 307, 317, 318, 327, 330, 340.
Port-Mahon, 330, 332, 335.
Portugal (le), xxxiij, 148, 151, 157, 181.
Port-Vendres, 31, 152.
Posilippo, 309, 310, 314.
Potier (Madeleine), 83.
Potier (les), ducs de Gesvres et comtes de Tresmes, vij.
Pouille (la), 321.
Poussard, famille, ix.
Pouzzoles, 302, 313, 314, 315, 320.
Poyet (le chancelier), 220.
Priandi (le sieur), 254.
Prignano (Philippo), 310, 314.
Privas, 4.
Procida (île de), 64, 310, 314, 315, 317, 320, 328, 331-335, 339, 340.
Prouvana (Argentina), 3.
Provence (la), xiv, 2, 3, 4, 12, 13, 15, 20, 21, 22, 55, 148, 149, 212, 318, 319, 327, 328, 335.
Provence (le régiment de), 139, 149.

Provinces-Unies (les), 1..
Puylaurens (Antoine de Lâge, duc de), xxvj.
Pyrénées (la paix des), xxxvj.
Pyrénées (les), 133.

Quérasque. Voir Cherasco.
Quincé (Joachim, comte de), lieutenant général des armées du roi, 333, 335, 337.

Rambouillet (Julie-Lucine, demoiselle de), xix.
Rantzau (Josias, comte de), 35, 36, 153, 154, 168, 169.
Ratisbonne, 76, 280, 341, 345.
Rebe (le régiment de), 139.
Rechignevoisin (Jean de), seigneur de Guron, 3.
Refuge (le sieur de), 303.
Reggio, 60, 90, 279, 292, 293.
René, valet du sieur de la Bernardière, xx.
Renetiny (le sieur), xxiij.
Rhône (le), 22.
Richard (le sieur), 178.
Richelieu (le cardinal de), x, xv, xvj, xviij, xix, xx, xxj, xxij, xxiij, xxiv, xxv, xxvj, xxvij, xxviij, xxxiij, xxxv, 2, 4, 5, 6, 7, 9, 10, 12, 13, 14, 17, 20, 21, 22, 23, 28, 29, 31, 34, 112, 124, 126, 130, 131, 132, 139, 148, 162, 179.
Richelieu (Armand-Jean de Vignerot du Plessis, duc de), 61, 63, 307, 317, 318, 327.
Rio, dans l'île d'Elbe, 316, 322, 326, 329.
Ris (Jean-Louis Faucon, seigneur du), premier président du parlement de Normandie, 67.
Rivesaltes, xxxiij, 20.
Rivoli, 357.
Roche (le sieur de la), xx.
Rochechouart (maison de), ix.
Rocroi, xxxiv, 38, 157, 159.
Rohan-Chabot (Henri de Chabot, duc de), 211.
Romains (les), 363.
Rome, xxxv, 136, 160, 243,

254, 266, 297, 298, 300-303, 306, 307, 309, 317, 319, 320, 323, 328, 331, 346, 361, 362, 363, 369.
Ronchillo (le sieur), 314.
Roquelaure (le régiment de), 140.
Roque d'Albère (la), 152.
Rosas ou Roses, 31, 117, 118, 125, 133, 134, 140, 141, 142, 149, 151, 153, 191, 202, 203, 204, 205, 225.
Rose (le président), 158.
Rosen (Reinhold von), 36, 154, 155.
Rottweil, 35, 36, 153, 154, 155.
Rouen, xxxiv, 66, 67, 68.
Roullerie (le sieur de la), 125, 127.
Rousselot de Hédival, secrétaire d'État du duc de Lorraine, iv, 69-75.
Roussillon, xxxiij, 20, 25, 26, 30, 31, 32, 120, 122, 128, 129, 132, 133, 134, 143, 144, 149-152, 181.
Rouvré (le sieur), xx.
Rouy, xvij.
Royaumont, xxvj.
Rueil, 76, 130, 131, 143, 148, 170, 171.

Sabbionette, 60, 286.
Sagredo (Giovani), ambassadeur vénitien, 89, 90.
Sains, xvj.
Saint-Abre (Jean de la Cropte, comte de Rochefort, marquis de), 212.
Saint-Amour, valet de Charles de Besançon, xx.
Saint-Aunais (Henri Bourcier de), 52, 202, 210.
Saint-Barthélemy (la), ix.
Saint-Bernard (le grand), 9.
Saint-Bernard (le petit), 8.
Saint-Christ (le fort), près Balaguer, 207.
Saint-Cloud, xix.
Saint-Dizier, 32.
Sainte-Colombe (le marquis de), vice-roi de Catalogne, 122.
Sainte-Colombe (le sieur de), 138.
Saint-Elme (le château), 132, 152.
Sainte-Marguerite (l'île), 12, 16.
Sainte-Marie (le fort de), près la Rochelle, 2.
Sainte-Maure (M. de), 327, 336.
Sainte-Menehould, 32.
Sainte-Mesme (Anne-Alexandre de l'Hospital, comte de), xxx.
Saint-Evremond, 68.
Saint-Georges (le duc de), 27, 148.
Saint-Géran (les gendarmes de), 140.
Saint-Germain en Laye, 68, 69, 128, 130.
Saint-Honorat (l'île), 12, 16.
Saint-Jean d'Angély, ix.
Saint-Jean de Losne, 80.
Saint-Jean de Luz, 18, 33.
Saint-Jean de Maurienne, 9.
Saints Jean et Paul, à Venise, 93.
Saint-Jean in Cruce, 286.
Saint-Nicolas (Henri Arnauld, abbé de), 246, 266.
Saintonge, ix.
Saintonge (le régiment de), 203.
Saint-Paul (l'abbé de), 222, 225.
Saint-Quentin, 88.
Saint-Simon (Claude de Rouvroy, marquis de), 4.
Saint-Simon (Louis de Rouvroy, duc de), xxxij.
Saint-Simon de Vermandois (M. de), xxx.
Saint-Simon (le régiment de), 140.
Saint-Tropez, xj.
Salamanque (don Miguel de), 159.
Salerne, 64, 301, 321, 328, 334, 335, 336, 337, 338, 339, 340.
Sallenove (le sieur de), 338.
Salou ou Salao, près Tarragone, 131, 142, 151.
Salces, xxxiij, 20, 33, 119, 128, 129, 132, 134, 152, 227.
Salvius (le sieur), ambassadeur, 156.

San Carlo, 230.
Sancava (le sieur), 222, 225.
San-Severino, près Naples, 321, 338.
Santa-Marinella, 309.
Saône (la), 80.
Sardaigne (la), 13.
Sarmiente (don Antonio de), 158, 159.
Sarragosse, 133, 134, 158.
Sarzac (le sieur), xx, xxiv.
Sarzana, 262.
Sassuolo, ville du duché de Modène, 59, 276.
Sault (le régiment de), 334, 337.
Sauvin (les), famille, vij.
Savoie (la), 3, 5, 8, 9, 180, 181, 231, 344, 345, 349, 358, 364, 368.
Savoie (Charles-Emmanuel Ier, duc de), 3, 7, 232.
Savoie (Charles-Emmanuel III, duc de), 24, 181, 228, 229, 230, 247, 258, 290, 341, 342, 352, 353, 358.
Savoie (Christine de France, duchesse de), *Madame Royale*, 24, 54, 103, 228, 229, 230, 231, 232, 239, 258, 341, 357, 358.
Savoie (don Félix de), 3.
Savoie (Louise-Marie, princesse de), 232.
Savoie (la maison de), 258.
Savoie (le prince Maurice de), 232.
Savoie (les princes de), 21, 157, 358.
Savoie (le prince Thomas de), xxxiij, 7, 8, 54, 55, 63, 64, 66, 85, 191, 229, 233, 236, 239, 270, 274, 275, 281, 282, 283, 284, 285, 289, 290, 291, 305, 315, 319, 320, 321, 322, 323, 324, 326-330, 333-339.
Savoie (Victor-Amédée Ier, duc de), 24, 113, 114.
Saxe-Weymar (le duc Bernard de), 36.
Schimbeck (le sieur de), 154.
Schomberg (Charles de), duc d'Halluin, gouverneur de Languedoc, maréchal de France, x, xxx, 65, 125, 126, 138, 141, 147.
Schomberg (Henri, comte de), maréchal de France, xiv, 2, 5, 6, 112, 113, 115.
Schomberg (les gendarmes de), 140.
Scrivia (la), 361.
Sedan, 69, 73, 74, 75, 87.
Sègre (la), 52, 53, 133, 134, 149, 205, 206, 207, 221.
Sémenat (don Aléis de), député de Catalogne, 120, 121.
Serafino (le comte), 294.
Sérignan (Guillaume Delort de), maréchal de camp, 25, 131, 144, 147.
Sérignan (le régiment de), 126, 136.
Serra (le sieur), 222, 225.
Servien (Abel), marquis de Sablé, secrétaire d'État, négociateur à Münster, surintendant des Finances, xxvij, 99, 179, 188, 228.
Servien (Ennemond), seigneur de Cossai et de la Balme, conseiller d'État, ambassadeur en Savoie, 342.
Sessa ou Sèze (le duc de), 191.
Sicile (la), xxxv, 157, 270, 272, 277, 278, 284, 328.
Sierck ou Cirères, sur la Moselle, 176.
Silve (don Philippe de), 207, 208, 211, 212.
Sintzheim (combat de), 213.
Sitjes, 191.
Soissons, 364.
Soissons (Louis de Bourbon, comte de), xx.
Solar (le comte), 274.
Solsona ou Solsonne, 196.
Souligné, fief, vij.
Sourdis (Escoubleau de), famille, xxviij, xxix.
Sourdis (Henri Escoubleau de), archevêque de Bordeaux, chef des conseils du roi en l'armée navale de Provence, xxvij, xxviij, 13, 14, 15, 16, 19, 21, 22, 125, 130, 136, 140, 141.

28

TABLE ALPHABÉTIQUE

Spezzia (la), 262, 265, 326.
Spifame (les), famille, vij.
Spinola (Brigitte), princesse de Massa, 256.
Spire, 169.
Stenay, 43, 71, 72, 74, 87, 168, 170, 171, 172, 174.
Stillane (le prince de), 159.
Strasbourg, 69.
Suède (la), 104.
Suédois (les), 180, 182.
Suisse (la), xij, 108, 176, 369.
Suisses (les), 107, 182, 210, 258, 307, 354, 355, 363.
Suse, 3.

Tallemant des Réaux, x, xiij, xix, xxviij, xxxj.
Talon (les), famille, vij.
Tamarit (don Francisco de), député militaire des Catalans, 120, 138.
Tarentaise, 8.
Tarragone, xxvij, 25, 27, 50, 122, 135, 138, 144, 149, 150, 151, 191, 202, 214, 227, 273.
Taupadel (Georges-Christophe de), 36, 154.
Tavannes (Jacques de Saulx, comte de), 78.
Tende (le col de), 3.
Termes (le camp de), 207, 208, 211, 213.
Ternes (Jean d'Espinchal, baron de), xxx.
Terrail (le sieur du), 184, 186.
Tersane (la), arsenal de Barcelone, 217, 224, 227.
Tessein (M. de), 50.
Tessin (le), 285.
Testu (le sieur), chevalier du guet de la police de Paris, xx, xxj, xxiv.
Thévenard (le sieur), 303.
Thionville, 39, 158, 159, 177.
Thomas (le sieur), maître des requêtes du duc de Lorraine, 45, 47, 48, 176, 178.
Thouvenin (le sieur), gouverneur de Longwy, 48.
Thuir, 152.
Timécourt, fief, vij.

Toiras (Jean de Saint-Bonnet, comte de); 3, 6.
Tolède, 49.
Tonneins (le régiment de), 126, 137.
Tonnerre (François de Clermont, comte de), 22.
Toralto (le duc), gouverneur de Tarragone, 212, 214, 216.
Tortenson (Léonard, comte de), 156.
Torre del Greco, 313, 321.
Tortone, 361.
Tortose, 127, 133, 151, 330.
Toscane (la), xxxv, 228, 229, 233, 237, 259, 278, 288.
Toscane (Ferdinand II de Médicis, grand-duc de), 238, 245, 255, 258, 262, 265, 279, 280, 345, 361.
Toul, 69, 70, 72.
Toulon, xxvij, 12, 61, 62, 65, 297, 299, 301, 303, 304, 305, 308, 315, 317, 318, 319, 327, 329, 330.
Toulouse, xviij, 119.
Tournabonne (le sieur), xxj, xxij.
Tracy (Alexandre de Prouville, marquis de), 37, 154, 155, 156.
Trente, 108, 145.
Tresmes (les comtes de), vij.
Tresmes (René Potier, duc de Gesvres et comte de), 11.
Trèves, 69, 180.
Trin, 106, 112.
Trinité (le château de la), près de Rosas, 133, 142, 202.
Trinité (M. de la), 335.
Trono (maison), à Venise, 100.
Turcs (les), 95, 347, 361, 367.
Turenne (Henri de la Tour d'Auvergne, vicomte de), maréchal de France, 18, 22, 36, 37, 38, 88, 259.
Turin, 10, 21, 103, 109, 230, 239, 347, 354, 356, 357, 358.
Tuttavilla (le régiment de), 132.
Tuttavilla, 337, 338.
Tüttlingen, 35, 36, 37, 39, 153, 154.
Tyrol (le), 98, 350.

Urbain VIII, pape, 243.
Urgel, 149, 150, 273.
Uxelles (Louis-Châlon du Blé, marquis d'), 82.

Vaillac (le régiment de), 15.
Val (Roland, marquis della), premier ministre du duc de Mantoue, 345, 347-351, 355, 356, 358, 364.
Valais (le), 9.
Valençay (Henri d'Estampes, bailli de), 61, 65, 301, 304, 346, 363.
Valence (le royaume de), 122, 135.
Valence ou Valenza, ville d'Italie, 93, 97, 98, 114.
Valenti (Philippe), 297.
Valernault (le sieur de), capitaine au régiment de Sault, 334.
Valesans (les), 9.
Valette (Louis de Nogaret d'Epernon, cardinal de la), 17, 18.
Valiero (Bertuce), doge de Venise, 95.
Valls, 227.
Valteline (la), 97, 98.
Var (le), 3.
Varangeville (Roque de), lieutenant général au présidial du parlement de Normandie, 67.
Vardes (René du Bec, marquis de), capitaine de cinquante hommes d'armes, gouverneur de la Capelle, xv, xvj, xvij.
Vardes (René II, du Bec, marquis de), xv, xvj, xvij.
Varnier (le colonel), 256.
Vast (le marquis del), 333.
Vautorte (François Cazet, seigneur de), ambassadeur en Allemagne, 76, 341.
Vautorte (Louis Cazet de), évêque de Vannes, 76.
Vautorte (Louis Cazet, seigneur de), président aux enquêtes du parlement de Bretagne, 76.
Vaux, 18.
Veillane ou Avigliana, 5.

Vendôme (César, duc de), 79, 80.
Vendôme (les), 35.
Venise, xj, xij, xxx, xxxvj, 34, 90, 91, 92, 93, 94, 96, 97, 98, 99, 100, 102, 104, 107, 108, 160, 270, 279, 290, 294, 343, 345, 347, 357, 360, 361-366, 368, 369.
Vénitiens (les), 106, 107, 181, 257, 269, 278, 347, 364.
Verceil, 181.
Verdun, 69, 70, 72.
Verger (le sieur du), 27, 132.
Vérone, 280, 291.
Verpel (le baron de), xxx.
Verrue (l'abbé de), 239.
Verthamon (les), famille, vj.
Vic, en Lorraine, xxx.
Vich ou Vic d'Osana, en Catalogne, 196.
Vienne, 97, 257.
Vierge (la), vaisseau, 316, 317, 326, 327, 339.
Vietri, 335, 336, 337.
Vieux-Marchais (le sieur de), 313, 314.
Vignoles (Bertrand de), maréchal de camp, 6.
Vileplana (don Aléis de), général catalan, 115, 119, 120, 121, 124, 126, 127, 128, 130.
Viler (le sieur de), 45, 46.
Ville (Guido, marquis), colonel général de la cavalerie du duc de Savoie, 54, 110, 229, 282.
Villefranche en Provence, 3, 21.
Villefranche ou Villafranca del Panadès, en Catalogne, 147.
Villeneuve d'Ast, 114.
Villeré (le sieur de), ministre résident du duc de Parme à Paris, 241, 254.
Villeroy (Nicolas de Neufville, maréchal de), xxx, 79.
Villeroy (le régiment de), 303.
Vinaroz, ville d'Espagne, 151.
Vincheguerre (Philandre Vinciguerra ou de), commandeur de

l'ordre de Malte, lieutenant du général des galères, 313.
Vins (M. de), 336.
Vitry (Nicolas Gallucio de l'Hospital, marquis de), gouverneur de Provence, 9, 12, 13, 14, 15, 21, 22.
Vitry-le-François, 32.
Vivans (le sieur de), 119.
Vivonne (les), famille, ix.
Voghera, ville de Lombardie, 281, 284.

Wallons (le régiment des), 133.
Westphalie (la), xxxiv, 273.
Weymariens (les), xxxiv, 36, 153.
Worms, 39, 42, 169, 176.
Wrangel (Charles-Gustave), général suédois, 273.
Wurtemberg (Eberhard III, duc de), 154, 155, 181.

Zamet (M.), 311.

TABLE DES MATIÈRES

	Pages
Introduction	j
Notice biographique	vj-xxxvj
Mémoires	1
Appendices.	

I.	Secours de Casal (1630)	112
II.	Négociations en Catalogne (1640-1641)	115
III.	Mission auprès du corps des Weymariens (1643-1644)	153
IV.	Mission secrète à Bruxelles près de don Francisco de Mello (1644)	156
V.	Mission auprès du duc de Lorraine (1645)	166
VI.	Entretiens avec don Francisco de Mello (1644)	179
VII.	Campagne de Catalogne (1645)	183
VIII.	Missions en Italie (1646-1647)	228
IX.	Expédition de Naples (1648)	297
X.	Mission en Italie (1653)	340
XI.	Ambassade de Venise (1655-1658)	365
	Sommaires	370
	Table alphabétique des noms	381

ADDITIONS ET CORRECTIONS.

P. j, lignes 15 et 16, au lieu de : *d'une importante publication,* lisez : *de plusieurs publications.*

P. xxj, ligne 1, au lieu de : *Bonnefroy,* lisez : *Bonnefoy.*

P. xxx, ligne 9, au lieu de : *Montglat,* lisez : *Monglat.*

P. 13, note 3, ajoutez : On trouve des détails sur cette négociation dans le tome III des *Documents relatifs à la principauté de Monaco,* Monaco, 1891.

P. 82, note 2, ligne 3, au lieu de : *château de Châlons,* lisez : *château de Châlon.*

P. 153, ligne 7, au lieu de : *(1644-1645),* lisez : *(1643-1644).*

P. 238, ligne 22, après les mots : *M. le grand-duc,* placer un renvoi à une note et insérer au bas de cette même page la note qui figure au bas de la page 262.

P. 269, ligne 21, au lieu de : *Pozi,* lisez : *Pori.*

Nogent-le-Rotrou, imprimerie DAUPELEY-GOUVERNEUR.